베트남 문화의 즐거움

이야기로 세상을 바꾼다. 스토리하우스

베트남 문화의 즐거움

배양수 지음

스토리하우스

머리말

1988년 10월 19일 오후 3시경, 내가 탄 타이항공 비행기가 호찌민시 떤선녓 공항에 안전하게 착륙했다. 설렘과 긴장감이 교차하는 가운데 비행기 문이 열리고 승객들이 줄지어 나갔다. 내 차례가 되어 비행기 문을 막 통과하는 순간 깜짝 놀랐다. 문 앞 트랩 위에 슬리퍼에 AK소총을 맨 군인이 서 있었다.

불과 2시간 전에 출발한 방콕 돈무앙 공항의 화려함과 자유스러움이 대비되면서 한층 더 긴장되었다. 공항 대합실은 거의 텅 빈 교실 같았고 에어컨이나 컨베이어 벨트도 없었다. 활주로 비행기에서 트럭에 싣고 온

짐을 하나하나 사람들이 날라다 대합실 바닥에 늘어놓았다. 아주 복잡하고 천천히 진행되는 입국 절차와 통관 절차를 마치고 나오는데 거의 한 시간 반이 흘렀다.

우리 일행은 승합차를 타고 시내 중심가에 있는 호텔로 향했다. 퇴근 시간이었고 가랑비가 오고 있었다. 사람들은 무심하게 자전거 페달을 밟고 있었고 간간이 오토바이가 보였다. 길가 건물의 벽은 페인트가 벗겨지거나 얼룩이 져서 아주 오랫동안 방치된 느낌을 주었다.

그럼에도 나는 속으로 너무나 기뻤다. 내가 배운 베트남어를 써먹을 수 있다는 생각에 설레기까지 했다. 차창 밖으로 스치는 베트남어 간판을 읽으면서 '저 글자를 내가 읽을 수 있단 말이지!'라는 감탄과 함께 밀려오는 희열을 감추고 아무런 감흥이 없는 것처럼 표정을 지었던 일이 엊그제처럼 선명하다. 그로부터 30년이 지났다. 당시 미혼의 그 청년은 이제 60이 되었다.

나는 개방 초기에 베트남이 변하는 것을 목도한 몇몇 한국인 중의 한 명이었다. 정말 하루가 다르게 변했다. 발전의 속도가 얼마나 빠른지 거의 매주 변화하고 있다고 느낄 정도였다. 하루가 다르게 자전거가 줄고 오토바이가 늘어났고, 얼룩진 벽에 페인트가 칠해졌다. 부족하던 공산품이 수입품으로 채워졌고, 하루가 다르게 외국인이 늘어나서 호텔 요금이

치솟았고, 새로운 호텔들이 건축되기 시작했다. 유선전화를 신청하면 6개월씩 걸리던 것이 불과 얼마 되지 않아 무선전화가 보급되기 시작했다.

서울에서 베트남으로 국제전화를 신청하면 한참 후에 교환원이 다시 전화를 걸어서, "10시간 후쯤 연결될 것 같은데 계속 전화하시겠습니까?"라고 묻던 때가 있었다. 1988년이었다. 그로부터 약 1년 뒤부터는 자동 장거리전화(DDD)가 개통되었다.

당시 베트남에서 한국으로 보내는 팩스 한 장에 18달러였다. 글자가 많든 적든 간에 무조건 18달러였다. 지금과 비교하면 살인적인(?) 요금이었다. 또 우리나라와 수교 전이라서 별지에 비자를 받기도 했다. 주로 방콕 주재 베트남 대사관에서 비자를 받고 방콕을 경유해서 베트남에 입국했었다.

그런데 지금은 어떤가? 하늘을 찌르는 고급 아파트들이 즐비하고, 세계적 브랜드의 호텔도 거의 다 들어와 있다. 대형마트는 물론 수많은 한국 식당, 한국인 관광객, 사업가, 유학생이 하노이와 호찌민시를 누비고 있다. 직항로로 인천, 부산, 제주에서 베트남 하노이, 호찌민, 다낭, 하이퐁으로 정기 직항편이 운항된다.

이렇게 많은 인적 교류가 일어나고 있지만 아직도 우리는 베트남에 대해 모르는 것이 많다고 생각한다. 이 책은 그러한 베트남에 대한 부족한 정보를 채우는 데 도움을 주고자 만들었다. 베트남의 정치, 경제, 사회, 문화, 역사, 문학 등에 대해서 기본적인 지식을 갖고 있다면 베트남 사람들과 더 가까이 지낼 수 있을 것이다.

객관적인 내용은 거의 대부분 인용 출처가 있다. 다만 가독성을 높이기 위해 인용 출처를 삭제하고 참고문헌으로 대신하였고, 실제로 인용된 자료만을 참고문헌에 담았음을 밝힌다.

이 책이 나올 수 있었던 것은 안우리 스토리하우스 대표님과 편집부 직원들의 노고 덕이다. 이 자리를 빌려 다시 한 번 감사의 인사를 전하고, 일일이 열거할 수 없지만 나와 같이 근무했던, 근무하고 있는 베트남 교수님들, 학과 교수님들, 내 가족들 그리고 학생들도 이 책이 나오는 데 기여했다고 생각한다. 이 모든 분들에게 감사 인사를 전한다.

끝으로, 오류를 줄이기 위해 애를 썼지만 독자 여러분께서 오류를 찾아 지적해 주시면 반드시 반영할 것을 약속드리며, 이 책이 여러분이 베트남을 이해하는 데 있어서 다소나마 도움이 되기를 간절히 바란다.

2018년 3월
배양수

Contents

Vietnam! ・・・・・・・・

베트남사회주의공화국(Socialist Republic of Vietnam)

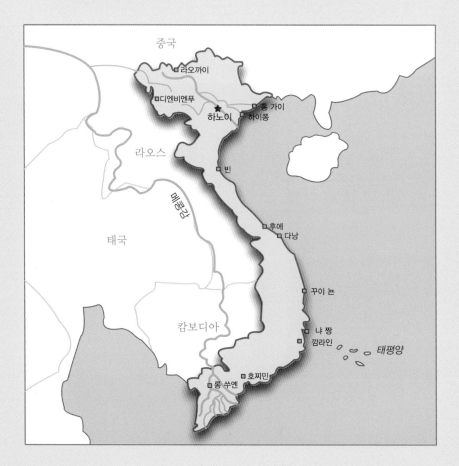

중국
라오까이
디엔비엔푸
홍 가이
★ 하노이
하이퐁
라오스
빈
메콩강
후에
태국
다낭
꾸이 논
냐 짱
깜라인
캄보디아
태평양
호찌민
롱 쑤엔

국가정보

위치: 동남아시아, 인도차이나 반도 동부

인구: 9200만 명

면적: 330,966.7㎢

수도: 하노이(Hanoi)

공용어: 베트남어

종교: 불교, 카톨릭교 등

건국일: 1945년 9월 2일

화폐 단위: 동(VND)

행정구역: 직할시 5개, 성(省) 58개

인적교류

베트남 방문 한국인: 1,543,883명

한국 방문 베트남인: 약 17만명

재외국민 현황

베트남 내 한인: 124,458명

체한 베트남인: 137,769명

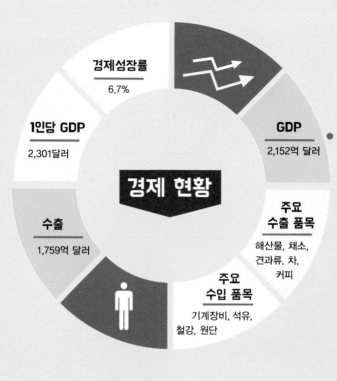

경제성장률
6.7%

1인당 GDP
2,301달러

GDP
2,152억 달러

경제 현황

**주요
수출 품목**
해산물, 채소,
견과류, 차,
커피

수출
1,759억 달러

**주요
수입 품목**
기계장비, 석유,
철강, 원단

우리나라와의 관계

－1992년 12월 수교

－2001년 8월 '21세기 포괄적 동반자 관계' 공동선언

－2009년 10월 '전략적 협력동반자 관계' 격상

수출입 현황

교역액 → 639억 달러   수출 → 477억 달러   수입 → 162억 달러

투자 현황

우리나라의 대 베트남 → 571억 달러   베트남측 대 한국 → 2,640만 달러

정치 현황

정치·의회형태: 1당 체제, 사회주의 공화제

의회 형태: 임기 5년 단원제

국가 지도자:

당서기장– 응웬푸쫑(Nguyễn Phú Trọng)

국가주석– 쩐다이꽝(Trần Đại Quang)

총리– 응웬쑤언푹(Nguyễn Xuân Phúc)

국회의장– 응웬티킴응언(Nguyễn Thị Kim Ngân)

부총리 겸 외교장관– 팜빙밍(Phạm Bình Minh)

| 응웬푸쫑 | 쩐다이꽝 | 응웬쑤언푹 | 응웬티킴응언 |

베트남을
찾아서

1

베트남을 찾아서

1. 국가개황

1) 국명quốc hiệu

베트남의 정식 국명은 베트남 사회주의 공화국Cộng hòa Xã hội Chủ nghĩa Việt Nam, Socialist Republic of Vietnam이다. 이 국명은 베트남이 통일을 이룬 이듬해인 1976년 7월 2일 통일 국회에서 정식으로 채택되었다. 그리고 37년이 지난 2013년 5월에 개최된 13대 국회 5차 회의에서 국명 변경에 관한 토론이 있었지만 그대로 두자는 의견이 다수여서 하반기 국회 회의에서 재논의하기로 했다. 그리고 11월 27일 97%의 찬성으로 헌법 수정안을 통과시켰는데, 국명을 바꾸지 않기로 했다. 이와 같은 국명 변경에 대한 논의가 있었다는 것만으로도 '베트남의 변화'가 감지된다고 추측하기도 했으나, 수정 헌법에서 크게 달라진 점은 없었다.

1975년 이전의 베트남은 남베트남과 북베트남으로 분단되어 있었는데, 남베트남의 정식 국명은 베트남 공화국, 북베트남의 국명은 베트남 민주공화국이었다. 당시 우리나라에서는 남베트남을 월남, 북베트남을 월맹이라고 불렀는데, 지금은 보통 '사회주의 공화국'을 생략하고 베트남이라고 부른다. 일부에서 월남이라는 용어를 사용하기도 하지만 이 명칭은 통일 이전의 '남베트남'과 혼동하기 쉽기 때문에 잘 사용하지 않는다. 또한 베트남 정부에서도 '베트남'으로 불러주기를 원하는 것으로 알려져 있다.

1992년 수교 이전에 남베트남에서는 우리나라를 다이한Đại Hàn으로, 북베트남에서는 남찌에우띠엔Nam Triều Tiên으로 부르다가 수교 이후 꽁화찌에우띠엔Cộng Hòa Triều Tiên으로 불렀다. 그리고 하노이 주재 한국대사관에서 베트남 외무부에 우리 국명을 다이한전꾸옥Đại Hàn Dân Quốc, 줄여서 한꾸옥Hàn Quốc으

로 불러달라고 요청했다. 베트남 정부에서는 1993년 5월 당시 보반끼엣^{Võ Văn} ^{Kiệt} 수상이 방한하기 전에 베트남 각 기관에 남찌에우띠엔 대신 한꾸옥으로 부르도록 공문을 보냈다고 한다. 한국 대사관의 공문을 받은 보반끼엣 수상은 어떻게 할 것인지 비서인 도안 마잉 쟈오^{Đoàn Mạnh Giao}에게 물었고, 그는 "제 이름이 '쟈오'이고 제가 다른 사람에게 '쟈오'로 불러달라고 했는데, 주변 사람들이 다르게 부를 권리가 있습니까?"라고 대답했고, 수상은 웃으며 동의했다고 한다. 이때부터 베트남에서 한꾸옥을 사용하기 시작했는데, 당시의 베트남 언론에서는 여전히 남조선, 조선공화국, 한국을 혼용해서 사용했다. 그러다 1994년 제 15회 미국 월드컵에서 베트남 아나운서가 '한꾸옥'을 사용하면서 보편적인 명칭으로 자리 잡게 되었다. 베트남은 월드컵 본선 진출국이 아님에도 불구하고 1994년 월드컵 전 경기를 생중계하였다. 베트남의 축구 열기와 아시아를 대표한 우리 축구팀의 활약으로 베트남에서 한꾸옥이라는 이름이 널리 알려지게 되었다. 1994년 월드컵 소식을 전하는 베트남 신문 기사를 소개한다.

죄수들도 월드컵을 시청하다

6월 18일 오전, 양 대륙의 대표인 한국과 독일 사이의 격정적인 경기가 끝난 후 우리는 하노이 교도소를 방문했다. 교도소에 갇혀있는 죄수들의 축구에 대한 열정은 놀라울 정도였다.

취사반 모범수를 담당하는 간수장인 팜딩 상위는 "오늘 아침 우리는 한국과 스페인 경기를 시청했습니다. 가장 긴박할 때는 경기가 끝날 무렵 한국이 2:2 무승부를 기록할 때였습니다. 죄수들의 응원 소리와 앞줄에 앉은 사람의 어깨를 흔들며 즐거운 미소를 짓던 모습이 아직도 생생합니다."라고 말했다.

준수한 용모의 수감자인 띠엔은 축구를 무척 좋아하는 것처럼 보였는데, "간수님, 한국 팀이 스페인과 무승부를 기록할 때 저는 너무나 행복했습니다. 그들은 우리 아시아 사람들에게 자부심을 느끼게 해주었습니다."라고 말했다. 다른 수감자인 쯔엉, 중, 썬 그리고 60세가 넘은 웬반응옥씨는 아내가 화를 낼 정도로 이 스포츠를 좋아했다고 한다. 항더이 운동장에서 경기가 있는 날이면 응옥씨는 늘 그곳에 있었고, 큰 경기가 있을 때는 더욱 그랬다. 비록 교도소에 있지만, 열정은 결코 뒤처지지 않았다. 교도소 지도부는 모범수들의 자발적 모금으로 삼성 텔레비전 구매를 결정했다. 94년 월드컵, 전세계가 열광하고 있는 가운데 하노이 교도소의 죄수들 역시 열정적인 분위기에 흠뻑 취해 있었다.

하노이머이(1994.6.23)   판뜨엉

한국 팀 역시 침착하다

스페인 팀은 첫 번째 골을 넣은 지 5분도 채 지나지 않아 다시 한 번 한국 팀의 골망을 흔들었다. 텔레비전 앞에 앉아 있던 시청자들은 심장이 멎는 것 같았다.

시간은 도와주지 않고 있었지만 한국 선수들은 흔들림 없이 공격 의지를 불태우고 있었다.

페널티 에어리어 밖에서 프리킥을 얻어낸 한국 선수가 강한 슈팅을 했다. 공이 스페인 수비수의 발을 맞고 방향이 바뀌었고, 골키퍼는 놀란 표정으로 흔들리는 네트를 쳐다보았다. 한국과 스페인은 1:2가 되었다.

정확히 5분 뒤 한국의 공격수는 화살 같은 슛을 날렸다. 스페인 골키퍼가 방향을 바로 잡았음에도 불구하고 공은 쉽게 네트를 흔들었고, 2:2 무승부가 되었다.

이로써 시청자의 멎어있던 심장은 다시 터질 듯이 두근거렸다.

한 사람이 침착한 목소리로 "한국은 공격 의지가 강한 축구팀이기도 하지만 침착성도 독일에 뒤지지 않는구나."라고 말했다.

하노이머이(1994.6.23)   응웬응옥판

2) 국기_{quốc kì}

베트남 국기가 처음 사용된 것은 1940년 남부 지역의 봉기_{Nam Kỳ Khởi nghĩa} 때였다. 이후 비엣밍_{Việt Minh}의 기로 사용되다가 1945년 9월 독립선언 이후로 북베트남의 국기가 되었다. 현재 사용되는 베트남 국기는 가로와 세로의 길이 비율이 3:2이며, 빨간 바탕의 가운데에 노란색 별이 그려진 '금성홍기_{cờ đỏ sao vàng}'로 1976년 7월 2일 통일 국회에서 확정되었

■ 베트남 국기

다. 별의 다섯 개 꼭짓점은 지식인, 농민, 노동자, 상인, 군인의 단결을 상징한다. 빨간 바탕은 피, 혈통을 상징하고 노란색은 황인종을 상징한다고 한다.

3) 국가_{quốc ca}

베트남 국가의 명칭은 '진군가_{tiến quân ca}'로, 1944년 작곡가 반까오_{Văn Cao(1923~1995)}가 만들었다. 원곡의 가사 일부를 개작하여 1945년 독립선언 이후 북베트남의 국가로 사용하다가 1976년 7월 통일 국회에서 정식으로 통일 베트남의 국가로 확정되었다. 2절로 되어 있으며, 행사에서는 보통 1절만 부른다.

곡명에서 보듯이 베트남 국가는 전투적인 색채를 강하게 띠고 있어서 일부에서는 가사를 바꾸자는 의견도 제시되었으나 국명을 바꾸는 문제와 더불어 아직 소수 의견으로 남아 있다. 1절의 가사 내용은 아래와 같다.

> 베트남 군대는 한마음으로
> 구국의 발걸음을 울리며 험한 먼 길을 오르며
> 승리의 피로 물든 깃발은 나라의 혼을 담고
> 먼 곳 총소리 울리는 곳에 행군가 울리고
> 적군의 시체로 영광의 길을 만들고
> 다함께 힘들여 진지를 만들어 승리하고
> 인민을 위해 전쟁을 멈추지 않으며
> 서둘러 전쟁터로 나간다
> 나가자
> 함께 나가자
> 우리 베트남 강산은 튼튼하다

4) 국가 문장_{quốc huy}

베트남 국가 문장은 초대 국회에서 승인한 것으로 쩐반껀_{Trần Văn Cẩn(1910~1994)} 화가에 의해서 수정, 완성되었다. 가운데 상단에 금성이 있고, 주변부를 감싸고 있는 것은 벼로 농업을 상징하고, 가운데 하단

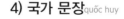
■ 베트남 국가 문장

의 기어는 공업을 상징한다. 기어 하단에 베트남 사회주의 공화국이라는 글씨가 있다.

5) 행정구역

베트남의 행정구역은 수도와 우리의 광역시에 해당하는 타잉포 쯕투옥 쭝엉thành phố trực thuộc trung ương 그리고 도에 해당하는 띵tỉnh 省, 구에 해당하는 꿘quận, 군에 해당하는 후옌huyện, 지방 도시 즉 성에 직속된 시에 해당하는 타잉포 쯕투옥 띵thành phố trực thuộc tỉnh 그리고 성 직속 시보다는 작으나 읍보다는 큰 규모의 단위로 티싸thị xã가 있다. 가장 하위의 행정단위는 동에 해당하는 프엉phường, 면에 해당하는 싸xã, 읍에 해당하는 티쩐thị trấn이 있다. 행정체계는 보통 성급 성과 광역시, 현급 구, 현, 성 직속 시, 티싸 그리고 면급 싸, 프엉, 티쩐으로, 3단계로 되어 있다. 따라서 각종 문건에서는 껍띵cấp tỉnh, 성급, 껍후옌cấp huyện, 현급, 껍싸cấp xã, 면급이라는 용어를 사용하기도 한다.

이 3 단계의 행정 단위를 그림으로 표시하면 다음과 같다.

베트남의 행정구역

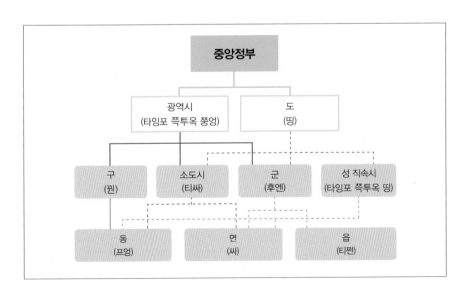

■ 하노이

2017년 현재 베트남의 광역시는 수도인 하노이Hà Nội를 포함하여 5개가 있는데, 호찌민 시TP. Hồ Chí Minh, 하이퐁Hải Phòng 시, 다낭Đà Nẵng 시, 껀터Cần Thơ 시가 있다. 베트남에서 광역시나 성 직속시를 얘기할 때 보통 '시'에 해당하는 '타잉포'라는 단어를 생략하는 경우가 많다. 그러나 '호찌민 시'를 말할 때는 반드시 '타잉포 호찌민'으로 사용해야 한다. 이것은 '호찌민'이 인명이기 때문에 혼동을 피하기 위한 것이다. 그리고 성은 58개가 있어 총 63개의 광역시, 도가 있는 셈이다. 그동안 베트남에서는 성의 통폐합이 비교적 자주 있었고, 2008년 8월 하떠이 성이 하노이로 편입되어 수도인 하노이의 인구와 면적이 크게 증가하였다.

행정단위 통계(2012.12.31. 기준)

성 직속시	구	티싸	군
59	47	45	549

동	읍	면
1,457	620	9,068

출처: 2013년 요약 통계연감 pp. 7~8.

베트남에서 지방의 행정구역은 주로 인구를 기준으로 구분하며, 다음과 같이 정리할 수 있다.

행정단위	인구수	면적
후옌평야 지역	15~20만 명	1만~2만 ha
후옌구릉지 지역	5만~7만 명	2만~5만 ha
구	10만~20만 명	
성 직속시	10만~20만 명	
티싸소도시	5만~10만 명	
티쩐읍	5천~2만 명	

베트남 정부는 2009년 도시 등급 분류에 관한 시행령을, 그리고 건설부는 시행세칙을 발표하였고, 이에 따르면 베트남 도시는 특별시와 1급~5급 도시로 분류하고 있다.

베트남에서는 63개 광역시와 성을 크게 북부, 중부, 남부의 3지역으로 구분하거나 좀 더 세분하여 6개 권역으로 나눈다. 공식적인 행정 구역은 아니지만 보편적으로 사용하고 있기 때문에 이에 대한 지식을 가질 필요가 있다.

베트남어로 '남부'를 지칭하는 단어는 '남끼Nam Kỳ' 또는 '남보Nam Bộ'라고 하는데, 1830년대에 밍망 왕이 처음으로 당시 '쟈딩'을 '남끼'로 바꿔 부르면서 시작되었다고 한다. 이어 프랑스도 역시 '남끼'라는 단어를 그대로 사용했고, 1945년 3월 일본이 프랑스 정권을 무너뜨리고 세운 쩐쫑낌Trần Trọng Kim 정부에서 식민지의 잔재를 없애려고 남끼를 '남보'로 바꿔 부르게 되었고, 8월 혁명 이후에도 '남보'라는 단어를 사용했다. 프랑스가 베트남에 다시 들어온 이후에는 다시 '남끼'를 사용하다가, 베트남에서 물러간 이후로는 지금까지 '남보'라는 단어를 사용하고 있다. 아래 표는 6개 권역과 그에 속하는 성, 시를 구분한 것이다.

권역별 성·시 구분

권역명	성시 수	성시
홍하 델타 Đồng bằng sông Hồng	11	Hà Nội, Vĩnh Phúc, Bắc Ninh, Quảng Ninh, Hải Dương, Hải Phòng, Hưng Yên, Thái Bình, Hà Nam, Nam Định, Ninh Bình
북부 산악지역 / 구릉지 Trung du miền núi phía Bắc	14	Hà Giang, Cao Bằng, Bắc Kạn, Tuyên Quang, Lào Cai, Yên Bái, Thái Nguyên, Lạng Sơn, Bắc Giang, Phú Thọ, Điện Biên, Lai Châu, Sơn La, Hoà Bình
북중부 / 중부 연해지역 Bắc Trung Bộ Duyên hải miền Trung	14	Thanh Hoá, Nghệ An, Hà Tĩnh, Quảng Bình, Quảng Trị, Thừa Thiên Huế, Đà Nẵng, Quảng Nam, Quảng Ngãi, Bình Định, Phú Yên, Khánh Hoà, Ninh Thuận, Bình Thuận
서부 고원 Tây Nguyên	5	Kon Tum, Gia Lai, Đắk Lắk, Đắk Nông, Lâm Đồng
동남부 지역 Đông Nam Bộ	6	Bình Phước, Tây Ninh, Bình Dương, Đồng Nai, Bà Rịa - Vũng Tàu, TP,Hồ Chí Minh
메콩 델타 Đồng bằng sông Cửu Long	13	Long An, Tiền Giang, Bến Tre, Trà Vinh, Vĩnh Long, Đồng Tháp, An Giang, Kiên Giang, Cần Thơ, Hậu Giang, Sóc Trăng, Bạc Liêu, Cà Mau

* 본 표는 2013년 요약 통계연감을 근거로 재작성한 것이다.

■ 호치민시

6) 인구

베트남은 아세안 국가 중에서 인도네시아, 필리핀 다음으로 인구가 많은 나라고, 인구밀도는 필리핀과 싱가포르에 이어 세 번째이다. 2015년 기준으로 베트남의 인구는 9천만여 명이며, 인구밀도는 277명/㎢이다. 인구가 가장 많은 도시는 호찌민 시로 815만 명, 인구밀도는 3,888명/㎢이고, 다음은 수도인 하노이로 722만 명, 인구밀도는 2,171명/㎢이며, 하이퐁 시는 196만 명, 다낭 시는 103만 명, 껀터 시는 125만 명이다. 각 성 중에서 인구가 가장 적은 성은 라이쩌우Lai Châu 성으로 약 42만 명 정도이고, 가장 인구가 많은 성은 타잉화Thanh Hóa 성으로 351만 명, 다음으로는 응에안Nghệ An 성으로 306만 명, 동나이Đồng Nai 성 290만 명 순이다.

베트남 인구의 특징을 살펴보면, 농촌인구66.1%와 도시인구33.9% 사이의 격차가 큰 것 이외에도 2012년을 기준으로 15세 이하 인구가 1999년 대비 10.8% 감소하였고, 65세 이상의 인구는 1999년의 5.8%에서 7.1%까지 증가하여 급격한 고령화 단계에 진입한 것으로 나타났다.

그동안 베트남은 젊은 층의 인구 비율이 높은 '젊은 국가'라는 특징을 갖고 있었다. 그러나 베트남 정부의 꾸준한 가족계획 정책 시행에 대한 국민들의 이해가 상승하면서 도시지역 주민들의 자발적인 산아제한 정책 참여로 인구 증가율이 둔화되고 있다. 근래에는 매년 약 1백만 명 내외의 인구가 늘어나는 것으로 추정하고 있으며, 2013년 11월 1일 9천만 명을 기록하여, 세계 14위의 인구가 많은 나라가 되었다.

2015년 연령별 노동인구

구분	15~24세	25~49세	50세 이상	합계
인구수	8,012,400	31,970,300	14,001,500	53,984,200

출처: http://www.gso.gov.vn/

2. 지형과 기후

1) 지형

베트남은 인도차이나 반도의 동쪽에 위치하며 북으로는 중국, 서북쪽은 라오스, 서쪽은 캄보디아와 국경을 접하고 있으며 동남부는 태평양과 접하고 있다. 베트남 해안선의 길이는 3,260km이고, 육지의 국경선 길이는 3,730km이다. 북쪽 끝 지점에서 남쪽 끝 지점까지의 직선거리는 1,650km이다. 동서로 폭이 가장 넓은 곳은 북부지역으로 약 600km이고, 남부 메콩델타에서 폭이 가장 넓은 곳은 400km이며, 폭이 가장 좁은 곳은 중부 꽝빙 성으로 50km가 안 된다. 베트남의 지형을 살펴보면 남북으로 가늘고 긴 S자형 모양의 영토를 갖고 있다. 지형적 특징을 요약하면 북고남저, 서고동저라고 할 수 있으며 구릉지와 산이 전국토의 2/3 이상을 차지하고 있다.

베트남의 산악 지역은 크게 네 곳으로 분류할 수 있는데, 동북지역에서 북부의 만에 이르는 지역을 동북 산악지역이라고 한다. 이곳에서 가장 높은 산은 떠이꼰링Tây Côn Lĩnh 산으로 해발 2,431m이다. 다음으로는 서북 산악지

■ 판사삥산

역으로 북부 국경선에서 타잉화 성 서부에 이르는 지역으로 산림이 울창하고, 베트남에서 가장 높은 해발 3,140m의 판시빵 Phan Xi Păng 산이 있다. 이어서 북 쯔엉선 산악지역으로 타잉화 성 서부지역에서 꽝남, 다낭 시에 이르는 지역으로 하이번 Hải Vân 고개와 응앙 Ngang 고개가 유명하고, 특히 베트남전 당시에 북베트남의 군대와 물자를 수송하던 호찌민 루트가 있는 곳이다. 마지막으로 남 쯔엉선 산악지역으로 남중부 각 성의 서쪽지역을 일컫는다. 산맥이 이어지다가 아주 넓은 평원이 나오는데 이곳을 서부고원 Tây Nguyên 지대라고 부른다. 이곳에는 휴양지로 유명한 달랏 Đà Lạt이 있다.

　베트남뿐만 아니라 라오스, 캄보디아, 일부 태국과 미얀마를 포함한 동남아지역의 대부분은 쯔엉선 산맥을 경계로 기후가 나누어져 있다. 쯔엉선 산맥은 위도 상으로 북위 11°~19.7°에 걸쳐 1,500km 이상 뻗어 있다. 그러나 중간에 끊어진 부분을 연결하면 쯔엉선 산맥은 티베트에서 시작해서 중국의 윈난으로 뻗은 난링산맥과 연결된다. 베트남의 서북쪽에서부터 쯔엉선 산맥은 호앙리엔선 Hoàng Liên Sơn 산맥과 나란히 서북쪽에서 동남쪽 방향으로 뻗고 있다. 계속해서 서북에서 동남쪽으로 뻗어 쯔엉선 산맥은 후어

판Hua Phan고원과 연결된다. 북위 20° 선에는 닝빙Ninh Bình 성의 높이 1,219m 의 찌링Chí Linh 봉과 타잉화 성의 높이 2,451m의 푸호앗Phu Hoat 봉이 연결되어 있고, 북위 19.3°에는 응에안Nghệ An 성의 높이 2,711m의 푸싸이라이렝 Pu Xai Lai Leng 봉이 북 쯔엉선 산맥을 이룬다.

이 지류에서 쯔엉선 산맥은 높이 상으로는 호앙리엔선 산맥에 뒤지지만, 넓이와 길이만 본다면 동남아에서 가장 큰 산맥이다. 이 산맥을 살펴보면 여러 가지 흥미로운 사실을 발견할 수 있다. 대략 평균 1,000m높이로 인도차이나 반도를 종단하다 보면 쯔엉선 산맥은 30개 이상의 1,000~2,598m의 봉우리를 갖고 있다. 따라서 쯔엉선 산맥은 기후의 경계선일 뿐만 아니라 아주 오래전부터 문화의 경계선이었다. 쯔엉선 산맥의 높이, 넓이, 험난한 지세는 동서 교통에 장애가 되었다. 과거 수 천 년 전부터 쯔엉선 산맥의 동쪽에서는, 보다 정확하게는 바다와 만나는 곳 – 호아잉선 곶 – 에서부터 북쪽에 이르는 지역은 중국 문화의 영향을 받았다. 호아잉선 산맥 이남, 특히 4개의 동남아 국가를 포함해서 쯔엉선 산맥의 서쪽 지역은 문화적으로 인도화된

■ 쯔엉선 산맥

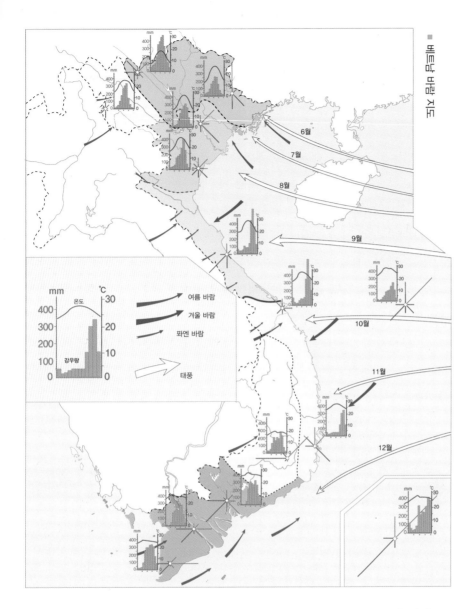

곳이다. 베트남 남부지역은 10세기 이전에는 인도화된 옥에오Óc Eo와 참파 문명이 찬란하게 번창했었다. 10세기 이후 베트남 사람들의 남진으로 인해 비로소 인도 문화의 영향이 약화되었다.

국토의 1/3을 차지하는 평야 지역은 북부의 홍하 델타와 남부의 메콩 델타 그리고 해안을 따라 내려오면서 평야가 있다. 홍하 델타Đồng bằng sông Hồng

는 북부 평야 지역이라고도 불리는데 면적은 약 15,000㎢이다. 홍강은 중국 윈난고원 달리Dali 호수에서 시작하는데 길이가 거의 1,200km에 이르며, 베트남 영토 내에서 흐르는 길이는 500km 이상이다. 이엔바이Yên Bái 즉, 베트남 중국 국경에서 대략 170km에 떨어진 곳에 이르러 홍강은 비로소 실질적인 큰 강이 된다. 그러나 그곳에서는 홍강이라고 부르지 않고 타오Thao강이라고 부른다. 이는 옛날 그곳에 살던 따이Tày 족이 따오Tao 호리병이라고 부른 것에서 유래된 것이다.

지금으로부터 약 4,000년 전 베트남에 처음 국가가 존재하였던 지역인 비엣찌Việt Trì에서 다Đà 강과 로Lô 강의 지류와 만나면서 비로소 홍강이라는 이름을 가진 큰 강이 된다. 이 강은 충적물을 운반하여 홍하 델타를 형성하지만 동시에 무시무시한 홍수를 일으키기도 한다. 지금으로부터 1억7천~2억 년 전 홍하 델타는 바다였지만, 그 후 물이 빠져 작은 규모의 델타가 형성되었다고 한다. 10세기부터 베트남은 홍수를 막기 위해 제방을 쌓았으며, 현재까지 홍강 제방의 총 길이는 1,670km 이상이고, 이는 베트남 사람들의 가장 위대한 토목 사업으로 여겨진다. 그리고 타이빙Thái Bình강은 보다 작은데 동북쪽 활모양 산등성이로부터 시작하여 꺼우Cầu 강, 트엉Thương 강과 룩남Lục Nam 강이 서로 합쳐져 만들어졌다. 홍강과 타이빙 강에 의해 만들어진 홍하 델타는 베트남 문화의 요람이 되었다.

메콩 델타는 구룡강 델타Đồng bằng sông Cửu Long 또는 남부 평야지역이라고도 하며, 면적은 홍하 델타보다 두 배가 넘는 36,000㎢이다. 베트남에는 크고 작은 강이 아주 많다. 그래서 해안선을 따라 내려오면서 거의 20㎞마다 강의 하구가 있으며, 수로 교통이 편리한 것이 특징이다.

■ 메콩델타

■ 냐짱 해변

2) 기후khí hậu

베트남은 열대몬순 기후대에 위치하고 있으며 연평균 기온은 22~27℃이고, 연중 비가 오는 날은 약 100일 정도이며, 연평균 강우량은 1,500~2,000mm 이다. 습도는 평균 80% 내외이고, 연평균 일조시간은 1,500시간~2,000시간 이며, 지역에 따라 편차가 있지만 2011년 통계를 보면 가장 적은 곳은 남딩 Nam Định으로 1,164시간이고, 가장 많은 곳은 붕따우Vũng Tàu로 2,435시간이 다. 같은 위도에 있는 다른 동남아 국가들에 비해서 베트남의 기후는 여름에 는 덜 덥고 겨울에는 더 춥다. 베트남 북부지역은 겨울에 북동 계절풍이 불 기 때문에 체감온도가 낮다.

베트남의 계절을 살펴보면, 중부 이남은 우기와 건기로 계절을 구분하지 만 북부에서는 사계절로 구분한다. 남북으로 길게 뻗은 지형적인 특징으로 인해 베트남의 기후는 지역별로 상당한 차이를 보인다. 베트남 기상대에서는 9개 지역으로 나누어 일기예보를 한다.

■ 쯔엉선 산맥

앞에서 언급한 것처럼 쯔엉선 산맥은 베트남 국토의 척추가 되었고, 남북 기후의 경계가 되었다. 이와 같이 길고 높은 산맥이 서북-동남 방향으로 누워있고, 자천축과 같은 방향이기 때문에 쯔엉선 산맥은 남풍뿐만 아니라 북풍의 거의 대부분을 막게 되었다. 여름에는 인도양으로부터 부는 남서풍을 막아 산의 서부 지역에 큰비를 내려서 메콩강의 주요 원천을 만들었다. 메콩강은 1조 4,000억㎥의 유량을 지니고 있다. 매년 1억 톤이 넘는 충적토를 옮기며 끊임없이 메콩 델타를 비옥하게 만들었고, 캄보디아의 수도인 프놈펜에서부터 베트남의 동부 해안지역까지 길게 형성되어 있다. 그러나 여름에 들어서면 남서풍이 쯔엉선 산맥의 서쪽에 비가 내려 베트남 중부 지역에는 아주 무더운 기류가 밀려오는데 그것을 '라오스 바람gió Lào'

이라고 부른다. 이 지역은 여름의 막바지에 오는 비를 지닌 습한 남동풍에 의해 회생된다. 이 때 쯔엉선 산맥의 동쪽은 우기이고 서쪽은 건기이다. 북쪽에서 남쪽으로 뻗어 가는 중간에 쯔엉선 산맥 중 일부 지류는 베트남 중부 지역에서 해안가로 뻗어 있다. 이것이 베트남 남부와 태국, 캄보디아, 라오스에 부는 겨울 북풍의 추위를 막고, 타잉화 성에서부터 중부 아래쪽까지는 이슬비를 내리게 한다. 이러한 조건에 의해 베트남 남부와 태국 일부, 라오스, 캄보디아와 미얀마의 겨울은 춥지 않게 된다. 북회귀선 보다 아래쪽에 위치하기 때문에 베트남 남부 지역은 연중 일조시간이 1,900시간이 넘는 혜택을 받는다.

쯔엉선 산맥이 추위를 막아 맑은 날이 많고, 높은 강우량과 습도로 인해 베트남 남부는 매우 안정된 온도를 지닌 지역이 되었고 메콩 델타는 아시아 대륙에서 유일하게 1년 내내 벼농사를 지을 수 있는 지역이 되었다. 20세기 중반까지도 메콩 델타의 하류지역은 여전히 '야생 벼 Lúa trời' 지역이었다. 모내기를 하거나 돌볼 필요 없이 농민들은 벼가 익으면 들판에 나가서 벼를 베면 되었다. 1980년대 초까지도 롱쑤엔Long Xuyên과 동탑므어이Đồng Tháp Mười에는 여전히 수천 헥타르에 이르는 천연의 야생 벼 지대가 있었다. 그곳에서의 농사는 단지 '놀고먹는 일'이었다. 19세기에 조안우언Doãn Uẩn은 "심고 나면 돌볼 필요가 없었고 또 물 부족을 걱정하지 않았다. 7, 8, 9월이 되면 계속하여 논을 갈고, 11, 12월이 되면 벼를 베어 묶어서 논 밖에 두었다가 1, 2, 3월에 물소를 시켜 밟아서 벼를 턴 다음, 집으로 가져왔다"고 묘사하고 있다. 쯔엉선 산맥의 동쪽은 해안과 접하고 있는데, 여름이 되면 남태평양에서 불어오는 다습한 동남풍을 가로막고 있어서 판티엣에서 타잉화 성에 이르는 남북

■ 달랏

으로 1,500km이상의 지역에 1,500~1,600mm의 큰비를 내리게 한다. 이 지역에서 큰비가 내리는 곳은 항상 고봉 지역이다. 후에Huế 지역은 1,000m 가 넘는 6개의 산봉우리에 가까이 위치해 있어서 중부 해안 지역에서 강우량 이 가장 많은데, 무려 2,890mm에 이른다. 그리고 달랏과 냐짱Nha Trang 사이 지역은 해발 2,000m이상에 달하는 고원지대이기 때문에 강우일수가 1년에 251일에 이른 기록도 있고, 강우량이 가장 적은 달에도 100mm에 이른다.

이처럼 많은 강우량은 쯔엉선 산맥 동쪽 지역에 있는 200개의 강의 수 원水原이 되었다. 특히 쯔엉선 산맥 남쪽 끝 부분은 큰 강의 발원지이다. 그것 은 동나이Đồng Nai 강으로, 사이공강 등 7개의 지류로 나뉘어 바다로 흘러간다.

동북의 활 모양 산이 겨울에는 북풍을 가로막아서 홍하 델타를 덜 춥게 하 고 수증기를 운반하여 가랑비를 한 달 내내 지속되게 할 때도 있다. 이러한 비 는 단순히 안개비와 같은 형태이지만 식물이 겨울에 성장할 수 있도록 하는 상 당한 습도의 원천이기 때문에 매우 중요한 의미가 있다. 겨울에 맑은 날이 50%

밖에 안 되고 가랑비가 지속되는 현상은 서기 초부터 홍하 델타 지역에 겨울 벼농사가 가능하게 만들었다. 최근에는 새로운 품종 개발로 인하여 겨울 벼가 전통적인 여름 벼보다 더 높은 생산량을 기록하고 있다. 그러나 홍하 델타 지역은 북부만灣의 안쪽에 깊이 자리 잡고, 서북동 3면이 산에 가려 있어서 아열대 몬순 기후의 변형된 형태가 나타난다. 즉, 건기와 우기 두 계절의 차이는 모호해지고 봄·여름·가을·겨울이 분명한 기후가 나타난다. 물론 베트남 북부의 사계절은 우리나라의 사계절과는 확연히 차이가 나지만, 베트남 사람들은 이러한 계절 변화를 모두 감지한다. 이곳의 평균 기온은 23℃이고 1월에는 15.5℃, 7월에는 29℃로 약 14℃의 차이가 있다. 이 차이는 더 커지기도 하는데, 충적지가 같은 위도 상의 다른 지역들보다 낮은 온도를 띠는 경향이 있다.

■ 동나이강

3. 풍부한 농산물과 천연자원

1) 벼|lúa

베트남에는 벼가 전국적으로 재배되고, 중북부 지역에서는 연 2기작이 가능하며 남부 지역에서는 연 3기작이 가능하다. 베트남은 식량이 부족하여 식량을 수입하던 국가였다. 그러나 도이머이 정책을 실시한 이후로 농업 생산, 특히 쌀 수출이 급증하여 지금은 세계 제1의 쌀 수출국이 되었다. 2012년에는 약 8백만 톤의 쌀을 수출하였고, 2015년 누적 벼농사 재배 면적은 총 약 784만 ha, 총생산량은 4,521만 톤이었다.

2015년 벼 재배 면적과 생산량

봄		여름		겨울	
면적	생산량	면적	생산량	면적	생산량
194	953	278	1,499	311	2,069

단위: 만 ha, 만 톤   출처: http://www.gso.gov.vn/

■ 야생 벼 지역

2) 옥수수ngô

베트남에서 옥수수 재배는 전국적으로 이루어지고 있으며, 서부 고원지대와 남부에서도 많이 재배되고 있다. 옥수수는 구황작물로 쌀 다음으로 주요한 식량원이기도 한데, 2015년 재배 면적은 약 118만 ha로 480만 톤이 생산되었다. 이는 단위 면적당 생산량 약 58%로 미국에 비해 현저히 낮은 수치다.

3) 고무cao su

베트남에서 고무나무가 재배되기 시작한 것은 프랑스 식민지 시대 때부터이다. 프랑스 식민지 당국은 베트남에서 경제적 이익을 극대화하기 위해 장기적인 개발 전략을 세웠고, 그 일환으로 과학자들을 동원하여 경제수 조림에 대해 연구하기 시작했는데, 그 중 첫번째가 바로 고무나무였다. 1877년에 고무나무 씨를 들여다 사이공 식물원에서 시험 재배를 했지만 실패하였고, 1897년에는 투저우못Thủ Dầu Một과 냐짱Nha Trang에 연구소를 세워 고무나무 재배에 성공을 거둔 후 묘목과 씨앗을 전국에 보내 재배했지만 대부분 실패하였다. 그러다 1904년 시험 재배 농장에서 재배에 성공을 거두면서 베트남 남부에 고무나무 농장이 설립되었다. 이 고무나무 재배 성공에 가장 크게 공헌한 사람은 냐짱 연구소의 예르신Yersin이다. 그리고 고무나무 재배 및 고무 채취 기술을 성공시키면서 1906년 인도차이나 고무 플랜테이션 회사가 설립된 것을 시작으로 이후 여러 회사가 설립되어 고무 농장을 개설하였다.

이렇게 시작된 고무나무 재배는 꾸준히 발전하여 2015년 말 기준으로 재배 면적이 981,000ha에 달했고, 101만 톤의 천연 고무를 생산하였다.

주요 재배 지역은 동남부 지역의 송베 성, 떠이닝 성, 동나이 성이며, 서부 고원지대와 중부 연안지역에서 일부 지배되고 있다.

2013년 2월 천연 고무 수출량 및 금액

월	2013년 수출			2012년 대비%		
	톤	천 달러	달러/톤	수량	금액	단가
1	108,504	295,424	2,723	55.2	54.6	-0.4
2	30,985	86,080	2,778	-65.2	-65.9	-2.2
합계	139,489	381,504	2,735	-12.2	-14.0	-2.1

출처: 세관총국

4) 사탕수수mía

설탕의 원료인 사탕수수는 베트남 전국에 걸쳐 재배되고 있으며, 생산량이 가장 많은 곳은 떠이닝 성이다. 2015년 전국 재배 면적은 285천 ha, 생산량은 1,832만 톤이었다. 설탕을 만들고 남은 찌꺼기인 당밀molasses은 사료나 조미료의 원료로 사용된다.

5) 차chè

남부에서 '짜trà'라고 불리는 차는 베트남인들의 가장 보편적인 음료이다. 2015년 기준 재배 면적은 135천 ha이고, 미가공 상태의 생차 기준으로 백만 톤을 생산하고 있으며, 재배 면적으로는 세계 5위, 생산량으로는 세계 6위를 차지하고 있다. 2015년에는 124천 톤의 차 제품을 수출했다. 주로 북부 지역에서 많이 생산되며 중남부 지역의 럼동 성에서 가장 많이 생산되고 있다. 품질로는 북부 타이응웬 성에서 생산되는 차를 높게 평가한다.

■ 차 수확기

6) 커피cà phê

커피는 쌀 다음으로 중요시되는 베트남의 전략 농산물이다. 커피 원두의 종류는 크게 고지대에서 자라는 아라비카 종과 해발 1,000미터 이하, 온도 24~29℃에서 자라는 로부스타 종이 있다. 로부스타 종은 제초제나 살충제를 사용하지 않고도 수확량이 아라비카에 비해 두 배 정도이다. 베트남에서 생산되는 원두는 90%가 로부스타이고, 2012년부터 베트남은 로부스타 커피를 가장 많이 수출하는 국가가 되었다. 전체 커피 원두 생산량으로 보면 브라질에 이어 2위이다. 2015년 재배 면적은 597천 ha, 생산량은 144만 톤, 수출은 134만여 톤에 26억7천 만 달러를 기록했다. 2016년에는 178만여 톤에 33억3천만 달러의 수출고를 올렸다. 주요 수출국은 독일과 미국, 이탈리아와 스페인 등 에스프레소 커피를 많이 마시는 나라다.

재배 지역은 주로 서부 고원지대이며, 그 중심지는 부온마투옷Buôn Ma Thuột인데, 토양·고도·기온이 로부스타 종에 아주 적합하다고 한다. 아라비카 종은 케사잉Khe Sanh과 서북지역에서 재배된다.

17~18세기에 유럽의 선교사들이 베트남에 커피를 가져왔다. 그러나 베트남에서 커피가 최초로 재배된 것은 1857년 아라비카 종을 시험 재배하면서 부터이다.

로부스타 종보다 아라비카 종을 먼저 시험한 것은 가격이 비싸고, 고도가 높은 지역에 적합하였기 때문이었다. 그리고 1925년부터 대규모로 커피 재배를 시작했으며 농장주는 프랑스인이었고, 노동자들은 주로 소수 종족들이었다.

■ 쭝응웬 커피

현재 베트남에는 약 150여 개 커피 회사가 있는데 가장 규모가 크고 유명한 회사는 쭝응웬Trung Nguyên 커피로, 1996년 설립되었다. 1998년에는 베트남 교포가 하이랜즈Highlands 커피를 설립했는데 현재는 외국인인 운영한다. 그리고 비나카페Tập đoàn cà phê quốc gia Việt Nam, Vietnam National Coffee Corporation 등이 있다. 베트남 커피산업은 '풍년이 들면 가격이 내려가고, 가격이 상승하면 흉년이 드는' 현상이 반복되고 있어서 커피 재배 농가들이 많은 어려움을 겪고 있다. 따라서 인건비를 건지기 힘들 때는 수천 헥타르의 커피 농장을 갈아엎는 일도 벌어진다. 또한 오래된 커피 나무를 새로 심어야 하는 등의 투자도 이루어져야 한다. 무엇보다도 외국의 다국적 기업과 경쟁해야 하는 어려움에 직면해 있다. 즉, 재배 기술, 가공 기술의 향상과 시설 투자를 위한 자본 문제를 해결하는 것이 중요한 과제다.

7) 후추tiêu

중세 유럽에서는 후추가 '블랙 골드'로 여겨질 만큼 귀한 물건이었다. 종류로는 흰색, 검정색, 초록색 그리고 붉은 색 후추가 있다. 이 중에서 흰색, 검정색, 초록색 후추는 같은 나무에서 얻는 것으로, 수확하는 시기에 따라 색깔이 달라진다. 주 재배 지역은 서부 고원지대와 서남부 지역이다.

2015년 전체 재배 면적은 97,600ha이고, 총 생산량은 168,800톤이었다. 때로는 베트남에서 생산된 후추 양보다 수출량이 많은 경우가 있는데,

■ 후추 농가

이것은 캄보디아에서 생산된 후추를 베트남이 수입하여 다시 수출하는 것으로 보인다. 베트남 정부는 베트남 회사가 캄보디아 국경지대 부근에서 재배한 농산물을 수입할 때 면세 혜택을 주고 있다.

베트남 남부 지역의 캄보디아 국경지대는 베트남 주민들과 캄보디아 주민들이 별도의 절차 없이 자유롭게 왕래하는 모습을 볼 수 있다. 마치 이 동네에서 저 동네로 놀러 가거나 품을 팔러 가는 모습처럼 보이기도 한다. 국경 검문소가 있지만 국경지역 주민들은 국경 검문소 앞을 걸어서 지나가야 하는 것이 규정이라고 한다. 즉 차나 자전거, 오토바이를 타고 검문소 앞을 지날 수는 없고 내려서 걸어가면 된다.

8) 캐슈넛 điều

캐슈넛 나무는 강우량이 500mm~3,000mm, 고도 0~1,200m에 이르는 지역에서도 잘 자라기 때문에 재배 지역이 아주 넓고, 경제성이 매우 높은 과실수이다. 캐슈넛을 직접 먹는 것 외에도 캐슈넛을 짜서 얻은 기름은 마가린이나 약품의 원료로 사용하기도 한다. 캐슈넛 껍질에서 짠 기름은 페인트의 원료, 염료, 절연체, 향료, 화장품 등 아주 다양한 쓰임새가 있다. 과일은 비타민 B_2와 C를 많이 함유하고 있으며, 탄닌 성분도 있어서 피혁 가공에 사용한다. 또 과일주를 담그거나 식초나 사탕을 만들 수도 있다. 나무는 섬유질이 길어서 펄프를 만든다. 수액은 살충 효과가 있어서 뜨거운 물에 용해시켜 살충제로 사용하기도 하고, 접착제를 만들기도 한다.

베트남에서 캐슈넛을 재배하는 지역은 주로 중부 이남 지역으로 23개 성에서 재배되고 있으며, 가장 많이 재배하는 곳은 빙프억 성이고 가장 적게 재배하는 성은 롱안 성이다. 2015년 캐슈넛의 재배면적은 284,100ha에 생산량은 345천 톤이었다.

9) 코코넛 dừa

코코넛만큼 쓰임새가 많은 나무도 없다. 우선 코코넛 파이버와 코코넛 오일이 있는데, 코코넛 파이버는 가볍고 질기며 염분에 강해서 밧줄, 매트 외에

■ 코코넛

도 방음, 방열 제품의 원료, 매트리스, 비행기 의자 등에도 사용된다. 코코넛 오일은 버터, 마가린, 식용유, 비누 제조에 사용되고 화장품의 주요 원료인 글리세린의 원료이다. 코코넛 과육을 짜면 코코넛 오일을 얻고, 신선한 코코넛 과육은 코코넛 사탕의 원료가 된다. 코코넛 분유를 만들 수도 있는데, 이것은 말레이시아에서 최초로 개발된 것으로 보관이 용이해서 빠르게 확산되었다. 잎사귀로는 지붕을 이거나 삿갓, 바구니를 만들고, 나무로는 젓가락, 수저, 빗 등 각종 수공예품을 만든다. 오일을 정제하고 난 찌꺼기는 사료의 원료로 사용된다. 겉껍질을 탄화시키면 활성탄이 된다. 이렇듯 코코넛 나무는 경제성이 높지만 심고 기르는 데 공이 많이 들지 않는 매우 유용한 식물이다.

코코넛 나무는 북부에서 남부 지역까지 베트남 전국에서 재배한다. 특히 이 나무는 염분이 있는 땅에서도 자랄 수 있기 때문에 바닷가에서도 흔히 볼 수 있다. 코코넛을 가장 많이 재배하는 지역은 벤째Bến Tre 성인데, 이곳에서는 2010년부터 매년 '코코넛 페스티벌'이 열린다. 코코넛은 과일 상태로 수출하기도 하지만 과육을 갈아 건조시킨 상태나 과육과 속껍질을 말린 상태로 수출하는 경우가 많다. 베트남 코코넛이 과일 형태로 우리나라에 수입되기도 했는데, 처리를 잘 하면 40~50일 동안 야자수를 과일 상태로 보관할 수 있다고 한다.

10) 뽕나무 cây dâu

뽕나무는 대부분 잎을 얻어서 누에를 치기 위한 목적으로 재배하는데, 충분한 햇빛과 25~32℃의 적절한 온도 그리고 수분을 공급하면 좋은 품질의 잎을 얻을 수 있다. 프랑스 식민지 이전에는 주로 북부에서 재배되었지만, 이후에 규모가 크게 확장되었다.

한서漢書에도 베트남이 "일 년에 두 번의 벼농사와 여덟 번의 누에를 친다"고 기록되어 있다. 조선 중기의 학자인 이수광의 문집인 『지봉집(芝峰集)』에 다음과 같은 기록이 있다. 1598년 중국의 연경에서 만난 베트남 사신 풍칵꽌에게 이수광이 물었다. "귀국에는 일 년에 두 번 익는 벼와 여덟 번 치는 누에가 있다는데, 사실인가?" 그러자 풍칵꽌이 "일 년에 두 번 익는 벼와 보리가 있고, 여덟 번 치는 누에와 삼이 있다"라고 대답하였다. 베트남에는 "사람이 예쁜 것은 비단 때문이고, 벼가 좋은 것은 거름 때문이다Người đẹp vì lụa, lúa tốt vì phân"라는 속담이 있다. 사람의 멋을 드러내는 데는 실크 만한 천이 없다는 것을 강조한 말일 것이다.

베트남의 유명한 실크 생산지는 하노이 하동구의 반푹Vạn Phúc 마을이다. 일반적으로 '하동 실크lụa Hà Đông'로 알려져 있다. 누에를 가장 많이 치는 곳은 서부 고원지대의 럼동 성이다. 개방 이후 실크 제품의 문양과 염색, 디자인을 개발하여 성공한 기업들이 많이 생겨났으며, 외국 관광객들로부터 많은 호응을 받고 있다.

■ 하동 실크

11) 카사바 sắn

■ 카사바

카사바 cassava는 타피오카 tapioca라고도 하는데 높이는 2~3m 이며, 보통 6~12개월이면 수확이 가능한 뿌리 식물이다. 뿌리의 껍질을 벗기고 물에 담가 독성을 제거한 후 찌면 거의 고구마와 같은 맛이다. 뿌리의 머리와 끝은 옛날에는 대체 식량으로 많이 사용하였지만 현재는 공업용으로 많이 사용된다. 주정, 사료, 조미료, 라이신, 구연산 등의 원료로 사용되며, 갈아서 정제하여 말리면 전분을 얻을 수 있다. 카사바를 가장 많이 생산하는 나라는 나이지리아, 태국, 인도네시아 순이다. 베트남은 세계 10위 내외이며 서부 고원지대와 동남부 각 성에서 많이 지배한다. 우리나라에서는 주정의 원료로 많이 사용되고 있으며, 태국과 베트남 등 동남아에서 주로 수입하고 있다.

12) 과일

풍부한 일조량과 강수량으로 베트남은 과일이 풍부하다. 우선 자몽 bưởi이 있다. 자몽은 종류가 많은데, 주로 산지의 지명을 붙여서 종류를 구별하는 경우가 많다. 북부 지역에서 유명한 것은 도안홍 자몽 bưởi Đoan Hùng, 중부에는 푹짜익 단 자몽 bưởi đường Phúc Trạch, 남부에는 떤찌에우 자몽 bưởi Tân Triều이 있다.

쫌쫌 chôm chôm은 람부탄이라고 하는데, 리치와 같은 과에 속하며 껍질에 털이 돋아 있는 것이 특징이다. 과육은 희고 두꺼우며, 리치보다 즙이 덜하

■ 자몽

■ 쫌쫌

다. 비타민 C와 미네랄이 풍부하며 뿌리는 물과 같이 끓여서 해열제로 사용하기도 한다.

베트남에서는 파인애플dứa을 '과일의 왕vua của các loại quả'이라고 한다. 토종 파인애플dứa ta 서양 파인애플dứa tây의 두 종류가 있으며, 토종이 크기는 더 크지만 신맛이 더 강하다. 전국에 걸쳐 재배가 가능하지만, 특히 북부 구릉지와 남부 지역에서 많이 재배된다.

■ 파인애플

파파야đu đủ는 서민적인 과일이며, 비타민 A와 C가 풍부하다. 남부 지역에서 재배하는 파파야는 과육이 붉고 향기가 좋으나 단맛은 덜하다. 긴 호박 모양이며, 메콩 델타 지역과 캄보디아 국경 지역에서 많이 재배한다. 북부 지역에서는 겨울에 추위 때문에 과일이 더디게 익으므로 많이 재배하지 않는다. 과육이 노란색 파파야는 남부 지역에는 긴 호박 모양이면서 노란 파파야가 재배되는데, 단맛이 나지만 향기는 붉은 파파야보다 덜하다.

■ 파파야

슈가애플custard apple은 북부에서는 나na라고 하고, 남부 지역에서는 망꺼우mãng cầu라고 부른다. 수류탄을 연상시키는 솔방울 모양으로 겉은 초록색이며 과육은 희고 씨는 검다. 남부의 닝투언 성과 붕따우 성에서 많이 재배되고, 길쭉한 호박 모양으로 가시가 있는 형태의 것도 있는데 과일이 아주 크고 과육도 두꺼우며, 신맛이 난다.

■ 슈가애플

잭 푸루트라고 하는 밋mít은 열량이 높은 과일이다. 나무줄기에서 과일이 열리며, 때로는 밖으로 돌출된 뿌리에 열리기도 한다. 종류도 다양하며 메콩델타 지역에서 많이 재배한다. 과육은 노란색이며 단맛이 있다. 밋 나무는 귀한 목재로 인쇄용 목판, 조각 등에 사용하고 씨는 음식 재료로 사용된다. 과일은 타원형이며, 표면에 작은 돌기가 있다.

■ 잭 푸루트

용안은 냔nhãn이라고 부르며, 리치, 람부탄과 같은 과에 속한다. 남부와 북부에서 모두 재배하지만 종류가 다르다. 북부지역의 냔은 나무가 크고, 과육이 얇고 씨가 크다. 흥이엔 성의 냔이 유명하고, 남부에서는 동탑 성의 냔이 유명하며 과육이 두껍고, 물이 많으며 씨가 작다. 과육을 말리면 한약재로 사용되는 용안육이 된다. 나무 역시 귀한 나무로 치며, 냔이 풍년 들면 그해에 비가 많이 온다는 속설이 있다.

두리안은 서우지엥sầu riêng이라고 부른다. 옛날에 베트남 남부지역의 한 청년이 돈을 벌기위해 캄보디아에 갔고, 이 청년이 그곳의 병든 처녀를 고쳐주었다. 그리고 그녀를 아내로 삼았다. 둘은 행복하게 살았지만 얼마 되지 않아 아내가 죽었다. 청년은 고향으로 돌아와 아내를 그리워하며 씨를 심었다. 그리고 과일이 열리자, 그것을 따서 아내에게 제사를 지낸 다음 동네 사람들에게 나누어 주었다. 동네 사람들은 맛있다고 칭찬했다. 그러고 나서 수확 때가 되기 전에 그 청년도 죽었다. 동네 사람들은 안타까워하며 그 과일의 이름을 서우지엥(고독)이라고 지어주었다는 전설이 전해진다. 이 두리안은 그 향이 너무 진해서 먹을 수 있는 사람에게는 아주 특별한 향기로 느끼지만, 그렇지 않은 사람에게는 역겨운 냄새로 느껴진다. 비행기나 고급 호텔 등에서는 반입 금지 품목으로 지정되어 있다. 과일은 아주 크고 1~4kg, 날카로운 가시가 있다. 메콩델타 지역의 띠엔쟝, 벤째, 껀터에서 많이 재배된다.

리치는 바이vải라고 하는데, 북부 국경지역에서 재배되기 시작했다. 여러 지역에서는 "검은 뻐꾸기 과일quả tu hú"이라고 부른다고 한다. 이것은 과일을 수확

■ 용안

■ 리치

기에 검은 뻐꾸기가 울기 때문에 붙여진 이름이다. 껍질은 붉은 갈색이며 얇고, 표면이 울퉁불퉁하다. 과육은 달고 씨는 짙은 갈색이다. 하이즈엉 성 타잉하 지역에서 나는 바이가 유명하며 바이 티에우vải thiều라고 한다. 음력 5월에서 7월 사이에 수확하고, 장에 좋다고 하여 여러 약재로도 사용된다. 단기간에 수확하기 때문에 다 소비시킬 수 없어서 건조하여 팔기도 한다.

밀크 푸루트라고 하는 부스어vú sữa는 남부에서 재배되기 시작하여 북부로 퍼져나갔다. 크기는 작은 사과만하고 둥글며, 껍질은 초록색 또는 짙은 보라색을 띤다. 가로로 자른 단면은 별이 박혀있는 모양이라고 하여 '별사과táo sao'라고도 부른다. 칼로 잘라서 먹지 않고, 손으로 주물러서 부드럽게 하면 즙이 많이 나오고, 그 즙은 마치 우유와 같다. 즙을 마신 다음에 과육을 먹는다.

망고는 소아이xoài라고 하며, 베트남의 여러 과일 중에서 비교적 귀한 과일에 속한다. 음력 4, 5월에 수확을 시작하여 7월까지 이어진다. 일조량이 많은 지역에서 나는 것이 맛이 있다. 전국에서 재배되지만 북부에서는 선라 성, 남부에서는 끼엔쟝 성 지역이 많이 재배한다. 종류도 다양하며 잘 익은 것은 달고 덜 익으면 신맛이 난다. 덜 익은 것은 요리에 신맛을 낼 때 사용하기도 한다. 열량이 아주 높고, 주스를 만들거나 건조 가공하여 수출도 한다.

■ 밀크푸루트

■ 망고

13) 석탄than đá

베트남의 석탄 매장량은 약 484억 톤으로 추정하고 있으며, 2017년 1월에서 4월 중순까지 약 50만 톤에 7천9백만 달러의 수출을 기록하여, 2016년 동기 대비 7배나 증가하였다. 주 생산지는 유명 관광지인 하롱베이가 있는 꽝닝Quảng Ninh 성이다.

14) 원유dầu thô

베트남 원유는 붕따우 동남부 대륙붕에서 집중적으로 개발, 생산되고 있다. 미국 에너지 정보 관리국(EIA)에 따르면 베트남 동쪽 바다에 110억 배럴, 1,900조 입방피트의 천연가스가 매장되어 있다고 한다. 이 지역은 중국의 남부, 인도네시아의 북부, 말레이시아와 부루나이의 서북쪽, 싱가포르의 동북쪽에 있는 바다로 각국 간 영해 분쟁이 발생하고 있는 지역이다.

2012년 베트남의 원유 수출량은 928만여 톤이며, 우리나라는 91만여 톤을 수입하였다. 베트남 원유를 가장 많이 수입한 국가는 일본으로 278만 톤을 수입했다.

■ 꽝닝 성 석탄 광산

다양함이
공존하는
베트남

2

다양함이 공존하는 베트남

1. 종족các dân tộc

■ 어두족

베트남은 여러 종족으로 이루어진 국가인데, 현재까지 알려진 베트남의 종족 수는 다수 종족인 베트남족을 포함하여 54개 종족이 있다. 그 중 1999년에 출판된 "베트남 54 종족과 기타 명칭"에 소개된 10만 명이 넘는 종족 수는 13개였다. 가장 인구가 적은 종족은 약 380여 명으로 응에안 성에 사는 어두ơ Đu족이다. 그리고 2009년 4월 기준의 베트남 통계총국의 자료를 보면 인구가 10만 명이 넘는 종족 수가 20개이다. 또 현재 새로운 종족이 발견되었다는 얘기도 있다. 여기에서는 인구가 비교적 많은 14개 종족을 간략히 소개한다. 각 종족의 인구수는 베트남 통계총국의 자료를 근거로 한 것이다.

1) 낑Kinh 족

■ 낑족

낑족은 베트남족을 종족으로 구분할 때 쓰는 이름이다. 인구 73,594,427명으로, 다수 종족이다. 베트남 전국에 걸쳐 살고 있으며, 특히 평야지역에 밀집되어 살고 있다. 옛날에 양자강 이남에 살던 백월족 중의 하나였으며, 베트남 서쪽과 서북쪽에 살던 종족이 기원전에 중국에 동화되어 따이Tày족과 타이Thái족이 되었고, 평야와 구릉지에 살던 종족은 중국의 문화를 받아들였지만 동화되지 않고 고대 베트남족의 문화를 유지하고 있었다. 한편 중부지역에는 인도문화를 받아들인 종족인 짬족이 있었고, 북부지역에 있던 베트남족이 938년 중국으로부터 독립하여 그들의 문화를 유지하고 발전시키면서 오늘날에 이르렀다.

2) 따이Tày 족

북부 구릉지와 산악지역에 살며 인구는 1,626,392명이다. 논농사가 주이며, 목축과 가금, 차, 유실수를 재배한다. 직조와 대나무 공예 등의 수공업이 발달했고, 사냥과 채집의 전통도 유지하고 있다. 15~20호가 모여 마을을 이루고 지상가옥과 일반 주택이 있으며, 집안에서는 남녀가 방을 따로 사용한다. 엄격한 가부장제를 유지하며, 혼례와 장례 등의 절차가 아주 번거롭다. 조상숭배를 대단히 중시하며 많은 민간신앙이 존재한다. 고유문자 없고 "놈따이Nôm Tày"라고 하는 한자를 이용한 문자를 사용하나 아주 제한적이다.

■ 따이족

따이족은 태몽에서 넓은 숲을 보거나 많은 나무를 자르면 사내아이로, 채소를 수확하거나 푸른 들판을 보면 딸이라고 여겼다. 아이가 태어나면 파란 나뭇잎을 문 앞에 걸어서 사람들에게 알리고 3일 동안은 외부 사람이 들어오지 않도록 했다. 이 3일 동안은 집안사람들도 남의 집에 가지 않으며, 새로운 나무와 이상한 물건을 산모 방에 가져가지 않는다. 9일 동안에 남편은 총이나 칼을 사용해서도 안 되며, 말뚝을 박거나 못을 박아서도 안 된다. 3일 후에 점쟁이를 불러 제를 지내고 생강차를 마신다. 이것은 마귀를 쫓고 아이의 건강을 기원하는 의미이다. 한 달이 되면 형편에 따라 돼지 또는 닭을 잡아 잔치를 하고, 외할아버지는 요람을 선물하고, 외할머니는 아기 띠를 선물한다. 그리고 이름을 짓는다. 생후 40일이 지나면 산모는 일상적인 생활을 한다.

3) 타이Thái 족

서북 및 중서부 지역에 모여 살며 인구는 1,550,423명이다. 논농사가 아주 발달되었고 도자기, 직조 등의 수공업이 유명하다. 여성은 흰 윗도리에 검정치마를 입는다. 각 씨족별로 금기사항이 있는데, 어떤 성씨는 호랑이 고기, 새 고기를 먹지 않는 등의 금기가 있다. 조상숭배의 신앙과 농업생산과 관련된 의례가 많고, 고유한 문자를 갖고 있다.

서북 지역에 사는 타이족은 남녀가 서로 사랑하면 남자 쪽 집에서는 집안의 여자를 여자 쪽 집에 보내 의견을 묻는다. 여자 쪽 집에서 만족해하면 술 네 병과 떡 백 개, 빈랑 두 봉지와 생차 두 봉지와 함께 남자 중매쟁이를 보내서 의견을 묻는다. 여자 쪽 집에서 동의하면 중매쟁이와 신랑 일행이 예물을 들고 여자 쪽 집을 방문하고, 예비 신랑은 결혼식 때까지 여자 쪽 집안일을 도우면서 지낸다. 결혼식 역시 남자 쪽 집에서 예물과 음식을 가지고 여자 쪽 집으로 가서 잔치를 베푼다. 신부를 데려가도록 허가하는 결정하는 사람은 신부의 큰아버지나 작은 아버지이다. 그렇기 때문에 결혼식 날 이들은 아주 정중한 대우를 받는다. 신부 집에서의 의례를 치른 후 신랑 집에 도착하면 집안으로 들어가기 전에 신랑 집의 어린아이에게 약간의 돈을 주는 풍습이 있다. 3일 후에 신랑과 신부가 다시 신부 집으로 가서 첫날밤을 보낸다. 이 때 아이를 많이 낳은 여자가 돗자리를 깔아준다. 그리고 1년에서 3년 동안 처가살이를 한 후에 남자 집으로 돌아온다.

4) 므엉Mường 족

호아빙 성과 타잉화 성 서북쪽에 집중적으로 모여 살며 인구는 1,268,963명이다. 그들 자신은 몰Mol, 모아이Moai, 모Mo족이라고 부른다. 므엉이라는 명칭은 약 100여 년 전부터 사용되었는데, 므엉은 원래 산악지역의 행정단위의 명칭이었다. 므엉족과 베트남족은 본래 한 종족이었던 것으로 알려지고 있다. 평야지역에 살던 종족이 베트남족이 되고 산악지역에 살던 종족이 므엉족이 된 것이다. 벼농사가 주이나 목축과 채집생활의 전통을 유지하고 있다. 세습 가부장제의 전통에 의한 사회조직이 잘 되어 있고, 지상가옥에 살며 부엌을 중심으로 집안 생활이 이루어진다. 결혼 풍습은 베트남족과 유사하며 장례 의식은 엄격하고 비용이 많이 든다. 므엉어의 80%가 베트남어와 같다.

므엉족 중에서도 므엉비Mường Bi족의 장례 절차를 보면, 사람이 죽기 전에 징을 세 시간 간격으로 세 번 쳐서 친척들에게 알려, 임종하도록 한다. 사망하면 징을 연속적으로 친다. 그런 다음 자몽 잎사귀 물로 목욕을 시키고 나서 나뭇잎과 흰색 천 4장을 깔고 집안 가운데에 안치한다. 위에 면 이불과 수십 장의 홑이불을 덮고, 양쪽에 두 장의 실크 천을 깐다. 그리고 나서 집안의 연장자가 석탄을 바닥에 놓고, 망자에게 옷과 천을 건네주며 독경을 한다. 망자 주변은 커튼을 두르고, 친척들은 상복을 입는다. 장남은 조상의 제단 문 앞에서 칼을 뽑아 세 번 내리친다. 이것은 이제부터 장남이 조상에 대한 제사를 모시는 사람이라는 것을 알리는 의미이다. 이어서 징 소리를 크게 울리고, 친척들이 울기 시작한다. 그리고 제사장을 모셔다가 제를 준비하면서 정식으로 장례가 시작된다.

■ 므엉족

5) 크메르Khmer 족

주로 메콩델타 지역의 각 성, 특히 속짱과 짜빙 성에 많이 거주하고 하고 있으며, 크메르어를 사용한다. 인구는 1,260,640명이다. 캄보디아에 사는 크메르족과 구별하기 위해 메콩델타에 거주하는 크메르인을 "크메르 크롬"이라고 부르기도 한다. "크롬"은 캄보디아어로 "아래"라는 뜻이라고 한다. 논농사를 주로 하며, 남부 베트남 평야지역에 맞는 그들만의 독특한 농기구를 만들었으며, 어업과 돗자리, 직조 등도 발전했다. 토기는 낮은 온도(600~800℃)에서 구운 단순한 것이다. 음식은 쌀과 생선, 야채와 독특한 느억맘이 유명하다. 주로 시고 매운 것이 특징이다. 대부분 일부일처제의 소가족이나 3~4대가 같이 사는 대가족도 있으며, 모계사회의 영향이 아직도 많이 남아 있다. 결혼식을 처가에서 거행하며, 신랑이 처가에 몇 년 동안 또는 자식을 낳을 때까지 머물다가 독립한다. 화장이 보편화되어 있고, 유골은 절에 있는 탑에 안치한다. 남자아이는 3~5년 동안 출가하여 절에서 수행한다.

■ 크메르족

6) 호아Hoa 족

화교를 말하는데 인구는 823,071명이다. 진나라와 한나라 때부터 화교가 있었다고 하지만 그들은 대부분 베트남인과의 혼혈로 베트남족에 동화되었고, 오늘날 화교라고 하는 것은 주로 중국 명나라 이후로 베트남에 정착한 중국인을 말한다. 베트남 남부의 도시는 물론 농촌에도 널리 퍼져있다. 부계사회와 대가족제도, 조상숭배의 전통을 갖고 있다. 가장 두드러진 집단 거주지로 호찌민 시의 쩔런Chợ Lớn이 있는데, 이들은 주로 수공업과 상업에 종사한다. 쩔런이라는 의미는 "큰 시장"이라는 뜻이다.

■ 호아족

화교가 남부 베트남에 거주하기 시작한 것은 중국 강서성 무관이었던 양언적楊彦迪 일행이 응웬 군주의 심복이 되어 1679년 지금의 미토에 정착하였고, 광동 성의 무관이었던 진상천陳上川 일행이 지금의 비엔호아에 정착했다가, 1698년 사이공으로 이주하여 밍흐엉 마을에 정착한 것으로 전해진다. 1975년 통일 당시 남부 베트남에는 약 150만 명의 화교가 거주하고 있었다고 한다. 그러나 통일 이후 많은 화교들이 자발적으로 또는 타의에 의해 베트남을 떠났다. 특히 1979년 2월 17일 발발한 중월전쟁 이후 화교의 베트남 탈출이 급증하였다. 이와 관련하여 후이득은 주목할 만한 내용을 소개하고 있다. 베트남 경찰이 공식적으로 금을 받고 배를 알선하여 화교들의 탈출을 조장하였다고 한다. 비밀리에 수행된 이 작전명은 "두 번째 방안phương án 2"이라고 불렀다. 비밀을 유지하기 위해 문서를 남기지 않고 구두로 전달되었다고 한다.

7) 눙Nùng 족

베트남 북부 산악지역에 흩어져 살며 인구는 968,800명이다. 밭벼, 옥수수, 과실수를 재배하고 일부는 논농사도 한다. 직조, 도자기 제조 등의 수공업이 있고 사냥과 채집생활의

■ 눙족

전통도 유지하고 있다. 주택은 주로 앞에는 논이고 뒤에는 밭인 언덕에 짓는데, 지상가옥 또는 기와집, 흙집 등이 있다. 돼지기름을 사용해서 볶은 음식을 좋아하며 따이족과 유사한 풍속을 갖고 있는데, 며느리는 시아버지, 남편의 형제들과 엄격한 거리를 둔다. 그러나 남편의 형제와 결혼하는 풍속을 갖고 있는 경우도 있으며, 조상숭배, 불교, 민간신앙을 숭배한다.

　눙족 여인은 자신의 방에서 산파의 도움 없이, 낮은 의자에 앉아 양손으로 기둥을 잡고 아이를 출산한다. 아이가 나오면 산모가 칼로 탯줄을 끊는다. 탯줄은 통에 넣어, 딸이면 침상 밑에 묻고, 아들이면 벽에 걸어둔다. 눙족 중에서도 눙짜오Nùng Chao족은 탯줄을 대나무 통에 넣어 다른 사람들이 보지 못하도록 집에서 멀리 떨어진 풀밭에 잘 묻는다. 눙로이Nùng Lòi족은 탯줄을 한지로 싸서 산모나 할머니의 옷장 밑에 둔다. 첫 이레 동안 산모는 보통 방 안에 있어야 하고, 만약 방 밖으로 나갈 경우에는 실로 허리를 묶고 나가야 된다. 이는 마귀가 산모와 아기에게 침입하는 것을 막기 위한 것이라고 한다. 이 마귀는 아이의 얼굴색을 바꾸는 마귀라고 한다. 아이가 태어나면, 반쯤 태운 자몽 가지를 계단 앞에 꽂아 놓아, 외부 사람들로 하여금 아이를 출산했다는 것을 알린다. 3일 동안은 외부인이 들어갈 수 없다. 아이가 태어난 지 3일 째에 아이의 건강을 기원하는 제를 지내고 이어서 그 아이를 위한 산파 신 제단을 만들어 제를 지낸다. 산파 신 제단은 보통 조상의 제단 옆에, 그리고 조금 낮게 만들고, 그 아이가 결혼하면 철거한다. 이어 아이의 아버지가 아이를 안고 나와 조상에게 고하고, 친가와 외가의 식구들에게 소개한다. 그리고 한 달이 되면 아주 큰 잔치를 벌인다. 눙안Nùng An족은 아이의 이름을 친숙한 동물인 개, 고양이 등으로 짓고, 성년이 되었을 때 비로소 정식 이름을 짓는다. 눙지Nùng Dih족은 이름을 두 개 짓고,

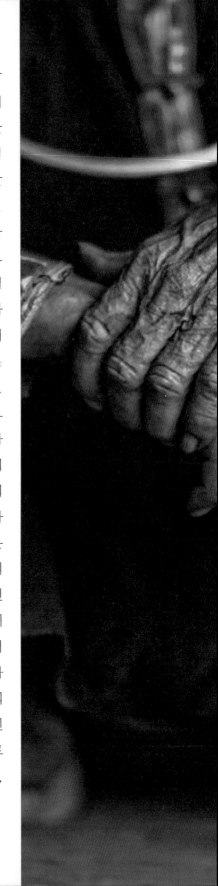

첫 번째 이름은 15일까지 사용하고, 15일 이후로 청년이 될 때까지는 두 번째 이름을 사용한다고 한다.

8) 몽Mông 족

흐몽H'mông이라고도 한다. 북부와 중부 고지대에 살고 있으며, 인구는 1,068,189명이다. 메오Mèo, 미에우Miêu족이라도 불렀다. 계단식 농업이 발달했고, 벼 외에도 옥수수, 보리, 약재를 재배한다. 목축과 사냥, 채집생활도 한다. 주로 씨족별로 마을을 이루어 산다. 화려한 색으로 수를 놓은 옷을 입으며, 자유연애, 동성금혼의 풍속이 있다. 남자 집이 너무 가난하여 결혼식을 치를 형편이 안 되면 부모의 동의하에 은밀한 곳에서 여자를 만나 집에 데려오는 습속이 있다. 또한 다양한 구비문학이 전해진다.

이들에게 죽음은 조상과의 재회를 이루는 것이라고 생각하기 때문에 장례식에서의 슬픔이 덜하다고 한다. 이들이 가장 두려워하는 것은 망자가 조상을 만나지 못하는 것이라고 한다. 사망이 확인되면 총을 쏴서 알리는데, 노인은 9발, 중년은 7발, 청년은 5발, 아이는 3발의 총성을 울린다. 망자에게 목욕을 시키고, 수의를 입히고 신발을 신겨 방의 가운데에 안치한다. 친족은 망자의 길 안내인을 선택하고, 닭을 잡아 간은 제사를 지내고, 나머지는 망자의 머리맡에 걸어둔다. 길 안내인이 망자의 혼을 안내한다. 사망의 피리를 분다. 이것은 망자의 혼과 집안의 마귀가 이별을 하고, 묘를 찾아가는 것을 알리는 의식이다. 그리고 나서 망자가 말에 오르는 의식의 피리를 분다. 다음에 피리를 부는 사람과 친척들이 집 주변을 3~4 바퀴 돈다. 그리고 친척들이 협의하여 장례 업무를 담당할 사람을 지정한다. 문상객은 정해진 날에 와야 하며 그렇지 않을 경우에는 영접하지 않는다고 한다. 여자 쪽 사돈은 반드시 닭 2마리와 소시지를 예물로 내야 한다. 저녁이 되면 망자의 삶과 죽은 이유에 대해서 이야기하는데, 보통은 다음 날 아침까지 이어지기 때문에 상주는 돼지를 잡아 접대한다. 그리고 발

■ 몽족

인한다. 중간에 휴식을 가지는데, 이때 관 주변에 메어둔 소를 잡는다. 이어서 장지로 가서 매장을 한다. 매장 직전에 장례를 집전하는 사람이 칼로 망자의 옷을 찢고, 휴대한 물건들을 부순다. 가족들은 고인의 마지막 얼굴을 볼 수 있다. 13일 후에 탈상을 한다.

9) 자오Dao 족

751,067명의 인구가 있고, 중국 및 라오스 국경지역과 내륙의 구릉지에서 살고 있다. 벼농사와 구황작물을 재배하고, 직조, 목재가공, 종이제조, 채유 등의 수공업은 물론 목축과 어업에도 종사한다. 강가나 물을 쉽게 끌어들일 수 있는 지역에 마을을 형성하고, 주변에서 쉽게 얻을 수 있는 재료로 집을 짓는다. 따라서 일반 주택은 물론 지상가옥, 반지상가옥 등이 있다. 여성의 장신구 형태에 따라 종족이 세분되기도 한다. 12살 이상이 되어 죽으면 화장을 하고, 장기 혹은 단기간의 데릴사위제가 있다. 문자가 없어 한자를 이용해서 적는데 이러한 문자를 '놈자오'라고 부른다.

자오족의 출산은 산모가 앉아서 혼자 낳거나 남편의 도움을 받아서 출산하고, 외부 사람에게 의지하는 경우는 아주 드물다고 한다. 아이가 울음을 터트리면 따뜻한 물로 목욕을 시킨다. 탯줄을 잘라서 바구니에 넣어 나뭇가지에 올려둔다. 이는 아이가 시원하고 건강하라는 의미가 있다고 한다. 또한 탯줄을 말려서 약제로 사용하고, 산모는 식사 때 생강과 술을 같이 마신다. 출산을 알리는 표시는 푸른 나뭇가지나 바나나 꽃을 걸어둔다. 만일 출산을 알리는 표시를 하기 전에 외부 사람이 집안에 들어왔고, 그 사람이 남자라면 그 사람은 양부가 되고, 아이의 이름을 '손님'이라고 지어야 한다고 하는 풍습이 있지만 아주 드문 경우이다. 산모는 제사를 지내는 곳, 부엌에 가면 안 되었다. 만일 남녀 쌍둥이를 낳았을 경우에는 제를 지내야 아이를 키울 수 있다고 생각했다. 태어난 지 3일 후에 산파 신제단을 만들고 잔치를 벌인다.

■ 자오족

10) 자라이 Gia Rai 족

인구는 411,275명이며, 자라이 성에 주로 집중되어 있고 부근의 꼰뚬 성과 닥락 성 일부에 살고 있다. 화전을 일구어 밭벼를 재배하나 기술이 낙후되어 있다. 그러나 목축과 가금이 발달했고 아직도 사냥과 채집생활을 유지하고 있다. 주택은 에데족의 것과 같고, 계곡이나 산등성이에 집을 짓는다. 모계사회의 전통을 갖고 있으며 생산과 관련된 여러 신을 믿는다. 전통 악기와 음악이 있고 특히 춤을 좋아한다.

자라이족은 결혼 상대자를 자유롭게 고를 수 있으며, 특히 여성이 주도적으로 남성을 선택한다. 마음에 드는 총각을 찾은 처녀는 중매쟁이를 통해서 총각에게 자신의 팔찌를 보낸다. 총각은 동의하면 팔찌를 받고, 동의하지 않으면 팔찌를 거절한다. 거절당한 처녀는 2~3번 계속해서 팔찌를 보낼 수 있고, 끝까지 거절하면 결혼은 성사되지 않는다. 상대방이 동의하면 중매쟁이를 통해서 만날 일시와 장소를 정하고, 그날 처녀는 팔찌를 돌려받는다. 이날에 처녀 집에서는 전통술을 한 통은 중매쟁이에게, 한 통은 총각에게 그리고 한 통은 자신들이 마실 것으로 준비한다. 남자 집에서는 돼지 한 마리를 준비한다. 그리고 한 달 후에 처녀 집에서 결혼식이 거행된다. 방 가운데

■ 자라이족

에 전통 술통을 놓고 남녀가 출입구를 향하여 나란히 앉는다. 중매쟁이가 옆에 앉아서 전통술을 마시게 하고, 두 사람이 팔찌를 교환하도록 한다. 이것은 여자가 남자를 버리면 여동생을 남자에게 주어야 하고, 남자가 아내를 버리면 4마리의 물소로 배상해야 한다는 것을 서약하는 의미가 있다. 그리고 그날 밤 꿈을 중매쟁이에게 알린다. 줄을 잡고 있거나 풀을 베거나 대나무를 자르는 꿈을 꾸면 좋지 않은 꿈이라고 하여 중매쟁이가 신에게 나쁜 일을 일 년 뒤로 미루어 달라고 기원한다. 그리고 다시 나쁜 꿈이 나오면 헤어져야 한다. 그러나 그것을 감수하고 같이 살 수도 있다고 한다. 결혼식 2~3일 후에 총각은 자기 집으로 돌아온다. 처녀는 다시 술 한 통과 닭

한 마리를 가지고 남자 집으로 찾아와 남자를 달라고 요청한다. 보통 남자 집에서는 거절을 하고, 한 달 후에 여자가 다시 찾아와서 시어머니에게는 옷을, 남편에게는 닭 한 마리를 선물하고, 3일 동안 남자 집에 머물면서 땔감을 구하고, 물을 긷고, 천을 짜는 등 며느리 역할을 한다. 그리고 나서 남자를 자기 집으로 데려오면 결혼식이 끝나는 것이다.

11) 에데Ê Đê 족

인구는 331,194명으로 중부의 닥락 성과 자라이 성 남부, 푸이엔 성과 카잉호아 성 서쪽에 살고 있다. 화전과 목축, 사냥, 채집경제를 한다. 목재를 사용해서 강가나 언덕에 가로로 긴 집을 짓는다. 여성들은 은이나 구리로 된 장신구를 좋아하고, 복장은 화려한 색깔의 천으로 치마와 짧은 윗도리를 입는다. 많은 신화와 전설이 있으며 "담산"이라는 서사시가 유명하다.

에데족은 모계사회의 전통을 갖고 있어, 여자는 어머니 성을 따르고, 집안의 중요한 일을 여자가 결정한다. 장성한 에데족 처녀는 주도적으로 남편될 사람을 찾아야 한다. 이러한 기회는 마을의 잔치나 축제, 제사 등의 기회를 이용한다고 한다. 특히 봄에 벌어지는 각 축제가 좋은 기회라고 한다. 여성이 맘에 드는 남성을 고르면 집에 와서 부모에게 말하고 중매쟁이를 통해서 남자 집에 의사를 물어보도록 한다. 남자의 부모는 자식의 의견을 물어서 대답을 한다. 남자 측에서 동의하면 여자 측에서는 중매쟁이를 통해 구리 목걸이와 술 한 통을 예물로 남자 집에 보낸다. 남자 집에서도 정혼의 의미로 구리 목걸이를 여자 집에 보낸다. 그리고 남자 집에서는 여자 집식구들에게 잔치를 베푼다. 그리고 보통 남자 집에서 여자 집에 요구하는 재물이 있는데, 물소 한 마리, 타잉라thanh la라고 부르는 꽹과리 한 개, 닭 한 마리, 술 10통, 구리 또는 금으로 된 목걸이 2개를 요구한다고 한다. 많은 경우, 여자 집에서 이 재물을 지불할 수 없어서 결혼식이 몇 년씩 연기되기도 한다.

■ 에데족

또 남자 집에서 양해를 하는 경우 결혼식을 올리고, 이 재물을 나중에 갚는 경우도 있다고 한다. 결혼식은 이틀 동안 이루어지는데, 첫날 여자 집에서는 소와 돼지를 잡고 신랑을 데려온다. 그리고 밤새 노래와 춤을 춘다. 둘째 날에는 모두 모여 돼지를 잡고 신랑 신부를 축하한다. 이 때 신랑과 신부는 술잔을 나누고, 양가 부모와 어른들로부터 당부와 덕담을 듣는다. 결혼식 후에 신랑은 아내의 말을 잘 듣겠다는 서약을 한다. 특히 아내가 외출할 때는 질통을 메고 따라갈 것을 약속한다고 한다.

12) 바나Ba Na 족

몬-크메르어군에 속하는 소수 종족으로 베트남 중서부 산악지역에 흩어져 살고 있다. 인구는 227,716명이다. 화전 농업으로 옥수수, 밭벼, 구황작물 등을 경작하고, 목축과 직조 그리고 연금술이 뛰어나다. 원두막 같은 형태의 주택으로 지붕이 높고 경사가 가파르게 되어 있으며, 마을을 이루어 산다. 상속의 균등, 결혼의 자유 그리고 자식이 결혼하여 아이를 낳으면 분가하는 풍습이 있다. 남자는 '동코'라고 하는 마치 스모선수들이 입는 옷을 입고, 여자는 천을 둘러서 치마로 입고 소매 없는 윗도리를 입는다. 다양한 제례와 음악, 춤 등 고유한 풍속을 갖고 있다.

바나족은 사람이 죽으면 상가가 장례를 치르도록 동네 사람들은 마을을 떠난다고 한다. 집 한 구석에 기둥을 세우고 사체를 세워서 안치한다. 사체 앞에 예물을 놓고 제를 지내고 꽹과리와 징을 치며 곡을 한다. 불 붙은 석탄을 집어 가슴에 대거나 칼로 가슴을 치고, 여자는 기둥에 머리를 찧는다고 한다. 이러한 행동은 망자에 대한 유감을 표현하는 것이라고 한다. 제사에 사용한 음식은 사체 앞에서 먹으며 그 음식을 사체의 입에 넣기도 한다. 장례 기간은 가정 형편에 따라 다르며, 제사의식이 끝나면 천으로 사체를 싸고 나무로 묶어서 운구한다. 매장 전에는 토신에게 제사를 지내고, 봉분을 높이 쌓고, 울타리를 만든다. 매장이 끝나면 마을 사람들이 돌아와 일상생활을 영위한다. 묘지는 1년이 지나면 제사를 지내고 봉분을 허물어서 평평

하게 한다. 이후로는 아무도 찾지 않는다고 한다. 상을 당한 사람은 장신구를 하지 않고 머리를 짧게 잘라서 상중에 있음을 표현한다고 한다.

13) 산짜이|Sán Chay 족

베트남 북부 산악지역에 흩어져 살며 인구는 169,410명이다. 따이-눙어와 유사한 말을 사용하는 그룹과 고대 광동어를 사용하는 그룹으로 나뉜다. 논농사가 주이며 30~40호가 모여 마을을 이룬다. 옛날에는 따이족의 것과 유사한 지상가옥에 살았으나 요즘은 일반적인 주택에서 산다. 부계사회의 전통이 있고, 결혼 후에 여자는 아이를 낳을 때까지 친정에서 살다가 출산 후에 시가로 와서 산다. 다양한 음악, 춤 등을 즐긴다.

■ 산짜이족

14) 꺼호|Cơ Ho 족

몬-크메르어군에 속하고, 베트남 중남부 지역인 럼동 성과 인근에 산재하고 있으며 인구는 166,112명이다. 화전을 이용한 밭벼와 논농사를 겸하고 있다. 과실수를 기르고, 요즘에는 커피, 뽕나무도 재배한다. 부계사회이지만 모계사회의 전통이 강하게 남아있어, 남녀가 평등하고, 혼인의 자유가 있다. 붉은 색을 좋아하는데, 이는 권력과 즐거움, 부유함의 상징이기 때문이다. 장신구를 좋아하고 다양한 예술 활동을 즐긴다.

■ 꺼호족

2. 언어

1) 문자

서기 1세기경부터 한자를 사용하기 시작한 것으로 추정되며, 20세기 초까지 2천년 동안 사용되었고, 13세기부터 사용된 쯔놈은 19세기까지 비공식 문자로 사용되었다. 현재 베트남 사람들이 사용하는 문자인 국어는 19세기부터 사용되기 시작했다. 따라서 국어의 역사는 약 150년 정도라고 할 수 있다.

① 한자

'베트남에서 문자가 언제 출현했느냐'하는 문제는 베트남 언어학자와 사학자들에게도 관심거리였다. 그들은 선사시대부터 베트남 말이 있었기 때문에 어떠한 형태로든 문자가 존재했을 것이라는 가설을 세우고, 그 흔적을 찾기 위한 노력을 계속했지만 아직까지는 선사시대의 베트남 문자에 관한 새로운 흔적을 찾아내거나 설득력 있는 설명을 못하고 있는 실정이다.

따라서 현재까지 알려진 베트남에서의 문자생활은 중국의 지배B.C.111~A.D.938를 받으면서부터 시작된 것으로 보고 있다. 이에 관해서는 당시에 베트남을 다스리던 중국인 지배자 중에서 선의로 베트남인들을 교육시키기 위해 글을 가르친 경우로 한나라 평제 때의 교지군 태수였던 석광錫光, AD.29~33년까지 구진군 태수였던 임연王延, A.D.187~226년까지 교지군 태수였던 사섭士燮, 진 나라 말기의 교주 차사差使였던 두혜도杜慧度의 예가 있고, 왕망의 난 AD.8~23과 189년 한나라 영제가 죽은 후 혼란을 피해서 베트남으로 많은 한학자들이 내려와서 한학을 전파한 경우, 그리고 2~3세기에 중국에서 난을 피해 베트남으로 온 승려들에 의해 불교가 전파되면서 한학도 전파된 것으로 전해지고 있다.

이렇게 유입된 한자는 20세기 초까지 베트남에서 공식문자로 사용되었다. 구체적으로 베트남에서 한학에 의한 과거제가 폐지된 것은 북 베트남에서는 1915년, 중부 베트남에서는 1919년에야 이루어졌다. 즉, 오늘날의 라틴어화한 베트남 문자는 1919년 이후로 전국적으로 널리 사용되었고, 한자와 그들의 민족문자인 '쯔놈'은 점점 사라져 갔다.

한학은 베트남이 중국으로부터 독립을 이룩한 이후 939년로 20세기 초까지 떠이선西山 정권의 통치기를 제외하고는 봉건 왕조의 공식문자로 자리잡게 되었다. 꽝쭝 황제는 쯔놈을 국가의 공식문자로 선포하고, 1789년 응에안Nghệ An에서 과거를 실시했는데, 이때는 한학에 의한 과거시험이 아니라 쯔놈에 의한 과거 시험을 치렀다. 그러나 꽝쭝 황제가 1792년에 사망함으로써 한자가 다시 공식문자로서 자리를 차지하게 된다.

② 쯔놈

타국 문자인 한자로는 베트남 사람들의 생각과 감정을 모두 표현하는 데에 한계가 있었다. 그래서 자신들만의 고유한 문자의 필요성을 인식하면서 베트남 민족의 문자인 '쯔놈'을 만들어 냈다. 쯔놈은 "𡨸喃"이라고 쓰며 현재의 베트남어로는 'chữ Nôm'으로 적는다. chữ는 '글자'를 의미하며, Nôm이란 '베트남 사람의 일상적인 말'이라는 의미의 고유 명사이다. 일부에서는 한자에 대응되는 개념으로서 '남방南方'이라는 뜻으로 사용하기도 하는데, 그 근거로 놈Nôm자가 '조놈'gió nồm, 동남풍에서 유래되었다는 점을 든다. gió는 바람, nồm은 동남향을 뜻하며, 'gió nồm'은 여름철에 동남향에서 불어오는 다습하면서도 시원한 바람을 가리키는 말이다. 그 nồm이라는 글자에서 Nôm이라는 글자가 유래되었다고 설명하기도 한다. 그래서 일부에서는 쯔놈을 'Southern scriptchữ Nôm'라고 표기하기도 한다. 어찌되었든 간에 '쯔놈'이란 '베트남 사람들의 글자'라는 의미이고, 국음quốc âm이라고도 부른다. 따라서 우리 일부에서 쯔놈을 '字喃'이라고 표기하고, '자남'이라고 읽는 것은 옳지 않다.

또한 우리가 한 가지 주의할 것은 '𡨸喃'이라는 글자는 중국인들에게는 아무런 의미도 없는 글자라는 것이다. 언뜻 보기에 그것은 한자 같지만 한자가 아니고 한자를 차용해서 만들어진 베트남 사람의 문자이기 때문이다.

쯔놈은 한자가 변형된 형태의 문자였기 때문에 한자를 잘 모르는 사람들이 보면 쯔놈을 한자라고 생각하기 쉽다. 그런데 실제로 쯔놈은 비록 글자의 형태가 한자와 같다고 하더라도 뜻이 다른 경우가 많았다.

쯔놈의 출현 시기에 관해서는 연구자들마다 의견이 서로 다르다. 상고시대부터 있었다는 의견과 중국 산동성 출신으로 6대째 베트남에 살면서 현지 토착민인 베트남인들과 좋은 관계를 유지하면서 통치했고, 그의 사후에 베트남인들은 사당을 지어 그를 숭배했다는 시니엡Sĩ Nhiếp 士燮(137~226) 때부터 있었다는 설과 풍흥Phùng Hưng 馮興(761~802) 시대부터 있었다는 의견이 있다. 그러나 이와 같은 의견들은 가설에 불과하고 확실한 증거를 제시하지는 못하고 있다.

789년에 풍흥이 당나라 통치에 대항해서 봉기를 일으켜 791년 봉기에 성공한 후에 백성들이 그를 존경하여 보까이다이브엉Bố Cái Đại Vương 布蓋大王이라 불렀다는 기록이 있는데, '보bố 布'는 아버지, '까이cái 蓋'는 어머니를 뜻하는 순수한 베트남어 즉, 쯔놈이다. 따라서 적어도 8세기말에는 쯔놈이 있었다는 근거를 제시하고 있는 것이다. 그러나 이것 역시 간접적인 근거일 뿐이다.

근래에 들어와서 한월어의 발음과 중국어의 발음을 대조해서 한월어의 형성 시기를 확정하여 쯔놈의 출현 시기를 유추하려는 연구가 진행되었는데, 그것은 현재도 한월어가 사용되어지고 있고 쯔놈은 한월어에 기초를 두고 만들어진 문자이기 때문이었다. 그렇게 해서 얻어진 결론은 베트남이 중국으로부터 독립을 쟁취하려던 시기인 8~9세기경에 쯔놈이 출현했으며, 오랜 기간 과도기를 거쳐서 12세기에 이르러서 쯔놈으로 쓴 문건과 창작물이 나타나게 되었다는 것이다. 따라서 쯔놈은 바로 리 왕조와 쩐 왕조시대에 형성되었다고 보는 것이 베트남의 역사적 상황과 부합한다고 할 수 있다.

쯔놈이 나타난 이후로, 널리 사용될 때까지 긴 과도기를 거친 이유는 쯔놈이 어떤 특정인 또는 특정 그룹에 의해 동시에 창제된 것이 아니라 당시의 식자들이 글을 쓰면서 몇 자씩 쯔놈을 사용한 것을 후대의 사람들이 계속 보충하는 식으로 전해졌고, 12세기에 들어서야 비로소 당시까지 전해진 쯔놈을 가지고 창작활동을 할 수 있을 정도로 쯔놈의 어휘가 풍부해졌으며, 쯔놈을 읽을 수 있는 식자층도 두터워졌기 때문으로 추정된다.

쯔놈의 출현은 베트남 역사에서 매우 큰 의미를 갖는다. 쯔놈은 민족 자강의 의지와 베트남어의 지위를 제고하고자 하는 의식 속에서 탄생한 것이다. 쯔놈의 창제는 베트남이 중국으로부터 독립을 쟁취하려는 민족 자주의 정신 속에서 당시 사회의 정치, 경제, 문화에 대한 욕구를 충족시킬 수 있는 충분한 문자의 필요성에서 나왔고, 동시에 중국문화에 대항할 수 있는 수단을 마련한 것이었다.

③ 쯔놈의 구조

쯔놈의 구조는 크게 두 가지로 나누어 볼 수 있는데, 한자의 원형을 그대로 유지하고 있는 형태와 한자 두 자를 결합한 형태이다. 이 두 형태를 요약하면 다음과 같다.

---

1 한자의 원형을 그대로 유지하고 있는 형태.

  1) 음과 뜻이 모두 그대로 인 것.

    才tài, 따이, 命mệnh, 멩

  2) 의미는 같지만 음이 조금 다른 것.

    孤còi, 꼬이, 局cuộc, 꾸옥

  3) 음은 같으나 의미가 다른 것.

    沒một, 못 = 하나, 戈qua, 꽈 = 건너가다

  4) 의미는 같으나 음이 아주 다른 것.

    味mùi, 무이, 役việc, 비엑

2 두 자의 한자를 결합하여 한 글자를 만든 형태.

  1) 한 자는 뜻을, 한 자는 음을 나타내는 글자를 합하여 만든 형태.

    至 뜻 + 典 음 = 至典 đến : 덴 도착하다

南 음 + 年 뜻 = 醂 năm : 남 년

百 뜻 + 林 음 = 瀶 trăm : 짬 백100

口 뜻 + 內 음 = 吶 nói : 노이 말하다

3 뜻이 같은 두 글자를 결합한 만든 형태.

天 뜻 + 上 뜻 = 丕 trời : 쩌이 하늘

4 두 글자를 결합하여 만든 쯔놈에 다시 부수를 보태서 만든 형태.

丕 음 + 口 뜻 = 嗶 lời : 러이 말

한자를 결합해서 만든 쯔놈은 두 글자 중에서 한 자는 음을 한 자는 뜻을 나타내고 있다. 뜻을 나타내는 글자의 위치는 특정한 규칙이 없이 위의 예에서 보는 바와 같이 좌측에 때로는 우측에 때로는 위에 위치하기도 한다. 그것은 위에서 언급한 바와 같이 쯔놈은 어떤 한 사람이 만든 것이 아니기 때문이다. 그렇기 때문에 후대로 내려오면서 고정되지 않고 변화를 보이는 쯔놈 글자도 상당수가 있다. 예를 들면, '~안에' 라는 뜻의 '쫑trong'이라는 쯔놈은 15세기의 작품 속에는 〈龍內〉이라고 썼다. 그런데 17세기 작품부터는 〈舼〉 이라는 글자도 같은 뜻으로 사용되었으며, '손'이라는 뜻의 '따이tay'는 15세기에서 17세기 작품에는 〈手思〉로 쓰이다가 18~9세기 작품에서는 〈拪〉로 쓰였다.

한자를 결합해서 새로 창조해 낸 쯔놈의 수는 전체 쯔놈 단어 수에서 14~16세기에는 약 10.3%에서 17세기에는 10~12%, 18~19세기에는 약 20%까지 되었다고 한다.

한자는 상형문자이고 표의문자이며 획수가 많아 베트남 사람들이 배우고 기억하기 어려웠으며, 현재의 라틴어화 된 베트남어와 같이 운(韻)을 나타낼 수 없고, 공부를 한 사람이라도 계속해서 공부하지 않으면 잊기 쉬운 글자였다. 그런데 한자의 변형인 쯔놈은 상당수의 글자가 한자에 획수를 더 보탠 것이었기 때문에 배우기가 더 어려웠고 기억하기 힘들었다. 그래서 쯔놈을 공부하려면 많은 한자를 알아야 했던 것이다. 따라서 일반인들에게 널리 사용되는 데는 어려움이 있었다.

　현재 전해지는 쯔놈의 기록은 비문碑文, 시詩, 부賦, 쯔놈 소설 등 많은 작품이 남아 있다. 그 중에서도 끼에우 전Truyện Kiều은 베트남 문학의 최고봉으로 인정받고 있다. 쯔놈의 출현은 비록 한자를 차용한 것이었지만 베트남인들이 그들 고유의 민족문자를 만들어서 민족문화 창달에 기여했다는데 큰 의의가 있다고 하겠다.

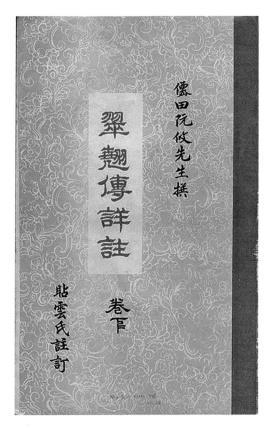

■ 쯔놈 운문 소설인 『쭈엔 끼에우』

④ 꾸옥응으국어

베트남어 발전과정

년도	관여자	내용	비고
1621년	João Roiz, Gaspar Luis	베트남에 관한 보고서에 라틴어 표기로 된 베트남어 단어가 있음	성조 표시 없음
1631년	Chintofozo Bossi	중부 베트남에 관한 이태리어로 된 보고서에 베트남어 문장이 있음	성조 표시 없음
1633년	Gaspar d'Amaral	북부지역의 교회, 정치, 지리에 관한 보고서에 베트남어가 있음	성조 표기 있음
1644년	Alexandre de Rhodes	선교보고서에 베트남어 문장이 있음	성조 표시 없음
1651년	Alexandre de Rhodes	베트남어-포루투갈-라틴어 사전	성조, 품사, 문법에 관한 설명
1772년	Pigneau de Béhaine	안남-라틴어 사전	부수와 획수로 쯔놈 찾는 법, 복자음 삭제 등 많은 개선이 이루어짐
1777년	Pigneau de Béhaine	국어교리성요 國語教理聖要	
1838년	Taberd, Phan Văn Minh	「안남-라틴어 사전」 과 「라틴-안남어 사전」	오늘날의 베트남어와 유사
1878년	프랑스 식민당국	베트남어 사용 허용	1882년 1월1일부로 공문서와 학교에서 베트남어 사용을 허가
1906년	프랑스 식민당국	베트남어 과목을 부과목으로 인정	

출처: Phụng Nghi 1993. pp. 10~14.

오랫동안 한자를 공식문자로 써오던 베트남에 17세기 초가 되면서 유럽의 많은 선교사가 들어왔다. 선교사들의 목적은 교리를 전파하는 것이었고, 그러한 임무를 수행하기 위해서 현지인과의 접촉은 필수적인 것이었다. 이 때 의사소통은 매우 중요했으며, 그것을 이루기 위해서 선교사들은 당시에 베트남에서 사용되던 한자와 쯔놈을 공부하였다. 그 과정에서 선교사들은 베트남어를 듣고 라틴어 알파벳으로 적기 시작하였고, 그것이 현재의 베트남어 즉, 꾸옥응으quốc ngữ의 모태가 되었다.

　그렇기 때문에 베트남어는 어느 한 사람이 창제한 것이 아니고, 오랜 기간에 걸쳐 여러 사람이 참여해서 다듬어진 결과로 만들어진 것이다. 이 과정에서 천주교 선교사들이 주된 역할을 하였지만 베트남인들도 많이 참여하였다.

⑤ 베트남어의 특징

　베트남어는 6성을 가진 성조어tonal language이며, 단어가 활용이 안 되는 고립어isolated language이고, 소리 나는 대로 적을 수 있는 표음문자이며, 단음절어monosyllabic language가 많은 언어라는 특징 외에도, 문법적인 면에서 보면, 우리말과는 달리 수식어가 피수식어의 뒤에 오고, 단어의 형태가 문장 상황에 따라서 결합을 달리하며, 다른 단어와 결합하여 품사가 바뀐다는 특징을 갖고 있다.

　또한 기본적인 단어의 구조를 보면, 대부분이 한 개의 형태소morpheme hình vi로 된 단순어từ đơn simple word이고, 두 개의 형태소로 이루어진 복합어từ ghép compounding word 그리고 중첩에 의한 복합어từ láy reduplicative word가 있다.

　중첩에 의한 복합어는 초성 자음 또는 각운rhyme을 중첩하여 만드는 복합어로 예를 들면, chúm chím입을 오므리다은 초성 자음을 중첩한 것이고, thắc mắc막히다은 각운을 중첩한 것이다.

　그 외에도 순수 베트남어로 된 복합어 중에는 두 형태소의 위치를 전후로 바꾸어도 뜻이 변하지 않는 단어가 있는 반면에 일부 한월어로 된 복합어는 형태소의 위치를 바꾸면 완전히 뜻이 달라지는 경우도 있다.

3. 교육

1) 과거제도

베트남에 과거제도가 도입된 것은 리 왕조의 인종 때인 1075년에 당시의 수도였던 탕롱지금의 하노이에서 '삼장'이라고 불리는 과거시험이 실시되면서 시작되어 1919년 응웬 왕조의 카이딩 왕 때 과거제도가 폐지되면서, 845년 간을 이어온 한학에 의한 과거제도가 막을 내렸다. 과거제도는 각 왕조마다 조금씩 다르게 변천되었지만 리 왕조, 쩐 왕조, 호 왕조의 과거시험의 공통적인 특징은 조정에서 직접 관장했다는 점이다.

리 왕조는 베트남 독립왕조로는 처음으로 과거제도를 실시했으나 정형화되지 못했고, 필요할 때마다 실시되었던 것으로 보인다. 이때의 과거시험은 삼장三場이라 해서 유교, 도교, 불교의 내용을 모두 시험에 출제했다고 전한다.

쩐 왕조의 과거시험은 당시의 최고의 교육기관인 국자감에서 공부하던 학생을 대상으로 시험을 치는 과거인 태학생시太學生試가 있었고, 여기에서 합격한 학생을 태학생이라 불렀다. 또한 다이띠Đại tỷ라는 과거가 있었는데, 이 시험에 응시할 수 있는 자는 관리의 자제로 숭문관, 유림관, 수림국에서 공부하는 자나 관리의 자제로 어전 6국에서 관리로 근무하며 공부하던 자, 왕, 왕자, 공주, 왕의 친척의 자제로서 관리로 임명된 자, 태학생, 품계를 받은 관리 등이었다.

다이띠는 태학생 시험 사이에 치는데 쩐 왕조에서는 7번 실시되었다 1246, 1247, 1256, 1266, 1275, 1304, 1374년. 이 시험에서는 장원壯元, 방안榜眼, 탐화探花를 뽑았다. 즉 1등은 장원이고, 2등은 방안, 3등은 탐화라고 불렀던 것이다. 이 시험을 궁전에서 쳤기 때문에 정시廷試라고 불렀다. 따라서 1246년 이후로 정시가 출현했는데, 당시에 정시는 조정에서 주관하는 과거시험의 최종단계를 의미했다.

1396년 쩐 왕조의 순종은 과거를 향시鄕試, 회시會試, 정시廷試 의 3단계로 구분하는 조령을 발표했다. 그러나 이는 실제로는 호뀌리의 정책이라고 할

■ 국자감

수 있다. 1395년 1월 예종이 사망한 후부터 호뀌리는 사실상의 전권을 갖고
있었기 때문이다. 이 중에서 회시와 정시는 조정에서 직접 주관했는데, 회시
합격자들이 정시를 쳤다. 향시는 지방에서 실시하는 과거였다. 따라서 지방
에서 주관하는 과거시험이 생겼다.

　쩐 왕조에서는 수도에 있던 공립학교국자감 외에도 제2의 수도로 불리던
상황上皇이 머물던 곳인 지금의 남딩 지역에도 1281년에 공립학교가 설립되
었다. 향시를 치기 위해서 지방에 많은 학교를 설립할 필요성이 제기되었고,
호뀌리는 1397년에 지방 교육을 담당하는 관리를 두고, 교육용 토지인 학
전學田을 지급하였다.

　1396년부터 호조가 끝나는 1407년까지는 다이띠는 없었고 오직 태학생시
만 존재했다. 그 후 명나라에 예속되었다가 1428년 레 왕조가 창건되었으나 레
왕조 초기에는 오랜 전쟁으로 인해 과거시험을 실시할 겨를이 없었다. 그러다가
1442년부터 향시, 회시, 정시의 과거제도가 정규 과거로 자리 잡아서 이후 478
년 동안 이어졌다. 레 왕조1428~1788는 명목상으로는 약 360년 간 존재했으
나 막당중의 왕위 찬탈로 잠시 멸망되었다가 왕조 부흥운동으로 재건되었다. 그
러나 찡 씨 가문과 응웬 씨 가문이 실권을 쥐고, 남북으로 양분되어 대립했다.

1750년 히엔똥은 과거시험에 드는 비용을 마련할 목적으로 세 관의 돈을 납부하는 자에게는 과거자격 시험을 면제토록 하는 조치를 내림으로써 과거 시험이 문란하게 되기 시작했다. 누구나 돈만 내면 과거를 볼 수 있었기 때문에 응시자가 몰려서 밟혀죽는 일까지 벌어졌다고 하며, 대리시험이나 서적을 들고 과거장에 들어가거나, 관리들이 대신 답안을 작성해 주는 일이 빈번해졌다고 한다. 본래 베트남 과거 시험은 그 감독이 아주 철저하고 엄격했었다. 다른 수험생의 답안을 보지 못하도록 수험생들은 각각 나뭇잎이나 대나무로 짠 마치 오늘날의 텐트 모양의 집 속에서 시험을 쳤고, 심지어 연못 속에 서서 시험을 치기도 했다고 한다.

마지막 봉건왕조인 응웬 왕조 1802~1945 초기에는 더욱 교육제도와 과거제도를 정비하였다. 그러나 프랑스 식민지로 전락한 후인 1867년 남부지역에서는 한학에 의한 과거시험을 폐지하였다. 1906년에는 향시의 과목 중에서 한학 부분을 줄이는 대신 국어오늘날의 베트남어와 지리, 상식, 수학이 추가되었다. 1908년부터 향시는 1차 과목이 유교 경전에 관한 필기시험과 문장, 윤리, 역사, 정치, 인도차이나 법에 관한 구술시험, 2차 과목은 두 편의 한문 작문이, 3차는 국어 작문과 선택과목으로 불어를 국어로 번역하는 과목이, 4차는 한문 및 국어 작문시험이 실시되었다. 그러나 베트남 조정은 북부에서는 1915년에 중부에서는 1919년에 과거제도를 폐지하기로 프랑스 식민당국과 타협함으로써 베트남 과거제도는 막을 내리게 된다.

① 향시 Thi Hương

향시는 지방에서 실시하는 과거로, 향시에 응시하기 위해서는 두 가지 자격을 갖추어야 했다. 첫째는 이력이 분명하고 도덕성을 갖추어야 했다. 불효자, 불륜자, 대상大喪을 당한 자, 역적 그리고 직업적 가수는 자신은 물론 자손도 시험을 칠 수 없었다. 이력서는 싸쯔엉면장이나 지방관의 확인이 있어야 했다. 둘째는 사서오경의 내용을 외워서 쓰는 예비시험을 통과해야 했다. 초기에는 이 예비시험을 향시 직전에 실시하였으나, 나중에는 예비시험이 너무 간단하다고 하여 향시를 치기 한 달 전에 향시와 같이 4단계 시험을 모두 보았다. 그러나 이것은 본격적인 향시가 아니라 단지 향시 응시자를 선발하기 위한 예비시험이었기 때문에 합격해도 아무런 학위가 주어지지 않았다. 수석한 사람에게는 스xư라는 호칭으로 불러주었다.

최초의 향시는 쩐 왕조 때인 1373년에 실시되었다. 그러나 이때는 위에 언급한 규정이 없었다. 위와 같은 규정은 레 왕조 때인 1462년부터 생겨났고, 왕조 초기에는 조정에서 규정한 공통의 규범에 따라 향시를 실시하였다. 조정에서 감찰관이나 채점관을 파견했다. 레 왕조 때부터 향시는 4단계의 시험을 1달 가까이 쳤다. 첫 단계는 경전과 글의 의미를 둘째 단계는 조, 제, 표를 셋째 단계는 시와 부를 넷째 단계는 문책을 시험 보았다. 매 단계별로 채점을 해서 통과하면 다음 단계로 진출했고, 떨어지면 고향으로 돌아갔다. 셋째 단계를 통과하고 넷째 단계에서 떨어지면 생도生徒라는 학위가 주어졌고, 모두 합격하면 향공鄕貢이란 학위가 주어졌다. 이 명칭은 1466년 레 왕조의 성종이 붙인 것인데, 1828년 밍멩왕 때 수재秀才, 거인擧人이란 명칭으로 바뀌었다.

응웬 왕조 초기에 이 향시는 레 왕조와 동일했으나 밍멩 왕1834년 때부터 둘째 단계를 없애고 3단계로 간소화했다. 그러나 1850년에 3단계가 너무 간소하다고 하여 뜨득 황제는 다시 첫 단계는 경전과 글의 의미를 둘째 단계는 문책을 셋째 단계는 조, 제, 표를 넷째 단계는 시와 부에 대해서 시험을 보았다.

채점은 레 왕조와 마찬가지로 1825년까지 이어 오다 밍멩 왕은 모두 응시생에게 4단계의 시험을 치게 했고, 3일간의 간격을 두고 각 단계의 시험을 쳤다. 각 단계별로 채점해서 합산하여 우열을 가렸다.

향시의 최종합격자수는 지역과 응시생수를 고려하여 조정에서 결정했는데, 레 왕조 때는 대략 9~10명의 생도 중에서 한 명의 향공을 뽑았고, 응웬 왕조에서는 2명의 수재 중에서 1명의 거인을 뽑았다.

■ 과거 시험장

② 회시|Thi Hội

회시는 중앙조정 즉 예부에서 실시하는 과거로 3년마다 실시되었다. 거인회시舉人會試, 공사회시貢士會試라고도 불렀다. 회시는 향시에 합격한 거인, 공사들이 수도에 모여 시험을 친다고 하여 회시라고 이름 붙여졌다. 회시는 레왕조의 타잉똥 시기인 1442년에 처음 실시되었고, 채점방식은 향시와 같이 우優, 평平, 차差, 열劣의 네 등급으로 구분지어, 열을 받은 자는 불합격이고, 4단계 모두를 합격하면 회시 합격자로 부르고, 정시를 치르지 않으면 향시에서 얻은 학위를 그대로 사용했다. 반드시 정시를 쳐서 합격해야 진사進士라고 불렀다. 1829년 밍맹 왕 때부터 회시 합격자를 '정방', 추가 합격자를 '부방'으로 나누어 불렀고, 채점도 11단계로 나누어 객관성을 기하였다.

③ 정시Thi Đình

정시는 왕이 직접 주관하는 과거로, 회시의 연장선상에 있는 시험이라 할
수 있다. 정시는 보통 회시가 끝난 뒤 1개월에서 3개월 후에 쳤다. 정시는 회
시 합격자들의 서열을 정하는 과거로 합격과 불합격을 판정하는 과거는 아니
었다. 최종 판정권자는 왕이었지만 왕의 판정을 돕는 별도의 관리가 있었는
데 이를 독권讀卷이라 불렀다.

2) 현대교육

베트남에 현대 교육체계가 도입된 것은 1918년 과거제도를 폐지하면서부
터라고 할 수 있다. 인도차이나 통계연감에 따르면, 1937~1938년에 전국적
으로 평균 3개 마을에 한 개의 초급학교가 있었다. 이 초급학교는 초등학교
3학년까지의 교육과정인데, 이마저도 전체 인구 중 2%만이 초급학교에 갈
수 있었다. 1941~1942학년도 통계를 보면 당시의 인구는 약 2천 2백만 명
으로 추산되고 있는데, 이 중 약 3%가 교육을 받을 수 있었다.

1941~1942 베트남 보통교육현황

구분	공립학교		사립학교	
	학교수	학생수	학교수	학생수
고등학교	3	652	49	11,203
중학교	16	5,521	234	29,573
초등학교	503	58,629	906	48,675
초급학교	8,775	486,362		
합계	9,297		1,189	89,453

출처: Phạm Minh Hạc 1999. p. 45.

1945년 8월 혁명이 성공하고, 베트남 민주공화국월맹이 수립된 후, 국무
회의에서 호찌민 주석이 "무식의 적을 물리치자"고 제안한 후, 대대적인 문

맹퇴치 운동을 벌임으로써 1년 뒤에는 전국에서 2백만이 넘는 사람들이 문맹에서 벗어났다. 이 운동의 효과를 극대화하기 위한 여러 방안들이 제시되었고, 그 중에는 가족 전체가 글을 깨우친 가정에 대해서 상을 주는 것도 있었다. 또 종이가 부족한 주민들은 종이 대신 나무껍질을 사용하였다.

1951년부터 베트남 정부는 뛰어난 노동자, 군인, 공무원을 대상으로 보충 교육을 실시하여 9학년 과정을 단기에 수료할 수 있도록 하였다. 이러한 교육체계를 통해서 베트남은 전투에 참가하여 단계적으로 통상적인 보통의 정규교육을 받을 수 없는 군인, 공무원들의 학업에 대한 욕구를 해결하였다.

① 북베트남의 교육1954~1975년

대 프랑스 항전에 승리함으로써 반쪽만의 평화를 찾은 것이었지만 북부 베트남은 완전히 사회주의체제 하에 놓이게 되었다. 그러나 대 프랑스 항전은 베트남에 적지 않은 경제사회적 어려움을 남겨 놓았다. 원래 낙후된 경제였지만 그나마 다 파괴되었고, 프랑스군이 북베트남에서 철수하면서 대량의 기계설비, 원료, 제품을 반출함으로써 베트남 경제를 더욱 어렵게 만들었고, 상당수의 교원이 그들을 따라 남하함으로써 교원의 부족을 가져왔다.

또한 1954년 이후로 남부지역 주민들이 수천 명의 초등학생과 중학생을 데리고 월북하였다. 교육당국은 이들의 문제 해결을 위해서 남부 출신 학생들을 위한 18개의 학교를 설립했다. 또한 빠르게 증가하는 교육수요를 충족시킬 재정이 필요해졌고, 이에 부응하기 위하여 민간의 후원을 받는 동시에 학비를 징수하도록 결정했다. 각 급의 공무원들은 단기속성 과정을 통해서 교육과정을 이수하도록 했다.

그러나 미국과의 전쟁이 시작되면서 많은 학교가 파괴되었다. 전쟁 초기 몇 년 동안에 거의 1,600개의 학교가 파괴되었다고 한다. 특히 대도시 및 중소도시에서의 집중적인 강의를 유지할 수 없어서 각 학교들은 농촌과 산악지역으로 피신하였다. 학생들은 민가에서 식사를 해결토록 하고 학급을 소규모로 세분하였고, 산중에 임시 거처를 마련하였으며, 주변에 방벽을 쌓고

안전하게 숨을 수 있는 방공호와 연결되는 교통로를 확보하였다. 수업시간은 대개 폭격 활동이 적은 밤이나 이른 새벽 시간에 배치하였다. 이때에 사범 분야와 중공업 분야의 발전이 두드러졌다. 남부를 지원할 교원을 빨리 양성 하기 위하여 각 사범학교는 교육의 강도를 높여야 했으며, 어떤 때는 시간을 단축3년 과정을 2년으로 했고, 사립 초등학교와 중학교 교원을 국립 교원으 로 편입시켰으며 일부 하급 교원을 상급교원으로 격상시켰다.

1975년 통일 이후에는 남과 북이 다른 교육체계를 통합하는 것 또한 과 제였다. 1954년 이후 남부는 여전히 프랑스 교육모형을 유지하고 있었다. 즉, 초등학교 5년제, 중학교 7년제 그리고 대학과정의 교육체계였다. 응오딩지엠 이 정권을 잡은 뒤로, 점차로 미국식 교육체계로 전환하였다. 1960년부터 많 은 미국의 교육전문가들이 남부 베트남에 와서 조사를 실시했고, 1964년에 미국은 남부 베트남에서 '전국 교육대회'를 소집하였다. 이 대회에서 미국은 프랑스의 구 교육체계를 타파하는데 중점을 두는 동시에 미국식 12년제 교 육제도, 강의와 학습 프로그램의 실용화, 학교의 지방화, 프랑스식 교육제도 에 의한 시험제도의 개선을 건의하였다.

1968년 구정 공세 이후로 미국은 "전쟁의 베트남화" 계획을 수립하기 시 작하여, 남부 베트남 교육을 완전히 미국식 실용교육으로 바꾸어 놓았다. 1969.10.6.자로 응웬반티에우Nguyễn Văn Thiệu는 베트남공화국의 교육을 대중 화 및 실용화의 원칙에 따라 철저하게 초등학교 교육을 공동화하며 종합중 학교를 확대하고 프랑스식 교육의 영향을 받은 중학교들을 실용화 종합화한 다고 선언하였다.

② **통일 후 교육**1975~1990년

남베트남을 통일한 뒤 얼마 지나지 않아 1975년 7월 15일자로 베트남공 산당은 남부 지역의 교육문제에 관한 지침을 하달했다. 그 내용은 적극적으 로 문맹을 퇴치하고 단기속성 교육운동을 강력히 추진하며, 보통교육을 널 리 확대하고 발전시키며 사립학교를 없애고 사회주의 방향에 따른 교육내용으로 개혁하고, 교육관리 조직을 설립하며, 구체제의 교원 대다수를 현직에 그대로 두는 대신에 업무와 정치에 관해서 그들을 재교육시키고, 교원이 부족한 학교를 위한 교원양성 사범학교를 설립한다는 것이었다.

1975년 10월 19일부터 남부 베트남의 각 학교가 신학기 개강을 하였는데, 4백만이 넘는 유치원생과 초중고생, 10만이 넘는 교원이 학교에 등교하였다. 교육체계는 여전히 12년제였지만 내용은 완전히 새로운 것으로, 새로 바뀐 교과서를 사용해서 교육시켰다.

특히, 1975년 4월 이전에 남부에는 2,500개의 사립학교가 있었는데, 그 중의 절반은 종교단체에 소속되어 있었다. 그러나 통일 이후에 일부는 공립화하고 나머지는 폐교시켰다. 이로써 베트남 교육체계는 모두 공교육 체계로 전환하게 되었다.

교육 등급별 베트남 학년제 변화현황

학교별	학년체계					
	북 베트남				남 베트남	전국
	1945~1954		1954~ 1981	1981~ 1989	1945~ 1994	1989~ 1994
	프랑스 점령지	해방구				
초등학교	5년제	4년제	4년제	5년제	5년제	5년제
중학교	4년제	3년제	3년제	3년제	4년제	4년제
고등학교	3년제	2년제	3년제	3년제	3년제	3년제
합계	11년	9년	10년	11년	12년	12년

출처: Tổng cục thống kê 2000, Điều tra NKH giữa kỳ 1994, Sổ tay điều tra viên. Hà Nội.

③ 현재의 교육체계

베트남 교육법에 따르면, 크게 유아교육, 보통교육, 직업교육, 대학교육으로 나누고 있는데, 교육체계 및 기간은 아래 표와 같다.

베트남 교육체계

취학년령	학교 등급	교육기간
3개월~3세	유아원	1년
3~6세	유치원	3년
6세	초등학교	5년
11세	중학교	4년
	단기 직업학교	1년
15세	고등학교	3년
	실업/직업학교	3~4년
18세	대학교	4~6년
	전문대	3년
22세 이상	석사과정	2년
24세 이상	박사과정	3년 이상

출처: Pham Minh Hac 1999, p.54를 근거로 재작성

소유형태별 학교를 보면, ① 국가소유의 공립학교trường công lập ② 소유는 국가에 속하나 학교가 자체적으로 재정을 충당하는 반공립학교trường bán công ③ 사회조직에 의해서 설립된 민립학교trường dân lập ④ 개인 또는 몇몇 개인에 의해 투자된 사립학교trường tư thục가 있다.

3) 대학교육

베트남에 현대식 대학교육제도가 최초로 도입된 것은 프랑스 식민지 시대인 1904년 하노이에 '인도차이나 전문대'가 설립되면서부터이다. 인도차이나 전문대는 1918년 고등교육에 관한 규정이 발효되면서 명칭이 '인도차이나대학'으로 바뀌었고 기존의 전문대들을 하나로 묶어 종합대학의 면모를 갖추었는데, 당시 의약대학, 법과대학, 사범전문대, 수의대학, 공정전문대, 농경전문대, 상업전문대 등이 소속되었다. 이 전문대들은 1927년 이후로 확대되거나 축소, 해산되는 등 여러 변화를 겪게 된다. 인도차이나대학의 교수는 대부분 프랑스인이었고, 수업도 프랑스어로 이루어졌으며, 베트남 학생들의 수는 그리 많지 않았다.

당시의 전문대와 대학은 제도와 교육내용 측면에서 차이가 아주 컸다. 전문대는 시험을 치러 선발된 자에 한해 입학하고, 재학기간 중 전원 장학금을 받았으며, 졸업 후에는 관료로 일정기간을 근무해야 했고 이를 이행하지 않을 경우 모든 비용을 배상해야 했다. 즉 전문대는 국비로 국가 운영에 필요한 인재를 양성하는 기관과 같은 역할을 했다고 볼 수 있다. 대학은 전문대와 달리 연령 제한이나 정원 제한 없이 고등학교 졸업장만 있으면 누구나 시험 없이 입학할 수 있었다. 장학금도 없었고, 졸업 후에도 자유롭게 직업을 찾아야 했다. 대학 역시 전공분야가 있었지만 당시 전문대와 견주어 위상이나 실질적인 교육 수준이 높지 않았던 것으로 보인다. 전문대이건 대학이건 기본적으로 극소수의 베트남인들에게만 혜택이 주어졌다. 베트남인들이 본격적으로 고등교육의 혜택을 받기 시작한 것은 1940년대에 들어선 이후였다.

1945년 프랑스로부터 독립을 선포한 베트남 정부는 1945년 11월 15일 북부지역에 있던 기존의 대학들이 학생을 모집하여 개강하도록 지시했는데, 이때에 개강한 대학은 의과대학, 약학대학, 치과대학, 과학전문대, 미술전문대, 공정전문대, 영농전문대, 수의전문대 등이었다. 이와 더불어 대학에서

■ 하노이 국가대학교

그동안 프랑스어로 되어있던 교재를 베트남어로 번역하는 작업을 추진한 결과 1950년 이후로는 대부분의 대학에서 베트남어 교재로 강의와 학습이 이루어지게 되었다. 교재를 제외한 나머지 부분에서는 대부분 프랑스식 교육 방식을 그대로 이어갔다.

그러나 베트남이 독립을 선포한 지 얼마 되지 않아 다시 프랑스와 전쟁을 하게 되면서 대학교육에 큰 위기가 닥치게 된다. 많은 학생들이 직접, 간접적으로 전쟁에 참여해야 했고 대학들 역시 폭격을 피해 비교적 안전한 지방과 서북 산악지역으로 피난을 갔다. 인적 물적 자원이 부족한 전시 상황에서도 대학은 명맥을 유지하였고 북베트남 정부는 대학교육의 초점을 주로 초중등 교원 및 과학기술자 양성에 두고 지원하였다.

1954년 북베트남 정부가 하노이를 수복하자, 당시 하노이에 있던 대부분의 전문대와 대학들은 제네바협정에 의거해 남부의 사이공으로 이전하여 남베트남 정부 산하의 대학이 되었다. 이러한 상황에서 북베트남 정부는 대학들이 떠난 자리에 신규로 대학을 설립하여 대학교육을 유지해야 했다. 하노이대학을 포함한 북부지역의 대학들은 대부분 이때 설립된 것이다.

남부로 옮겨간 대학들은 그 후 1975년 남북이 통일된 후에 정부에 의해 해체되었다가 다시 인가를 얻어 남부지역의 대학교육을 담당하게 되었다. 호찌민 시 소재 농업대학, 인문사회대학, 의과대학, 약학대학, 치과대학, 법과대학, 자연과학대학 등 현재 호찌민 시 국가대학교 산하의 대부분의 대학들은 1954년 이후로 북에서 이전한 대학들인 것이다. 그 외에도 호찌민 시 사범대학의 전신 또한 원래 하노이에 있었던 인도차이나 사범전문대이다. 인도차이나 사범전문대는 1917년에 설립되어 문학과와 과학과 2개 학과에 3년제로 운영되었는데, 1954년 사이공으로 이전한 후 1958년부터 사이공 대학교 산하의 사이공 사범대학으로 있다가 1975년 해체된 후 다시 호찌민 시 사범대학이 된 것이다.

한편 북베트남에서는 하노이 수복 이후에 소련 및 동유럽의 대학 체계를 도입해 대학교육을 재건한다. 먼저 대 프랑스 항전기에 설립되었던 의약대학과 사범대학을 재정비하였다. 1956년 기술사범대와 문학사범대를 합쳐서 사범대학으로 개편하고, 문학, 역사, 수학–물리, 화학–생물 등 4개 학과로 하노이 종합대학교현재의 인문사회과학대와 자연과학대를 설립했다. 같은 해에 하노이 공과대학과 농림대학이, 1957년에 하노이 미술대학이 설립되었고, 1959년에는 빙Vinh 사범대학과 재정경제대학이 설립되었다. 이리하여 1960년 당시 북부지역에는 50개 전공분야에 8개 대학이 있었다. 전체 대학생 수는 1955~1956학년도에 1,140명에서 1959~1960학년도에는 8,000명으로 급증하였고, 1965년에 13개의 대학이 신설되어 1965~1966학년도에는 총 21개의 대학에 34,200명의 대학생이 재학하였다.

비슷한 시기인 1967~1968학년도 기준 남베트남에는 전문대를 포함해 총 12개의 대학이 있었다. 이들 대학은 사이공 대학교, 후에 대학교, 달랏 대학교, 반하잉 전문대, 껀터 대학교, 쟈딩 미술전문대, 공정전문대, 국가기술대, 전기전문대, 농림가축전문대, 후에 미술전문대, 국가행정대학이다. 학생 수는 국가기술대 88명, 쟈딩 미술전문대 98명, 달랏 대학교 1,000명, 사이공대학교 23,300명, 후에 대학교 3,000명이었다.

1960년대 말부터 1975년 남북통일이 되기까지 남부와 북부 모두 대학 수와 학생 수에는 거의 변화가 없었다. 통일 후 몇 년간은 남북의 상이한 대학교육체계를 단일 체계로 통일시키는 데 모든 역량이 집중되었다. 그 후 수

■ 하노이 사범대학교 전경

년간 대학 수가 80여 개로 급증하게 된다. 전쟁이 끝남으로써 고등교육에 대한 수요가 크게 증가한 데 따른 결과였다. 베트남 정부는 이러한 수요에 부응하고 사회주의 체제 건설에 필요한 전문 인력을 확보하기 위해 대학을 설립하고 교원을 확보하는 데 역점을 두었다. 그러나 1980년을 기점으로 더 이상 대학이 늘어나지 않게 되었다. 인구가 증가했음에도 불구하고 이처럼 대학이 늘지 않은 이유는 교육에 대한 수요가 어느 정도 충족된 데 반해 전후 세대는 아직 대학에 진학할 연령층이 되지 않았기 때문이다. 또한 1980년부터 캄보디아에 베트남군이 주둔하면서 이후 10년간 막대한 재정지출로 인해 교육에 투자할 여력이 없었기 때문이기도 하다. 이러한 상황은 도이머이, 즉 개혁개방정책이 실시되고 베트남군이 캄보디아에서 철수하는 1980년대 말까지 이어졌다.

시장경제가 활성화되어 개혁개방정책이 본격적인 궤도에 오르게 되는 1993년 이후로 대학과 학생 수가 다시 증가하게 되는데, 이는 이 시기가 전후 출생한 세대의 대학 진학 시기와 맞물려 있고 시장경제 도입으로 고급인력에 대한 수요가 새롭게 창출된 데 따른 현상으로 볼 수 있다. 베트남군의 캄보디아 철수로 국방비 지출이 줄고 경제가 성장함에 따라 정부 재정도 확대되어 베트남 정부는 신규 대학 설립을 통해 이러한 사회경제적 요구에 부응할 수 있었다. 2000년 신입생 모집 현황을 살펴보면 베트남 전국에 군사학교, 경찰학교, 예술학교 등을 포함해 171개의 공립 전문대 및 대학이 있었던 것으로 나타난다. 1989년 자료와 비교해보면 비교적 짧은 기간 안에 대학의 수가 70% 가까이 증가했음을 알 수 있다.

① 대학 현황

2000년대에 들어서도 베트남의 대학 수는 꾸준히 증가해 2011년 기준으로 베트남의 대학은 196개 특수대학 28개 포함, 전문대 185개, 석사 및 박사 과정을 개설한 연구소/연구원이 22개인 것으로 나타났다. 그런데 이 수치는 아래 표의 교육부 자료와 약간의 차이가 있다. 교육부 자료에서는 일부 특수대학과 연구원을 포함하지 않았기 때문으로 추정할 수 있다.

통일 후 북베트남 정부에 의해서 재정비된 베트남 대학체계는 도이머이 정책이 실시된 1986년 이후에도 그대로 유지되다가 개혁개방이 본격적으로 실시되는 1993년부터 대대적인 변화를 겪게 된다. 가장 큰 변화는 하노이 종합대학을 포함하여 하노이 사범대, 하노이 외국어사범대를 묶어서 하노이 국가대학교Đại học Quốc gia Hà Nội를 출범시킨 것이었다. 그 후 단과대학을 늘려 현재 하노이 국가대학교는 6개의 단과대학과 4개의 학과로 구성되어 있다. 이 4개의 학과는 단과대학에 소속되어 있지 않고 국가대학 직속 학과들이다. 하노이 사범대학교는 1999년에 하노이국가대학교로부터 분리되었다.

2011년 베트남 대학 현황

구 분		학교 수	학생 수	교원 수
전문대	공립	193	581,829	19,933
	사립	30	144,390	3,689
대학	공립	113	1,246,356	43,396
	사립	50	189,531	7,555
합계	전문대	223	726,219	23,622
	대학	163	1,435,887	50,951

출처: 1999~2011 베트남 교육현황, 베트남 교육훈련부 자료를 근거로 재작성

한편 남부에서는 1995년 호찌민 시 대학, 호찌민 시 공과대학, 경제대학, 호찌민 시 사범대학, 호찌민 시 건축대학 등, 호찌민 시 지역의 9개 대학을 병합해 호찌민 시 국가대학교Đại học Quốc gia Thành phố Hồ Chí Minh가 설립되었다. 하지만 대학본부만 별도로 설치하고 실제로는 각 대학의 자율성이 계속 유지되었다. 앞에서 언급한 것처럼 이 대학들은 대부분 과거 북부에서 이전해온 대학들이다. 이후 일부 단과대학들은 다시 교육부 산하 대학으로 분리되어 현재 6개의 소속 대학과 1개의 학과의학부, 그리고 1개의 연구소로 구성되어 있다.

공과대학으로 간주되는 대학은 하노이 국가대학 소속 공업대학이 아니라 하노이 공과대학Trường Đại học Bách khoa Hà Nội이다. 전자는 하노이 국가대학이 종합대학의 면모를 갖추기 위해 최근에 설치한 단과대학으로서 전공분야와

교원의 수, 그리고 시설 면에서 후자에 크게 못 미친다. 반면 남부지역에서는 학생들이 호찌민 시 국가대학 소속 호찌민 시 공과대학 Trường Đại học Bách khoa Thành phố Hồ Chí Minh을 가장 선호한다. 그러나 경제학의 경우 호찌민 시 국가대학에서 분리된 호찌민 시 경제대학 Trường Đại học Kinh tế Thành phố Hồ Chí Minh이 호찌민 시 국가대학 경제학과보다 우위에 있다. 이러한 현상은 거의 모든 분야에서 나타나는데, 대체로 학생들은 각 전공분야에서 가장 오래된 대학을 가장 선호하는 경향이 있다.

이러한 연유로 각 대학의 역사가 중요한 이슈가 되고 있다. 지금까지 살펴본 바와 같이 베트남 대학의 역사는 베트남 현대사의 굴곡과 함께하며 이전, 전환, 폐쇄, 병합 등의 과정을 겪으면서 복잡하게 얽혀있다. 이로 인해 현재 각 대학이 소개하는 대학연혁에는 중복되거나 오해를 살 수 있는 내용들이 있다. 베트남 대학들, 특히 북베트남 지역의 대학들이 과거에는 각 대학의 연원을 호찌민의 북베트남 정부가 설립한 연도로 잡고 있었다. 그렇기 때문에 하노이의 각 대학들은 그동안 대학의 역사를 소개할 때 식민지 시대의 대학 역사에 대해서는 전혀 언급하지 않았다. 이는 민족주의 이데올로기가 지배했던 시기에 정치적인 고려를 한 데 따른 것이었다. 그런데 최근에 들어와 각 대학들은 자신의 역사를 식민지배기에 프랑스가 세웠던 기점으로 거슬러 올라가고 있다. 예컨대 하노이 국가대학교는 2006년에 100주년 기념행사를 했다. 인도차이나대학이 설립된 1906년을 기준으로 계산한 결과이다. 하노이 국가대학교가 개교 이후 식민지배기에 세워진 인도차이나 대학 건물을 계속 사용해왔다는 점에서 어느 정도 근거는 있다. 아마도 역사와 전통을 과시하고 무엇보다도 베트남 최초의 대학이라는 명예를 남부로 이전해버린 대학에 뺏기지 않기 위해 그런 것 같다. 거기에 더해 수도이자 권력의 중심인 하노이에 명실상부한 베트남 최고의 대학이 있어야 한다는 심리적인 배경도 작용한 것으로 추측된다. 남부의 대학들도 과거에는 정치적인 이유로 서술하지 못했던 대학의 역사를 이제는 다시 쓰는 추세여서 향후 이 문제를 둘러싸고 대학 역사 편찬에 적지 않은 혼란이 예상된다. 외부의 입장에서는 이러한 역사적 배경에 대한 이해를 바탕으로 각 대학의 역사를 수용해야 할 것이다.

다시 대학체계를 살펴보면 하노이 국가대학교와 호찌민 시 국가대학교 외에 지역별로 7개의 지역거점대학이 있는데 이 가운데 5개 대학, 즉 다낭 대학교Đại Học Đà Nẵng, 타이응웬 대학교Đại Học Thái Nguyên, 후에 대학교Đại Học Huế, 빙 대학Trường Đại Học Vinh, 껀터 대학Đại Học Cần Thơ이 중점대학으로 지정되어 있다. 중점대학이란 국가대학에 준하는 법적 제도적 지원을 받는 대학을 지칭한다. 또한 교육훈련부 및 관련부서 산하에 82개의 공립대학이 있는데, 이 가운데 8개가 중점대학이다. 이 8개의 중점대학은 하노이 공과대학Trường Đại học Bách khoa Hà Nội, 국민경제 대학Trường Đại Học Kinh Tế Quốc Dân, 호찌민 시 경제대학Trường Đại Học Kinh Tế Thành Phố Hồ Chí Minh, 하노이 농업대학Trường Đại Học Nông Nghiệp Hà Nội, 하노이 사범대학Trường Đại học Sư phạm Hà Nội, 호찌민 시 사범대학Trường Đại Học Sư Phạm Thành Phố Hồ Chí Minh, 호찌민 시 의약대학Trường Đại Học Y Dược Thành Phố Hồ Chí Minh, 하노이 의과대학Trường Đại Học Y Hà Nội이다. 여기에 군사기술학원Học Viện Kỹ Thuật Quân Sự을 합하여 총 16개의 중점대학이 있다.

또한 우리의 도립 또는 시립대학에 해당한다고 볼 수 있는 대학이 21개가 있고, 사립대학이 56개가 있으며, 185개의 전문대학이 있다. 학사과정에서부터 박사과정에 이르기까지 학위를 수여할 수 있는 연구소/연구원이 22개가 있으며, 군사대학 및 군사대학원이 22개, 경찰대학 및 경찰대학원이 6개가 있다.

■ 하노이 의과대학

2012년 유형별 대학 수

구분	유형	대학 수	비고
1	국가대학교	2	하노이국가대학 10개 호찌민 시 국가대학 7개
2	지역거점대학	7	지역별 중점대학 4개 대학은 국가대학 체계
3	일반대학	82	8개 대학은 중점대학
4	시도립대학	21	
5	사립대학	56	
6	연구원/아카데미	22	호찌민음악원, 행정연구원 등
7	전문대학	185	공립, 반공립, 사립 포함
8	특수대학	군사 22	
		경찰 6	

출처: http://vi.wikipedia.org 2012년 3월 10일 접속 근거로 재작성

사립대학은 개혁개방정책으로 시장경제체제를 도입한 후 1988년부터 설립이 인가되었는데, 특히 2000년대 대도시 지역을 중심으로 소득이 크게 증가하여 대학교육에 대한 수요가 급증함에 따라 사립대학의 수도 크게 늘었다. 그러나 일부 사립대학들은 교육시설과 교원을 충분히 확보하지 못해 양질의 교육을 제공하지 못하고 있어 문제가 되고 있다. 2012년 1월 11일 베트남 교육훈련부는 2개의 사립대학과 1개의 사립 전문대에 대해서 교원 1인당 학생 비율이 과도하게 높고, 학교부지가 아주 협소하거나 신규로 건축할 토지가 없다는 이유로 2012년도 학생모집을 중지하라는 결정을 내렸다. 정확한 예측을 하기는 어렵지만 일부 사립대학에 대해 교육훈련부가 추후 유사한 조치를 취할 가능성이 있다.

② 대학의 성격과 명칭

베트남의 대학체계가 복잡한 만큼 대학의 명칭도 상당히 복잡한 체계를 갖고 있다. 그런데 대학의 명칭은 대학의 법적 지위와 성격을 나타낸다. 대학을 명칭 기준으로 다시 나열해보면 우선 하노이와 호찌민 시에 소재한 국가

대학교Đại Học Quốc Gia가 있으며, 지역별로 7개의 지역거점대학이 있다. 이 가운데 5개 대학, 즉 타이응웬 대학교, 후에 대학교, 다낭 대학교, 껀터 대학교는 국가대학교와 같은 체계를 갖고 있다. 국가대학교는 그 산하에 여러 개의 대학 또는 학과를 두고 있는 형태이다. 따라서 국가대학교는 우리의 종합대학교에 해당한다고 할 수 있고, 국가대학교 산하의 대학들과 일반대학들은 모두 단과대학으로 간주할 수 있다.

베트남어로는 대학의 명칭을 구별하고 있는데, 대학교는 다이혹Đại học, 대학은 쯔엉다이혹Trường Đại học이라 칭하고 전문대학은 쯔엉까오당trường cao đẳng이라 칭한다. 현재 베트남에서 다이혹이라는 명칭을 사용하는 대학은 6개로, 하노이국가대학교, 호찌민 시 국가대학교, 타잉응웬 대학교, 후에 대학교, 다낭 대학교, 껀터 대학교이다. 하노이와 호찌민 시를 지역적으로 고려하면 결국 이들 6개 대학은 인구수 중심으로 주요 지역을 대표하는 대학임을 알 수 있다. 제도적으로 지역거점대학에 지정된 대학 중 쯔엉다이혹 명칭을 쓰는 대학은 지리적으로는 지역중심지에 위치해 있지만 인구수에서 이들 6개 지역에 크게 못 미치는 경우로 대학의 규모가 크지 않고, 따라서 중점대학으로 지정되지 않은 것이다. 다만 빙 대학만이 예외적으로 쯔엉다이혹이면서 중점대학으로 지정되어 있다.

■ 타이응웬 대학교

다이혹과 쯔엉다이혹을 구분하지 않으면 대학을 정확히 구별하지 못 할 수 있는데, 예컨대 하노이의 경우 2개의 하노이대학이 있게 된다. 하나는 하노이 국가대학교, 즉 다이혹이고 다른 하나는 하노이 대학Trường Đại Học Hà Nội, 즉 쯔엉다이혹이다. 후자는 과거 하노이외국어대학이었는데 최근 하노이대학으로 명칭을 변경한 것이다. 영어 명칭은 이러한 혼란을 더욱 가중시킨다. 베트남에서는 모든 대학이 영문으로 university를 사용하고 전문대학만이 college를 사용한다. 즉 베트남어로 다이혹인 국가대학교도 university이고 국가대학교 소속 단과대학도 university로 표기한다. 그리고 일반 단과대학들도 모두 university로 표기한다. 이러한 관례로 인해 많은 오해를 살 수 있는데, 예컨대 대학교 내에 대학교가 있는 것으로 오해하거나 하노이 대학을 영어나 우리말로 인터넷 검색을 했을 때 하노이 국가대학교로 오인할 수 있는 것이다. 다만 하노이 국가대학교와 호찌민 시 국가대학교의 경우 영문으로 National University로 표기하고 있어 이 점을 확인하는 것이 도움이 될 수 있다.

그러나 다이혹, 즉 대학교 명칭을 사용하는 나머지 4개 대학교의 경우 영문으로는 여전히 타 대학과 혼돈할 수 있어 주의가 필요하다. 6개 다이혹의 장 즉, 총장의 명칭은 쟘독giám đốc 監督이라고 하는데, 이 단어는 보통 기업체의 사장을 일컫는 말이다. 국가대학교를 제외한 모든 대학의 장은 히에우쯔엉hiệu trưởng 校長으로 부른다. 그런데 영어로는 모두 총장에 해당하는 rector로 번역하기 때문에 외국인들이 이를 구별하지 못하게 된다. 이러한 관행은 1993년 하노이국가대학교가 출범하기 이전 모든 대학의 장을 교장hiệu trưởng으로 지칭할 때 영어로 rector로 번역하였던 데서 생겨났다. 그래서 지금도 국가대학교의 총장과 국가대학교 산하 단과대학의 교장, 그리고 일반 대학의 교장을 모두 rector로 번역하고 있는 것이다. 우리나라의 경우에도 지금까지 총장과 교장을 구분하지 않고 모두 총장으로 번역해왔다.

그렇다고 단과대학이나 일반대학의 교장을 학장으로 번역하는 것도 어울리지 않는다. 학생 수나 규모에 있어서 종합대학 못지않은 경우도 있거니와 그렇지 않다 하더라도 대학교 소속 각 단과대학들은 별도의 직인과 예산을 사용하고 있기 때문이다. 특히 베트남에서 직인을 사용하다는 것은 독립적인 법인임을 인정하는 것이다. 베트남에서 직인은 어떤 단체나 조직이 임의로 만드는 것이 아니고 정부 법령으로 정해진 조직만이 직인을 가질 수 있고, 이 직인은 경찰에 등록된다. 조직의 형태에 따라 그 크기와 형식이 규정되어 있다. 또한 국가대학교 소속 대학들의 경우에도 모두 자체 로고를 사용하며 예산을 비롯한 학교운영 전반에 걸쳐 상당한 자율성을 확보하고 있다. 국제교류 부분을 예로 들자면 각 대학마다 이를 담당하는 조직과 인력을 두고 자체적으로 교류를 실시하고 있기 때문에 실효성 있는 국제교류를 위해서는 국가대학교 본부보다는 각 대학과 교류협정을 체결하는 것이 더욱 효과적이다.

베트남 대학 명칭 사례

대학		베트남어	영어
하노이국가대학교		Đại học Quốc gia Hà Nội	Vietnam National University, Hanoi
소속 대학	인문사회 대학	Trường Đại học Khoa học Xã hội và Nhân văn	University of Social Sciences and Humanities
	교육대학	Trường Đại học Giáo dục	University of Education
	경영학과	Khoa Quản trị Kinh doanh	Hanoi School of Business
하노이공과대학		Trường Đại học Bách khoa Hà Nội	Hanoi University of Science and Technology
하노이사범대학		Trường Đại học Sư phạm Hà Nội	Hanoi National University of Education

베트남의 모든 대학이 영문명으로 university를 사용하게 된 경위는 개방 이후로 외국 대학들과의 교류가 활발해지면서 대학의 위상을 상대 대학과 대등하게 하기 위해 쓴 것으로 추측되는데, 실제로 많은 대학들이 규모 면에서 종합대학교의 규모를 가지고 있기도 하고 스스로를 외국의 종합대학

에 해당한다고 인식하고 있다. 사실 베트남에는 우리가 사용하는 단과대학의 개념이 없다. 이러한 사정을 고려해서 베트남의 대학교 명칭을 한글로 번역할 때 대학과 대학교 중 어느 것으로 할지 여부는 상대 대학의 의견을 존중해 영어식 표기에 따라 결정하는 것이 바람직하다. 영어로 어떻게 표기되든지 간에 분명히 인식해야 할 것은 베트남어로 다이혹과 쯔엉다이혹은 법적, 제도적 차이, 나아가 사회적 인식까지 다르다는 점이다.

학과는 베트남어로 콰khoa인데 영어로 표기할 때 school로 쓰기도 하고 faculty로 쓰기도 한다. 최근에는 미국식 department도 쓰이고 있다. 일반적으로는 학과의 영문 명칭으로 faculty가 가장 보편적으로 쓰이고 있으며 school은 단과대학 수준의 독립된 학과를 지칭하는 경우에 주로 쓰인다. 예컨대 하노이국가대학교의 경우 경영학과를 School of Business로 표기하는데, 경영학과가 단과대학에 소속되지 않은 학과임을 나타내고 있다.

■ 호찌민 시 국가대학교

베트남인의
다채로운
생활풍경

3

베트남인의 다채로운 생활풍경

1. 호칭

베트남어는 인칭대명사가 대단히 풍부하다. 예를 들면, 일인칭 대명사인 나 혹은 저를 나타내는 말이 '또이tôi, 따오tao, 떠tớ, 엠em, 꼰con, 짜우cháu' 등이 있으며 아버지를 나타내는 말도 '옹ông, 짜cha, 보bố, 바ba, 띠어tía, 터이thầy' 등이 있다. 그것은 '아버지, 어머니, 할아버지, 형, 누나, 동생' 등과 같은 가족 내의 호칭을 일반 사회 생활에서의 호칭으로도 사용하기 때문이다. 따라서 상대방과 나의 관계에 따라서 적절한 인칭대명사를 골라 써야 할 필요가 있다. 잘못 사용할 경우에는 실례를 범할 수 있다. 그리고 상대방에 대한 호칭을 어떻게 사용하느냐에 따라서 대화를 부드럽게 이끌 수도 있다.

예를 들어, '또이'라는 단어는 가치 중립적인 일인칭 대명사이다. 그래서 공식적인 자리나 친밀한 관계가 아닐 때 사용할 수 있는데, 상대방이 훨씬 나이가 많은 경우에는 잘 사용하지 않는다. 또한 일인칭 대명사로 스스로 자신을 높이는 단어인 '따오'라는 말은 상대방을 무시하는 말이기 때문에 함부로 사용해서는 안 되고, 아주 친한 관계에서만 사용할 수 있다. 선생님과 학생 사이에 친밀한 표현으로 '따오-마이'를 사용할 수 있고, 친한 친구 사이에 농담처럼 사용하기도 한다. '마이'는 상대방을 낮춰 부르는 이인칭 대명사이다.

베트남 사람들은 유독 '형제'를 많이 강조한다. '동족상잔'이라는 말도 베트남에서는 '형제상잔huynh đệ tương tàn'이라고 표현한다. 공장에서 사장이 근로자들을 모아 놓고 훈시할 때도 '아잉엠따(우리형제)'라고 쓴다. 친척이라는 단어는 '바꼰bà con'인데, '바'는 할머니라는 뜻이고 '꼰'은 자식이라는 뜻이다. 또 여러분이라는 뜻으로 '깍반các bạn'이라는 단어를 자주 쓰는데, 굳이 우리말로 번역하면 '친구들'이라는 뜻이다.

베트남에서 생활하고 있는 서양 학생들이 곤혹스러워하는 것 중 하나가 바로 호칭이다. 베트남 사람들은 만나기만 하면 초면임에도 불구하고 나이가 몇이냐? 결혼은 했느냐? 고향이 어디냐? 등 이것저것 막 묻는다. 우리들에게는 이해가 되는 면이 없지 않은데, 서양 학생들은 심문 당하는 느낌이 들었을 것이다. 베트남인들이 외국인에게 질문을 하는 이유는 공통점을 찾아서 친해 보려는 이유도 있겠지만 그보다 더 중요한 이유는 위아래를 가려 적절한 호칭을 찾기 위한 것이라는 걸 이해할 필요가 있다. 덧붙여서 베트남인들에게는 유교적인 장유유서의 위계질서 의식도 상당히 잠재되어 있기 때문에 연배를 확실하게 가려보고 싶은 것이다. 그렇다고 베트남 사람들이 나이 어린 외국인에게 무례하게 대하는 법은 없다.

그리고 사람을 부를 때에는 인칭대명사 뒤에 '어이ơi'라는 말을 붙인다. '김 선생님!'인 경우에 '옹김 어이!'가 된다. '옹'은 연장자인 남자 혹은 할아버지, 그리고 영어의 '미스터'의 뜻으로 쓰이는 단어이다. '어이'라는 단어는 우리말의 아래 사람을 부를 때 사용하는 '어이!'와 발음이 같기 때문에 베트남 사람들이 '어이!'를 사용해서 우리를 부른다고 해서 예의 없는 사람이라고 오해해서는 안 된다.

2. 성명

베트남 사람들의 이름은 대부분 한자에 근원을 두고 있으며, 맨 앞은 성이고 맨 뒤는 이름이다. 예를 들어, 전 수상인 보반끼엣Võ Văn Kiệt의 성은 '보'이고 이름은 '끼엣'이다. 가운데 이름은 우리의 돌림자와 유사한 기능이 있다. 옛날에는 남자는 이름에 Văn文자를 붙이고, 여자에게는 Thị氏자를 붙이는 경우가 많았다. 그러나 현재에는 반드시 그 원칙을 적용하는 것이 아니므로, '반'자가 있으면 남자이고, '티'자가 있으면 여자라는 원칙은 100% 맞다고 할 수는 없다.

성은 대부분 외자이지만, 일부 소수종족들은 두 자 혹은 그 이상의 글자로 된 성도 있다. 쟈롱Gia Long 황제가 왕위에 오른 후 자신의 후손들과 외척을 구별하기 위해 똔텃Tôn Thất, 똔느Tôn Nữ라는 단어를 자식들의 이름에 사용한 이후로 점차 일반 사람들의 성으로 사용되기 시작한 것처럼 베트남에서 만들어진 성도 있다.

베트남인의 성명 구조

형태	남성			여성		
	성A	돌림자	이름	성A	돌림자	이름
		단순어B 복합어B1	단순어C 복합어C1		단순어B 복합어B1	단순어C 복합어C1
AC	Lê		Cửu	Hà		Dung
AC1	Nguyễn		An Ninh	Đào		Cẩm Tú
ABC	Lê	Văn	Hữu	Nguyễn	Thị	Dung
ABC1	Nguyễn	Lê	Hải Đăng	Nguyễn	Thị	Cẩm Thạch
AB1C	Trần	Văn Hiền	Minh	Phan	Ngọc Lan	Hồng
AB1C1	Trần	Thành Đăng	Chân Tín	Nguyễn	Cửu Thị	Kim Chi

출처: Lê Trung Hoa 1992. pp. 20~22를 근거로 재작성

베트남족의 성의 대부분은 그 근원적 의미를 찾기가 어렵다. 그러나 몇몇 소수종족들의 성에서는 근원적인 의미를 명백히 발견할 수 있다. 이들의 성은 본래 숲 속의 동물, 새, 풀, 사물 등에서 온 것이다. 이처럼 각 집안이 특정한 토템을 가지고 있기 때문에 보통은 이와 연관된 금기들을 가지고 있는데, 예를 들면 타이Thái족은 집안의 성과 음이 비슷하거나 동음의 행동, 물건, 생물에 관계된 터부가 있다. 그 예로 로Lò씨는 땅로táng lò라는 새를 먹지 않고 죽이지도 않으며, 망로măng lò, 죽순 등도 먹지 않는다. 그리고 꾸앙Quảng씨는 호랑이를 사냥하지도 먹지도 않으며, 까Cà씨는 꼿까cột ca라는 새를 사냥하지도 먹지도 않는다. 르엉Lường씨가 숲 속 베어진 나무의 뿌리에서 자라는 버섯을 먹지 않고 그 뿌리도 건드리지 않는 경우에서 볼 수 있듯 집안의 이름과

연관되지 않은 사물들과 관련된 금기들도 있다. 그러한 예로는 바오Bao씨가 양배추를 먹지 않고, 바익Bạch씨는 바나나 싹nõn chuối을 먹지 않고, 드엉Đường 씨가 사탕수수를 먹지 않는 등의 경우를 들 수 있다. 위와 같은 경우에서처럼 어떤 특정한 몇몇 음식을 금기시하는 소수종족들도 있다.

베트남에 있는 대부분의 종족이 부계의 성을 따른다. 그러나 에데족, 짬족, 자라이족, 므농족 등은 모계사회로 어머니의 성을 따른다. 그러나 현재는 이들 종족 사이에서도 부계의 영향력이 날로 강해지는 경향이 있다. 또 북부 베트남에는 같은 성씨로 이루어진 씨족 마을이 30개 이상 있고, 이 마을들은 그들의 성을 마을 이름으로 사용하고 있다.

현재 베트남 성씨의 수에 관한 정확한 자료는 없으나 비교적 인구가 많은 성씨는 응웬Nguyễn 阮, 레Lê 黎, 쩐Trần 陳, 후잉Huỳnh 黃, 호앙Hoàng 黃, 팜Phạm 范, 부Vũ 武, 보Võ 武, 판Phan 潘, 부이Bùi 裵, 응오Ngô 吳, 도Đỗ 杜, 당Đặng 鄧, 호Hồ 胡, 즈엉Dương 陽씨 등이다.

3. 명절과 국경일

베트남에서 가장 큰 명절로는 음력설이 있고, 그 외에 각종 국가 기념일과 축제가 있다. 여기에서는 주요한 명절과 기념일을 소개한다. 베트남도 우리와 같이 구정을 지내기 때문에 양력설은 그다지 큰 의미를 갖지 않는다. 음력설을 맞는 준비는 섣달에 이미 시작이 되고, 본격적으로는 섣달 23일 조왕신에 대한 제사로부터 시작된다. 이때부터 시작하여 구정을 지나 정월 대보름 그리고 이어지는 2, 3월까지 먹고 노는 풍습이 오랫동안 전해져 왔다. 베트남 마을 축제의 대다수가 이 시기에 집중되어 있다. 물론 현재는 이렇게 긴 기간 동안 휴식을 취하는 것은 아니지만 농촌에는 여전히 깊은 전통으로 자리 잡고 있다.

1) 음력설 Tết Nguyên Đán

음력설은 베트남의 가장 큰 명절이다. '뗏tết'은 한자 '띠엣tiết 節'의 변음으로, 명절을 의미하고, '응웬단nguyên đán 元旦'은 '새해 아침'이라는 의미이다. 즉 설날을 일컫는 말로, 보통 '뗏응웬단'을 줄여서 '뗏Tết'이라고 하면, 음력설을 가리킨다. 또한 양력설과 구분할 때, 양력설은 '서양 명절(뗏떠이Tết Tây)', 설날은 '우리 명절(뗏따Tết ta)'이라고 부르기도 한다.

베트남의 설 분위기는 섣달 23일부터 시작된다고 할 수 있는데, 이날 점심 때 또는 오후에 조왕신에게 제사를 지낸다. 이 풍습은 도교에서 유래한 것으로, 부엌을 관장하는 조왕신이 섣달 23일에 잉어를 타고 하늘로 올라가 옥황상제에게 1년 동안 그 집안의 일을 보고한다고 믿었다. 그래서 안 좋은 일을 잘 보고해 달라는 의미로 제사를 지낸다. 예물로 향, 초, 과일, 잉어 또는 종이로 만든 잉어와 종이 돈, 종이로 만든 모자 등을 올려놓는다. 이

■ 바잉쯩

것들은 제를 지낸 후 모두 불태운다. 이 풍습은 지금도 잘 지켜지고 있으며, TV 방송국에서도 조왕신과 관련된 프로그램이 제작되고 있다.

그믐날이 되기 전에 필요한 물건을 미리 산다. 아이들의 옷은 물론 음식 등을 준비하는 것이다. 옛날에는 각자 집에서 손수 준비했지만 요즘 도시에서는 상점에서 사는 것이 일상화되었다. 설 전에 제단을 깨끗이 닦고, 제기도 손질한다. 설 3일 전부터는 아주 바쁘다. 베트남 전통 떡인 바잉쯩bánh chưng을 찌고, 농촌에서는 형편에 따라 돼지를 잡는다. 물건을 빌렸거나 빚이 있는 경우에는 최대한 설날 전에 돌려준다. 빚을 다음 해로 넘기는 것은 좋지 않다고 생각했기 때문이다. 그래서 옛말에 "똑똑한 사람은 관청 문 앞에 가

면 뭘 할지 알고, 부자인지 가난한지는 섣달 그믐날 되면 안다네*Khôn ngoan đến cửa quan mới biết, Giàu khó ba mươi Tết mới hay*"라는 말이 있다. 관청에 가면 관리가 돈을 뜯어내기 위해 이리 묻고 저리 묻는데, 눈치 있는 사람은 돈을 달라는 것을 안다는 뜻으로 섣달 그믐날에 돈을 갚으러 다니거나 빚 독촉을 받는 사람은 당연히 가난한 사람이라는 것을 일컫는다. 그리고 타지에 나가 있던 사람들은 고향으로 돌아온다. 만약 어떤 이가 설날에 고향을 찾지 않으면 동네 사람들은 그 사람이 아주 고생한다고 생각한다.

■ 음력설

■ 음력설 축제

■ 음력설에 음식을 만드는 모습

■ 꺼이네우

늦어도 그믐날 오후가 되기 전에 긴 대나무를 마당에 꽂아 놓는 풍습이 있는데, 이것을 '꺼이네우cây nêu'라고 한다. 대나무 끝에는 가지와 잎사귀가 있는 상태로 두고, 붉은 색 천을 길게 매달아 둔다. 그리고 바람에 흔들리며 부딪히는 소리가 나도록 흙을 구워 만든 풍경을 몇 개 달아 놓는데, 주인이 있는 곳이니 마귀는 넘보지 말라는 의미가 있다고 한다. 꺼이네우를 세우기 불편한 집의 경우에는 대문 양쪽에 석회로 장기판, 활과 화살을 바깥 방향으로 그려 놓기도 하였다. 꺼이네우는 음력 정월 7일이 되면 철거한다.

제야의 밤Đêm giao thừa이 되면 묵은해를 보내고 새해를 맞이하기 위한 준비를 한다. 옛날 농촌에서는 각 가정집이 아니라 마을에서 제물을 차려 놓고 제사를 지냈다고 한다. 도시의 일부 가정에서는 간단한 제물을 차려서 제사를 지내기도 하는데, 이러한 제사를 레쯔딱Lễ trừ tịch 禮除夕이라고 한다.

1940년대 이전에는 그믐날 밤에 가난한 집 아이들 서너 명이 모여서 대나무 통에 동전을 넣고 흔들며 이집 저집 돌아다니면서 구걸을 하는 풍습이 있었다고 한다. 아이들이 집 앞에서 노래를 부르면 돈을 주었고, 대나무 통 속의 동전이 아이들이 움직일 때마다 '딸랑딸랑' 소리를 냈다고 해서 이 풍속은 '숙싹숙쎄súc sắc súc sẻ'라고 불린다. 하지만 이 풍속은 없어진 지 오래됐다.

이외에 지금은 사라진 풍속 중에 '폭죽놀이'가 있다. 그믐날 밤 11시 40분쯤부터 터뜨리기 시작하여 새해 오전 12시까지 이어지는데, 온 시내가 화약 냄새와 연기로 뒤덮인다. 집집마다 경쟁적으로 폭죽을 사서 터뜨리기 때문에 경제적인 낭비도 심했고, 무엇보다도 크고 작은 안전사고가 빈번히 발생했으며, 화재가 나는 경우도 있었다. 이에 베트남 정부는 1995년부터 폭죽의 생산, 판매, 놀이를 완전히 금지시켰다. 대신에 각 행정기관에서 제야의 밤에 '불꽃놀이'를 준비하여 주민들이 즐기도록 하고 있다.

새해 새벽에 절이나 사당을 찾는 풍속이 있다. 평소에 다니던 절 또는 집에서 가까운 절을 찾아가서 복을 빌고 오는 것이다. 보통 절 앞에서 향을 사서 분향을 하고 오는데, 이 때 절에 있는 나뭇가지를 꺾어 처마 끝에 매달거나 조상의 제단 앞에 둔다. 이 녹색의 나뭇가지를 꺾어 오는 풍속을 하이록hái lộc이라고 한다. 농촌에서 너무 어두워 통행이 불편할 경우에는 새해 아침에 제사를 지내고 나서 절을 찾았다고 한다.

베트남인들은 새해 첫날 성격이 좋고 즐거운 사람이 최초로 집을 방문하면 일 년 내내 좋은 일이 생기고 그렇지 않은 사람이 방문하면 재수가 없다고 생각했다. 따라서 첫 번째로 자기 집을 방문할 사람을 미리 정해서 부탁하는 일이 흔했다고 한다. 이러한 풍속을 '쏭냐xông nhà' 또는 '쏭덧xông đất'이라고 한다. 집 주인은 쏭냐한 사람에게 빨간 봉투에 돈을 넣어 답례를 하는데, 이것을 '머항mở hàng'이라고 한다. 장사나 사업을 하는 사람들은 특히 이 쏭냐를 중시했고, 도시에서는 제야에 불꽃놀이를 구경하고 절에 가 복을 빌고 돌

■ 레쯔띡

■ 설 명절 대구(對句)를 쓰는 노인

아오면서 쏭냐를 하는 경우가 많다. 이 때 자식이 많은 집에서는 그 자녀들 중에서 가장 먼저 집에 들어오는 아이가 쏭냐하는 사람이 된다.

정월 초하룻날은 제사를 지내고 일가친척을 방문하며, 초이튿날에는 외가를 방문하고, 초사흘에는 은사의 집을 방문하는 것이 보통으로 되어 있다. 집을 방문하면 바로 제단에 분향하고 3번 합장하는 것이 통례이다. 손님이 찾아오면 반드시 차나 술을 접대하고, 손님은 거절하지 않고 조금이라도 손을 대는 것이 예의이다. 조상에 대한 제사는 3일 내내 지낸다.

친척 아이들이 집을 찾아오면 주인은 반드시 돈 봉투를 준다. 또한 손님도 주인의 아이들에게 봉투를 주는데 우리의 세뱃돈 풍습과 같은 것이다. 이러한 풍습을 '띠엔뭉뚜오이 tiền mừng tuổi' 또는 '띠엔머항 tiền mở hàng'이라고 부른다. 이 세뱃돈은 홀수로 주는데, '짝수로 딱 떨어지는 것이 아니라 항상 남는다'라는 의미를 담고 있기 때문이다.

설날에는 큰소리치거나 혼내는 것을 삼가고 그릇을 깨뜨리지 않도록 주의하며, 흰색 옷을 입지 않는다. 명절 3일 동안은 청소한 쓰레기를 한 곳에 모아 놓고 밖에 버리지 않는다. 쓰레기를 밖으로 버리면 복이 나간다고 생각하기 때문이다. 상을 당한 사람은 설에도 인사를 다니지 않는다. 제자들이 함께 모여 은사 집을 찾는 경우를 제외하고 초사흘에는 다른 집에 인사를 다니지 않는 것이 보통이다.

　베트남 사람들에게 있어 설은 가장 중요한 명절이었고, 베트남 전쟁 당시에도 설이 되면 양측이 휴전에 합의하기도 했다. 1968년 설에 북베트남이 설 명절 휴전 합의를 깨고 기습 공격을 감행하여 사이공에 있던 미국 대사관이 잠시 점령당하기도 했다. 1967년 북베트남 기상청은 음력 일수를 조정하여 음력 날짜가 하루 빨리 돌아오도록 결정했다. 즉, 통상적인 설날이 내일이라면 1968년 북베트남의 설날은 오늘로 당겨진 것이다. 그리고 1968년 구정에 전면적인 총공격을 감행했는데, 이 음력설이 당겨진 것을 안 후에 지방에서는 통상적인 설날보다 하루 빨리 공격을 시작했고, 남부 사이공에서는 다음날 공격이 시작되어 혼란을 겪었다고 한다. 이렇게 중요한 날짜를 음력으로 정한 것은 '쉽게 기억하기 위해서'라고 쩐바익당은 말한다. 1960년 후반에도 베트남 사람들은 양력보다 음력을 더 많이 사용했던 것이다. 이

■ 띠엔믕뚜오이

렇게 미리 설을 쇠는 것을 '안뗏썸^{ăn Tết sớm}'이라고 하는데, 이는 '설을 미리 쇤다'라는 의미이다. 남베트남 민족해방전선의 총사령관을 지낸 쩐바익당의 회고록에 섣달 29일 오후 한 시에 설음식을 차려 놓고 막 먹으려고 할 때 공격 명령이 하달되어 음식을 제대로 먹지도 못하고 바로 사이공으로 행군했다고 기록되어 있다. 1968년의 이 공격을 '구정공세_{Tet Offensive}'라고 부른다. 그들은 이 무신년 구정공세를 1788년 무신년 섣달 25일에 응웬후에^{Nguyễn Huệ}가 황제를 칭하고 중국 청나라 군에게 공격을 개시한 역사적 사건에 비유하여 '뗏꽝쭝^{tết Quang Trung}'이라고 불렀다고 한다.

0시의 하노이

새집에서의 첫 명절 날씨는 옛집에서의 마지막 설 때의 날씨와 똑같았다. 또한 섣달도 같은 29일짜리였다. 거의 한 달 내내 여름처럼 무더웠다. 녓뗀의 복사꽃이 모두 활짝 피었고, 그리고 조왕신에게 제사지내는 날 바로 전날에 북풍이 몰려왔다. 날씨가 매우 추웠으며 찬 서리가 대보름까지 길게 이어졌다. 많은 사람들의 기억 속에 갑신년1964년-역자 주 명절에서 이번 무인년1998년-역자 주 명절까지 수십 년 동안 올해처럼 추운 설날은 없었던 것 같다. 아마도 과거로 다가가면서 집은 새것이지만 사람은 옛사람이었기 때문이 아닌가 싶다.

......

그러나 한적한 겨울밤의 차가움 속에서 봄이 도시로 들어오는 시끌벅적한 소리가 들렸다. 길을 건너는 어떤 사람의 손에 든 복사꽃. 금귤 화분이 자전거 뒤에 실려 지나갔다. 벌거벗은 나무 가지에서 움이 트고 있었다. 한밤중 거리에는 사람의 그림자를 보기 힘들었지만 거리 양쪽의 집안에서는 밤새 쿵쾅거리는 발걸음 소리, 얘기소리, 방을 정돈하는 소리, 꽃병을 놓고,

족자를 걸며 제단을 정리하는 소리가 들렸다. 하루가 모자란 음력 작은달이 었기에 설이 급히 온 것이다. 이제 음력 스무여드레인데 내일이면 제야의 밤이 되는 것이었다.

까마우 사람인 화가 남띤은 통일구락부에서의 향우회를 마치고 마지막 전차로 집에 돌아왔다. 그는 거리 초입의 사거리에서 하차했다. 가로등은 매일처럼 여전히 희미하고 누르스름했지만 그날 밤 대부분의 집들은 잠을 자지 않고 있었고, 창문을 통해 새어나온 불빛이 인도와 길 가운데까지 비추고 있었다. 3번지 집 앞에 있는 공동우물에서는 여인네들이 여전히 쌀과 라종 잎을 씻고 있었다. 수도꼭지에서는 물이 콸콸 쏟아지고, 찜통은 부딪히며 쨍그랑거렸다. 길 저쪽의 인도, 4번지 이층집 앞마당에는 드럼통으로 만든 찜통에서 바잉쯩베트남 명절 떡—역자 주이 익어가고, 장작이 타는 아궁이에서는 연기가 올라오고 있었다. 아궁이의 불은 세지 않았지만 숯은 빨갛게 타고 있었고, 그 붉은 빛이 마당을 빨갛게 물들이고 있었다. 뜨거운 공기와 연기는 솥 주변에 있던 아이들을 불빛이 비추이는 곳으로 돗자리를 옮기게 만들었고, 저들은 머리를 맞대고 카드놀이를 하고 있었다. 몇몇 아이들은 여전히 아궁이 앞에 있었다. 불빛에 비친 그들의 그림자가 담벼락에 그림을 그리고 있었다. 장작 하나를 깊이 밀어 넣자 아궁이의 불이 활활 타오르며 곱슬머리와 빡빡머리 아이들의 얼굴을 환하게 비추었다.

조금 취한 듯, 손에는 배가 불룩 튀어나온 가죽 가방을 든 남 씨가 갈지자로 길을 건너 4번지 집으로 들어갔다. 아궁이 앞에서 가부좌를 틀고 앉아 있는 한 청년의 양 무릎에 머리를 대고 누워있던 개 두 마리가 그의 그림자를 보고는 갑자기 일어나 짖어댔다.

"닥쳐, 존슨, 케네디!"

청년이 야단을 쳤다.

"남 아저씨도 몰라보나!"

"요즘 너네 그 두 분 개 대장님은 어찌 그리 호전적인가?"

화가는 청년 옆에 앉으며 차갑고 여윈 손을 아궁에 바짝 갖다댔다.

아이들이 시끌벅적 다가와 남 씨에게 인사를 했다. 그들은 카드를 팽개치고 남 씨를 둘러싸고 앉았다. 가죽 가방을 열어 남 씨가 먼저 루어머이Lúa Mới 술병을 꺼냈다.

"이것은 내 것이고……. 너희들 것은……."

그는 구름을 타고 있는 선녀의 그림이 있는 빨간색 포장지로 싼 국영상점에서 산 폭죽을 건네주고 나서 다시 빨간 모자를 쓴 산타클로스 모양의 금박이 있는 포장지로 싼 꾸러미를 내놓았다.

"올해 설날은 절약해야지. 우리 까마우 향우회도 전처럼 선물이 별로 없더구나."

남 씨는 아이들에게 양해를 구하 듯 말했다.

"그렇지만 여기 아주 귀한 것 있다. 소련 사탕!"

"남 아저씨 애들에게 너무 잘하지 마요!"

청년이 소리쳤다.

"해마다 그런다니까. 그리고 나서 아저씨는 뭐로 설 쇨 건데요?"

그리고 청년은 엉덩이를 두드리며 야단쳤다.

"너희 놈들 그것 못 가질 줄 알아라!"

"됐다. 쯧!"

남 씨가 청년의 어깨를 흔들었다.

......

그리고 매년 설이 오면 한밤중에 연말 향우회를 마치고 남 씨는 집으로 바로 가지 않고 바잉쯩 찜통 앞에 아이들이 앉아 있는 4번지 집으로 왔다. 그는 아이들에게 선물을 나누어주었고, 많이 취하지 않았을 때는 바잉쯩이 다 익어서 꺼낼 때까지 어른들과 밤을 새우기도 했었다.

매년 4번지의 다섯 가족은 함께 설 준비를 했다. 이 아름다운 풍습은 운전사 따 씨가 살아있을 때부터 시작되었다. 자식이 많고, 4번지 집에서 가장 경제적으로 어려웠음에도 매년 따 씨는 4번지 가족들이 이 거리에서 가장 화려하게 설을 쇠도록 도와준 사람이었다. 임업부 운송단 소속의 운전사로서 서북노선을 주로 다녔고, 일 년 내내 집을 비웠다. 그러나 설이 다가오면 이 거리의 주민들은 장거리 운전으로 흙으로 범벅이 된 그의 트럭이 클랙슨을 울리며 4번지 집 마당으로 들어서는 것을 볼 수 있었다. 눈 빠지게 기다리던 집안의 아이들은 환호성을 치면서 달려 나갔고, 짐칸에서 장작, 닭장, 마른 물건, 신선한 물건을 담은 포대를 내렸다. 힘들게 준비한 것은 아니었지만 그의 아내와 자녀들 그리고 이웃들이 삼일간의 명절을 쇠기에는 충분했다. 1961년 홍수가 났을 때 그의 트럭이 파던 언덕에서 사고가 날 때까지 여러 해를 그렇게 했었다.

……

어른이 못하면 아이들이 해야 했다. 그 집에 사는 아이들 대부분이 남자였고, 열서너 살로 실질적으로 형과 누나뻘 되는 사람은 쟝과 아래층 타이 아줌마의 아들인 쯩뿐이었다. 다섯 가족의 명절은 그 두 사람에게 달려 있었고, 당연히 주로 쟝에게 매어 있었다. 음력 11월 말부터 쟝은 고생으로 가득 찬, 물건을 사는 일에 착수했다. 아주 가끔 몇몇 아이들이 학교가 파한 후에 도와주었다. 쟝은 가까운 상점은 물론 먼 상점까지 온 상점들을 찾아다녔고, 국영상점이나 합작사 상점에서 새벽부터 저녁까지 물건을 사기 위해 줄을 섰다. 그러나 모든 노력을 다했음에도 불구하고 설 바로 전 주가 되어서야 다섯 가족의 배급기준에 해당하는 참쌀, 밀가루, 콩, 죽순, 국수, 비계말림, 차, 담배, 사탕 등 건조식품을 살 수 있었다. 그리고 다시 힘을 모아서 액젓, 햄을 사기 위해 줄을 서고, 특히 명절의 가장 중요한 음식인 바잉쯩을 만들기 위한 고기와 라종 잎을 사기 위해 줄을 섰다. 음력 섣달 27일 오후까지는 모든 것을 준비해야 했다. 그리고 쟝은 쌀을 씻고 콩을 담그고 잎사귀를 씻고 고기를 절였다. 28일 오후가 되면 집안의 다른 여자 중에 떡을 만들 줄 아는 여자가 없었기 때문에 쟝 혼자서 바잉쯩 60개를 만들어야 했다. 쯩은 불 때는 것을 책임졌다. 끄 아줌마네 톱밥을 담는 드럼통을 빌려다가 바잉쯩을 찌는 찜통으로 사용했다. 장작은 쯩이 직접 파덴 목재소까지 가서 커다란 원목을 골라 세발리어카에 싣고 왔다. 커다란 장작더미를 쯩 혼자서 오후 내내 숨을 헐떡이며 끌고 온 것이다.

마당에서 일판이 벌어졌다. 마당 한쪽에서 그렇게 추운 날씨임에도 쯩은 웃통을 벗고 땀을 뻘뻘 흘리면서 도끼질을 했다. 한 번만 쳐도 기둥 같은 통나무가 두 쪽으로 갈라졌다. 4번지 공동우물 가까운 마당 저쪽에서는 쟝이 대나무 평상 위에 비닐을 깔고 열심히 바잉쯩을 만들고 있었다. 집안의 아이들은 흥분하여 쯩과 쟝이 시킨 일들을 서로 다투어 하고 있었다. 일하면서도 무척 즐거워했다. 그들에게 새해는 맛있게 먹고 즐겁게 놀고 예쁜 옷 입는 것도 즐거웠지만, 분주하게 설을 기다리는 날 특히 그날 오후처럼 즐거운 날이 없었다. 아이들은 대나무 평상에 둘러서서 쟝이 바잉쯩 만드는 것을 구경했다. 파란 잎사귀에 싸인 하얀 떡인 바잉쯩이 점점 높이 쌓아져 올라가고 있었다. 팔을 걷어붙인 쟝의 하얀 손, 찹쌀 속에 듬성듬성 박힌 파란 콩을 바라보고 있었다. 쟝은 빨리 만들지는 못했지만 아주 정교하게 만들었다. 바잉쯩은 틀로 찍어낸 것 같으면서도 아주 예뻤다. 그리고 느슨하지도 꽉 조이지도 않게 묶었다. 아이들은 다 싸 놓은 바잉쯩을 하나하나 들여다보았다. 커다란 바잉쯩 60개를 다 만들고 나면 쟝은 남은 찹쌀, 콩과 고기를 하나로 모아서 아주 예쁘고 자그마한 바잉쯩을 만들었고, 그녀는 그것을 '아기 지구'라고 불렀다.

바오닝 (2012), 배양수 역. '0시의 하노이'. 『스토리텔링 하노이』

2) 청명절 Tết Thanh Minh

음력 3월 5일 또는 6일에 해당하는 청명에 베트남 사람들은 주로 조상의 묘를 돌보고 성묘한다. 보통 3개의 향을 묘에 꽂아 두는데, 성묘를 하고 돌아와 가문의 시제를 지내고, 각 가정에서는 조상에 대한 제사를 지낸다. 보통 성묘는 설이 되기 며칠 전에도 하지만 청명에도 한다.

3) 단오절 Tết Đoan Ngọ

음력 5월 5일로, 베트남에서는 중요한 명절 중 하나다. 자녀들은 조부모와 부모에게, 사위는 장인 장모에게 선물을 한다. 거위와 푸른 콩 또는 수박과 설탕을 선물하는 것이 일반적이다. 병균을 막기 위해 이른 아침 아이들이 깨기 전에 붉은 색 강황을 숨구멍, 가슴, 배꼽에 발랐다고 한다. 아이들에게 오색실과 복숭아, 스타푸르트, 고추 모양의 수를 놓은 작은 주머니에 강황 덩어리를 넣어 차도록 했으며, 손톱과 발톱에 물을 들였다. 어른들은 이른 아침에 찹쌀로 빚은 술과 살구, 복숭아를 먹으면 구충의 효과가 있다고 믿었다.

■ 단오절에 먹는 음식

단옷날 점심때에 쑥ngài cứu, 익모초lá ích mẫu, 마반초lá cối xay, 磨盤草, 라보이lá vối 등과 같은 자신이 좋아하는 잎을 따다가 말려서 음료로 마시는데, 이날 마시는 음료는 약효가 탁월하다고 믿었다.

4) 중원절Tết Trung Nguyên

음력 7월 15일로, 불교에서는 저세상에 있던 사람들이 하루 동안 풀려나는 날이라고 한다. 우리나라에서는 백중날이라고도 하는데, 이날 각 가정에서는 조상의 제사를 지내고 가짜 돈을 태운다. 마당의 계단 앞이나 거리에 옥수수, 감자 등과 같은 간단한 예물을 차리고 죽은 사람을 위해 제사를 지낸다. 상을 당한 지 1~2년 된 가정에서는 가짜 돈을 태우고, 간소한 중원절 음식을 차린다.

5) 중추절Tết Trung Thu

음력 8월 15일로 우리의 추석 명절과 같다. 그러나 베트남의 중추절은 공휴일이 아니고, 아이들을 위한 행사가 많이 열린다는 점에서 우리의 추석과는 사뭇 다르다. 옛날에는 각 가정에서 달 모양의 월병을 경쟁적으로 만들어 견주기도 했다고 한다. 오늘날에는 주로 집에서 만들기보다는 만들어진 월병을 사서 선물한다. 밤에는 각종 동물 형상을 한 등불을 들고 아이들이 줄지어 달맞이를 했다고 하나, 현재는 이 풍습을 거의 행하지 않고 있다. 비록 추석이 아이들을 위한 명절이라고는 하지만 보통 어른들에게도 월병을 선물한다.

6) 10월 햇밥 잔치Tết Cơm Mới Tháng Mười

음력 9월 말에서 10월로 넘어가면서 수확을 마치고 추수를 감사하는 날로 지역에 따라 날짜가 다를 수 있다. 베트남은 연간 2~4 기작으로 벼농사를 짓기 때문에 5월에도 벼를 수확한다. 그러나 5월에는 단오절이 있어서 햇밥 잔치를 하지 않는다고 한다. 설과 단오처럼 선물이 보편적인 것은 아니지만 '꼼cốm'이라고 하는 마치 색깔을 들인 오리쌀과 감, 산비둘기, 햅쌀을 선물한다. 특히 결혼을 앞둔 총각은 미래의 장인 장모에게 선물을 빠뜨려서는 안 된다고 한다.

7) 국경일các ngày lễ

다음의 베트남 국경일이 일요일 혹은 공휴일과 겹칠 경우 다음 첫 번째 평일을 하루 더 쉴 수 있다.

기념일	일 자	휴무기간
신정	1월 1일	1일
설날	음력 1월 1일	5일
훙왕 제사	음력 3월 10일	1일
통일 기념일	4월 30일	1일
국제 노동절	5월 1일	1일
독립 기념일	9월 2일	1일

8) 기념일

아래의 기념일은 휴무가 아니다.

일 자	기념일
1월 9일	베트남 학생의 날
2월 3일	베트남 공산당 창당기념일
2월 27일	베트남 약사의 날
3월 8일	국제 여성의 날
3월 26일	호찌민 공산청년단 창립기념일
4월 15일	석가탄신일음력
5월 15일	호찌민 선봉 소년대 설립기념일
5월 19일	호찌민 주석 생일
6월 1일	국제 아동의 날
7월 27일	참전용사 및 열사의 날
8월 19일	8월 혁명 성공 기념일
10월 10일	하노이 해방의 날
10월 13일	기업인의 날
10월 20일	베트남 여성동맹 창립기념일
11월 20일	스승의 날
12월 22일	베트남인민군대 창립기념일
12월 25일	크리스마스

4. 결혼

베트남 속담에 "부모가 정해준 자리에 자식이 앉는다Cha mẹ đặt đâu con ngồi đấy."라는 말이 있다. 이는 전통사회에서 부모가 자녀의 결혼에서 주도적인 역할을 한다는 말이다. 즉 자식은 자신의 혼사를 부모가 정해주는대로 따라야 한다는 것을 의미한다. 또한 결혼 상대를 고를 때 고려하는 것이 '몬당호도이 Môn đăng hộ đối'였다. 즉 양가의 가세가 서로 비슷해야 한다는 것인데, 바로 이 점이 베트남 사람들이 결혼 상대를 찾는 중요한 기준이었다. 이러한 풍습은 우리나라의 풍습과 별반 다르지 않음을 느낄 수 있는데, 베트남과 우리나라의 전통 혼례 절차가 중국의 영향을 받았기 때문이다. 특히 베트남은 중국의 직접적인 지배를 천 년이나 받지 않았는가! 그리고 중국으로부터 독립을 이룬 이후에도 각 봉건 왕조는 유교 교육을 확대해 왔었다.

베트남의 전통 혼례 절차를 룩레luc lễ라고 하는데, 우리나라의 전통 혼례와 그 절차가 같다. ① 납타이Nạp thái는 혼처를 정하는 예라고 할 수 있는데, 신랑 집에서 처녀 집으로 거위 한 마리를 보낸다. ② 번자잉Vấn danh은 처녀의 이름과 사주를 묻는 절차다. ③ 납깟Nạp cát은 사주와 궁합을 보고 결혼을 승낙하는 절차다. ④ 납떼Nạp tệ는 신랑 측에서 신부 집에 비단을 보내서 이 혼인이 틀림없이 진행될 것임을 알리는 절차이다. 우리식으로 보면 함을 보내는 것이다. ⑤ 팅끼Thinh ki는 남자 집에서 결혼할 날짜를 잡아 여자 집에 가서 허락을 받는 절차다. ⑥ 턴응인Thân nghinh은 결혼식을 거행하는 것으로, 이때 신랑이 신부를 집으로 데려온다.

이와 같은 룩레는 중국의 '주자가례'에 따른 것이기 때문에 귀족, 관리, 유학자, 부유층에서는 이러한 절차를 더욱 중요시했다. 베트남 혼례가 중국의 영향을 받은 것은 사실이지만, 베트남적인 내용이 있었고 19세기 말에서 20세기 초에는 결혼식이 보다 개방적이고 간소화되었다는 특징이 있다.

■ 베트남의 결혼식

간소화된 절차를 보면, 남자가 맘에 드는 여자의 집에 중매쟁이를 보내 처녀 부모의 의견을 묻는 것이다. 이것을 '반띤bản tin'이라고 한다. 반띤이란 '소식을 전하다'라는 의미인데, 상대방의 의사를 떠 보는 것을 말한다. 여자 집에서 동의하면 남자 집에서 여자 집을 방문하여 양가 대면을 하는데, 이를 '짬응오Chạm ngõ'라고 한다. 이때 신부 될 사람의 용모는 물론 집안에서의 행동거지를 관찰하게 된다. 신부와 신랑의 신상에 관한 것은 중매쟁이가 양가를 오고가며 정보를 주는 것이 일반적이다. 여자 쪽에서 혼인에 동의하면 대개 남자 측에서 예물을 보내고, 중매쟁이를 통해 여자의 사주를 받아 오는 절차를 거치게 된다. 현대에 들어와서 이 절차는 거의 생략되고 있다. 다음 절차는 혼인을 확정하는 것인데, 이를 '안호이ăn hỏi'라고 한다. 신부 집에서 정해준 날에 신랑 집에서 주로 빈랑과 차, 술, 떡 등을 예물로 준비하여 여자 집으로 보낸다. 이 예물은 보통 둥근 대나무 바구니에 담고, 빨간색 보자기로 덮는다. 베트남에서 사람들이 잘 차려입고 빨간 보자기에 싸인 물건을 들고 시클로나 승용차로 줄지어 가는 모습을 가끔 볼 수 있는데, 이것이 바로 안호이를 하러 가는 행렬이다. 신랑 측의 예물을 받은 신부 집에서는 예물의 일부를 집안의 제단에 올려놓고 제를 지낸다. 제를 마치고 나서 신랑 일행을 접대하고 돌아갈 때 이 예물의 일부를 덜어서 신랑 집에 되돌려 주는데, 이것을 '라이꽈lại quả'라고 한다. 나머지는 친척과 친구에게 나누어 주는데, 이것은 친척과 친구들에게 딸이 정혼하였음을 공식적으로 알리는 의미를 갖는다. 옛날에는 이 안호이가 끝난 후 2~3년이 지난 뒤에 결혼식을 올렸다고 한다. 그러나 요즘은 몇 달, 심지어 2~3일 후에 결혼식을 올리는 것이 일반화되어 있다. 옛 베트남 민요에도 "약혼하면 바로 혼인해야지, 오래 두면 뒷말하는 놈 나온다Hỏi vợ thì cưới liền tay/Chớ để lâu ngày lắm kẻ giềm pha"라는 구절이 있는데, 옛날 사람들도 정혼 후 결혼까지 너무 긴 시일을 두는 것은 좋지 않다고 생각한 것 같다. 안호이를 치른 신부 집에서는 라이꽈를 잘 챙겨야 한다. 라이꽈를 보내지 않으면 신랑 집에 큰 결례를 범하는 것이기 때문이다.

한편 상중喪中일 때는 탈상 후, 즉 3년이 지난 후에 결혼식을 올리는 것을

■ 약혼식 행렬

원칙으로 여겼기 때문에 결혼식이 지나치게 지체되는 상황을 피하기 위해 부모님이나 조부모님이 사망하기 직전 병중에 있을 때 상복을 입고 급히 결혼식을 올리는 것이 허용되었다. 이것을 '짜이땅chay tang'이라고 한다.

신부 측의 요구에 따라 신랑 집에서 신부 집에 물건이나 돈을 지급하는데, 이것을 '타익끄어이thách cưới'라고 한다. 신부대는 주로 빈랑, 술, 차, 떡, 쌀, 돼지, 신부의 옷과 장신구 그리고 일부 현금으로 구성되었으며, 이 신부대가 너무 과하여 파혼하는 경우도 있었다고 한다. '장가 보내려면 물소를 팔아야 한다네Gà con đâu phải bán trâu'라는 속담에서도 볼 수 있듯이 전통 혼례에서 '타익끄어이'가 신랑 측에 상당한 부담이 되었음을 알 수 있다.

타익끄어이가 신부 집에 대한 물질적 기여라고 한다면, 마을 공동체에 대한 기부금이 있었다. 이것을 '놉째오nộp cheo'라고 했는데, 만약 같은 마을 처녀와 결혼하는 경우에는 '째오노이cheo nội'라고 하여 기부 금액이 적었고, 다른 마을 처녀를 데려올 경우에는 '째오응와이cheo ngoài'라고 불렀는데, 기부 금액이 더 많았다. 혼인신고서가 없던 시절에 이 놉째오가 바로 혼인신고와 같은 역할을 했다. 놉째오 없이 결혼을 할 경우, 마을에서는 결혼으로 간주하지 않았다고 한다. 그래서 "결혼하는데 째오가 없다면, 돼지를 열 마리 잡았더라도 아니라네Có cưới mà chẳng có cheo/Dẫu rằng có giết mười heo cũng hoài"라든가 또는 "돼

지 기르려면 생이가래 건져야 하고, 아내 얻으려면 마을에 쩨오 내야한다네
Nuôi lợn thì phải vớt bèo, Lấy vợ thì nộp cheo cho làng"라고 노래했던 것이다.

　결혼 예식은 신랑이 자기 집에서 출발하기 전에 조상에게 분향하고, 부모에게 인사를 드리는 것으로 시작된다. 분향을 마치면 신랑은 사회적 지위와 명망이 있는 어른보통 혼주의 역할을 함을 모시고 들러리와 함께 신부 집으로 간다. 신부 집에 도착하면 들러리가 가지고 간 예물을 신부 측 들러리가 받아서 제단에 올려놓는다. 혼주가 예물 보자기를 벗기면 신부 집에서 향을 피우는데, 보통 신부의 오빠나 남동생이 한다.

　신랑이 먼저 4번 절하고, 신부가 따라한다. 신부 측 조상에 대한 의례가 끝나면 바로 제단 앞에서 신부의 부모에게 절을 한다. 이 의례가 끝나면 신부 집에서는 신랑과 들러리에게 차와 과일을 대접하면서 신랑 신부를 축복하는 덕담을 나눈다. 이때 신랑 신부는 자리에 앉지 않고, 각 테이블을 돌아다니며 인사를 하고, 신부 측 친척들을 소개받는다. 신랑 측은 정해진 시간이 되면 신부 측에게 신부를 데려간다고 고하고, 신부를 데려간다. 이때 신부의 들러리도 같이 동행하게 되는데, 신랑의 들러리가 미혼이듯이 신부의 들러리도 미혼 여성이어야 한다.

　이렇게 신랑이 신부를 데려오는 의례를 '레즈억저우lễ rước dâu'라고 한다. 신부를 데려올 때는 혼주가 앞장서고, 신부와 신랑의 집안사람이 향을 들고 뒤따른다. 중부와 북부에서는 신랑의 부모가 따라가지 않고, 신부가 신랑 집으로 올 때 역시 신부의 부모가 따라오지 않는다고 한다. 신랑이 신부 집에 갈 때 신부의 부모가 동행하지 않고, 종손이 혼주로서 간다. 그러나 남부에서는 신랑과 신부의 부모 모두가 참여한 가운데 레즈억저우가 행해진다. 신부가 신랑 집에 도착하면 조상에게 의례를 지내고, 시부모에게 인사를 한다. 이 때 시부모는 신부에게 돈이나 장신구를 선물한다. 그리고 신랑 측 친척들에게 인사를 하는데, 친척들도 신랑 신부에게 선물을 한다.

　결혼식 피로연은 집에서 하는 경우와 식당에서 하는 경우가 있다. 일반 하객들이 결혼식 의례에 직접 참여하는 것은 아닌데, 결혼식을 마친 후 하객

들은 피로연에만 참석하는 것이 일반적이다. 피로연에 초청받은 하객들은 보통 축의금을 전달한다. 도이머이 이후 결혼식 형태가 빠르게 변화하고 있다. 90년대 초에는 신랑과 신부가 하객들의 테이블을 돌면서 인사를 나누고 하객들은 덕담과 함께 술잔을 권하면서 준비한 축의금을 신부에게 전달하는 것이 일반적이었는데, 최근에는 식당 입구에 축의금 함을 놓아두는 경우도 있다. 또 우리의 결혼식 형태와 유사하게 큰 식당이나 회장, 호텔 등의 장소를 빌려 전통 의상 대신에 양복과 웨딩드레스를 입고, 웨딩 케이크도 자르고 샴페인도 따르는 서구식 예식을 치르는 경우도 생겨나고 있다.

베트남의 결혼 시즌은 주로 가을에서 설날 전으로, 10월에서 1월 사이에 결혼을 많이 한다. 이 시즌이 되면 베트남 사람들도 우리와 마찬가지로 축의금에 대해 부담을 느끼는 경우가 많다. 그래서 농담으로 결혼식 다녀왔다는 얘기를 '비싼 껌부이를 먹었다Ăn cơm bụi đắt tiền'고 표현한다. '껌부이'는 길가에서 파는 값싼 음식으로, 그저 그런 음식에 많은 축의금을 내야만 하는 경우를 빗대어 얘기하는 것이다. 또 요즘에는 일부 관리들이 자녀의 결혼식에서 아주 큰 축의금을 받아 챙기는 등 축의금이 사회적 문제가 되는 경우도 있다.

한 기자는 "내가 어렸을 때는 지금처럼 축의금을 넣은 봉투로 결혼 축하를 하지 않았다. 우리 집은 잡화상이었는데, 결혼 시즌이 되면 그 어느 때보다 손님이 많았다. 손님들은 보온병, 담요 등을 사서 지금처럼 향마거리에서 파는 휘황찬란한 포장지가 아니라 빨간색 종이로 스스로 포장해 신랑 신부에게 선물했다. 당시에는 피로연도 단출했고, 각자의 집안 형편에 따르는 것이 일반적이었다. 결혼식을 올릴 때면 일 년 동안 키운 돼지를 잡아 음식을 준비하고 친척들, 이웃들이 모두 참석해서 결혼을 축복했다. 결혼식에 참석하는 사람들은 이런저런 선물을 들고 오느라 힘들었지만 마음만은 모두 즐겁고 가벼웠던 것 같다."라고 회상하면서 오늘날의 과도한 결혼 축의금에 대한 부담을 언급하고 있다.

또한, 옛날에는 조혼이 일반적인 것이었다. "여십삼, 남십육女十三, 男十六"이라는 말과 같이 여자는 13세, 남자는 16세가 되면 결혼할 수 있다는 관념이 보편화되어 있었다. 봉건시대 베트남에서의 결혼은 주로 '부모가 정해 주는 대로' 하는 것이었다. 현대에 들어와서 이러한 조혼 풍습은 많이 사라지긴 했지만 일부 농촌지역에는 그 모습이 남아있기도 하다. 현재 베트남 가정 및 혼인법에는 남자는 20세 이상, 여자는 18세 이상이 되어야 결혼할 수 있다고 분명하게 규정되어 있으나 실제로는 어린 나이에 갑자기 아내가 되거나 남편이 되는 경우도 많아 사회적인 문제로 부각되고 있으며, 베트남 언론에서도 이 문제를 종종 언급하기도 한다.

결혼 풍습은 시간의 흐름에 따라 변화해 왔는데, 이 변화 과정에서 우리가 주목해야 할 것은 정치적 변동이 전통 결혼 풍습에 미친 영향이다. 하노이 수복에서 도이머이 이전까지의 북베트남은 사회주의 정치 및 경제 시스템에 의해 사회가 작동하고 있었다. 이 기간 동안에 베트남의 결혼 풍속은 급격히 변화하게 된다. 사실 결혼 풍속뿐 아니라 전 사회에서 변혁이 일어났다고 볼 수 있지만 결혼에만 한정지어 본다면, 앞에서 소개했던 결혼에서의 부모의 주도적 역할이나 가세가 비슷한 가정 사이의 결혼이라는 기본적인 기준이 일시에, 그리고 전면적으로 바뀌었다고 할 수 있다. 혹자는 '돌변'이라는 표현을 사용할 정도로 급진적이었음을 강조하기도 한다. 특히 1945년 이후 프랑스와 전쟁을 하던 베트남인들은 옛날의 '문당호대'의 기준이 무너지고, 부모의 동의 없이 자유연애를 통해 결혼하기 시작했다. 결혼에서 당사자가 모든 것을 결정하고, 가족은 더 이상 독존적인 위치를 지킬 수 없었다. 그 가족을 대신한 것이 바로 국가기관과 각 단체였는데, 도이머이 이후로는 국가기관이나 단체의 역할도 사라졌다. 그렇다고 옛날처럼 부모가 정해주는 대로 결혼하는 것은 아니었고, '자식이 선택하고 부모가 허락하는' 형태로 바뀌었다.

일반적으로 베트남 사람들은 베트남 여성이 외국 남성과 결혼하는 것을 곱지 않은 시선으로 본다고 한다. 예전에는 베트남 여성이 서양인과 결혼을 하면 마을 사람들이 비웃고 가까운 사람들마저도 냉대하곤 했다. 오늘날에는 국제적 교류가 증대됨으로써 외국인에게 시집가는 것을 예전처럼 멸시하지는 않는다. 특히 결혼 후 행복한 가정생활을 꾸리고 자주 친정을 방문하고, 마을 사람들과 교류를 하면 오히려 부러운 시선으로 보기도 한다. 그러나 여전히 베트남인과 결혼한 외국 여성들을 보는 시각과는 차이가 있다. 만약 베트남 여성이 외국인과 사랑했거나 결혼한 후 버림을 받으면, 베트남 남성과 다시 사랑을 하거나 결혼하는 것은 어렵다. 현재 베트남 법은 외국인과의 결혼을 허용하고 있다. 그러나 이러한 제도를 이용해서 여성을 인신매매 또는 성적으로 이용하는 것은 엄격히 금하고 있다. 외국인을 남편으로 받아들인 많은 여성들이 보다 나은 생활을 꿈꾸었지만 실제로 이러한 결혼의 상당수는 진정한 의미의 결혼이 아닌 성적 노리개로 전락하는 슬픈 결말을 맞았다. 많은 대만 사람들이 부인을 얻기 위해 베트남의 개방정책을 이용하는 사례가 빈번해 지면서 베트남 정부는 베트남 여성과 외국 남성의 결혼에 대해 보다 엄격한 법적 토대를 마련해 놓고 있다.

5. 출산

과거에 베트남 사람들은 자식을 낳는 것은 가문의 혈통을 잇고, 조상에 대한 제사를 올리는 것으로 생각했다. 그래서 "불효에는 세 가지가 있는데 그 중에서 가장 무거운 것은 무자식이다Bất hiếu hữu tam, vô hậu vi đại 不孝有三, 無後為大"라는 말이 있다. 따라서 결혼해서 자식을 낳지 못하면 남편이 첩을 들이는 것은 일상적인 것이었다. 여성이 출산을 못하는 것은 남편으로부터 버림받게 될 수 있는 칠거지악의 하나였다. 이러한 연유로 6, 7명의 첩을 두었으나 여전히 아이를 못 낳을 때는 이미 임신한 여자를 구해 첩으로 맞는 일도 있었다.

옛날 베트남 사람들은 임신을 하면 보통 친정어머니에게 알리고, 친정어머니는 이것을 사위에게 곧 아버지가 된다고 알렸다. 이러한 습속을 베트남어로 '띤믕tin mừng, 기쁜 소식'이라고 불렀다. 당시에 여성들은 임신한 사실을 부끄럽게 생각했기 때문에 배가 불러오는 것을 막기 위해 천으로 동여매는 일도 많았다고 한다.

베트남은 예나 지금이나 예의를 중시했기 때문에 임신 초기부터 태교에 많은 관심을 기울였다. 임신한 여자는 운동을 해야 했고, 그러한 운동은 주로 가사를 돌보는 것이었다. 앉아서 쉬는 것은 좋지 않다고 여겼기 때문에 부유한 집안의 여자들은 평상시엔 일을 하지 않았지만 임신을 하게 되면 일을 했다. 살찌게 만드는 음식이나, 게, 조개, 토끼 고기를 피했으며, 장례식이나 결혼식 음식을 먹지 않았다. 쌍둥이를 낳는다는 미신 때문에 똑같은 과일 두 개를 먹지 않았다. 또한 좋은 피부를 가진 아이를 원해서 달걀을 많이 먹었고, 처참한 것이나 슬픈 것을 보는 것, 음탕한 행동을 금했다. 화내지 않고, 상스러운 말을 피했으며, 싸움을 삼갔다. 집안에는 위인이나 영웅의 사진을 걸어 놓고 감상했으며, 우아하고 청결한 것을 보고 생각했다.

베트남 사람들 역시 우리와 마찬가지로 아들을 더 중히 여겼다. 따라서 임신을 하게 되면 누구나 아들을 낳기를 빌었다. 그래서 아들을 낳을 것인가 딸을 낳을 것인가를 미리 예측하는 일이 허다했는데, 중국 풍속인 '남좌여우男左女右'에 따라 아기가 좌측에 자리 잡으면 아들을 낳고, 우측에 자리 잡으면 딸을 낳는다고 믿었다. 임신한 여자가 걸어갈 때 뒤에서 불러서 여자가 좌측으로 돌아보면 아들, 우측으로 돌아보면 딸이라고 했고, 임신부의 배가 펑퍼짐하면 아들, 동그랗게 올라오면 딸이라고 했다. 태아가 조용하면 아들, 발길질을 심하게 하면 딸이라고 했다. 그리고 꿈에서 곰, 코끼리, 호랑이와 같은 용맹스럽고 큰 동물을 보면 아들이고, 뱀이나 새와 같은 동물을 보면 딸이라고 여겼다. 또한 임신한 달과 출산 예정 달, 남편과 아내의 나이를 계산하여 아들딸을 구분하기도 했다.

아기를 출산하고 아들인 경우에 7일, 딸인 경우에 9일이 지나면 제사를 지낸다. 이러한 풍속을 '더이끄đẩy cữ'라고 부른다. 부유한 집에서는 손님을 초청해서 음식을 대접하고 손님은 산모와 아기에게 선물을 주는데, 산모에게는 베트남식 액젓인 느억맘을, 아기에게는 옷이나 팔찌 등을 선물했다. 현재 이 풍속은 거의 사라졌다.

아기가 출생한 지 한 달이 지나면 제사를 지내고 손님을 초대해서 음식을 대접한다. 이 때 손님은 산모에게 선물하지 않고 아기에게만 선물을 준다. 이것을 '더이탕đầy tháng'이라고 부른다. 또 1년이 되면 돌이 되는데, 이것을 '더이남đầy năm'이라고 부른다. 다른 말로는 '레토이노이lễ thôi nôi'라고도 부른다. 이 말은 요람을 더 이상 사용하지 않는다는 의미이다. 베트남 사람들 역시 우리와 마찬가지로 돌을 아주 중히 여기고, 잔칫상에는 사내아이일 경우에 활과 연필, 종이 등을 놓고, 여자아이일 경우에는 바늘, 실, 가위 등을 놓고 아이가 무엇을 잡는가를 시험했다.

6. 장례

베트남 사람들은 시작이 있으면 끝이 있듯이 삶이 있으면 죽음이 있다고 믿었다. 그리고 그 삶과 죽음에는 운수가 있다고 믿었다. 옛날 베트남 노인들은 사고사나 돌연사가 아닌 경우에는 보통 칠순 잔치를 하고 나면 죽음을 맞이할 준비를 했다. 신분고하를 막론하고 관과 수의를 미리 준비하는 것이 일반적이었다. 자식들도 "노인네가 얼마나 사신다고, 원하는 대로 해드려"라고 말하곤 했으며, 노인들도 "너희들과 살날도 얼마 남지 않았다"고 말하곤 했다. 미혼의 자녀를 둔 노인은 늘 그것을 안타까워했고, 가정을 꾸린 자녀를 둔 노인은 이곳저곳을 다니거나 절에 가서 불공을 드리며 죽음을 맞이하는 것이 흔한 일이었다고 한다. 특히 여성의 경우에는 아예 절로 들어가거나, 그렇지 못하면 집에서 채식을 하면서 불경을 외우며 자녀들의 복을 빌었다고 한다.

베트남어에는 죽음을 가리키는 단어가 아주 많은데, 말하는 사람의 감정에 따라 크게 세 가지로 나눌 수 있다. 먼저 존경과 안타까운 감정을 담은 말이 있고, 중성적인 느낌으로 표현하는 말과 경멸하는 감정으로 하는 말이 있다.

베트남의 장례 절차 역시 중국의 영향을 적지 않게 받았다. 그 절차를 보면 ① 죽음이 가까워지면 환자의 머리를 동쪽으로 향하게 뉘고, 유언을 받은 다음 환자에게 죽은 뒤에 부를 이름을 묻는데, 이것을 '뗀투이tên Thụy'라고 부른다. 이 이름은 제사를 지낼 때 사용하므로 '제삿밥 이름tên cúng cơm'이라고도 부른다. 그러나 환자의 정신이 혼미해서 스스로 이름을 지을 수 없을 때는 자손들이 이름을 지어서 불러 준다. 그런 다음 새 옷으로 갈아입히고 환자의 움직임이 없으면 향을 코에 대서 숨이 끊어졌는지를 알아본다. 이때 숨이 멎었으면 젓가락을 입에 물려서 이가 서로 부딪히는 것을 막는다. 그리고 사망 시간을 정확히 측정하여 점쟁이에게 알려서 길과 흉을 보게 하고, 만일 흉하다면 마귀를 막기 위한 조처를 취하도록 했다. 이때 자식들은 환자의 옆에서 임종을 지켜본다. ② 사망이 확인되면 땅 위에 돗자리와 종이를 깐 다음 시신을 안치하는데, 인간은 흙에서 왔고 흙으로 돌아가며, 땅의 정기를 받아서 회생할 수도 있다는 생각을 했기 때문이다. 잠시 그렇게 둔 다음 회생의 기미가 보이지 않으면 침대로 옮겨서 안치하고 종이나 천으로 시신의 얼굴을 덮는다. ③ 자식이 망자의 옷을 잡고 망자를 부르는 예로, 왼손으로는 옷의 목 부분을, 오른손으로는 등 부분을 잡고 세 번 소리친 다음 문앞에 옷을 걸어 둔다. 그리고 나서 비로소 울기 시작한다. 이것은 환자가 완전히 사망했다고 확인하는 것이다. ④ 망자의 혼을 불러 제사를 지낸다. ⑤ 상주는 보통 장남이 맡지만 장남이 사망한 경우에는 장손이 상주를 맡으며, 아버지가 살아 있고 어머니가 사망한 경우에는 아버지가 상주가 될 수 있다. ⑥ 보통 장례의 절차를 잘 아는 상주의 친구를 호상으로 지정하여 장례 절차를 진행토록 한다. ⑦ 시신을 목욕시키는 것으로 상주는 고개를 숙이고 곡을 한다. 이때 시신 주변은 천으로 가린다. 아버지일 경우에는 아들이, 어머니일 경우에는 딸이 목욕을 시킨다. 이때 사용한 모든 것은 땅에 묻는다. ⑧ 약간의 찹쌀과 동전을 망자의 입에 넣고 사망 시에 물려 놓은 젓가락을 빼낸다. ⑨ 입관 전에 관에 마귀가 있다고 믿었기 때문에 그 마귀를 쫓는 의식으로 점쟁이가 주문을 외우면서 관을 세 번 칼로 내려치는 흉내를 내는 것이다. 이 절차를 '벌목례伐木禮'라고 한다. ⑩ 입관하기 전에 염을 한 다음 관에 시신을 안치하는 것으로 보통 부적을 같이 넣는다. 관은 집의 중앙에 안지한다. 만일 부모가 살아 있는 경우에는 옆방에 안치한다. ⑪ 자손들이 상복을 입고 정식으로 장례절차가 시작된다. 이 단계를 '성복례成服禮'라고 한다. ⑫ 악단이 관 옆에 앉아서 피리를 불고 북을 친다. 주로 문상객이 문상을 할 때마다 악기가 연주된다. 장례식에서의 악기 연주는 상가의 형편에 따라 다르다. 전통 악단만 있는 경우도 있고, 전통 악단과 밴드가 있는 경우도 있고, 아예 악단이 없는 경우도 있다. ⑬ 부고를 한다. 옛날에는 마을 향직에게 통보하는 것이 보통이었지만 지금은 신문과 방송을 통해서 알리기도 한다. 현재는 미신적 성격을 띠는 절차는 현실에 맞게 간소화되었다.

대상 중일 때는 결혼식과 같이 먹고 마시는 곳에 가지 않으며, 망자의 사망 시간이 좋지 않은 시간이라면 장례 기간 동안에는 밤에 누가 부르더라도 대답하지 않는다. 대답하면 귀신한테 잡혀갈 수 있다는 미신 때문이다. 상중에는 아이를 가지면 안 되고, 결혼도 해서는 안 되었다. 남편 상을 치르는 동안에 부인은 화려한 옷을 피하고, 몸을 씻지 않아야 했다.

베트남 속담에 "죽어서의 의리가 진짜 의리다Nghĩa tử là nghĩa tận"라는 말이 있다. 이것은 마지막까지 망자에 대한 예의를 지키는 것, 즉 문상을 꼭 가야 한다는 것을 강조하는 말이다. 베트남 사람도 우리처럼 결혼식은 축의금만 대신 전달할 수 있지만 문상은 꼭 가야 된다는 생각을 갖고 있다. 옛날에는 차, 술, 빈랑 등을 가지고 가거나 망자에 대한 덕담의 내용을 담은 족자를 가지고 갔다고 한다. 그러나 오늘날에는 현금, 향, 가짜 돈, 화환 등을 가져간다. 대체로 상주는 이 '부조'에 대해서 잘 기록해 두어야 한다. 차후에 갚아야 하기 때문이다. 그리고 형편이 어려운 사람을 배려하여 '부조 사절'이라는 글씨를 걸어두기도 한다. 조문객은 발인 전이면 두 번 반을 절하고, 이미 장례가 끝난 경우에 집안의 제단에서 조문할 경우에는 절을 네 번 반 한다.

1987년에 발표된 응웬후이티엡의 단편 〈퇴역장군〉에는 은퇴한 장군의 부인이 치매에 걸려 고생하다 사망하여 장례를 준비하는 내용이 소개된다. 주인공의 이름만 우리식으로 바꾼다면 옛날 우리나라 농촌의 장례식 모습과 크게 다르지 않음을 느낄 수 있을 것이다.

퇴역장군

아버지가 집에 오신 지 6시간 후에 어머니가 돌아가셨다. 꺼씨와 라이가 말했다.

"저희들 때문이에요. 저희들이 집에 있었다면 할머니는 돌아가시지 않았을 것이에요."

집사람은 쓸데없는 소리라고 일갈했다. 라이가 울면서 말했다.

"할머니! 차라리 저희를 속이시지요. 어째서 제가 할머니 수발을 못 들게 하십니까?"

봉 아저씨가 웃으며 말했다.

"네 년이 할머니 수발하고 싶으면 따라 가라! 내가 관을 짜 줄 터이니."

어머니 염을 할 때, 아버지는 울음을 터뜨리면서 봉 아저씨에게 물었다.

"어찌하여 이 사람이 이렇게 빨리 가는가?"

"형 노망들었소! 항상 우리나라에는 수천 명이 힘든 고통 속에 죽었잖소. 형 같은 군인들이야 한 방 쏘면 되니 오히려 행복한 거였지."

나는 천막을 치고 목수를 시켜서 관을 짜도록 했다. 꺼씨는 집사람이 전날 켜 놓은 송판 옆을 서성거렸다. 목수는 자기들이 나무를 훔쳐갈까 봐 그러냐고 소리쳤다. 봉 아저씨는 송판 두께가 몇 센티미터냐고 물었고, 나는 4센티미터라고 대답했다. 봉 아저씨는 "소파가 하난 날아갔다. 누가 관을 그런 나무로 만드니? 이장할 때 내게 그 송판을 줘라."고 말했다. 아버지는 침묵하며 앉아 있었는데 아주 상심해 있는 듯 보였다.

봉 아저씨가 집사람에게 말했다.

"조카는 소이를 만들도록 닭을 삶아 주시오."

"아저씨 쌀은 몇 킬로그램이 필요하나요?"

"오늘따라 왜 이렇게 고분고분하지! 삼 킬로그램!"

집사람이 나에게 말했다.

"당신 친척들 정말 무섭네요."

봉 아저씨가 나에게 물었다.

"이 집에서 누가 경제권을 쥐고 있나?"

"제 집사람입니다."

"그것은 보통 때가 그렇다는 얘기고 나는 이 장례식을 말하는 것이네."

"그것도 집사람이라니까요."

"조카, 그럴 수는 없는 것이네. 피가 다르잖아. 내 형님한테 말하겠네."

"아저씨 저한테 맡기세요."

"나한테 4천동을 주게. 자네 음식을 몇 상이나 준비하려고 하는가?"

"10 상요."

"그 정도로는 유대꾼들의 속을 씻기도 모자라네. 자네 집사람과 상의해 보게. 내 생각에는 40 상 정도는 필요할 것 같네."

나는 4천동을 아저씨에게 주고 방으로 들어갔다. 집사람이 말했다.

"저 다 들었어요. 30 상이면 충분해요. 한 상에 800동씩 계산하면 삼팔은 이십사 24,000동이고, 기타 비용은 6,000동 정도면 될 거예요. 물건 사는 것은 제가 알아서 할게요. 제사상은 라이에게 맡기면 돼요. 봉 아저씨 말 듣지 마세요. 노인네가 흉측하다니까!"

"봉 아저씨가 4,000동을 가져갔는데!"

"하여간 당신은?"

"다시 받아올게."

"됐어요. 노임 줬다고 생각하세요. 노인네가 사람은 좋지만 가난하잖아요."

악단 4명이 도착했다. 아버지가 나가서 영접했다. 입관은 오후 4시였다. 봉 아저씨는 카이딩 시대에 주조된 일 동짜리 동전 9개와 일 전짜리 알루미늄 동전을 어머니의 입에 넣으면서 "노자 돈으로 쓰시라"고 말했다. 그리고 관에 화투도 같이 넣으면서 말했다.

"괜찮다. 네 어미가 전에 자주 화투를 즐겼다."

그날 밤 나는 어머니의 관 옆에서 밤을 새우면서 이런저런 온갖 생각을 다 했다. 죽음이란 예외 없이 누구에게나 찾아오는 것이다.

마당에서는 봉 아저씨와 몇 명의 유대꾼들이 돈 내기 화투를 치고 있었다. 봉 아저씨는 어머니 관 옆으로 달려와서 "저놈들 호주머니가 다 털리도록 저를 굽어 살펴 주십시오."라고 말했다.

미와 비도 나와 같이 밤을 새웠다. 미가 물었다.

"죽어서 강 건너는 데도 돈을 내야 하나요? 왜 할머니 입에 돈을 넣지요?"

비가 말했다.

"돈을 먹는 것인가요?"

나는 울었다.

"너희들은 모른다. 아빠도 모르지만 미신이다."

비가 말했다.

"저는 알아요. 이생에서 얼마나 필요한 것이 돈인데, 죽어서도 필요한 것 아니겠어요?"

나는 고독을 느꼈다. 내 자식들도 고독을 느꼈다. 도박하는 사람들도, 내 아버지도.

우리 집에서 장지까지 샛길로 가면 단지 500미터 정도였다. 그러나 마을 입구를 지나는 주도로로 가면 2킬로미터였다. 길이 좁아서 상여를 끌 수 없어서 어깨에 메야 했다. 30명의 유대꾼이 번갈아 가면서 상여를 멨는데, 우리 부부가 모르는 사람도 많았다. 그들은 일상의 일처럼 아주 자연스럽게 마치 기둥을 들듯이 상여를 멨다. 상여를 메고 가면서 빈랑을 씹고 담배도 피우고 이런저런 얘기도 하였다. 쉴 때도 바로 관 옆에 앉아서 쉬었다. 누워서 뒹굴며 이렇게 말하는 사람도 있었다.

"정말 시원하다! 바쁘지만 않으면 여기서 저녁까지 한숨 잤으면 좋겠다."

봉 아저씨가 말했다.

"여러분, 갑시다. 가서 한 잔 해야지."

그래서 그들은 다시 가기 시작했다. 나는 '아버지는 전송하고 어머니는 영접하는' 풍습에 따라 상여 앞에서 지팡이를 짚고 뒷걸음으로 갔다. 봉 아저씨가 말했다.

"내가 죽으면 유대꾼들은 모두 도박꾼들일 것이야 그리고 제사상도 돼지고기가 아니라 개고기가 올라오겠지." 아버지가 말했다.

"자네 이 상황에서 농담하고 있는가?"

봉 아저씨는 침묵하고 있다가 울음을 터뜨렸다.

"아주머니! 저를 속인 것이지요? 저를 두고 가십니까!..."

나는 속으로 "왜 속인다고 하지? 죽은 사람은 모두 산 사람을 속이는 것이란 말인가? 이 묘지에는 얼마나 많은 사람들이 선택을 받았는가?"라고 생각했다.

매장을 끝내고 모두 집으로 돌아왔다. 한 번에 28상을 차렸다. 상을 보고 나는 정말 라이를 존경하지 않을 수 없었다. 상마다 모두 "라이 어디 있어?"라고 불러댔다. 라이는 정신없이 예, 예, 하면서 술과 고기를 날랐다. 밤이 되어, 라이는 샤워를 하고 새 옷으로 갈아입은 다음 향을 피우고 울었다.

"할머니! 죄송해요! 할머니를 외출도 못 시켜드리고… 전에 할머니가 게장을 들고 싶다고 하셨는데 드시지 못할 것 같아 못해드렸습니다. 이제 시장에 가도 누구를 위해 선물을 살 수 있나요?"

나는 씁쓸함을 느꼈다. 나는 근래 10여 년 동안 어머니에게 과자나 사탕을 사다 드린 적이 없다는 것이 기억났다. 라이는 다시 울기 시작했다.

"제가 집에 있었다면 할머니가 돌아가셨겠습니까?" 집사람이 말했다.

"그만 울어라!" 내가 반박했다.

"그냥 울도록 놔둬! 초상집에 울음소리가 없으면 더 슬프다. 우리 집에서 누가 저처럼 우는 사람이 있는가?" 집사람이 말했다.

"32상, 당신 제가 얼마나 계산이 정확한지 알아요?" 나는 대답했다.

"정확해!" 봉 아저씨가 말했다.

"내가 점을 쳐보지. 시간이 별로 안 좋아. 부적 있습니까?" 아버지가 대답했다.

"원숭이 부적이 있네. 내가 지금까지 3천 명을 묻었지만 이런 사람은 없었네."

"그래서 행복하다는 것 아닙니까! 총만 한 방 쏘면 끝인데."

봉 아저씨는 방아쇠를 당기는 시늉을 했다.

응웬후이티엡 (2005), 배양수 역. '퇴역장군'. 『아시아의 단편소설 I』.

7. 제사

베트남에서 제사 풍습은 아주 오래되었다. 베트남인들은 사람이 죽어도 영혼은 죽지 않는다고 믿었는데, 망자의 영혼이 조상들이 있는 구천을 떠돌지만 조상들은 자손들을 찾아오고 돌봐 준다는 것이다. 그래서 매년 기일이 되면 제사를 지내며, 매월 음력 초하루와 보름날 그리고 명절은 물론 집을 사거나 멀리 출타할 때, 시험을 볼 때 등 집안의 대소사가 있는 경우에 제사를 지낸다. 그리고 시험에 합격했을 때, 출타했다 안전하게 돌아왔을 때도 감사의 제사를 지낸다. 대체로 기제사와 설에 지내는 제사는 음식을 잘 차리고, 그 외에는 간단한 과일이나 향만 피우는 정도에서 제사를 지낸다. 이 조상에 대한 제사는 부계 농경 사회에 뿌리를 둔 것이다. 유교가 들어오면서 효를 중시하게 되었고, 15세기 이후 유교가 독점적 위치를 차지하면서 더욱 구체화되었다. 홍득법에는 위로 4대까지 제사를 지내도록 규정하고 있다.

사망 후 일 년이 되면 제사를 지내는데 이를 초제사라 한다. 그리고 삼년 후에는 이장을 한다. 묘를 파서 관을 열고, 고인의 뼈를 술로 씻어 작은 토기관_{관과 비슷하나 작고 석회로 만든 것}에 넣어서 다른 곳에 안장하는데, 이장은 밤에

■ 베트남의 제사

한다고 한다. 새로운 장지의 선정은 지관을 통해 매우 신중하게 결정했는데, 이는 풍수가 좋은 곳에 묘를 써야 자손들이 나날이 번창하고 화복하게 될 것이라는 믿음 때문이다. 이와 같은 믿음과 고인에 대한 애도를 표현할 목적으로 매년 음식을 준비하여 고인이 사망한 그 시간에 제사를 지낸다. 기제사 날에는 형제자매가 장남의 집에 모여 제사를 지낸다.

장례가 마을 사람들을 접대하는 것이라면 제례는 가문의 범위 내에서 이루어진다. 베트남 속담에 "물소는 콩밭 가는 날, 손자는 할아버지 제삿날 Trâu được ngày phá đổ, cháu được ngày giỗ ông"이라는 말이 있다. 만약 물소가 콩밭에 들어간다면 콩을 먹을 수 있기 때문에 매우 좋을 것이다. 그와 마찬가지로 할아버지의 제사가 되면 자손들은 지나칠 정도로 배부르고 맛있는 한 끼를 먹게 되는 것이다. 부모의 제삿날이 되면 형제들은 제물을 가지고 장남 집에 모여 제사 음식을 먹는데, 그것은 장남 집에 부모의 제단이 있기 때문이다. 그러나 조부모 이상의 제사일 경우는 종갓집에 모여 제사를 지낸다. 매년 사망한 그 날에 맞춰 제사를 지내지만 문중에는 여러 제사가 있기 때문에 한 해에 여러 번의 제사를 지내게 된다. 그리고 그것은 가문의 사람들이 서로 얼굴을 마주하고 관심을 표현할 수 있는 기회이기도 하다. 베트남 사람들은 제사 때 일가친척은 물론 친구 또는 이웃을 초청하여 같이 음식을 나누는데, 이것은 우리와 다른 점이라고 할 수 있다.

베트남
문화기행

4

1. 음식

"먹는 것은 북, 입는 것은 남^{Ăn Bắc mặc Nam}"이라는 속담이 있다. 음식은 북부 음식이 맛있고, 옷은 남쪽 사람들이 잘 입는다는 의미다. 베트남에서는 농수산물과 열대 과일, 야생 동물 등 풍부한 식재료를 활용한 다양한 요리를 맛볼 수 있다. 지방을 여행하다 보면 그 지역의 특색을 살린 음식을 파는 식당을 흔히 볼 수 있다. 베트남어에 닥산^{đặc sản}'이라는 단어가 있는데, 이 단어는 '지역의 특별한 음식'이라는 의미로 사용된다.

1) 베트남 음식문화의 특징

베트남은 아열대 기후에 속하기 때문에 풍부한 물과 일조량이 있어 식생이 아주 다양하다. 과일과 채소, 동물은 물론 여러 강과 긴 해안선이 있어 많은 어류들이 서식하고 있다. 게다가 요리의 나라 중국과 국경을 맞대고 있으며, 서양 문화의 영향으로 다양한 음식을 맛볼 수 있는 나라 중 하나다.

베트남인들은 예로부터 주로 농업과 어업에 종사했기 때문에 그들의 주식은 쌀과 생선이었다. 멥쌀은 밥을 짓거나 빻아서 국수나 라이스페이퍼를 만들며 찹쌀은 주로 떡을 만든다. 민물고기 또한 시골의 주식인데, 말려 먹거나 튀김, 국, 찜으로 만들어 먹고, 바다 생선, 오징어, 새우, 게는 해변에서는 주로 날것으로 먹지만 내륙 지방에서는 말려 먹거나 요리를 해서 먹는다. 그 외에도 각종 채소와 고기를 먹는데, 육류는 주로 닭, 오리, 돼지고기를 먹고, 쇠고기나 물소 고기는 그리 선호하는 편이 아니다. 옛날 시골에서는 마을회관의 기능을 하는 딩Đình에서 행사가 있을 때만 약간의 고기를 먹었다고 한다.

베트남 음식을 얘기할 때 혹자는 베트남 음식의 대부분은 중국에서 왔다는 말을 하기도 한다. 그러나 자세히 들여다보면 몇 가지 차이점을 발견할 수 있다. 중국인들은 밀가루를 베트남인들은 쌀가루를 사용하고, 중국인들은 콩으로 만든 간장을, 베트남인들은 생선으로 만든 액젓인 느억맘nước mắm을 사용한다. 또 중국인들은 시고 달콤한 맛을, 베트남인들은 짭짤한 달콤한 맛을 내며, 고기 요리를 할 때 베트남인들은 생고기에 마늘 등의 양념을 하여 나뭇잎으로 싸서 숙성시키는 방식을 사용하는 경우가 있고, 양국 모두 야채를 먹지만 베트남은 생으로 먹는 경우가 많다. 한편 요리할 때 중국인들은 큰 불꽃을 사용하지만 베트남인은 작은 불을 이용한다는 것이 차이라고 하겠다.

베트남 사람들의 식탁에서 빠질 수 없는 양념이 느억맘이다. 느억맘은 거의 모든 음식을 찍어먹는 소스이

■ 느억맘

다. 멸치, 새우, 게, 생선 등 여러 종류가 있는데, 특정한 음식에는 특정한 느억맘을 먹을 정도다. 지역에 따라 맛도 조금씩 다르다.

베트남인들은 음식을 먹을 때 시각, 후각, 촉각, 청각, 미각을 모두 사용하고, 또 음양과 냉열의 조화를 중시한다. 예를 들어, 짠맛은 양이고 신맛은 음이다. 따라서 액젓인 느억맘은 짠맛이기 때문에 소스를 만들 때, 음인 식초와 설탕을 넣어서 음양의 조화를 이루도록 한다. 단 음식에는 약간의 소금을 첨가해서 먹는데, 수박을 먹을 때 소금을 찍어 먹는다. 찬 음식인 생선, 게, 오리고기를 먹을 때 열을 내는 생강을 간장에 넣어서 찍어 먹도록 하여 냉과 열의 조화를 이룬다. 소스도 아주 다양한데, 액젓에 레몬과 고추를 넣은 것과 생강을 넣은 것, 식초와 마늘을 넣은 것 등이 있다. 채소 중에서 베트남인들에게 없어서는 안 될 것으로 자우무옹rau muống이 있다.

■ 자우무옹

도시 지역과 부유한 집을 제외하고 대부분의 베트남인들은 평상이나 침대 또는 방바닥 심지어 여름에는 마당에 돗자리를 깔고 멈Mâm이라고 불리는 상에서 식사를 한다. 원래 멈은 나무나 대나무로 만들어 사용했으나 청동기 시대 이후로 구리로 만든 멈이 사용되었다. 그러나 구리로 만든 멈은 부유층에서나 사용할 수 있었고 평민들은 여전히 나무로 된 것을 사용했다. 현대에 들어와서는 알루미늄으로 만든 것이 많이 사용된다.

식사를 할 때는 집안의 위계질서에 따라 식사를 권한다. 윗사람이 밥그릇을 들고 식사를 시작하면 아랫사람들도 밥을 먹기 시작한다. 베트남인들을 이러한 식사 예절을 대단히 중요시한다. 또한 여성은 밥솥 가까이 앉아서 식사를 하면서 다른 사람들을 관찰하여 다 먹은 사람에게 밥을 더 퍼준다. 누구도 먼저 밥그릇을 비웠다고 해서 스스로 솥에서 밥을 푸지 않는다. 음식을 집어 액젓이나 간장을 찍은 다음에는 바로 입으로 가져가지 않고 손에 들고 있는 그릇에 가져간 다음에 먹는다. 맛있는 음식은 항상 윗사람에게 양보한다.

베트남 잔칫상은 지역마다 조금씩 그 특색을 달리하고 있지만 한 상에 앉는 사람은 4명 혹은 6명이다. 5명이 앉는 것을 꺼린다. 때로는 아주 친한 두 사람이 겸상을 하거나 두 쌍이 겸상을 하는 경우도 있다. 자리를 배치하는 일은 주인이 잘 살펴야 한다. 술을 잘하는 사람은 잘하는 사람끼리, 나이가 엇비슷한 사람끼리 한 상에 앉게 하며, 주인은 각 상을 돌면서 술을 따르거나 부족한 음식과 양념 등을 보충해 준다.

베트남에는 "먹을 때는 솥을 보고, 앉을 때는 방향을 본다Ăn trông nồi, ngồi trông hướng"라는 속담이 있다. 이것은 사회생활에서 가장 기본적인 예의로 부모들이 자녀들에게 늘 당부하는 말 중 하나다. 이 속담은 밥이 충분치 않으므로 배가 고프다고 맘대로 먹어서는 안 된다는 것을 의미한다. 솥에 남아 있는 밥의 양을 보면서 식사량을 조절하라는 뜻으로, 중요한 식사 예절이었다. 앉을 때 방향을 본다는 말은 앉는 자세도 중요하고, 어느 위치에 앉는 것이 적절한지를 보고 앉으라는 것을 뜻한다.

베트남 사람들은 개고기를 먹는다. 그러나 보편적인 것은 아니고 일부 사람들이 먹는데, 남부 사람들보다는 북부 사람들이 더 많이 먹는다. 한때 하노이 호떠이 근처에 있는 넛떤Nhật Tân에는 개고기를 파는 식당들이 줄지어 있었다. 보통 월초에는 잘 먹지 않고, 하순경에 많이 먹는데, 월초에 개고기를 먹으면 재수가 없다고 여겼기 때문이다. 그러나 이미 재수가 없는 일을 겪었다고 생각하는 사람들은 월초에도 개고기를 먹는다. 그 외에도 고양이 고기와 쥐고기도 먹는데, 이러한 고기를 먹는 사람들은 아주 소수에 불과하다. 1940년대 전반, 특히 일본이 베트남을 지배할 때 수탈로 인해 많은 사람들이 굶어 죽었는데, 이때 개구리, 뱀, 쥐, 고양이 등을 먹었다고 한다.

1930년대 북부 지방의 한 집에서 프랑스 사람을 초대하여 토끼 고기 요리를 대접하려고 했다. 그런데 주방장이 토끼 살 돈을 노름으로 다 잃어버려 고민하다가 살찐 고양이를 사다가 요리해서 대접했다고 한다. 프랑스 사람은 그 음식이 맛있다고 칭찬하자 집 주인은 자랑하려고 주방장을 불렀다고 한다. 그런데 주방장은 부끄럽기도 하고, 또 자신이 한 일이 들통날까봐 걱정되어 손님 앞으로 나오면서, 프랑스어로 'Lapin annamite'라고 했다. 'Lapin annamite'는 '베트남 토끼'라는 말로, '서양 토끼보다 작고 맛이 없다'는 의미를 담고있다. 손님에게 미안한 마음을 표현하려고 했던 것이다. 그때부터 이 지역에서는 고양이를 불어로 '베트남 토끼Lapin annamite'라고 불렀다고 한다.

2) 음료

술을 마실 때를 제외하고는 보통 밥을 먹은 후에 음료수를 마신다. 그러나 술을 마시면 통상적으로 안주와 함께 마시고, 술을 마신 후에 밥을 먹는 것이 보통이다. 술은 모두 찹쌀로 빚는데, 연꽃, 장미, 국화 등의 꽃을 담그기도 한다. 이러한 술을 화주라고 부른다. 화주에서 가장 높이 치는 것은 국화주와 연화주이고 약술로 가장 귀하게 여기는 것은 인삼에 녹용을 넣은 술이다. 술은 보통 농촌 사람들이 도시인들에 비해 더 마신다.

음료로는 차를 마시는데, 옛날에는 신선한 차를 마셨다고 한다. 농촌 지역에서는 아직도 이 신선한 차를 마신다고 하는데, 차나무 가지를 꺾어서 큰 솥에 넣고 펄펄 끓여서 마시는 것이다. 중국식 차가 베트남에 들어온 것은 레 왕조 이후로, 주로 귀족층에서 마셨다고 한다.

3) 음식

① 퍼phở

퍼는 세계적으로 알려진 베트남 음식으로, 서민들의 음식이며 계절과 끼니에 상관없이 먹을 수 있다. 퍼가 출현한 것은 지금으로부터 약 100년 전이라고 한다. 자료에 따르면 약 17종의 퍼가 있다고 하는데, 베트남 사람들은 주로 아침 식사로 퍼를 많이 먹지만 도시에서는 점심이나 저녁에도 먹는다.

퍼에는 기본적으로 쇠고기가 들어간. 닭고기나 다른 고기를 넣을 수도 있지만 베트남인들은 쇠고기 퍼를 으뜸으로 친다. 그리고 익은 쇠고기와 살짝 익힌 쇠고기가 있는데, 데친 쇠고기를 더 선호하는 편이다. 현재 퍼는 베트남 전국에서 먹을 수 있지만 하노이의 퍼가 가장 맛있다고 한다. 하노이 남

쪽에 있는 남딩 지방의 퍼도 유명하다. 육수는 각종 뼈와 생강, 파뿌리, 계피, 스타아니스 등을 넣고 끓여서 만든다. 레몬과 파 줄기, 향초, 고추를 넣어 먹으며, 기호에 따라 고추장을 넣기도 한다.

소설가 응웬카이는 그의 단편 〈지위〉에서 퍼 가게를 열어 큰돈을 번 사람에 대해 다음과 같이 소개했다. "나는 하노이를 갈 때마다 아침저녁을 캉과 안의 국수 가게에서 먹었다. 그들은 하노이의 중심 상권에 다섯 개의 국수 가게를 열었다. 가히 기업이라고 부를 만하다. 국수 가락의 부드러움, 고추의 색깔, 파 줄기 등을 포함한 그들만의 고유한 맛을 유지하기 위해서 한 곳에서 요리한 다음, 차로 각 가게로 나른다."

현재까지 퍼의 기원에 대해서 정확하게 밝혀진 것은 없지만 퍼의 기원을 연구한 다오홍 Đào Hùng에 따르면, 중국 남부의 광둥 성, 광시 성 사람들의 음식 중에 '응어우뉵편ngầu nhục phần'이라는 음식이 있는데, 이 음식은 쇠고기와 쌀가루를 사용해서 만든 것이라고 한다. 지금도 광주와 같은 화남 지방에서 이 음식을 볼 수 있는데 쇠고기와 쌀가루로 만든 국수라는 점에서 퍼와 거의 유사하다고 한다. 이 음식이 베트남 북부 국경 지대로 유입되면서 화교나 눙족이 팔았다고 하는데, 그곳에서는 '마른 퍼phở khô', '신 퍼phở chua'라고 불렀다. 중국에서 들어온 음식을 베트남화 한 것이 오늘날의 '퍼'라고 한다. 그리고 20세기 초에 베트남에 도시가 형성되면서 하노이에 퍼를 파는 거리가 생겨났으며, 주로 행상에 의해 판매되었다고 한다. 현재 퍼는 중국 음식의 변형이 아니라 재료와 요리법에서 완전히 베트남화 된 음식이다. 베트남전 당시에 북베트남에서는 쇠고기를 매매 금지 품목으로 지정했기 때문에 쇠고기가 없는 퍼를 팔았고, 그 퍼를 '사공이 없는 퍼phở không người lái'라고 불렀다고 한다. 이 때 일부 개인 식당에서 쇠고기 대신 닭고기를 사용하여 만든 퍼가 생겨났다고 한다. 이 닭고기 퍼가 1939년 2차 대전이 시작되면서 생겨났다는 것이다. 당시 경제적 형편이 좋지 않아서 쇠고기 대신 닭고기를 사용하면서 생겨났다고 말한다. 결론적으로 베트남 퍼는 쇠고기로 시작되었고 경제 상황이 좋지 않을 때 닭고기 퍼가 생겨난 것으로 이해할 수 있을 것이다.

② 조루어giò lụa

조루어는 베트남식 수제 소시지다. 남부 지역에서는 짜루어chả lụa라고 부른다. 막 잡은 신선한 돼지고기를 질 좋은 느억맘과 설탕, 후추 등과 함께 잘 다진다. 절대로 믹서를 사용해서는 안 되고 다지는 강도도 너무 세지도 않고 약하지도 않게 다져야 한다. 어떤 이는 다지는 소리만 듣고도 잘 만들어지는지를 알 수 있다고 한다. 다진 고기를 바나나 잎에 싸서 원기둥 모양으로 만든 다음 쪄서 익힌다. 적당한 크기로 썰어서 간장에 찍어 먹는다. 조루어를 잘 만드는 마을로는 하노이의 으억레 마을과 박닝 성의 딩방 마을이다.

■ 조루어

③ 분bún

분 역시 쌀국수의 한 종류다. 남부 지역에서는 '중국 국수 miến tàu'라고 부르기도 한다. 분은 국수에 어떤 것이 주재료로 들어가느냐에 따라 달라진다. 국수에 불고기가 들어가면 '분 짜bún chả'라고 하는데, 이 분짜는 우리 입맛에 잘 맞는 음식이다. 냄쟌이 들어가면 '분냄bún nem', 우렁이 들어가면 '분옥bún ốc', 계란말이, 족발, 닭고기가 들어가면 '분탕bún thang', 민물 게살을 넣은 것을 '분리에우bún riêu', 족발 고기와 소시지를 넣으면 '분목bún mọc', 쇠고기와 족발을 넣은 것은 '분보조해오bún bò giò heo'라고 한다. 지역마다 재료와 양념이 다른데, 북부에서는 분탕과 분목을 고급 음식으로 치고, 후에에서는 '분보 후에bún bò Huế'가 유명하다.

■ 분냄

④ 후띠에우 미토hủ tiếu Mỹ Tho

후띠에우도 쌀국수의 한 종류인데, 중국, 캄보디아에도 후띠에우가 있다. 다른 국수와의 차이점은 채소와 식초를 사용하지 않고 생 숙주, 라임, 고추, 간장을 사용한다는 점이다. 후티에우 미토가 유명한 것은 쌀이 맛있기로 유명한 미토의 고깟Gò Cát에서 나는 쌀로 국수를 만든다는 점이다. 그리고 돼지고기 외에도 새우를 넣는다. 요즘은 가격을 내리기 위해 메추리 알, 돼지갈비를 넣기도 한다.

■ 분짜

⑤ 냄쟌nem rán

냄쟌은 영어로 스프링 롤이며, 남부 지역에서는 짜조chả giò 라고 한다. 다진 고기, 게살, 새우 표고버섯, 석이버섯, 파, 숙주, 계란, 후추, 소금 등을 같이 혼합한 다음에 라이스페이퍼로 적당하게 싸서 기름에 튀긴다. 소스는 느억맘, 설탕, 조미

■ 후티에우 미토

■ 냄쟌

료, 식초, 물, 후추와 고추, 얇게 썬 마늘 등으로 만든다. 외국인의 입맛에도 잘 맞는 음식이다.

⑥ 바잉똠 bánh tôm

■ 바잉똠

베트남식 새우튀김이라고 할 수 있다. 소스를 어떻게 만드느냐가 맛을 좌우하는데, 상추, 향초와 함께 소스에 찍어 먹는다. 하노이 호떠이 호숫가에서 풍경을 감상하며 먹는 맛을 일품으로 친다.

⑦ 바잉쎄오 bánh xèo

■ 바잉쎄오

바잉쎄오는 남부의 대표적인 음식이다. 쌀가루에 코코넛 물과 강황 가루, 소금 등을 넣고 걸쭉하게 반죽을 한다. 쇠고기, 양파, 새우를 미리 살짝 데쳐서 익힌 소를 만든다. 프라이팬에 반죽을 얇게 펴서 익히고, 그 위에 미리 준비한 소와 숙주를 얹어서 반으로 접는다. 느억맘, 고추, 라임, 물을 섞어서 소스를 만든다. 야채와 함께 소스에 찍어서 먹는데, 외국인들도 맛있게 먹을 수 있다.

⑧ 짜오똠 chạo tôm

■ 짜오똠

먼저 껍질을 벗긴 새우를 잘 씻어서 코코넛 물에 담가 두었다가 꺼내어 물기를 뺀다. 그리고 소금, 후추, 마늘 등과 같이 갈아서 반죽을 만든다. 여기에 비계와 설탕을 넣어 간 다음, 새우 반죽과 같이 섞는다. 껍질을 벗긴 사탕수수에 반죽을 적당하게 입힌다. 한쪽 끝은 손으로 잡을 수 있도록 반죽을 바르지 않는다. 숯불에 적당히 구워서 준비된 소스, 야채와 함께 먹는다. 짜오똠 소스는 그 어떤 소스보다도 공이 많이 들어가는 소스이다. 돼지 간을 다지고, 껍질을 벗긴 콩을 갈고, 익혀서 으깬 타마린드와 간장을 넣고 끓인 다음 잘게 부순 땅콩과 고추, 마늘을 넣어서 만든다.

2. 의복

베트남 사람들의 전통 복장은 우리가 알고 있는 아오자이 외에도 아오바바, 아오뜨턴, 아오남턴 등이 있다. 베트남은 다종족 국가이기 때문에 각 종족마다 고유한 전통 의상이 있다. 여기에서는 베트남족의 의상에 대해 알아보고, 베트남 구비문학에 나타난 베트남 여성의 전통미에 대해서 소개하고자 한다.

1) 아오자이

'아오자이'는 우리나라 사람들이 베트남을 떠올릴 수 있는 몇 가지 키워드 중 하나다. 그만큼 우리나라 사람들에게 널리 알려졌다고 할 수 있다. 우리는 아오자이가 베트남 여성의 전통 의상이라고 알고 있지만 사실 남녀 모두가 입는 베트남 전통 의상이다.

아오자이는 '아오áo'는 '윗도리'이고, '자이dài'는 '길다'는 뜻으로 '아오자이'는 '긴 윗도리'라는 의미이다. 즉, 윗옷이 긴 베트남 전통 의상을 말한다.

베트남 복식 문화의 시발은 분명치 않으나 베트남 청동기 문화의 발상지로 알려진 동선에서 발굴된 청동 북에 새겨진 그림을 보면, 선사시대의 베트남 남자들은 일본의 스모 선수들이 입는 것과 유사한 '동코đóng khố'라고 불리는 허리싸개를 입었고, 여자는 치마와 '이엠yếm'으로 불리는 앞가리개를 입었다.

이러한 단순한 의상은 지역의 기후와 밀접한 연관이 있다. 베트남 남부는 열대기후, 북부는 아열대 몬순기후 지역에 속하기 때문에 대체로 무더운 날씨가 계속되었고, 이러한 더위를 피하기 위해 바지보다는 치마와 앞가리개를 입었다. 앞가리개는 사다리꼴 모양의 천의 모서리에 끈을 매달아 위는 목 뒤로 매고, 아래는 허리에 묶는 아주 간단한 형태의 윗도리였다. 따라서 등 쪽은 아무 것도 없는 시원한 옷이었다. 이러한 옷들은 사실 크기가 다른 천에 불과했고, 어떻게 감고 두르느냐에 따라 기능을 달리했던 것이다. 천은 주로 바나나 나무에서 채취한 실과 마가 사용되었고, 후에 누에치기가 번성하여 실크와 목화가 보급되면서 면이 사용되었다.

기원전 111년에 중국 한나라의 침입을 받아 천여 년의 통치를 받은 베트남은 중국 복식 문화의 영향을 받게 된다. 대략 약 18세기까지 일반 백성들의 복식은 큰 변화가 없었지만 관리와 통치 계층의 복식은 중국의 영향을 받아 많은 변화가 있었던 것으로 알려지고 있다. 특히, 레 왕조 이후 통치 계급의 철학으로 유교가 확실히 자리매김 하면서 관리들의 복식은 중국의 영향을 받게 되었다.

관리들은 남색의 옷을, 평민들은 뿔색, 검정색, 갈색 옷을 입었고, 결혼식에서 신부는 붉은색 옷을 입었으며, 금색은 왕만이 입을 수 있었다. 문관과 무관의 복장이 달랐고, 예복과 평상복이 있었다. 이러한 복장은 중국 조정의 모형을 따른 것으로, 색깔과 천의 종류가 세밀히 규정되었다. 집안에서는 남자는 모두 머리에 수건을 둘렀고, 여성은 머리를 올리고 수건을 둘렀다. 특히 젊은 여성은 수건을 까마귀 부리 모양으로 묶었다.

베트남의 복식은 비록 중국의 영향을 많이 받았지만, 베트남적인 것을 지키기 위한 노력들이 각 왕조를 통해서 시도되었다. 리 왕조의 태종(1028~1054)은 1040년에 중국 송나라의 직조 방법에 예속되는 것을 피하기 위해 궁녀들에게 베트남식 직조 방법을 지키도록 했고, 꽝쫑 황제(1788~1792)는 중국에 대한 항전을 선언하면서 그 이유로 "긴 머리를 보존하고, 검은 이를 지키기 위해 적을 친다."라고 했다.

1407년 명나라가 침공하여 동화정책을 실시하면서 복식의 중국화를 시도했다. 그러나 명나라의 침입을 물리친 이후로 레 왕조의 현종(1663~1671)은 1666년 민족 고유의 복식 문화를 지키고자 "차후로 여자들은 복장을 단정히 하기 위해 바지를 입지 말고, 허리띠를 매지 마라"고 명령을 내렸다. 이로써 중국 한나라 침략 이후로 베트남에 보편화된 바지를 입는 것이 북부지역에서 금지되었다. 당시 베트남은 남북으로 분열되어 있었는데, 중부 지역을 통치하던 응웬푹코앗은 1774년 북부 정권과의 차별화를 위해 북부에서처럼 '상스럽게' 치마를 입지 말고 중국처럼 바지를 입으라는 명령을 내렸다. 그때부터 남부 여성들은 치마를 입지 않게 되었다. 그 이후로 남북을 통일한 응웬 왕조의 밍맹 왕(1820~1840)은 1832년에 청나라 식으로 모든 여자들에게 바지를 입도록 했다. 도시 지역에서는 그 명령을 따랐지만 북부 농민들은 여전히 치마를 입었다.

의복이 신체 보호와 미의 기능을 갖고 있다면 옛날 베트남인들은 신체 보호 기능에 더 주안점을 두었던 듯하다. 베트남에는 "먹는 것은 확실하게 입는 것은 질긴 것 Ăn chắc mặc bền"이라는 속담이 있다. 천연 재료가 아무리 풍부하다고 해도 옷을 짓는 일은 많은 노력이 필요했기 때문에 한 번 만든 옷은 오래 입어야 했다. 대물림을 하는 경우도 많았고, 이러한 '질긴 것'과 함께 최소한의 재료와 최소한의 수공으로 옷을 만드는 매우 실용적인 의복 문화를 갖고 있는데, 이러한 의복에 있어서의 '절약'이 아주 베트남적인 문화라고 말하는 사람도 있다. 앞가리개는 그러한 예의 하나라고 할 수 있다.

재료의 다양화와 직조 기술의 발달로 미의 기능이 강조되면서, "옷이 차이가 나는 것이지 벗고 나면 누구나 같다 Hơn nhau tấm áo manh quần/Thả ra bóc trần ai cũng như ai"라든가, "사람이 예쁜 것은 옷 때문이요, 벼가 좋은 것은 거름 때문이다 Người đẹp vì lụa, lúa tốt vì phân"라는 속담이 생겨났다.

아오자이의 전신은 앞이 터진 보통의 윗도리에 옆쪽을 갈라놓은 옷, 즉 '아오뜨턴áo tứ thân'에서 출발한다. 이 옷에서 치마 대신 바지로 바뀌었고, 윗도리는 단추를 가운데로 하지 않고 오른쪽에 달고, 옷자락을 허리까지 갈라 놓는다. 윗도리는 앞을 막고 옆을 길게 터서 윗도리도 길고 바지도 긴 옷이 된 것이다. 이러한 20세기 초, 특히 1930년대에 들어와 당시에 유명한 화가인 레포 Lê Phổ(1907~2001)와 깟뜨엉Cát Tường(1912~ ?)이라는 두 사람에 의해서 이루어진 것으로 전해지고 있다.

일반적으로 여학생은 흰색, 중년층은 꽃이 있는 파란색 혹은 밝은 색, 노인은 검은색, 브라운, 보라색을 입는다. 윗도리는 몸에 밀착되게 바느질하고 바지는 통이 크게 만들어 헐렁하게 입는다. 아오자이의 멋은 베트남 여성들의 작은 신체의 곡선을 잘 드러내는 것이 특징이다. 외국인들이 아오자이를 입은 베트남 여성에게 자주 눈길을 주는 것도 보일 듯 말 듯, 드러난 것 같으면서도 감추어진 아름다움 때문이다.

2) 아오바바 áo bà ba

아오바바는 베트남 남부의 메콩 델타 지역에 널리 퍼진 옷으로, 바지와 양 옆구리가 터진 짧은 소매의 블라우스로 되어 있어 활동하기에 편하다. 남부는 강이 많아 농민들이 하루 종일 강물 속이나 논에서 일하기 때문에 주로 검은색을 사용했다. 이 옷은 말레이시아의 바바족의 의상에서 기원했다고 해서 '검은 바바 옷 áo bà ba đen'이라고 부른다. 현대에 들어와서는 다양한 색의 천으로 몸매가 더 드러나게 디자인해서 입는데, 이러한 개량된 아오바바는 외출복으로 입는다.

다음으로 널리 알려진 것은 캄보디아에서 들어온 체크무늬 스카프 khăn rằn 로, 그 종류와 용도가 매우 다양하다. 더울 때는 모자 대신 머리에 두르고, 물속에서 나오면 수건처럼 사용하며, 잠잘 때는 이불로, 여성이 아이를 안고 다니다 피곤할 때 포대기로도 사용한다.

3) 아오뜨턴 áo tứ thân

북부 지역 여성들의 일반적인 의상으로 20세기 초까지 입었으나, 현재는 전통 축제 등에 참여하는 여성들만 입는다. 앞이 터진 긴 소매 블라우스 형태로, 치마와 앞가리개를 하고 윗도리에 붙어 있는 긴 끈으로 허리를 묶는다. 보통 쟁반 같이 생긴 모자를 같이 쓰는데, 이 모자를 '꽈이타오'라고 한다.

■ 아오바바

■ 아오뜨턴

4) 논라 nón lá

우리는 일반적으로 베트남 사람들의 전통 모자는 삿갓 모양이라고 생각한다. 그러나 베트남의 모자는 쟁반 같은 모양도 있고, 우리의 갓과 비슷한 모자도 있다. 중부 후에 지역에서는 모자를 만들 때 시를 적은 글자를 오려 모자 사이에 끼워 넣었는데, 햇빛을 비추면 시를 읽을 수 있도록 한 것이다. 이 모자를 '시 삿갓 nón bài thơ'이라고 부른다. 시 외에도 수를 놓아서 한층 고급스럽게 만들기도 하는데, 외국 관광객에게 인기 있는 상품이다. 베트남 까자오에서도 전통 모자를 쓴 여인을 칭송하고 있다.

> Ai làm cái nón có thao
> Để cho anh thấy cô nào cũng xinh.
> **누가 논파이타오를 만들었기에**
> **이걸 쓴 아가씨는 누구나 예뻐 보인다네.**

5) 신발

옛날 시골에서는 많은 사람들이 맨발로 다녔다. 행사나 축제 등이 있을 때만 신발을 신었었는데, 주로 나막신이나 나무로 만든 슬리퍼를 신었고, 그 형태도 다양했다. 상류층에서는 가죽이나 천으로 만든 신발이나 슬리퍼를 신기도 했다. 베트남은 날씨가 덥기 때문에 신발을 신는 것이 불편할 때도 있

■ 논라

다. 개방 초기인 1990년까지도 많은 공무원들이 아주 자연스럽게 슬리퍼를 신었었다. 개방 후 외국인이 많이 들어오면서 베트남 정부에서 공무원들에게 구두를 신도록 했고, 요즘은 슬리퍼를 신고 다니는 공무원은 거의 없다.

3. 종교Tôn giáo

베트남의 주요 종교로는 불교, 천주교, 기독교, 까오다이교, 호아하오교, 회교, 힌두교 등이 있다.

1) 도교đạo Giáo

베트남 도교는 중국으로부터 유래되었는데, 차이점이 있다면 남신보다는 여신을 많이 모신다는 것이다. 베트남의 여신 숭배는 아주 오래전부터 존재했던 것으로 알려지고 있다. 베트남은 논농사 문화를 기반으로 하고 있는데, 이 논농사 문화는 땅과 물, 벼가 중심이 되고 이들은 모두 음에 속하는 것이며, 또한 종자의 대 이음 및 생산과 관련된 것으로, 바로 여성과 관련이 있다

■ 신을 모시는 사당, 덴

는 믿음에서 발원한 것이다. 이러한 전통 신앙과 도교가 결합되면서 나타난 것이 베트남의 성모 '리에우하잉Liễu Hạnh'이다.

　이 여신은 옥황상제의 딸로, 천상의 연회에서 옥그릇을 깨뜨린 죄로 세상으로 쫓겨나 응웬씨 가문의 다오랑Đạo Lang이라는 청년과 살다가 생을 마감했다. 그녀가 죽은 후에 유학자와 관리들이 사당을 세워 제사를 지냈고, 오늘날에도 많은 사당이 남아 있다.

　하늘과 땅 그리고 물 즉, 우주를 관장하는 삼좌 성모에 리에우하잉 성모가 추가되어 사좌 성모가 탄생된 것이다. 천모상은 붉은 수건을 두르고 가운데 안치하며, 왼편에는 파란 수건을 두른 지모를, 오른편에는 흰 수건을 두른 수모를 안치했다. 베트남 사람들은 리에우하잉 성모를 천모의 화신으로 여기고 높이 받들었다.

　도교와 관련된 풍속으로 음력 섣달 23일, 각 집안의 생활을 관장하는 조군竈君이 옥황상제에게 보고하러 올라가는 날에 제사를 지내는 풍습이 있다. 조군이 일 년 동안 각 가정의 일을 관찰하고 기록하여 연말에 옥황상제에게 보고를 하면 그 공과에 따라서 다음 해에 화복을 내려준다고 믿었다. 조군은 섣달 23일에 올라가 섣달 그믐날 자정에 돌아온다고 한다. 조군에게 제사를 지냄으로써 가정을 잘 보고해 달라는 의미를 포함하고 있다. 종이로 만든 옷, 모자, 신발과 가짜 돈 그리고 산 잉어 혹은 종이 말을 과일들과 함께 제단에 차려 놓고 제사를 지낸 다음에 태운다. 가짜 돈은 신의 세계도 노잣돈이 있어야 된다는 생각에서 나온 것이고, 잉어는 조군이 타고 갈 교통수단인 것이다. 베트남 사람들은 용이 잉어로부터 환생된 것이라고 믿었다. 또 몸이 아프거나 집안의 일이 잘 안될 때 부적을 지니는 풍습도 널리 퍼져 있다. 도교와 관련된 풍습은 기존의 민간신앙과 결부된 경우가 많아서 도교 풍습과 민간신앙과의 구분이 모호한 경우도 많이 있다. 도교의 신을 모시는 사당을 베트남어로는 '덴Đền'이라고 한다.

■ 베트남 승려

2) 불교 đạo Phật

중국의 『수경주 水經注』에는 BC 3세기경에 인도의 아쇼카 왕이 지금의 베트남 하이퐁 도선 지역에 불탑을 건설하도록 했다는 기록이 있다. 그 후 무역로를 따라서 불교가 전파되었고, 중심지는 지금의 베트남 북부 지역인 박닝 Bắc Ninh이었다고 한다. 또한 강승회 康僧會를 비롯한 중국의 유명한 승려들이 베트남에서 수행했다는 기록도 있고, 6세기 중엽에는 이씨 성을 가진 사람이 석가모니의 자식이라는 이름을 내세워 정권을 잡고 반수언이라는 나라를 세워 왕을 칭했는데, 이 왕이 리펏뜨 李佛子이다.

대체로 베트남 불교는 중국의 지배기인 6세기 이후로 왕성해졌고, 특히 11세기 초에 세워진 리 왕조의 건국에는 반하잉이라는 승려의 역할이 아주 컸다. 불교는 15세기에 이르러 유교의 강성과 함께 쇠퇴했다가 15세기 중반 이후로 부흥하기 시작하여 17세기에는 다시 왕성해졌는데, 이 때 베트남 북부 지역에서는 중국에서 들어온 선종의 일파인 임제종과 조동종을 중심으로 발전했다. 17세기 말에 불교는 다시 쇠퇴하기 시작하지만 이미 불교는 베트남 민중 속에 깊이 스며들어 있었기 때문에 그 기반은 여전히 남아 있었다.

■ 티엔무 사원

　　베트남 승려는 갈색 또는 노란색의 헐렁한 바지와 긴 윗도리를 입는다. 윗도리의 단추는 오른쪽에 끼우도록 되어 있고, 머리에는 천을 둘러뒤로 맨다. 통상적인 예불 의식은 간단한 편인데, 한문으로 번역된 불경을 읽으며 합장하여 허리를 굽혀 절을 한다. 절을 찾는 신도들은 대부분 여성이며, 향을 합장한 손에 끼우고 허리를 굽히면서 세 번 절한다. 이때 보통 자신들의 바람과 함께 '나무아미타불, 관세음보살'을 읊는다. 매달 음력 초이레에는 제를 지내는데, 이는 이날이 지옥의 문이 열리고 대사면이 이루어지는 날이기 때문이다. 또한 살아 있는 사람들에게 선을 행하여 덕을 쌓도록 했는데, 근대에 들어와 일부 가정에서는 제를 지낸 다음에 죽이나 밥, 소금, 계란 같은 음식을 어려운 사람에게 나누어주고, 혼령에게는 종이로 만든 각종 물품을 바치는 풍습이 생겨났다. 그 외에 매월 초하루와 보름에도 제를 지낸다.

　　베트남의 절은 일부 풍경이 수려한 곳에 지어지기도 했지만 대부분의 사찰은 마을과 밀접한 관련을 갖고 있다. 신도의 대부분은 농민이기 때문에 사찰은 농업적인 색채를 많이 띠고 있는데, 절 자체가 마을 문화의 중심지라고 할 수 있다. 절은 보통 천지가 조화를 이루는 곳, 보통의 평지보다는 높은 곳, 앞에는 호수가 있거나 물이 흐르는 곳에 남향으로 지었다.

　　1994년 현재로 베트남의 사찰 수는 14,353개이고, 호찌밍 시가 900개로 가장 많으며, 하노이 시와 후에 시에 각 400여 개가 있다. 호찌밍 시의 경우 1954년 이전에는 227개였지만, 1975년에는 909개로 20여 년 사이에 300% 이상이 증가했다. 이는 1960년대의 '불교 현대화 운동'의 결과이다.

　　베트남 불교의 계파를 보면, 북종과 남종, 그리고 양종이라고 부르기도 하고 걸사라고 부르기도 하는 세 지파로 나눌 수 있다. 현재 베트남의 총 승려 수는 26,268명이며 그 중 북종파가 18,227명, 남종파가 7,309명이 있고, 원시불교와 크메르계 및 양종이 732명이 있다.

베트남 불교회가 제공한 자료에 따르면 불교 신도는 인구의 40~50%, 즉 3,000만 명에서 3,500만 명이라고 하고, 2009년 통계총국의 통계에 따르면 680만 명이라고 한다. 일 년에 한두 번 절을 찾는 사람을 신도에 포함시킨다면 인구의 4~50%가 된다는 통계가 맞고, 불교의 교리를 어느 정도 이해하는 사람을 신도로 계산한다면 정부 발표가 맞다고 할 수 있다.

3) 유교 đạo Nho

유교가 베트남에 전래된 것은 서한시대부터라고 할 수 있지만 서기 1세기 이후에야 비로소 전파되기 시작했다고 볼 수 있다. 베트남을 통치하던 중국의 지배자들에게 봉사할 수 있는 인력을 기르고자 하는 것이 목적이었는데, 그 후 당나라 시대에는 베트남을 중국에 동화시키려는 정책을 강력히 추진하면서 유교 전파 활동은 더욱 증가되었다. 그러나 중국의 지배기의 유교는 주로 도시의 일부 귀족층에 머물렀고, 농촌의 평민들에게는 깊이 스며들지 못했다.

11세기 리 왕조에 들어와 유교는 중앙집권적 통치체제를 구축하려는 정치적 요구에 부응하면서 통치 계층을 담당할 인력을 공급하는 동시에 통치 철학과 통치 방법을 제공하기 시작했으며, 공교육체계를 수립하였다. 그것은 당시의 수도였던 탕롱에 국자감이 설치되고, 과거제도가 실시되기 시작한 것을 의미한다. 집권층에 의한 유교 교육의 강화로 쩐 왕조 말기인 14세기 후반부터 유학자들은 관료로서, 교육자로서 일익을 담당하며 중요한 사회 세력으로 위치를 굳히게 되고, 명나라의 침입을 물리치고 세워진 레 왕조 이후로 유교는 절대적인 위치를 점하게 된다. 이때부터 유교는 거의 국교와 같은 독존적 지위를 확보하게 된 것이다.

봉건 왕조는 유교를 국민들의 일상생활에 적용하고자 노력하였고, 가정 및 사회공동체의 각종 의례 규범을 적용시킴으로써 국민들의 생활에 큰 영향을 끼쳤다. 그러나 16세기 이후 장기간에 걸친 왕조의 분열과 권력투쟁으로 유교의 통치 철학에 대한 국민들의 신뢰가 떨어지기 시작하였고, 종교적 색채가 농후한 불교 및 도교가 부흥하면서 유교와 결합하는 이른바 '삼교동원'이 출현하게 되었다. 베트남의 마지막 왕조인 응웬 왕조에서는 유교에 의한 통치와 질서를 회복하고자 하는 노력을 배가하였음에도 불구하고 초자연적인 힘에 의지하는 쪽으로 발전하게 되었다.

베트남 유교는 프랑스의 침입으로 한층 더 위기에 봉착하게 되었고, 1945년 8월의 '8월 혁명' 이후로 근본적인 쇠퇴의 길로 접어들었다. 과거제도는 이미 과거사가 되었고, 문묘제례는 완전히 사라졌으며, 마을 행사나 결혼, 조상에 대한 제례 등에 있어서 유교의 의례 규범은 색채가 엷어졌다. 특히 사회주의 정권 하에서 그리고 오랜 전쟁을 겪으면서 유교 질서는 많은 변화가 있었다. 그러나 오랜 시간동안 영향을 끼쳐온 만큼 현재까지도 유교의 흔적이 많이 남아 있다. 현재 베트남인들은 자신들의 법질서 의식이 부족하다는 말을 많이 하는데, 그 원인 중의 하나가 유교의 '덕치' 중시의 영향 때문이며, 또 부정부패의 만연과 친인척의 중용과 같은 일들이 빈번하고, 그러한 문제가 발생했을 때 서로 감싸고 덮는다는 것이다. 이러한 현상을 베트남에서는 '우산병bệnh ô dù'이라고 부른다. 이 또한 유교에서 가르친 '부모가 죄를 지었을 때 자식이 고발하면 도덕을 범한 것이다'는 것에서 기인한 것이라고 주장하는 사람도 있다.

4) 천주교dạo Thiên Chúa

천주교는 베트남어로 꽁자오Công giáo라고도 한다. 베트남의 천주교는 1533년 서양 선교사가 들어오면서부터 시작된다. 이때부터 계산한다면 약 500년이 되지만 천주교가 본격적으로 발전하기 시작한 것은 19세기부터라고 할 수 있다.

초기에 천주교는 베트남인들과 큰 마찰이 없었다. 토속 신앙과의 충돌도 없었고 베트남인들이 거부감을 갖지도 않았다. 그러나 교리와 믿음에 대한 '경직성'과 문화의 차이로 인한 충돌이 생겨났고, 후에는 베트남인과 서양 침략 세력 간의 정치적 충돌 양상으로 치달았다. 특히 1954년 이후로 북부 베트남에 사회주의 정권이 들어서면서 북부 지역에 있던 많은 천주교 신자들이 남부로 이주했고, 천주교는 북베트남 정권에 대항하는 입장을 취하게 되었다.

5) 개신교 đạo Tin Lành

베트남 개신교는 주로 미국의 복음선교연합회를 통해서 전파되었다. 이 선교회는 1911년에 다낭에 본부를 두고 베트남 선교를 시작했으나 당시 프랑스 식민지 정권의 압력으로 그 활동은 미미했다. 1954년에 베트남 개신교 신자는 겨우 6만 명을 상회하는 정도였고, 목사와 전도사 수는 100명이었다. 1954년 이후로 북부 지역에 있던 많은 개신교 신자들이 남쪽으로 내려갔다. 1955년 북부 지역에 남아 있던 약 5,000명의 신도와 10명의 전도사들이 북부에 '베트남기독교총회'를 설립했다.

베트남 개신교가 발전하기 시작한 것은 1955~1975년 사이로, 특히 당시 사이공을 중심으로 한 남부 지역에서 널리 확산되었다. 1975년 이전에 남베트남에는 '베트남기독교총연합회'와 1929년에 들어온 '재림기독교회'가 있었다. 이 두 단체는 베트남 서부 지역인 쯔엉선 산맥과 고원지대, 중부지역 선교에 중점을 두고 있었다. 그 외에도 침례교, 장로교, 예수교, 여호와의 증인, 메노파, 오순절 교회 등의 교파가 활동했다.

1975년에 남부 베트남의 기독교인은 약 25만 명, 목사와 전도사가 500여 명이 있었다. 남북통일 이후 베트남기독교총연합회는 거의 활동을 중단했다가 개방 이후, 특히 1990년대 이후부터 이 연합회의 활동이 재개되고 있다. 2009년 통계에 따르면, 734,168명의 기독교 신자가 있다.

1954~1955년에 공산주의를 피해 남으로 이주한 천주교인은 당시 전체 천주교인의 40%인 543,000명, 신부의 72%인 809명이나 되었다. 1975년 남북이 통일된 이후에 외국으로 탈출한 신부는 100명, 수사가 250명이었다.

현재 베트남의 천주교 신자 수는 2009년 정부 통계를 기준으로 5,677,086명이다. 33명의 주교와 2,100명의 신부, 6,000명의 수녀, 5,390개의 성당이 있다. 천주교 신자 수는 자연 증가에 의한 것이 대부분이고 새로운 신자의 증가는 별로 없는 것으로 보고되고 있다.

6) 까오다이교 đạo Cao Đài 와 호아하오교 đạo Hòa Hảo

이 두 종교는 베트남 남부에서 발원한 신흥종교로 식민지 상황과 구국 운동의 실패로 인한 정신적 공황 상태를 탈피하고자 하는 데서 시작되었다. 까오다이교는 1925년 크리스마스 날 밤에 탄생되었는데, 정식 명칭은 '까오 다이다이다이오땀끼포도'이다. 까오다이교의 상징은 천안天眼이라 불리는 '왼 쪽 눈'이다.

도교를 중심으로 하고 유교, 불교는 물론 기독교의 교리 등을 합쳐서 만 들어졌는데, 천주교의 조직 형태에 따라 아주 긴밀하게 조직을 구성하였고, 당시 농민들의 종교적 욕구를 충족시킴으로써 빠르게 발전했다. 그러나 까오 다이교는 정치적 성향이 강했고, 지도자의 정치적 성향에 따라 여러 파가 형 성되었다. 친공산파도 있었고, 친불, 친미, 친일파도 있었다. 현재는 약 150 명의 신도가 있으며 떠이닝지파가 다수를 이루고 있다. 2009년 정부 통계에 따르면 807,915명의 신자가 있다고 한다.

호아하오교는 1939년 5월 15일 베트남 동남부의 호아하오 마을에서 시 작되어 메콩 델타를 중심으로 널리 퍼졌다. 이 종교는 1849년의 비우썬끼흐

■ 까오다이교 사원

엉_{Bửu Sơn Kỳ Hương}교를 계승한 것이다. 교리는 토착 종교와 불교를 바탕으로 만들어졌으며, 교주인 후잉푸소_{Huỳnh Phú Sổ}가 베트남 전통시가 형식인 6·8구체로 만든 예언서가 있고, 주로 집에서 예배를 드린다. 신도 수는 200만 명 가까이 된다. 이렇게 성장할 수 있었던 것은 조상의 애국주의 전통을 계승하고, 신비성을 가진 데다 메콩 델타 지역 농민들의 정서에 적합했기 때문이라고 한다. 이 종교 역시 지도자에 따라 친민족 혹은 친미, 친불 쪽으로 파가 갈라졌다. 2009년 정부 통계에 따르면 1,433,252명의 신도가 있다.

7) 회교_{đạo Hồi}

베트남 회교의 신도는 대부분이 짬_{Cham}족이다. 짬족에게 회교가 전파된 것은 대략 10~11세기경으로 알려져 있다. 그러나 15세기에 점성국이 멸망한 후부터 짬족 사회에서 회교의 색채가 분명해지기 시작했다고 한다. 베트남 회교는 크게 두 부류로 나뉜다. 쩌우독, 호찌밍 시, 떠이닝 성, 동나이 성에 사는 짬족이 믿는 정통 회교와 빙투언 성, 닝투언 성에 사는 짬족이 믿는 비정통 회교가 있다. 비정통 회교는 회교에 브라만교가 혼합된 데다 이들이 모계사회의 전통을 갖고 있어 정통 회교와는 다른 면을 보인다. 모계사회이기 때문에 여성의 역할이 중시되고, 물질에 관한 권리도 남성보다 크다. 2009년 정부 통계에 따르면 75,268명의 신도가 있다.

8) 조상 제사_{thờ cúng tổ tiên}

베트남인들의 신앙 생활에서 가장 중요한 것이 조상 숭배다. 그들은 산 자와 죽은 자가 관련이 있고, 과거-현재-미래가 연결되어 있다고 믿는다. 조상에 대한 숭배는 자손들의 의무이며, 이를 잘 지킴으로써 조상이 자손을 돌보아줄 것이라고 생각한다. 1992년 하노이와 1993년 호찌밍 시에서 기독교인과 비기독교인을 대상으로 조사한 자료를 보면 그들이 조상 숭배를 얼마나 중요시하는지 알 수 있다. '조상에 대해 분향을 하는가?'라는 질문에 대한 답은 다음과 같다.

(단위: %)

구분		수시로 한다	가끔한다	않는다
하노이 시	기독교인	64.2	22.2	14.7
	비기독교인	82.0	17.4	0.6
호찌밍 시	기독교인	88.9	4.8	6.3
	비기독교인	84.3	11.0	4.7

출처: Đặng Nghiêm Văn 1998b. p.306에 근거하여 재작성

베트남 가정에는 집의 규모가 크든 작든 간에 집안에 반터bàn thờ라고 불리는 제단이 있다. 대개 규모가 작은 것은 사람 키 높이 정도로 벽에 고정시켜 놓고 부모나 조부모의 사진과 제철 과일, 과자, 술, 밥 그리고 향을 피우는 그릇을 올려놓는다. 그리고 크고 작은 가족 행사가 있을 때는 수시로 분향을 한다. 장소가 넉넉한 집은 아예 방 한 칸에 커다란 제단을 설치하여, 전용 분향소를 만든다. 이러한 경우 대개 맨 위층에 분향소를 둔다.

■ 반터

4. 예술

1) 연극

베트남 연극은 프랑스로부터 유입되었다. 20세기 초에 프랑스가 인도차이나를 통치하던 시기에 인도차이나 지역에 주재하던 프랑스 사람들과 일부 현지의 상류층을 대상으로 공연이 이루어졌다. 1911년 하노이와 사이공에 대극장이 건설되면서, 프랑스 관리나 군인들이 아마추어로서 가끔 연극을 했고, 천주교 신자들이 성극을 공연하기도 했다. 특히 1913년부터 '남퐁땁찌Nam Phong tạp chí'라는 잡지에 프랑스 희곡이 번역되어 실리기 시작했고, 이에 베트남 문인과 일부 지식층에서 베트남 극단을 창단해야 한다는 주장이 일기 시작했다. 그러나 베트남 사람에 의해서 써진 희곡이 없었기 때문에 프랑스 몰리에르의 '상상으로 앓는 사나이'라는 희곡이 베트남 배우들에 의해서 1920년 4월 25일에 최초로 공연되었다.

그 해 또장Tô Giang이라는 사람이 '누가 사람을 죽였는가?'라는 희곡을 썼다. 이후로 몇 편의 작품이 일반 서민들을 대상으로 극장에서 공연되었다.

■ 하노이 대극장

하노이 대극장은 '서양 극장'이라고 불렸는데, 이곳은 주로 프랑스 관리들이 프랑스 극단의 공연을 보는 곳이었다. 이 서양 극장에서 베트남 희곡으로 베트남 감독에 의해서 베트남 배우들이 베트남 관객을 대상으로 공연한 최초의 작품은 1921년 10월 22일에 공연된 부딩롱의 '독사발Chén thuốc độc'이었다.

1920년대를 거치면서 베트남 연극은 양적으로나 질적으로 크게 성장하게 된다. 20년대 후반에는 극단의 창단과 해체가 빈번해졌는데, 이는 주로 재정상의 문제와 지도자의 문제 때문이었다. 또한 작가들이 많이 등장하는데, 부딩롱 외에도 응웬히우낌Nguyễn Hữu Kim, 뜨엉후옌Tường Huyền, 남스엉Nam Xương, 비후옌닥Vi Huyền Đắc 등과 같은 희곡 작가들이 이름을 날렸다. 연극의 내용은 당시 사회의 문제점이나 동서양 문화의 충돌을 다룬 것이 대부분이었다.

1945년 8월 혁명 이후로 북베트남에 공산 정권이 들어서고, 다시 프랑스와 전쟁이 시작되면서 베트남 연극은 새로운 길로 접어들게 된다. 당시의 작가들은 주로 전투에 직접 참가하면서 전쟁 중인 국민을 고무시키는 희곡을 쓰게 되었고, 그러한 작품들은 전쟁터에서 공연되었다. 이 시기의 베트남 연극은 선전활동으로 치우칠 수 밖에 없었다. 즉 예술이 정치 선전의 도구로 전락했던 것이다.

1975년 통일 이후에는 새로운 시대에 맞는 연극을 필요로 하게 되었고, 연극은 사회개혁을 선도하는데 큰 기여를 했다. 작가와 무대 예술가들은 생활 속에서의 모범적인 인물이면서 강력한 설득자로서 대중 앞에 나타났다. 특히 1986년 개방 정책 시행 이후부터는 인간의 정신과 도덕의 문제전쟁의 후유증, 인생의 따뜻함과 차가움, 아름답고 정의로운 미래 사회에 대한 불안한 갈망를 무대에 올림으로써 사회 문제에 접근하기 시작했고, 관객으로부터 좋은 반응을 받았다.

그러나 현재 베트남 연극은 새로운 환경에 적응해야 하는 어려움을 안고 있다. 시장경제 체제 하에서 흥행에 성공해야만 한다는 것이 문제이다. 예술 작품의 질과 소비자인 관객의 요구 사이의 간격을 줄이고, 또 TV 드라마나 비디오와 경쟁을 해야 하는 어려움이 직면한 것이다. 이전의 베트남 극단은 국가로부터 전액 재정 지원을 받았기 때문에 오직 작품에 대해서 신경을 쓸 뿐 흥행에는 큰 관심을 기울이지 않았다. 그러나 이제는 전액 지원이 되지 않으므로 흥행의 측면을 고려해야 한다. 성공하는 작품과 배우들은 경제적 혜택을 볼 수 있지만 그렇지 못하면 어려운 생활을 인내해야 하는 것이다. 그럼에도 불구하고 베트남 연극의 발전 가능성은 높다고 할 수 있다. 극단 소속의 전용 극장이 있고, 배우들은 공무원 신분을 유지하고 있으며, 무엇보다도 연극을 사랑하는 관객이 아직도 많이 있다. 연극 공연에 가보면 노인에서부터 청소년까지 그리고 남녀를 불문하고 공연을 즐기는 모습을 볼 수 있다.

2) 전통극

베트남 전통극에는 째오Chèo, 뚜옹Tuồng, 까이르엉Cải lương, 수상인형극Múa rối nước 등이 있다. 째오는 논농사 문화와 관련이 깊으며, 11세기경 베트남 북부 평야지역에서 출현했다고 한다. 째오는 마당에 깐 돗자리라는 의미이다. 이 극은 서민적인 가극이라고 할 수 있는데, 노래와 춤, 대사가 어우러진 마치 우리의 마당놀이와 유사하다. 원래는 마을회관의 마당에서 공연했던 것이 지금은 극장에서 공연된다.

뚜옹은 13세기 원나라 포로들이 공연한 것에서 발원했는데, 17~19세기에 발전했다. 뚜옹은 째오에 비해서 무대와 의상이 화려하다. 중국의 경극과

■ 뚜옹

유사한 면도 있지만 노래, 대사, 춤동작 등에 관한 엄격한 규정을 지킨다. 예전에는 주로 궁전에서 공연되었고, 귀족예술로 알려졌다.

까이르엉은 20세기 초에 베트남 남부 평야지역에서 출현한 가극이다. 까이르엉이란 개량改良이라는 한자의 베트남어 음인데, 이는 기존의 전통 극에 서양음악이 혼합되어 만들어진 것을 의미하고 있다. 남부에서 시작되어 전국에 퍼졌다. 현재도 자주 공연되고 있다.

수상인형극은 베트남의 독특한 인형극인데, 사람이 수중무대 뒤에서 움직이는 인형을 대나무로 연결하여 조종한다. 아주 그 조종술이 정교해서 감탄을 자아낸다. 악단이 음악을 연주하면서 노래나 대사를 하고, 인형을 다루는 사람들은 물속에 서 있는데, 관객이 볼 수 없다. 대사를 듣지 못해도 인형의 동작을 보면 이해할 수 있기 때문에 외국인들도 많이 본다. 이 수상인형극과 대비되는 의미로 육상인형극이 있는데, 수상인형극 만큼 널리 알려져 있지 않다.

3) 영화

베트남에 영화가 들어온 것은 프랑스 식민지 시대이다. 초기에는 베트남에 근무하던 프랑스 관료들과 군인들에게 제한적으로 상영되었다. 상업 목적으로 설립된 최초의 극장은 1920년 8월에 하노이에서 문을 연 '빠떼극장'이 있었고, 1921년 6월에는 '통킹 시네마'가 문을 열었다. 이 두 극장은 한 프랑스 사람에 의해 설립된 것이었다. 1923년 9월에는 최초의 영화사인 '인도차이나 시네마&필름'이 설립되었고, 1930년에는 '인도차이나 시네마공사'가 설립되었다. 이 두 영화사 역시 프랑스인이 설립한 것으로 베트남 영화 배급권을 독점하였다. 1927년까지 전국에 33개의 극장이 있었다고 한다. 1924년 10월에는 프랑스 자본과 감독에 의해서 제작되고 베트남 배우가 출연한 몇 편의 '안남영화'가 상영되었고, 1937년에는 담꽝티엔Đàm Quang Thiện이라는 당시 작가이며 의과대학생이 하노이에 극장을 소유하고 있던 중국인의 지원으로 베트남 배우를 데리고 홍콩에 가서 영화 촬영을 마쳤으나 쫓겨 오는 일이 있었다.

1945년 9월 2일 북 베트남에 사회주의 정권이 들어섰으나 당시의 경제적 여건으로는 제대로 된 촬영 장비를 갖출 수가 없었다. 기록에 보면, 35mm 촬영기가 단 한 대 있었는데, 그 촬영기는 필름 한 통에 7미터밖에는 넣을 수 없는 것이었다고 한다. 거의 사진기 수준이었기 때문에, 하노이의 바딩 광장에서 호찌밍 주석이 독립선언문을 낭독하는 장면을 찍을 수 없었고, 1974년에 베트남이 호찌밍 일대기를 준비하면서 프랑스에 갔을 때, 한 무명 외국인이 그 독립선언문 낭독 장면을 담은 필름을 기증했다고 한다. 1945년에서 1954년 기간은 베트남이 프랑스와 전쟁 중이었고, 당시 정부는 서북 산악지대에 은거하고 있었기 때문에 전쟁 중의 역사적 장면을 담고자 해도 장비가 너무 열악하였다. 그 후 소련이 35mm와 16mm 촬영기 각 한 대를 기증하여, 군대 촬영팀이 만들어졌다.

이후 극영화가 처음으로 1957년에 시도되었다. 이 때 베트남에는 영화관련 인력이 전무하다시피 했고, 자습을 통해서 익혀나가는 상황이었다. 그러한 상황 속에서도 '영화' 잡지가 월 두 번씩 간행되었다. 1958년 가을에 베트남 최초의 극영화 <우리들의 강Chung một dòng sông>이 홍응이Hồng Nghi와 히에우전Hiếu Dân 감독에 의해 촬영에 들어가서 1959년 7월 20일 개봉되었고, 대단한 반응을 불러 일으켰다.

① 영화시장

베트남 영화산업의 본격적인 시작은 1953년 3월 15일 ① 정부의 정책과 주장을 선전하고 ② 베트남 군대와 인민의 용감한 투쟁의 성과와 모범을 제고하며 ③ 우방 인민들의 삶과 투쟁, 건설의 성과를 소개하고 ④ 인민을 위한 문화 및 정치를 교육할 목적으로 베트남의 공식 '영화기관'의 설립에 관한 규정이 공포됨으로 베트남 혁명영화가 공식적으로 탄생하게 된다.

이후 베트남은 프랑스 및 미국과의 전쟁을 수행하면서 어려운 상황 속에서도 꾸준히 영화를 제작, 배급해왔다. 이러한 영화들은 대부분 정치 선전 및 교육을 목적으로 하는 영화였다. 당시 베트남은 전쟁을 수행 중이었고, 전쟁이라는 베트남의 특수한 상황을 이해할 필요가 있다. 즉 민족의 생존권이 위협받는 전쟁의 상황에서 영화의 오락적 기능은 제한될 수밖에 없으며, 영화의 역할은 전쟁의 승리에 초점이 맞추어져야 했다. 따라서 모든 영화, 영화산업은 국가가 지원하고 관리하는 국영체제로 운영되었다. 즉, 영화산업에 종사하는 자가 모두 국가의 공무원이었다.

자료에 따르면, 베트남 영화사에서 가장 황금기는 1976년에서 1985년 간이며, 1977년에는 연인원 2억1500만 명이 관람하여 1인당 평균 년 4.1편의 영화를 관람하였으며, 1979년에는 2억6000만 명, 1982년에는 2억9100만 명, 1984년에는 3억4000만 명으로 연평균 1인당 5.5편의 영화를 감상한 것으로 나타났다.

그러나 1986년 이후로 시장경제체제가 도입되면서, 영화계는 전반적으로 큰 어려움에 직면하였고 특히, 1990년 냐짱Nha Trang에서 개최된 영화인대회에서 "비디오 제작과 비디오 상영은 베트남 영화의 전략이다."라고 공식적으로 선포한 이후 많은 극장들이 경쟁적으로 쉽게 수입을 올릴 수 있는 비디오 상영실로 개조하였고, 영화상영보다 더 수입을 올리기 쉬운 댄싱홀, 식당, 가라오케로 전환하였다.

이후 베트남에서는 비디오로 제작한 영화가 엄청나게 쏟아져 나왔고, 적은 비용의 투자1주일 혹은 1달 만에 영화를 만들었다고 함로 고소득을 얻으려는 투기성 비디오 영화제작으로 인해서 필름영화는 큰 어려움에 직면하게 된다. 이러한 현상을 베트남에서는 '상업화thương mại hóa', '아마추어화nghiệp dư hóa'라고 부른다.

이러한 상황에서 베트남 정부는 영화계의 구조조정을 시도하였고, 그 핵심 내용은 독립채산제였다. 이어 영화분야에 대한 정부의 개방의지가 보다 구체적으로 표현되었고, 이를 더욱 구체화한 문화정보부의 규정에는 제3조에서 개인의 수출을 허용하고, 제4조에서는 개인의 배급을 허용하며, 제5조에서는 개인의 극장운영을 허용하는 내용을 담고 있다. 2000년에는 정부 시행령 제48호를 다시 수정하였고, 이를 구체화한 시행세칙 제2조에서는 "극장 소유주는 해당 극장에서 상영할 영화를 수입할 수 있도록 허용"함으로써 FAFIM이 갖고 있던 독점수입권을 폐지하였다. 아직도 FAFIM은 비디오에 대한 독점 수입권을 갖고 있다.

② 베트남 혁명영화1945~1975

앞에서 살펴 본 바와 같이 초기 베트남 영화는 기술, 인력, 장비 등 모든 면에서 아주 열악한 상태였다. 그러한 가운데서도 베트남 영화는 빠르게 성장을 거듭했다. 1959년에서 1964년까지 베트남 극영화가 형성된 단계라고 할 수 있고, 이 기간에 많은 영화관련 인력이 양성되었으며, '베트남 필름공사'가 만들어졌다. 이때의 영화 중 〈오렌지 밭Vườn cam〉1960, 〈공사장의 아가씨Cô gái công trường〉1960, 〈기념품Vật kỷ niệm〉1960, 〈전후방 경계지역의 불Lửa trung tuyến〉1961, 〈아푸 부부Vợ chồng A Phủ〉1961, 〈동박새Con chim vành khuyên〉1962, 〈두 병사Hai người lính〉1962, 〈어느 초가을 날Một ngày đầu thu〉1962, 〈흰 연기Khói trắng〉1963, 〈뜨허우 누나Chị Tư Hậu〉1963, 〈낌동Kim Đồng〉1963, 〈한 걸음 더Đi bước nữa〉1964, 〈불바다Biển lửa〉1964년 촬영, 66년 개봉 등이 유명한 작품이다.

1959년에서 1964년까지 총 18편의 영화가 제작되었는데, 이들 영화를 세 부류로 나누면, 미국에 대항하는 영화가 한 편, 프랑스 제국주의를 비판하는 영화가 11편, 사회주의라는 새로운 사회의 이상에 관한 것이 5편이다. 이 시기의 작품들은 '사회주의 혁명의 무기'로서의 역할을 충실하게 수행했다고 할 수 있다.

　　1954년에서 1965년간의 영화를 얘기할 때 빼 놓을 수 없는 것이 다큐 멘터리 영화이다. 1956년 9월부터 이듬 해 10월까지 중국, 체코, 동독의 영화 전문가들이 베트남 최초의 촬영학교를 개설하여 인력을 양성하였다. 베트남은 이후로도 미국과의 전쟁을 치르면서 전쟁의 기록물인 다큐멘터리 영화 제작에 많은 공을 들였고, 지금도 중앙 다큐멘터리 및 과학 영화사가 활발히 활동하고 있다.

　　1965년에서 1975년 통일이 될 때까지는 주로 미국과의 전쟁을 수행하는 데 필요한 국민들의 전투의식 제고와 사회주의에 대한 신념을 확고히 갖도록 하고, 역사와 민족에 대한 책임의식을 가질 수 있는 영화들이 만들어졌다. 최초의 미국을 겨냥한 영화는 앞에서 소개한 〈우리들의 강〉이라고 할 수 있다. 이 영화는 직접 미국을 겨냥한 것은 아니지만 영화를 통해서 베트남 분단이 미국의 음모라는 것을 암시하고 있기 때문이다.

　　이 시기에는 〈17도선에서Trên vĩ tuyến 17〉1965, 〈바람이 일다Nổi gió〉1966, 실존 인물을 그린 〈응웬반쪼이Nguyễn Văn Trỗi〉1966 등이 있고, 전쟁을 치루면서 영화를 제작해야했기 때문에 장편보다는 단편 영화가 많이 만들어졌다. 특히 사상교육과 정신무장을 독려하는 일이 급선무였기 때문에 적시에 빨리 만들어져야 했던 것이다. 이러한 단편은 주로 1967년과 1968년간에 만들어졌고, 1969년과 1970년에는 단편과 장편이 같이 만들어졌다. 1970년에는 〈석탄Mùa than〉, 〈역Ga〉이라는 장편영화가 제작되었다.

　　전쟁 및 병사를 주제로 한 영화로는 〈어머니 고향 가는 길Đường về quê mẹ〉1971, 〈하늘Vùng trời〉1971, 〈반쪽의 태양만 있을 때Khi có một mặt trời〉1972, 〈병사의 발길Dấu chân người lính〉1972, 〈전사Chiến sĩ〉1973, 〈하노이 아이Em bé Hà Nội〉1974 등이 있고, 사회주의 신 인간을 그린 영화로는 〈고원의 새벽Bình minh trên rẻo cao〉1966, 〈고지의 여선생Cô giáo vùng cao〉1969, 〈륵 부부의 얘기Chuyện vợ chồng anh Lực〉1971, 〈천리화Hoa Thiên lý〉1973, 〈고향집Quê nhà〉1973 등이 있다. 이 시기에는 49편의 영화가 제작되었다.

③ 전쟁 후의 영화|1975~1988

1975년 4월 30일 베트남이 통일을 이룬 후로 베트남 영화 역시 남북 간의 통일을 이루었다. 통일 이후로 베트남의 영화산업은 남북이 합쳐지면서 그 규모가 커졌고, 각 사회조직이 영화사를 설립하는 것을 허용하면서 베트남 청년연합회 소속의 '청년영화사', '문인협회 영화사', '영화협회 영화사', 적십자사의 '휴먼영화사', 각 텔레비전 방송국 소속의 영화사, 호찌밍 시 영화협의 소속의 '벤응에Bến Nghé 영화사', '사이공Sài Gòn 영화사', '꼰다오Côn đảo 영화사' 등이 생겨났다. 한편 1961년에 설립된 영화학교는 1975년에 연극영화대학으로 승격되었다.

이 시기는 영화산업이 가장 활발했던 시기로 1975~1988년 사이에 220편의 영화가 제작되었다. 내용 역시 전처럼 전쟁, 사회주의 건설 및 생산 등과 같은 주제를 탈피하여 보다 다양해졌다. 물론 상당수의 영화들이 전쟁을 다루고 있지만 그 시각은 전과 다른 것이었다. 이 시기에 가장 성공한 영화는 〈황량한 들판Cánh đồng hoang〉1977이며, 이 작품은 1981년 제12차 모스크바 영화제에서 금상을 받았다. 또 다른 작품으로는 〈엄마 없는 집Mẹ vắng nhà〉1980이다. 그리고 당녓밍Đặng Nhật Minh 감독의 〈읍내Thị xã〉1983는 1984년 베트남 영화제에서 금상을 받았고, 〈10월이 올 때까지Bao giờ đến tháng 10〉1984는 한국을 비롯한 여러 국제영화제에 초청되었다.

베트남이 개방을 천명한 이후로 가장 큰 반향을 일으킨 영화가 1987년에 나온 당녓밍 감독의 〈강 위의 여자Cô gái trên sông〉1987이다. 이 영화는 많은 관객들로부터 호응을 받았으나 베트남 공산당 서기장이 두 번이나 공개적으로 비판하는 일이 있은 뒤에 상영이 종료되었다. 그러나 다행히 이미 많은 사람들이 본 뒤였다. 결론적으로 이 시기의 영화는 몇몇 영화를 제외하고는 아직도 선전성이 강한 영화들이 많았다고 할 수 있다.

④ 도이머이 이후의 영화_{1988~1995}

베트남이 도이머이 정책을 선언한 이후로 관료주의, 부정부패, 기타 사회문제를 비판하는 문학작품들이 쏟아져 나오면서, 영화계에도 그러한 바람이 불기 시작하였고 그 결과로 〈강 위의 여자Cô gái trên sông〉와 〈퇴역장군Tướng về hưu〉, 〈조용한 읍내Thị trấn yên tĩnh〉, 〈사내 범Thằng Bờm〉, 〈유랑 서커스단Gánh xiếc rong〉, 〈행운을 비는 자Người cầu may〉와 같은 영화가 제작되었고 이 영화들은 대부분 일상의 사실을 직시하고 선전성을 띄지 않으며, 인물의 심리묘사에 중점을 둔 작품들이다.

〈퇴역장군〉은 응웬후이티엡Nguyễn Huy Thiệp의 단편 소설로 이미 베트남 사회에 큰 반향을 불러일으킨 작품이었다. 응웬후이티엡은 베트남 문학 분야의 도이머이에서 선봉에 섰던 인물이었다. 시장경제 시대에 적응하지 못하고 죽음을 맞는 한 때는 전쟁의 영웅이었던 퇴역장군을 그린 작품이었다.

〈유랑 서커스단〉은 여류 감독 비엣링Việt Linh의 작품인데, 안소니 퀸이 주연한 영화 라스트라다La Strada, 길와 유사한 형태이다. 이 영화에서 감독은 믿음과 사기에 대한 고발을 하고 있다. 이 영화는 서로 다른 의견들로 나뉘어져 논쟁을 벌였다. 베트남의 당시 상황을 암시하고 있다고 해서 전적으로 옹호하는 자와 극렬하게 반대한 자로 나뉘어졌던 영화다.

이러한 개방의 분위기는 3년 정도가 지나자 멈추게 된다. 주간 문예지의 편집장인 응웬응옥Nguyễn Ngọc은 사퇴해야 했고, 영화분야에서도 그 누구도 공식적으로 비판하지 않았지만 도이머이의 추세는 멈추게 된다.

가장 큰 변화는 영화분야에서도 국가지원이 끊기고 독립채산제로 전환되었다는 것이다. 전에는 국가가 영화 제작비를 대고 다시 그 제작된 영화를

사서 국민에게 보여주었는데, 이제 국가는 영화사에 경비를 지원해 줄 뿐이었다. 그러나 여전히 제작사의 상당한 비용은 국가의 것이었다.

1990년에서 1992년 사이에 30여개의 영화사가 설립되었지만 이들은 대부분 비디오 영화를 제작하는 것이 고작이거나 주로 민간개인의 자본을 동원하거나, 개인이 영화사의 이름을 빌려 비디오 영화를 제작하는 수준이었다. 이러한 비디오 영화를 '라면영화phim mì ăn liền'라고 불렀다.

1989년에서 1995년 사이에 극영화 139편과 비디오 영화 211편이 제작되었다. 비디오 영화가 필름 영화를 앞서는 시대가 되었다. 이런 결과로 1996년에는 3편의 필름영화만 제작되었다. 그런 가운데서 1994년 당넛밍 감독의 〈귀환Trở về〉은 시드니에서 개최된 아시아-태평양 영화제에서 특별상을 수상했다. 브엉득Vương Đức 감독의 〈갈대Cỏ lau〉는 1994년 평양에서 개최된 비동맹 영화제에서 금횃불상을 수상하였다. 레호앙Lê Hoàng 감독의 〈칼날Lưỡi dao〉1995도 주목을 받았으며, 당넛밍이 감독한 〈고향의 향수Thương nhớ đồng quê〉는 일본 NHK와 베트남 문인협회 영화사의 합작으로 제작되었다.

요약하면 이 시기는 베트남 영화가 시장경제의 상황에 대면하게 되었고, 영화에서의 국가독점이 사라졌으며, 개인 영화사를 허용치는 않았지만 실질적으로는 개인 영화사가 출현하였고, 결국 많은 개인들이 손해를 보고 영화에서 손을 뗐으며, 미국, 한국, 대만, 홍콩 영화가 밀려오기 시작하는 가운데 베트남 영화는 투자비의 10% 밖에 건지지 못하는 어려움에 직면한 시기였다. 그럼에도 불구하고 짧은 시기였지만 도이머이의 분위기 속에서 새로운 영화가 만들어졌다고 할 수 있다.

1990년대에 들어오면서 베트남 영화는 낙관과 비관 속에서 생존을 위한 노력을 경주하고 있다. 국가 지원이 줄면서 관객의 요구에 부응해야 생존할 수 있는 상황으로 바뀐 것이다. 영화의 편수는 국가지원 시기에는 년 3~4편이었다면 개방 이후로 년 4~50편이 제작되었다. 그러나 대체로 칭찬보다는 비판을 많이 받은 것도 사실이다. 즉, 양은 엄청나게 증가했지만 질은 떨어졌다고 할 수 있다.

⑤ 베트남 극영화|1995~2003

1990년대 초반 베트남 영화를 시장경제의 흐름에 맡겨놓았다면 1995년 중반의 정부시행령 제46호로 다시 국가가 지원할 근거를 마련하였다. 국영 영화사의 시나리오가 문화정보부로부터 승인을 받으면 극영화의 경우 제작 경비의 70%, 다큐멘터리, 애니메이션의 경우 100%를 지원 받게 되었다. 또한 국가가 주문하는 영화의 경우는 그 경비의 과다를 불문하고 100% 지원을 받을 수 있었다. 또한 정부는 1995~2000년간에 영화 인프라에 1천5백만 달러를 투자하여 설비를 교체하고, 10개의W 극장을 신축, 보수하였다. 이때야 비로소 비디오 영화의 제작과 상영 전략이 잘못되었으며 그것을 극복하는 일이 쉽지 않음을 깨닫게 되었다. 한편으로는 영화를 구하기 위하여 정부가 투자를 재개하면서도 외화에 대한 수입의 제한을 두지 않음으로써 외국 영화가 밀려들어왔다. 지방의 영화사들은 내부의 이익만을 추구하다보니 경쟁적으로 비디오를 상영하게 되고, 극장을 비디오 상영관으로 개조하였다. 그러나 중국으로부터 밀려오는 불법 복제 VCD와 DVD를 막을 수는 없었다. 비디오는 대량으로 복사해서 판매해도 이익이 남았지만 VCD와 DVD는 복제할 경우에도 밀수된 것과 가격 경쟁을 할 수 없었다.

이에 지방의 극장들은 다시 35mm 필름영화 상영으로 돌아오고 싶었지만 새롭게 투자할 여력이 없었고, 이러한 가운데 외국기업들이 국영 배급사와 손잡고 멀티플렉스를 만들었으며, 주로 한국과 미국 영화를 상영했다.

이 시기의 영화로는 전쟁 후에 동료의 유골을 찾는 일을 그린 〈누가 만리를 내려왔는가?Ai xuôi vạn lý〉, 프랑스와의 전쟁에서 돌아온 주인공이 남편을 잃은 친구의 아내를 사랑하지만 주변의 눈이 무서워서 그 한계를 극복하지 못하고 자신이 사랑하는 여인의 딸과 잠자리를 하고나서, 부끄러워 목숨을 버리는 내용의 〈크옴쫑 나루Bến Không Chồng〉, 1954년 베트남이 남북으로 분단될 때 남부에 처를 두고 월북하여 북에서 재혼한 남편이 통일 이후에 아내를 찾았다. 남쪽의 부인은 아직도 정절을 지키며 남편을 기다리고 있었다. 그리고 그 두 여인이 상면하지만 남쪽에서 기다린 아내에게 남편을 양보하는 첫째부인의 모습을

그린 〈모래 삶Đời cát〉이 있다. 이 영화는 2001년 하노이에서 개최된 아시아−태평양 영화제에서 우수상을 수상하였다. 역사 영화인 〈1946년 겨울Mùa đông năm 1946〉1997, 방공포 청년대소속 10명의 아가씨의 마지막 모습을 그린 〈동록 삼거리Ngã ba Đồng lộc〉1997, 시장경제시대에 돈을 벌기 위해 안간힘을 다하는 농민을 그린 〈벌목꾼Những người thợ xẻ〉, 고산지대로 발령을 받은 여선생의 사랑을 그린 〈황량한 골짜기Thung lũng hoang vắng〉, 베트남 사회의 변천과정을 13세의 기억에 머물고 있는 남자를 통해서 그린 〈구아바 수확기Mùa ổi〉2000 등이 있다.

이 시기에 정부가 주문한 많은 영화들이 제작되었는데, 〈하노이−12일의 낮과 밤Hà Nội 12 ngày đêm〉, 〈봄의 대승Đại thắng mùa xuân〉, 〈홍콩의 응웬아이꾸옥Nguyễn Ái Quốc ở Hồng Kông〉 등은 정부가 백만 달러 내외를 투자한 영화들이다.

베트남 정부는 2002년 12월 30일자 수상의 결정으로 개인영화사 설립을 허용했고, 베트남 영화사에서 획기적인 일이 2003년 초에 일어났다. 레호앙 감독의 〈콜걸Gái nhảy〉이 개봉 3개월 만에 투자비의 10배에 해당하는 110억동약 70만 달러의 매출을 기록함으로써 베트남 최고의 흥행기록이 되었다. 이 영화는 같은 시기에 개봉된 미국 영화를 비롯한 외화를 누르고 당당히 1위를 지켰기 때문에 베트남 영화사의 신기록이 되었다. 이 영화의 내용은 마약에 중독되고 에이즈에 걸린 술집 아가씨들의 애환을 그린 영화이다. 베트남에서는 흔히 있을 수 있는 평범한 얘깃거리를 감독이 예술적으로 승화시켰다는 평을 받고 있다.

이어서 〈콜걸〉의 후속편으로 알려진 〈거리의 신데렐라Lọ lem hè phố〉가 나왔는데, 유명한 남자 가수를 주인공으로 등장시켰고 희극적인 요소와 좋은 배경음악으로 큰 성공을 거두었다.

2004년 6월에 개봉된 〈다리가 긴 아가씨Cô gái chân dài〉도 큰 성공을 거두었다. 이 영화는 초기 10일 동안 30억 동의 매출을 기록하였다. 6명의 유명 모델을 등장시켰기 때문에 개봉 전부터 관객들의 관심을 끌었던 영화였다.

이러한 베트남 영화의 성공은 베트남 영화계를 고무시켰다. 그러나 한편에서는 상업성을 추구하는 질 낮은 영화라는 비판도 있었다. 그러나 대체적으로 베트남 영화도 외화를 누를 수 있다는 자신감을 갖게 되었다는 점에서 긍정적인 평가를 하고 있다.

　그러나 이러한 흥행의 성공은 베트남 영화계가 예술영화냐 상업영화냐 하는 논쟁을 유발시켰다. 이에 관해서 영화 평론가인 빅쩌우Bích Châu씨는 "관객이 있느냐 없느냐에서 이제는 매출액의 많고 적음에 따라 두 부류로 갈라지고 있다. 한 쪽은 매출액이 많다고 자만하고 다른 한 쪽은 예술성의 잣대로 자만하고 있다."면서 상업성과 예술성의 조화를 이루어야 할 것이라고 충고하고 있다.

　또한 베트남 영화계에는 개선해야 될 부분이 많이 남아 있다. 이에 관해 시나리오 작가인 리우응엡꿩Lưu Nghiệp Quỳnh은 『오늘의 영화』 잡지와의 인터뷰에서 3가지를 지적하고 있다. 첫째는 베트남 영화기술의 낙후 둘째는 영화관련 종사자들이 더 많은 영화를 보아야 하고, 볼 수 있도록 여건을 조성해야 하며 셋째는 베트남인 스스로 공식을 파괴해야 한다고 주장하였다. 이 공식파괴는 시나리오를 쓸 때부터, 그리고 시나리오 검열단계는 물론 심지어 관객도 기존의 공식을 탈피해야 한다고 주장하면서 베트남인들은 너무 많은 사람들이 같은 생각을 하고 있다면서 자본만이 영화 성공의 유일한 요소가 아니라고 역설하였다. 필자는 특히 세 번째 문제인 공식파괴가 베트남 영화계에서 해결해야 할 우선적인 문제라고 생각한다.

　이 시기를 종합한다면 정부지원으로 베트남 영화가 회복세를 보이는 가운데 외국영화가 많이 수입되는 상황이 나타났으며, 정치목적의 영화가 국가의 지원으로 제작되었고, 이런 가운데 외국영화와 경쟁하는 상업 영화도 출현하였다. 정부의 통제가 많이 완화된 가운데 예술성 있는 일부 영화가 제작되었으나 계속 이어가기에는 아직도 힘이 부치는 것으로 보여 지며, 개인의 영화사 설립을 허용하는 등의 조치가 있었지만 여전히 문화정보부 검열위원회의 엄격한 검열제도를 유지하고 있다.

　2004년 베트남 외화 수입현황을 보면, 10개국으로부터 총 65편이 수입되었고, 그 중 미국영화가 63%, 우리 한국 영화가 17%, 나머지 8개국의 영화가 20%를 차지하는 것으로 나타나서 한국 영화의 진출이 두드러진다. 2005년의 경우 한국 영화가 15편으로 2004년 11편에 비해 4편이 증가하였다. 2004년에 개봉된 베트남 영화가 15편인데, 단순히 편수로만 비교한다면 베트남 영화의 외화에 대한 비율은 1:4.3이다. 수입회사별로 보면 1편만이 개인수입사를 통해서 수입되었고 나머지는 국영 또는 국영과 외국자본과의 합작회사를 통해서 수입되어, 국영 수입사의 절대 강세가 유지되고 있음을 알 수 있다.

영화 제작사를 살펴보면, 베트남이 개방을 선언한 이후 1990~1992년의 2년간 문화정보부는 거의 30여개의 영화 제작사를 허가하였다. 그러나 대부분의 이러한 영화사들은 명목상으로만 존재했고, 자본이나 인프라는 거의 갖추지 못했다. 영화제작에 사용된 자본은 거의 개인의 자본이었다. 당시에는 개인의 영화제작 투자가 허용되지 않았기 때문이다. 때문에 허가를 받은 제작사와 개인이 협력하여 영화를 만들었다. 즉, 사실상 개인이 투자하고 제작하였지만 법 규정을 준수하기 위하여 국영 영화사의 이름만 빌리는 형태가 유행했다.

2004년에 베트남에는 48개의 영화사가 있었는데, 영화개봉 편수극영화는 15편이다. 따라서 년 중 극영화를 한편도 개봉하지 못하는 영화사가 대부분이라는 것을 알 수 있다.

베트남 영화 관객 측면을 보면, 베트남 사람들은 문학이든 영화든 그 작품에 대한 판단 기준은 사회주의 리얼리즘이었다. 그러면 사회주의 리얼리즘이란 무엇인가? 복잡한 이론을 제시할 필요 없이 당넛밍 감독의 회고록에서 인용하면, 그가 영화사의 예술담당 부사장에게 사회주의 리얼리즘의 시나리오가 어떤 것이냐고 물었을 때 "해피엔딩이어야 하며, 좋은 사람, 좋은 일, 좋은 사회를 제고하는 것이며 나쁜 것이 있다면 개별적인 것이고 결국 결론은 낙관적인 것이어야 한다."고 대답했다는 것이다.

이와 같은 영화에 대한 판단 기준이 오랜 기간 유지되었고, 영화는 아직도 '중요한 종합 예술의 하나'인 동시에 '당과 국가의 정치 및 사상 교육의 도구이기 때문에 국가의 관리가 필요'한 분야로 생각하기 때문에 표현에 대한 일정한 제한이 있을 수밖에 없었다.

그럼에도 불구하고 도이머이 이후로는 다양한 주제의 영화들이 제작되고 있으며, 개인의 영화제작 참여와 경쟁을 통하여 베트남 영화는 관객의 요구에 부응하는 쪽으로 가리라는 것은 분명해 보이며, 너무 상업을 추구한다는 비판이 존재하지만 흥행에 성공을 거둔 영화가 나옴으로써 베트남 영화에 대한 베트남 관객의 기대가 커지고 있는 것은 분명하다.

베트남에서의 2004년 한국 영화 수입 현황을 보면, 호찌밍 영화공사가 〈조폭 마누라〉, 〈술집에서의 사랑〉, 〈매력적인 그녀〉, 〈어린 신부〉, 〈피아노 치는 대통령〉 등 5편을, 하노이 영화공사가 〈클래식〉, 〈그녀를 믿지 마세요〉, 〈운명〉, 〈재능 있는 남자〉, 〈고집불통〉 등 5편을, 다이아몬드 시네마 합작회사가 〈마들렌〉 1편을 수입하였다. 이런 영화들이 얼마나 성공을 거두었는지는 정확한 통계나 자료가 없어서 파악할 수 없었다. 특이한 것은 한국의 투자회사인 다이아몬드 시네마가 우리 영화를 1편 밖에 수입하지 않은 반면에 베트남의 두 개 회사가 10편을 수입한 것이다. 현재 한국 영화는 앞에서 살펴본 것처럼 할리우드 영화 다음의 위치를 지키고 있다. 베트남에 유통되고 있는 불법 DVD를 고려하면 많은 베트남 사람들이 한국 영화를 즐겨보고 있다고 할 수 있다. 한국 영화를 좋아해서 한국 영화 웹사이트를 운영하고 있는 네티즌도 있으며 아이디를 한국 영화배우 이름으로 사용하는 경우도 있다.

⑥ 영화배우 짜장Trà Giang

본명은 응웬티짜장Nguyễn Thị Trà Giang으로 1942년 2월 11일 베트남 중부의 꽝응아이Quang Ngãi 성에서 태어났다. 영화학교 배우과정 1기생 1959~1964으로 1973년 제8회 모스크바 영화제에서 〈17도선의 낮과 밤Vĩ tuyến 17, ngày và đêm〉에서 지우Dìu라는 여인의 역할로 최우수여우 주연상을 받았다. 1977년 제4회 베트남 영화제 최우수 여우 주연상, 1988년 제8회 베트남 영화제 최우수 여우주연상을 수상하였고 인민배우의 칭호를 받았다. 출연작으로 〈초가을Một ngày đầu thu〉1962, 〈뜨허우 누나Chị Tư Hậu〉1963, 〈수상 마을Làng nổi〉1965, 〈산불Lửa rừng〉1966, 〈하노이 아이Em bé Hà Nội〉1974, 〈첫

■ 영화배우 짜장

사랑Mối tình đầu〉1977, 〈어머니의 전설Huyền thoại về người mẹ〉1987 등 다수가 있다. 베트남 영화학교 1기생 중에서 가장 성공한 배우이며, 첫 작품부터 연기력이 있다는 평가를 받았다. 현재는 은퇴하여 호찌밍 시에서 그림(유화)을 그리며 살고 있다.

⑦ 영화감독 당녓밍Đặng Nhật Minh

1938년 5월 11일 베트남 중부의 고도 후에에서 의사인 아버지와 형조판서의 딸인 어머니 사이에서 태어났다. 아버지는 일본으로 유학을 떠났고 어린 시절 어머니와 주로 지냈다. 유학을 떠났던 아버지는 북베트남의 호찌밍의 호소에 따라 유학을 그만두고 비밀리에 귀국하여 혁명에 가담하여 의사로서 활동하다 희생되었다.

그런 아버지의 덕으로 베트남 최초의 러시아 통역단으로 선발되어 통역훈련을 받고 귀국하여 문화정보부에 소속되어 통역으로 일하던 중 영화학교의 강좌를 통역하다가 영화에 매료되어 자습으로 영화 공부를 하고 영화계에 입문하였다. 베트남 예술 영화를 대표하는 감독이라고 불릴 만큼 그의 작품은 대부분 높은 평가를 받았다.

■ 영화감독 당녓밍

최초의 작품은 〈5월-모범적인 사람들Tháng năm - những gương mặt〉로 다큐멘터리 영화였다. 이어 〈손바닥 안의 읍내Thị xã trong tầm tay〉1983, 〈10월이 올 때까지Bao giờ cho đến tháng mười〉1985, 〈강 위의 여자Cô gái trên sông〉1987, 〈고향의 향수Thương nhớ đồng quê〉1995, 〈구아바 수확기Mùa ổi〉2000, 〈태우지 마라!Đừng đốt〉2009 등이 있다. 이 중에서 최초의 작품인 다큐멘터리를 빼고는 모두 국내외 영화제에서 상을 받았다. 인민예술인의 칭호를 받았으며, 1989~2000년까지 베트남 영화협회 총서기를 역임하였다. 제1회 부산영화제와 2005년 광주 영화제에 그의 작품이 출품되었고, 부산 국제영화제에는 5편의 작품이 출품되었다.

부산국제영화제에 출품된 베트남 영화

출품 년도	차 수	영화제목		감독
		원제	번역	
1996	1	Thương nhớ đồng quê	향수	Đặng Nhật Minh
1997	2	Ai xuôi vạn lý	먼 여행	Lê Hoàng
1999	4	Ba mùa	쓰리 시즌	Tony Bui(USA)
		Chúng cư	충쿠	Việt Linh
		Bao giờ cho đến tháng 10	10월이 오면	Đặng Nhật Minh
2000	5	Mùa ổi	구아바의 계절	Đặng Nhật Minh
		Mùa hè chiều thẳng đứng	여름의 수직선에서	Trần Anh Hùng
2004	9	Mùa len trâu	버팔로 보이	Minh Nguyen Vo
2005	10	Cô gái trên sông	강 위의 여자	Đặng Nhật Minh
		Vượt sóng	절망으로부터의 귀환	Trần Hàm(USA)
		Hạt mưa rơi bao lâu	침묵의 신부	Đoàn Minh Phượng Đoàn Thanh Nghĩa
2006	11	Sân thượng	테라스	Nguyễn Hà Phong
		Chuyện của Pao	빠오 이야기	Ngô Quang Hải
		Áo lụa Hà Đông	하얀 아오자이	Luu Huynh
2008	13	Trăng nơi đáy giếng	우물 바닥에 비친 달빛	Nguyễn Vinh Sơn
2009	14	Huyền thoại bất tử	전설은 살아 있다	Luu Huynh
		Trôi dạt	표류	Bùi Thạc Chuyên
		Đừng đốt	전장 속의 일기	Đặng Nhật Minh
2010	15	Cánh đồng bất tận	떠도는 삶	Nguyễn Phan Quang Bình
		Bi, đừng sợ	비, 두려워마	Phan Đăng Di
2011	16	Hot boy nổi loạn	사이공의 실락원	Vũ Ngọc Đãng
		Đó... hay đây?	바다에서 돌아온 남자	Síu Phạm
2013	18	Lửa Phật	원스 어폰 어 타임인 베트남	Dustin Tri NGUYEN (USA)
2014	19	Dịu dàng	온순한 여인	Lê Văn Kiệt
		Đập cánh giữa không trung	허공 속에 나부끼다	Nguyễn Hoàng Điệp
		Người truyền giống	번식기	Bui Kim Quy
		Nước 2030	2030	Nguyễn Võ Nghiêm Minh
2015	20	Tạm biệt bức tường Berlin	베를린 장벽이여 안녕	Nguyễn Phan Quang Bình
		Cha, con và...	큰 아버지 작은 아버지 그리고 또 다른 이야기들	Phan Đăng Di
2016	21	Once Upon a Time in Vietnam	거울의 도시	Trương Minh Quy
		Tấm Cám: Chuyện chưa kể	떰과 깜 이야기	Ngô Thanh Vân

2013년 8월 말에 당녓밍 감독은 광주국제영화제에서 제3회 김대중 노벨평화영화상을 수상하였다. 김대중 노벨평화영화상은 각별한 관심과 함께 문화예술분야를 집중적으로 육성했던 김 전 대통령의 공헌에 따라 인류의 평화 공존과 인권신장에 기여한 작품이나 감독에게 수여되는 상이다… 김성재 심사위원장은 '베트남의 열악한 영화제작 환경 속에서도 베트남전을 주제로 전쟁의 잔혹성과 참상을 고발하고 평화의 중요성에 대해 경각심을 갖게 하는 영화들을 끊임없이 만들어 온 감독의 업적을 높이 평가한다.'라고 말했다.

4) 옻칠 회화Tranh sơn mài

베트남이 오랜 동안 닫혀있던 문호를 개방하면서, 수교 이전부터 일부 한국의 미술상들이 베트남을 오가며 베트남 미술품을 국내에 소개하기 시작하면서 베트남 미술에 대한 관심이 꾸준히 증가하고 있다. 서울은 물론 지방에서도 베트남 회화 전시회가 여러 차례 열렸다.

그런데 이러한 전시회는 대부분 유화나 수채화 전시회였다. 그런데 베트남은 회화분야에서 아주 독특한 장르를 만들어 냈는데, 그것은 옻칠을 이용한 회화작품이다. 베트남에서 현대 회화의 시작은 1925년 베트남 회화의 선구자였던 남선Nam Sơn, 1890~1973이 프랑스 미술대학 교수의 지원으로 인도차이나 미술 전문대학을 설립하면서부터라고 할 수 있다. 이 대학 안에는 베트남 전통 옻칠공예를 연구하는 과정이 있었고, 이곳에서 베트남 옻칠 그림이 만들어지게 된 것이다.

남선은 1931년부터 1935년까지 파리에서 개최된 미술 전시회에서 연속 수상을 하기도 했고, 1943년에는 일본에서도 상을 받았다. 그는 교수로서 많은 재능 있는 후학을 양성하여 베트남 현대 회화를 확립한 사람으로 평가받고 있다. 그는 "옻칠공예 회화가 중국, 한국, 일본에도 있지만 베트남만의 독창적인 것을 찾아야 한다."고 주장하며 후학들을 독려하였고, 마침내 독특한 베트남의 옻칠을 이용한 회화를 창조해냈다.

■ 베트남 화가 남선

베트남의 옻칠 회화는 짜잉선마이tranh sơn mài라고 하는데, '짜잉'은 그림을, '선'은 칠(페인팅), '마이'는 '연마하다, 갈다'는 뜻이며 직역하면 '옻칠을 연마한 그림'이라고 할 수 있다.

베트남의 옻칠은 전통적으로 금속이나 목공 도장재로 널리 사용되었고, 특히 사찰이나 궁전 등 고급 건축물에 사용되었고, 불상이나 제사용품 등은 물론 바구니 같은 일상용품에도 사용되었다. 주로 붉은 색 계통이나 노란색 계통의 칠을 사용하여 화려하게 표현하는 것이 특징이었다. 이러한 옻칠 기술은 정확한 출현 시기를 알 수 없으나 아주 오래 전부터 사용되었고, 칠기를 전문적으로 생산하는 마을이나 거리가, 비록 부침은 있었다고 하지만 여전히 명맥을 유지하고 있다. 현재도 베트남 옻칠 공예품은 외국 관광객들 특히 서양 관광객으로부터 호평을 받는 상품이다.

옻칠 그림에서 가장 중요한 것은 우선적으로 옻나무의 진인데, 옻나무 껍질에 상처를 내면 유회백색의 수지가 나온다. 이것이 공기와 접촉하면 흑색으로 변하고, 다시 이것을 장기간 보관하면 수분과 고무질이 가라앉고 옻칠이 상부에 고이는데, 윗부분에 있는 가장 맑은 것이 최상품이며 투명도가 떨어지는 것은 저급이다. 상급품은 귀한 목재의 도료로 사용되고 저급품은 배나 일상 용기 등의 도료로 사용되었다.

베트남에서 알아주는 옻나무 진은 하노이 서북쪽에 위치한 푸터에서 생산되는 것을 최고급으로 여긴다. 근래에 들어 남부지역에서 옻나무 재배에 성공하였지만 품질은 푸터 것만 못하다고 한다.

옻나무 진을 가공하는 것은 처음 채취한 수지생칠를 용기에 넣고 저어 상온 보관하면 검은 색으로 변한다. 이러한 과정은 탈수와 산화 과정이라고 할 수 있다. 이것을 다시 정제하여 최종 제품을 얻게 되는데, 이것은 도료뿐만 아니라 금, 은, 주석 등의 접착제로도 사용한다고 한다.

색깔은 다양한 종류의 붉은색과 파란색 안료를 섞어서 만들고, 그림에 입체감을 넣는 동시에 색을 표현하기 위하여 금, 은, 주석과 조개껍질, 계란껍질 등도 사용한다. 예를 들어, 흰색을 표현하고자 할 때는 계란껍질을 사용하고,

조개껍질도 그것이 나타내는 색깔을 표현하면서 입체감을 주는데 사용된다.

옻칠 회화가 탄생된 것은 우연이었다. 인도차이나 미술전문대에서 베트남 전통 옻칠을 공부하던 학생들이 공예품에 옻칠 연습하면서 옻칠이 잘못된 부분은 말렸다가 다시 칠하는 일을 반복하게 되었고, 그러나 보니 옻칠이 너무 두꺼워지고 울퉁불퉁해지게 되었다. 이것을 바로 잡기 위해 표면을 갈아내게 되었는데, 표면을 갈다보니 그 옻칠 뒤에 숨겨진 신비한 그림이 나오는 것을 발견한 것이 베트남 옻칠 그림의 시작이 된 것이다.

베트남의 전통 옻칠은 얇게 칠하고 광택을 내는 것이었는데 비해, 옻칠 그림은 여러 번 두껍게 칠하고 연마를 통해서 필요한 그림을 얻는 방식이었다. 전통 옻칠의 연습과정에서 새롭고 독특한 베트남의 옻칠 그림이 탄생한 것이다.

그림을 그리고 다시 습도가 높은 창고에서 말리고 또 다시 그 위에 그림을

그리고 다시 말리고 그리는 과정을 반복한 다음, 연마하기 때문에 갈아낸 뒤에 어떤 그림이 나올지를 예상하는 것도 어려웠다. 또한 연마 기술 역시 어려운 작업이다. 너무 많이 갈아도 안 되고 작가가 표현하고자 하는 만큼만 갈아내야 하기 때문에 많은 공이 들어가는 작업이라고 할 수 있다.

　이러한 옻칠 그림을 처음 시작한 화가들로는 쩐꽝쩐, 응웬캉, 쩐반껀, 응웬쟈찌 등이 있다. 이러한 초기의 화가들은 옻칠 그림을 그릴 때 두껍게 옻칠을 한 다음에 연마를 통해서 그림이 나타나도록 한 후 광택을 냈다. 이렇게 그린 그림은 얇게 칠하고 광택을 내지 않은 그림과는 확연하게 차이가 났으며, 이러한 방식으로 과연 사실적인 그림을 만들어낼 수 있는지에 대해서 고민하고 그 방법을 찾기 위한 노력을 멈추지 않았다. 그러한 노력의 결과로 1930년대 후반에서 1940년대 중반 사이에 베트남 옻칠 그림은 여러 화가들에 의해 사실적인 그림을 그려내게 되었고, 이는 베트남 회화사에서 중요한 이정표가 되었다.

초기의 베트남 옻칠 그림이 흑백이나 붉은 색 계통을 많이 이용했다면 1940년대 중반에서 50년대 중반에 이르면 녹색을 사용하여 산과 숲을 그려내는 성과가 나타났다고 할 수 있다. 초기에는 천연 안료의 한계로 인해 다양한 색을 표현할 수 없었으나 여러 화가들의 노력으로 색깔이 더욱 풍부하게 되었다. 색깔의 다양함과 더불어 또한 작품 수도 늘어났다. 그러나 내용면에서는 프랑스와의 전쟁과 관련된 내용을 소재로 삼는 정치적 선전성이 강한 작품들이 나오게 된다.

1950년대 후반부터 1960년대 초반까지 작품 수에서는 물론 내용면에서도 다양하게 발전된 시기라고 할 수 있다. 대부분 사회주의 리얼리즘의 영향을 받은 작품들로, 베트남 농촌이나 명승지의 모습 등 베트남 현실을 그린 작품과 전쟁에 나간 용감한 여성의 모습, 행군하는 군인의 모습 등과 같은 선전용 작품들이 주조를 이루고 있다. 이후 미국과의 전쟁 기간 동안에는 좀 침체된 듯 보였고, 이후 개혁정책을 표방한 1980년대 후반부터 옻칠 그림의 활동이 활발해졌다.

베트남 옻칠 그림은 베트남의 옻나무 진을 이용해서 베트남의 민족성을 잘 나타낸 베트남적인 현대 회화의 한 장르로서 확실한 자리매김을 하고 있고, 이를 바탕으로 국제적으로도 명성을 얻어가고 있다.

베트남
문학기행

5

베트남문학기행

1. 구비문학

베트남에서는 구비문학을 민간문학이라고 부른다. 민간문학이라는 개념을 사용하기 이전에는 구전문장Văn chương truyền miệng 또는 Văn chương truyền, 평민문장Văn chương bình dân 등으로 사용하였다.

구비문학의 종류는 각 나라마다 다르게 분류하고 있으며, 우리나라에서는 설화, 민요, 무가, 판소리, 민속극, 속담, 수수께끼 등으로 나누나, 베트남에서는 여기에 소화, 야담, 애곡, 의례 때 부르는 노래 등을 포함하고 있다.

신화thần thoại는 후옌토아이huyền thoại라고도 부르며, 설화 중에서 가장 오래된 것으로 대부분 원시공동 사회에서 인간생활과 자연현상을 지배하는 초자연적 신에 관한 얘기다. 북베트남이 사회주의 체제로 들어가는 1945년 이전에는 많은 지방에서 신화에 나오는 신들을 사당이나 성황당에 모셔 제사를 지낸 것처럼, 이는 신앙과 밀접한 관련을 갖고 있다.

베트남에서 신화를 기록한 가장 오래된 문헌은 1392년에 나온 월전유령집과 1492년에 나온 영남척괴이다.

베트남 신화는 크게 두 부류로 나눌 수 있는데, 하나는 만물과 우주의 근원, 자연현상에 관한 것으로 하늘기둥신Thần Trụ Trời, 달 여신Nữ Thần mặt Trang, 태양 여신Nữ Thần mặt Trời, 비신Thần Mưa, 바람신Thần Gió, 바다신Thần Biển, 썬띵-투이띵Sơn Tinh-Thủy Tinh 신화가 있으며, 다른 하나는 민족의 근원과 건국 및 문화 창조에 관련된 신화로 락롱꿘Lạc Long Quân과 어우꺼Âu Cơ신화, 딴비엔신Thần Tản Viên, 옹종Ông Dóng, 안즈엉브엉An Dương Vương, 목신Thần Mộc, 木神신화 등이 있다.

락롱꿘 신화

옛날 땅과 하늘이 생겨난 후 얼마가 흘렀는지 모르지만 홍하델타에 비 엣족이 조수의 차이를 이용하여 농사를 짓고 물고기를 잡으며 살고 있었다. 당시의 락비엣 땅에 락롱꿘이란 신이 출현하였다.

사람들이 전하기를 락롱꿘은 북쪽 오령산에 있던 신농씨의 몇 대 후손 이며, 적귀국의 왕인 경양왕의 아들이라고 한다. 경양왕의 어머니는 오령산 산신인 부띠엔의 딸이다. 경양왕은 동정호수의 신의 딸을 부인으로 맞아 들 였다. 산신의 아들과 수신의 딸이 결합하여 낳았다. 동정호 신의 딸은 용녀 로 용의 혈통에 속했고, 아들은 모성의 영향을 많이 받아서 호를 락롱꿘이 라고 불렀는데, 본명은 숭람이었다.

락롱꿘이 성장하자 경양왕은 락비엣을 통치하도록 했다. 당시의 적귀국 의 북쪽은 호남성에 이르고, 남쪽은 점성국, 서쪽의 사천, 동쪽은 남해와 접하고 있었다.

영남척괴에 따르면, 락롱꿘은 물을 좋아하고 락비엣 땅은 사계절이 너무 춥지도 덥지도 않으며, 강이 많고, 해안이 길며 신기한 식물과 동물, 아름다 운 풍경이 많았다. 락롱꿘은 해변을 따라 동남쪽으로 내려갔다.

그 당시에 해변에 살던 주민들은 커다란 물고기로부터 많은 피해를 입고 있었다. 이 물고기 귀신은 자주 북부 베트남 만에 출몰해서 주민들을 괴롭 혔다. 그의 몸은 길이가 50 미터가 넘고 꼬리는 돗과 같으며 입을 벌리면 작 은 배를 한 번에 삼킬 정도였다. 또한 신기한 도술을 갖고 있어서 아무도 대 적할 사람이 없었다. 이 귀신은 사람 고기를 좋아해서 물고기를 잡던 사람 들이 얼마나 많이 피해를 입었는지 모를 지경이었다. 물고기 귀신이 머무는 곳은 바다 속에 있는 돌로 된 동굴이었고, 물고기 귀신은 돌을 쌓아서 연해 를 둘로 나누고, 만을 만들었다. 양쪽으로 갈라진 주민들은 서로를 왕래하 기 위해서는 산을 넘어 가는 것은 아주 힘들었기 때문에 유일한 통로인 귀신 이 머무는 동굴 입구를 지나야 했고, 인적을 느끼면 파도를 일으켜 배를 전 복시켜서 사람을 잡아먹었다.

사람들이 얘기하기를 하늘신이 산에 길을 내주어 주민들이 물고기 귀신 의 먹이가 되지 않고 왕래할 수 있도록 길을 내주러 내려왔다고 했다. 그러나 이 귀신이 흰 닭으로 변하여 산꼭대기로 올라가 세 번을 우니 길을 내고 있던 하늘신은 하늘에서 부르는 소리로 착각하여 일을 그만두고 하늘로 올라갔다고 한다. 길을 만들던 흔적은 오늘날에도 남아 있는데, 사람들은 그 길은 불도의 길이라고 한다.

락롱꿘이 이곳에 이르렀을 때 그 얘기를 듣고 이 물고기 귀신을 쫓기로 했다. 배를 건조하고 큰 쇠창살을 불에 달군 다음 동굴 입구로 다가갔다. 귀신이 입을 벌려 먹으려 할 때 락롱꿘이 불에 달군 창살을 입에 집어넣었다. 귀신은 몸을 뒤틀며 미친 듯이 락롱꿘에 대들었다. 락비엣의 신과 물고기 귀신의 격렬한 싸움은 주변지역에 파도와 물굽이를 만들었다. 양측은 삼일 밤과 낮을 싸웠다. 락롱꿘은 바다신이 폭풍을 막아주고 물고기 귀신이 바다로 나가지 못하도록 길을 막아주는 도움을 받았다. 예상치 못한 불에 달궈진 창살이 목에 박힌 데다 강한 적수를 만났기 때문에 처음에는 강력히 대항했지만 점점 기세가 꺾여 결국에는 도망갈 궁리만 하게 되었다. 락롱꿘은 결코 놓아주지 않고 그 귀신을 세 도막으로 잘랐고, 그 피가 바다를 붉게 물들였다. 꼬리부분의 껍질은 벗겨서 바다 가운데의 한 섬에 걸어 놓았는데 그 섬을 백룡위 섬이라고 부른다. 머리는 물개로 변했는데, 락롱꿘이 쫓아가서 찔러 죽이고 머리를 한 돌산에 버렸는데 오늘날에 구두산이라 부른다. 몸통은 파도에 휩쓸려 만꺼우라는 곳으로 갔는데 오늘날에 그곳을 꺼우 만꺼우라고 부른다.

바다에서 물고기 귀신을 제거하자, 육지에 살던 주민들은 락롱꿘에게 구미호를 물리쳐 달라고 요청했다.

당시에 하노이에서 서쪽으로 홍강과 인접한 곳에 큰 동굴이 있는 돌산이 있었는데, 그 동굴을 사람들은 구미호 동굴이라고 불렀다. 이 여우는 1000년을 넘게 살아서 귀신이 되었고, 사람과 동물로 변해서 부녀자를 잡아서 강간했다고 한다. 또한 귀신으로 변해서 사람 속으로 들어가 병을 일으켜 죽게 만들기도 했다고 한다. 사람들이 구미호가 사람으로 변해서 괴롭혔기 때문에 무서워서 동굴 근처에 살지 못하고 집과 땅을 버리고 멀리 이주했다. 주민들이 두려워하는 것을 보고 이 구미호는 더욱더 괴롭혔고, 자오족이 사는 곳까지 나타나서 괴롭혔다.

딴비엔 산 주변에는 오랫동안 흰옷을 지어 입으며 평안하게 살던 자오족 사람들이 있었다. 사람들은 그들을 흰옷 자오족이라 불렀다.

그들은 화전으로 농사를 지으며 살았고, 일 년 내내 풍부한 자연 속에서 한가하고 행복하며 즐겁게 노래하며 살았다. 구미호는 젊은 남자 혹은 예쁜 처녀로 변해서 흰옷 자오족 속으로 파고들어 함께 노래하고 사람들을 유혹해서 동굴로 데려가 죽을 때까지 종으로 부리거나 강간을 했다. 이후로 자오족 사람들은 이 귀신 때문에 혼동 속에서 살아야 했다.

주민들의 탄식의 소리가 락롱꿘의 귀에 이르고, 그는 구미호의 동굴로 찾아갔다. 사람이 온 것을 보고 구미호는 열을 내며 달려들었는데, 락롱꿘이 막았다. 격렬한 싸움이 벌어졌고, 구미호는 여러 가지 도술로 사용해서 상대방을 공격했지만 고수를 만나서 자신이 어찌할 수 없다는 것을 알게 되었고, 결국은 도망갈 수밖에 없었다. 락롱꿘은 동굴 주변을 철저히 막고 불로 주변을 둘러싼 다음 칼을 사용해서 요괴를 죽이니 본래 모습인 꼬리가 아홉 달린 여우의 모습을 드러냈다.

구미호에게 잡혀 동굴에 갇혀 있던 사람들을 풀어주었다. 구미호가 있던 동굴은 락롱꿘의 부하가 강물을 끌어들여 파괴해 버렸고, 넓고 깊은 호수로 만들어 아예 그 돌산 전체의 흔적을 없애버렸다. 사람들은 그 호수를 덤 호수라고 불렀고 후에 호 떠이라고 불렀다.

하늘 기둥 신에 관한 신화

초기 우주는 춥고 어두운 혼돈의 세계였다. 그러한 시기에 하늘기둥신이 나타나 머리 위로 들어 올려 하늘을 만들고 발 아래로 땅을 밀어 육지를 만들었다. 하늘과 땅을 만들었으나 그 거리는 얼마 되지 않았다. 그래서 하늘기둥신은 땅을 파서 기둥을 만들어 하늘을 떠받쳐 올렸다. 하늘이 아주 높아졌을 때, 신은 그 기둥을 허물었다. 본래 하늘은 동그랗고, 땅은 평평한 네모꼴이었는데, 신이 기둥을 만들 때 땅을 판 곳은 강이 되었고, 기둥을 허물 때 산이 생겨났다.

출처: Viện Văn học (1999), Tuyển tập Văn học Dân gian Việt Nam. tập I.
Hà Nội: NXB. Giáo dục.

이를 통해 우리는 베트남인들의 노동관을 엿볼 수 있는데, 우주를 만들기 위해서 신은 특별한 요술을 부린 것이 아니라 열심히 땅을 파서 기둥을 만들었다는 이야기를 통해 우주도 인간의 노력에 따라 변화시킬 수 있다는 것을 암시하고 있음을 볼 수 있다.

베트남 사람들은 우주는 하늘과 땅, 물로 이루어진 것이라는 관념을 갖고 있었다. 그리고 이러한 3가지 우주 구성요소에는 각각 그것을 관장하는 신이 존재하고, 또 인간이 관찰하고 경험한 자연현상을 조정하는 신들이 있다고 믿었다.

■ 딩보링

전설truyền thuyết은 역사적 사건 및 인물에 관한 얘기로, 내용은 황당무계한 요소가 많지만 신화에 비해서는 보다 더 사실적인 것이 많고, 야담은 등장인물이 보통 사람들인데 반해 전설에 나오는 인물들은 모두 역사적 인물이라는 점에서 차이가 있다. 즉, 이는 민간에 전해지는 역사 이야기이자, 역사에 대한 일반 백성들의 인식의 표현이라고 할 수 있다. 베트남 전설 중에는 역사적 인물들의 구국투쟁에 관한 것이 많으며 대표적인 전설로는 하이바쯩Hai Bà Trưng, 바찌에우Bà Triệu, 딩보링 Đinh Bộ Lĩnh, 레러이Lê Lợi에 관한 전설 등이 있다.

고적전truyện cổ tích은 우리의 야담과 유사한 것으로 보통 사람들의 일상생활 속에서 전해오는 이야기이다. 주인공은 사회적 신분이 낮은 사람이거나 평범한 남녀이고, 여기서는 가정 혹은 사회생활 속에서의 인간 사이의 관계를 다루고 있는데, 고적전을 통해서 평범한 사람들의 꿈과 이상을 볼 수 있다.

■ 바찌에우

그러한 꿈들은 가난한 처녀가 왕자 혹은 임금과 결혼하거나 가난한 청년이 공주와 결혼하여 부귀영화를 누리는 것, 갑자기 재물을 얻어 부자가 되는 것 그리고 선량한 사람은 언제나 보상을 받게 되고 악은 처벌을 받게 되어 사회정의를 이룩하는 것이다.

고적전의 내용을 베트남에서는 각 동물의 특징을 설명하는 물류, 인간생활에 관한 애기지만 신기한 요소가 많은 신기 고적전, 그리고 인간생활에 관한 애기이나 묘사에 있어 보다 합리적이고 해학성을 띤 생활 고적전으로 분류하고 있다. 특히, 베트남족에는 물류고적전은 많지 않고 주로 신기 고적전과 생활 고적전이 많이 남아 있다. 1993년에 베트남문학원에서 출판한 『베트남 고적전 창고』는 5권으로 201 편의 애기가 수록되어 있다. 아래는 수박의 기원에 관한 애기이다.

수박의 기원

옛날 홍브엉 시대의 베트남 산은 높고 강은 넓으며 날씨는 쾌청하였지만 들판은 넓지 않고 과일도 오늘날과 같이 맛있는 것이 많지 않았다. 제 17대 홍왕에게는 재능과 손재주가 뛰어난 안띠엠An Tiêm이라는 양자가 한 명 있었다. 왕은 안띠엠을 사랑했기 때문에 자주 귀하고 맛있는 것들을 하사하였다.

보통 신하들은 적은 록을 받고도 감지덕지한 반면, 안띠엠은 "하사품은 애물단지야!"라고 하면서 경시하였다. 그것이 왕의 귀로 들어가고, 왕은 화가 나서 "그렇다면 내가 그 놈에게 제 힘만으로 살도록 할 테니 죽지 않고 배기나 보자!"고 하였다.

어느 날 아침 병사들이 와서 안띠엠과 부인 그리고 자식을 체포해 배에 태우면서 아무 것도 가져가지 못하도록 하였다. 그가 계속 매달리자 병사들은 호신용의 무딘 칼 한 개를 가져가도록 허락하였다. 순풍에 돛단 듯이 배는 흔들거리며 앞으로 나아갔다. 백사장과 푸른 나무들이 점점 멀어져 갔고, 민가의 흔적들도 더 이상 볼 수 없었으며 단지 온통 파란색의 하늘과 바다만 볼 수 있었다.

다음 날 배가 조그만 섬에 도착하였다. 그들은 안띠엠의 가족을 내려놓은 뒤, 솥단지 하나와 5일분의 식량을 던져놓고는 노를 저어 돌아갔다. 안띠엠의 부인인 바Ba와 자식들은 배가 점점 멀어지다가 사라져버리자 비 오듯

눈물을 흘렸다. 언제 다시 이웃들과 수확기의 옥수수를 나누어 갖고, 달빛 아래 가족의 얘기를 나눌 수 있을 것인가! 황량한 섬을 돌아보고 그녀는 더욱더 겁이 났고 살기 위해서 무엇을 먹어야 될지 알 수 없었다.

안띠엠은 부인과 자식들과 함께 움푹 패인 바위를 찾아 임시 거처를 마련하였다. 그리고 나서 그는 칼을 들고 섬을 탐색하였다. 섬은 정말 황무지였고, 드문드문 난 풀과 몇 종류의 바닷새뿐이었다. 계속 찾아 헤매다가 겨우 씁쓰레한 과일과 야생 채소를 찾아서 우선 시장기를 때웠다. 그 때부터 안띠엠은 매일 채소를 심고 과일을 찾으러 다녔고, 바 부인은 바닷가로 나가서 조개를 주웠다. 안띠엠의 큰아들은 아버지를 따라서 열심히 새 그물을 쳤다. 그러나 새가 점점 그물에 익숙해지면서 어떤 때는 하루 종일 털 하나도 잡지 못하는 날도 있었다. 생선은 많았지만 그물이 없고 과일은 철이 있는 것이었다. 그래서 안띠엠 부부와 자식들의 주식은 여전히 그가 밭을 일구어 심어 놓은 몇 가지의 야생 채소였다. 네 사람의 생활은 아주 힘들었고 금수와 별로 다를 바 없었다. 그렇지만 안띠엠은 언젠가는 생활이 나아질 것이라고 믿고 있었다.

어느 날 바닷가에서 모이를 쪼던 새가 안띠엠이 오는 것을 보고는 불그스레한 먹이를 떨어뜨리고는 급히 날아갔다. 안띠엠이 주워서 보니 두 뼘 정도 되는 과일 종류였다. 그는 새가 먹을 수 있는 것이면 사람도 먹을 수 있을 것이라고 생각하고 먹어보니 달콤하였다. 그는 남은 과일 조각을 다 먹고 씨는 잘 싸놓았다. 앉아서 생각에 잠겨 있는데 속이 시원하고 배고픔이 가시는 것을 느끼고는 반가워서 칼을 꺼내서 땅을 파고는 씨를 심었다.

며칠 후 그 씨앗은 싹이 나고 잎이 무성해지더니 줄기가 땅 위로 뻗어나갔다. 바 부인은 남편을 도와서 조석으로 그 신기한 과일의 줄기를 돌보았다. 몇 개의 꽃이 피어나고, 그 꽃이 열매를 맺었는데 처음에는 새끼손가락만 하다가 한참 후에는 쥐만 하고 다시 새끼 돼지만큼 커졌다. 그것을 보고 있노라니 결코 성장을 멈추지 않을 것 같았다. 안띠엠 역시 언제 수확해야 할지를 몰랐다.

어느 날 이른 아침에 바닷가에서 까마귀가 우는 소리를 듣고 바 부인이 남편에게 말했다.

"여기는 인적이 없는 곳이고 까마귀가 결코 모인 적이 없는데, 오늘 저들이 시끄럽게 모여 우는 것은 정말 이상한 일입니다. 당신이 가서 무슨 일인지 알아보세요!"

안띠엠이 바닷가로 나가보니 까마귀 떼가 쪼아서 여러 군데 구멍이 난 과일을 내버려두고는 날아갔다. 그는 과일을 잘라서 집으로 가지고 왔다. 그가 과일을 쪼개자 과일 속의 붉은 색 때문에 집안이 환해졌다. 속은 아주 붉었고 씨는 검었으며 껍질은 파랗고 속껍질은 흰색이었다. 두 아들은 침을 흘렸고, 바 부인은 기쁜 눈으로 과일을 보면서 감탄을 하고 있었다. 안띠엠은 조심스럽게 잘라서 모두에게 한 조각씩 시식하도록 하였다. 네 사람이 한결같이, 그 신기한 과일의 부드러운 향기와 달콤한 맛을 칭찬했고, 갈증이 가시고 힘이 나는 것 같아서 흥분하지 않을 수 없었다. 점심때가 되어 안띠엠은 과일을 모두 잘라서 자식들에게 배불리 먹였다.

그리고 나서 안띠엠의 가족은 너무 기뻐서 서로 손을 잡고 바닷가로 나가 짙은 색의 과일을 골라 집으로 가져오고 서로 교대로 과일을 지켰다. 그 때부터 그들은 계속해서 과일을 심었다. 그러나 농기구라고는 무딘 칼과 갈아서 날카롭게 만든 돌뿐이었기 때문에 과일 한 개가 얼마나 많은 땀과 눈물이었는지 모른다. 그들이 정성을 다해 돌보았기 때문에, 날로 많은 열매를 맺어갔고, 열매의 크기는 점점 커지는데, 과육은 꽉 차고, 껍질은 얇아졌으며, 점점 달콤한 맛이 났다. 매번 수확할 때마다 안띠엠은 과일에 표시를 해서 바다에 띄워 보냈다. 과일을 띄워 보낸 것이 몇 번인지 모를 정도였고 초생달이 그믐달로 바뀐 것이 몇 번인지 모를 정도였지만 안띠엠은 여전히 낙심하지 않았다. 과연 어느 날 배가 와서 이 귀한 과일을 누가 심었냐고 물었고, 육지에 가지고 가서 팔려고 한다고 하였다. 그 때부터 안띠엠은 일상적인 식료품들과 바꿀 수 있었고 아름다운 나뭇잎 집도 지을 수 있었다.

한편 훙 왕은 안띠엠을 무인도로 보내고 난 뒤 안띠엠이 죽었을 것이라고 확신하고 있었다. 가끔 생각이 나면 마음이 우울해졌다. 그러던 어느 날 신하가 신기한 과일을 바쳤다. 왕이 먹어보고 맛이 있어 어디서 났느냐고 물었다. 비로소 왕은 그것이 안띠엠이 섬에서 심은 것이라는 것을 알게 되었다. 왕은 자신이 잘못했다고 생각하고 배를 보내서 안띠엠의 가족을 데려오도록 했다. 안띠엠과 바 부인은 기뻤고, 익은 과일과 씨를 가지고 와서 이웃에게 나누어주고 심는 법과 기르는 법을 가르쳐 주었다. 그것이 오늘날 우리가 먹는 수박의 근원인 것이다.

그 후로 전국에서 수박을 심었다. 그러나 사람들은 응아선Nga Son 현에서 심은 수박이 제일 맛있다고 하는데, 그것은 그곳이 옛날에 안띠엠이 살던 섬이었는데, 수천 년이 흐르면서 물이 말라 육지와 연결되었기 때문이라고 한다.

베트남인들은 빈랑檳榔을 씹는 습속이 있다. 이와 관련된 얘기는 다음과 같다.

쩌우까우 얘기

옛날에 아주 닮은 두 형제가 살고 있었는데, 형의 이름은 떤Tân이요, 동생은 랑Lang이다. 한 지방의 세력가였던 그들의 부친은 홍Hùng 왕으로부터 상을 받고 성을 까오Cao라고 지었다.

이들이 장성했을 때, 부모가 연달아 돌아가셨다. 아버지가 돌아가시기 전에 아버지는 형인 떤을 리우Lưu 성을 가진 도사에게 맡겼다. 그러나 동생이 형과 떨어지기를 싫어해서 할 수 없이 같이 공부하도록 했다. 리우 씨 집안에는 그들 또래의 딸이 있었다. 리우 씨 딸은 누가 형인지를 알아보기 위해서 꾀를 냈다. 그들 형제들이 아주 배가 고플 때 낭자는 죽 한 그릇을 차려 놓고 숨어서 지켜보았다. 죽 그릇을 양보한 청년이 형임을 알게 되었고, 그때부터 두 사람은 사랑을 하게 되었다. 그것을 안 리우 씨는 딸을 떤에게 시집보냈다. 결혼을 한 후 그들 형제는 새집에서 같이 살게 되었다.

결혼 후에도 형은 동생을 사랑했지만, 그전과는 달랐다. 동생은 고독한 날이 많아졌다. 동생인 랑은 형이 자신을 피하고 싶어 하는 것을 느끼고는 서운한 마음을 가졌다.

하루는 형제가 밭에 갔다가 밤늦게 돌아왔다. 동생이 먼저 집에 도착했고, 형수는 동생을 형으로 오인해서 동생을 포옹했다. 그 때 형이 막 집에 돌아왔다. 형의 질투가 시작되었고, 랑은 부끄럽기도 하고 화도 나서 집을 나가기로 마음먹었다.

랑은 하염없이 길을 걸었고, 큰 강가에 도착했다. 강물이 세서 건널 수가 없었고, 주변은 인적이 없었다. 그러나 돌아갈 수도 없어 그곳에 앉아 한없이 울다가 죽어서 돌로 변했다.

형은 동생이 없어진 것을 대수로이 여기지 않다가 며칠이 지나도 돌아오지 않자 자신 때문인 것을 깨닫고는 동생을 찾으러 나갔다. 강가에 도착하였으나 건널 수가 없게 되어 강변을 따라 가다 동생이 돌로 변한 것을 알게 되고는 그 자리에서 울다가 죽었다. 그는 죽어서 나무가 되었다.

형의 부인도 남편을 찾으러 길을 떠났다. 역시 강가에 도착하여 나무 옆에 앉아 울다 지쳐서 죽었고, 등나무가 되어 나무를 타고 올라갔다.

세 사람이 돌아오지 않자 리우 씨 부부는 사람을 시켜서 찾으러 다니다. 강가의 두 나무와 돌 앞에 세 사람의 무덤을 만들었다. 주변 사람들은 그 묘를 가리켜 "우애 깊은 형제, 지조 있는 부부"라고 불렀다.

가뭄이 심해서 모든 초목이 말라 비틀어졌지만 그 두 나무는 푸름이 변치 않았다. 그곳을 지나던 왕이 이상히 여겨 사연을 듣게 되었고, 사람을 시켜 그 나무의 과일을 따서 맛을 보니 특이한 것이 없었다. 그러나 등나무 잎과 같이 먹으니 달콤하면서도 매운 맛으로 신기하였다.

그것을 씹다가 돌에 침을 뱉으니 피처럼 붉은 색으로 변하였다. 왕이 그것을 보고 그 세 가지를 같이 섞어 씹도록 하니 취기가 도는 듯하고 붉은 색으로 변하였다. 왕은 "참으로 신기한 일이다. 그들의 사랑이 정말로 깊구나!"라고 감탄하였다.

그 후 왕은 그 두 나무를 널리 심도록 하였고, 결혼할 때는 그들의 사랑을 회상하는 의미에서 쩌우trầu 잎과 까우cau 열매, 그리고 석회vol를 씹도록 했다. 이것이 빈랑 씹기ăn trầu의 효시가 된 것이다.

출처: Bùi Văn Nguyên, Đỗ Bình Trị chọn lọc, chú giải, giới thiệu (1974). op. cit. pp. 114~117.

■ 짱꿩전

이 얘기는 빈랑 씹기 습속의 유래를 밝히고 있기도 하지만, 베트남이 모계사회에서 부계사회로 전환하는 과정에서 나타난 갈등을 반영하고 있는 것으로 볼 수 있다.

소화truyên cười란 웃음을 자아내거나 비판할 목적으로 부정적인 인물에 관한 짧은 얘기를 말하는 것으로 등장인물은 보통 나쁜 사람이 되고, 내용은 주로 사회악을 다룬다. 내용은 해학적인 것과 풍자적인 것이 있으며, 허풍, 인간의 욕심을 풍자하고 사회 지도층이나 관리들의 부도덕성, 부패, 비인도성을 비판한다.

소화 중에서 널리 알려진 것은 「짱꿩 전」Truyện Trang Quỳnh인데, 꿩Quỳnh이라는 인물을 주인공으로 하고 있으며, 주로 왕과 관리들의 부정부패와 잘못된 관습을 해박한 지식과 재치로 꼬집고 비판하는 내용으로 되어 있다. 아래는 짱꿩 전의 일부이다.

돌 요리 Món ăn mầm đá

찡Trịnh 왕은 일 년 내내 산해진미만을 먹고, 무엇하나 부족한 음식이 없었지만 입맛이 없었다. 하루는 꿩이 숙직을 하고 있는데 왕이 말했다.

"내가 신기하고 맛있는 음식은 다 먹어 보았지만 맛을 느낄 수가 없다. 맛있는 음식을 아는 것이 있으면 나에게 알려 주게나?"

"폐하, 돌 요리라는 것을 드셔 보셨습니까?"

"맛있는가?"

"예, 아주 맛이 있습니다."

"실로 그렇다면 내가 맛을 볼 수 있도록 요리를 해보게."

은 즉시 사람을 시켜서 돌을 가져다가 왕의 음식을 만들기 위해 달이도록 하고, 집으로 돌아와서 맛 좋은 간장 한 병과 소금 한 접시를 가지고 갔다. 간장병에는 「대풍大風」이라는 두 글자를 붙여 놓고는 감추어 두었다. 왕이 오랫동안 기다리다가 배가 고파서 물었다.

"돌 요리는 다 익었는가?"

"아직 덜 익었습니다."

왕이 수시로 익었는지를 묻자 꿩이 아뢰었다.

"그 음식은 완전히 익혀야만 합니다. 그렇지 않으면 소화가 안 됩니다."

밤이 깊어 왕이 다시 물었다. 꿩은 왕이 정말 배가 고프다는 것을 알고는 아뢰었다.

"폐하, 우선 이 음식이라도 드시지요. 그리고 돌 요리는 다음에 올리도록 하겠습니다."

그리고 나서 밥과 간장과 소금을 차려서 올렸다. 왕은 배가 고픈 때라 맛있게 먹었다. 그런데 간장병에 대풍이라는 글자를 보고는 이상히 여겨 물었다.

"대풍이란 것은 어디서 난 요리인데 이렇게 맛있는가?"

"예, 그것은 보통 먹는 음식일 따름입니다."

"무엇인지 어서 말하여라!"

"예, 간장입니다."

"대풍이라는 글자를 써 놓았는데 무슨 의미인가?"

"대풍이란 '큰 바람'이고, 큰 바람이 불면 '절이 넘어지며', 절이 넘어지면 '걱정근심'이며, 걱정 근심은 바로 '간장 병'이라는 뜻이옵니다."

"오랫동안 먹지 않아서 맛까지 잊었었는데, 정말 맛이 있구먼!"

"폐하, 지당하시옵니다. 배고플 때는 무엇이든 맛이 있고, 배부를 때는 입에 맞는 것이 없는 것이옵니다."

왕이 웃으며 말했다.

"자네 말이 옳네. 그래서 자네가 내 입맛을 살리려고 배고프게 만들었구먼, 언제 익을 지도 모르는 돌 요리를 기다리게 해서 말이야!"

장수 복숭아 Đào trường thọ

하루는 꿩이 궁전에서 근무하고 있을 때, 한 사람이 '장수 복숭아'라고 불리는 복숭아 한 쟁반을 왕에게 바쳤다. 꿩은 천천히 다가가서 왕과 신하들이 보고 있는 가운데 복숭아 한 개를 집어 들고는 아무도 보이지 않는 듯이 천연덕스럽게 앉아서 먹었다. 왕이 호통을 치고, 신하들에게 죄를 다스리라고 말했다. 신하들은 '왕을 무시한 죄'로 참수형을 해야 한다고 아뢰었다. 꿩이 무릎을 꿇고 아뢰었다.

"군신들이 신을 그와 같은 죄로 다스려야 한다고 하는 것은 실로 법에 맞는 것으로 아무런 원이 없습니다만 폐하께서 신에게 몇 마디의 말을 할 수 있도록 관용을 베푸신 다음에 죽여도 달게 받겠습니다."

왕이 말했다.

"음... 할 말이 있으면 해라!"

"폐하께 아룁니다. 신은 죽음이 겁이 나고, 삶에 대한 욕심이 있었는데, '장수 과일'이라고 불리는 과일을 보고는 너무나 욕심이 나고, 그것을 먹게 되면 오래 살아서 폐하에게 충성할 수 있을 것이라고 생각했습니다. 그러나 복숭아가 목구멍으로 넘어가기도 전에 죽음이 목에 닥치리라고는 생각도 못했습니다! 신이 곰곰이 생각해 보니 그 과일은 '단수' 과일이라고 해야 더 옳을 줄로 압니다. 그리고 폐하께서는 아첨꾼을 없애기 위해서 복숭아를 바친 놈의 죄를 다스려 주시옵소서."

왕은 꿩의 말이 옳다고 생각하고 웃으면서 죄를 사하여 주었다.

까자오ca dao란 민요dân ca, 民歌의 가락이 없어지고 가사만 남은 형태의 구비문학의 한 종류이다. 형식은 6자 8자로 된 6·8구체와 7자, 7자, 6자, 8자로 된 쌍칠6·8구체로 되어 있으며, 내용은 어려운 환경에 처한 사람들의 정서와 사랑을 표현하고 있는 것이 많고 베트남인들의 심성과 정서를 잘 나타내고 있다.

Mẹ như ánh nắng mùa đông,
Soi không tận mặt, tận lòng cho con.
어머니는 겨울 햇빛처럼 약하여,
그 빛이 자식의 마음과 얼굴에 닿지 않는구나.
Đôi ta làm bạn thong dong,
Như đôi đũa ngọc nằm trong mâm vàng.

Bởi chưng thầy mẹ nói ngang,
Để cho đữa ngọc mâm vàng xa nhau.
우리는 아름다운 인연을 맺었는데,
마치 금 쟁반에 놓인 옥 젓가락 같았고,
부모님은 반대하여,
금 쟁반 옥 젓가락을 서로 멀리하게 하는구나.

속담tục ngữ은 창작이라기보다는 인간의 경험을 기록한 것이라고 할 수 있다. 베트남 속담은 운을 갖고 있는 경우가 많고, 까자오가 감정을 많이 표현하고 있다면 속담은 인간의 지혜를 나타내고 있다. 그 구조는 대등 관계, 비교 관계, 대립상반 관계, 정부 관계, 인과 관계 등으로 되어 있다.

1. 날씨, 자연현상과 관련된 속담
   동쪽에서 번개 치고 닭이 훼를 치면 비가 온다.
   3월의 비는 땅에 좋다.
   남풍이 불면 여름이 온다.

2. 농사의 경험과 관련된 속담
   땅 한 평은 금 한 냥과 같다.
   오래 씹으면 배부르고 깊게 갈면 벼에 좋다.
   물 한 바가지는 밥 한 그릇이다.
   곡우에 벼가 피면 모두가 배부르다.
   입하에 벼가 피면 모두의 근심이다.

3. 가금, 목축과 관련된 속담

물소는 집안의 재산이다.

부자는 돼지를 키우고 망하려면 비둘기를 기른다.

돼지는 놓아 기르고 닭은 가두어 기른다.

어린 뽕잎은 누에 입에 맞다.

4. 인간과 관련된 속담

사람만큼 향기로운 꽃은 없다.

한 인간은 열 재물보다 낫다.

품성은 아름다움을 이긴다.

한 창고의 금도 글 한 주머니만 못하다.

말은 금덩이와 같다.

5. 가족과 관련된 속담

부부가 합심하면 동해의 물도 퍼낼 수 있다.

새는 둥지가 있고 사람은 가족이 있다.

자식이 어리석으면 부모가 욕먹는다.

애가 세 살이 되면 온 집안이 말 연습한다.

넓은 논과 물소도 큰딸만 못하다.

6. 사회관련 속담

이기면 왕이요 지면 적이 된다.

왕의 법도도 마을의 관습에 진다.

관官은 한시적이요 민은 영원하다.

관리의 입은 어린애 항문과 같다.

돈 있으면 선녀도 살 수 있다.

수수께끼câu đố는 은유적인 방법을 통해서 주변 세계를 인식하는 것으로, 인간이 관찰한 모든 것이 소재가 될 수 있고, 의인화, 사물화, 동물화, 식물화 등의 방법으로 형상화한다.

배로 먹고 등으로 싸며,
뿔을 두드리면 똥이 나온다. (대패)

붉은 색 옷을 걸치고,
다리는 여섯이며,
땅 파는 일을 한다. (개미)

제 이름은 모자라지도 않고 남지도 않으며,
마음은 달콤한 금이니, 당신 맘에 들것이오. (파파야)

* 파파야는 베트남어로 두두đu đủ인데, 두đủ는 '충분하다'라는 뜻이다.

> 귀로 듣고, 입으로 말하고, 아래는 왕이라. (聖 글자)
> 삼 년 가뭄에도 나는 친구를 버리지 않았는데,
> 하루 비에 친구는 나를 버린다. (그림자)

베_{về}는 어떤 일이나 행동을 진술하는 형식의 구비문학으로, 시사적인 내용을 진술함으로써 잊혀지는 것을 막는 역할을 하고, 시가형식의 문장구조로 간략한 언어를 사용한다.

1) 베트남판 춘향전 소개

베트남에도 '춘향전'이 있다. 베트남 민담집에 소개되어 있는데, 여러 가지 정황으로 볼 때, 이 민담은 우리나라의 춘향전이 베트남에 구전된 것으로 추정된다. 아래에 베트남판 춘향전의 전문을 소개한다.

베트남 민담집의 춘향전

옛날 북부에 수선화처럼 피부가 하얀 아가씨가 있었는데, 이름이 수언흐엉Xuân Hương, 春香이었다. 그녀의 아버지는 가난한 훈장으로 돌아가신 지가 오래되었다. 그녀는 어머니와 같이 살고 있었고, 두 모녀는 서로를 의지하며 살았다. 그 당시에는 부유한 집 딸들도 통상적으로 공부를 시켰다. 수언흐엉은 어릴 적에 아버지로부터 글을 배웠기 때문에 글을 조금 알고 있었다. 열다섯 살이 되던 해에 수언흐엉은 어머니에게 마을 서당에 보내달라고 요청하였다.

그 때 성崇 관리의 자제인 용모가 출중한 성은 똥Tống씨요 이름은 느마이Như Mai라는 청년이 있었다. 그는 본래 총명하였고 공부에 전념하여, 금판金版에 이름을 올릴 결심을 했다.

어느 단오 날에 느마이는 하인을 데리고 바깥 구경을 나갔다. 서당을 지나가다가 청년은 고찰의 뒷마당에서 놀고 있는 몇 명의 아가씨를 보게 되었다. 반얀나무 아래에서 나무뿌리를 잡고 땅에 닿을 듯 말 듯 그네를 타는 한 아가씨가 있었는데, 그녀가 수언흐엉이었다. 그녀의 아름다움은 청년의 발걸음을 뗄 수 없게 만들었다. 청년과 하인은 절 문 앞에서 한참 동안 서성거렸다. 청년이 입을 열어 칭찬을 했다.

"아! 북부 아가씨를 칭송하는 소리는 들었지만 방금 그네를 타는 아가씨만큼 어여쁜 사람은 없을 것이야!"

그때부터 느마이는 수시로 고찰을 다시 찾을 구실을 찾았다. 검은 머리 사이로 난 하얀 가르마의 그네를 타던 아름다운 여인에 대한 그리움은 청년으로 하여금 식음을 폐하고 잠을 못 이루게 하였다. 하인은 주인이 공부를 게을리 하는 것으로 보고 열심히 말렸지만 느마이는 여전히 잊을 수가 없었다. 하루는 주인이 함께 사찰로 놀러가자고 재촉하는 것을 보고 하인이 청년의 아버지에게 이르겠다고 협박했다. 이에 느마이가 사정했다.

"하지마라. 네가 나의 심복이라면 감추어 줄 뿐 아니라 일이 되도록 나를 도와주어야 할 것이다."

하인이 말했다.

"어른이 아신다면 도령은 벌을 받을 것이오. 그리고 저는 천한 신분인데 어찌 매를 견딜 것이오."

"그렇다면 나는 집에서 공부를 할 터이니 너는 혼자 나가서 낭자의 이름이 무엇이며 뉘집 여식인지 알아보고, 만날 수 있는 방법을 알아온다면 후한 상을 내리겠다."

3일 후에 하인이 돌아와서 주인에게 수언흐엉에 대해서 말해주었다. 그리고 귀에 대고는 속삭였다.

"도령께서 저에게 큰돈을 준다면 제가 낭자를 가까이 할 수 있는 방법에 대해서 알려주겠소."

느마이는 느긋하게 대답했다.

"좋다. 일만 성사된다면 네가 원하는 대로 주겠다."

돈을 받고 하인은 주인을 위해서 여자 옷 한 벌을 사 주면서 당부했다.

"제가 보기에 도령은 얼굴과 피부가 희고 목소리가 여자와 같으니 생각하건대 도령께서 이 옷을 입으면 얼마 되지 않아 낭자와 사귈 수 있을 것입니다. 도령 입어보십시오."

옷을 갈아입으니 과연 느마이는 아름다운 여성이 되었고, 남자라고 의심할 사람이 없을 정도였다.

그 후 하인의 말에 따라 느마이는 수언흐엉의 집을 찾아갔다. 낭자의 어머니를 만나서 느마이는 활기차게 인사하고 나서, 자신은 성 관리의 여식으로 올해 나이 이팔청춘이며 가까운 서당에서 공부하고 있는데 쉬는 날을 맞이해서 비단을 사러 왔다고 거짓말을 했다. 수언흐엉의 어머니는 의심하지 않고 딸을 불러 맞이하도록 했다. 느마이가 관리의 자식이고 공부를 잘 한다는 얘기를 듣고 수언흐엉은 공손함을 표시하고 사귀고 싶어 했다. 비단 사는 얘기를 마치고 헤어질 때 낭자가 말했다.

"언니, 가끔 놀러 와요. 같이 공부하게요."

그 때부터 느마이는 자주 수언흐엉 집에 놀러 왔다. 얼마 되지 않아 두 사람은 친구가 되었다. 느마이의 실력은 수언흐엉으로 하여금 감복하게 만들었고, 시문에 대해 자주 의지하게 되었다. 한편 느마이는 이처럼 기쁨으로 가득 찬 적이 없었다. 그렇지만 도령은 여전히 자신을 잘 지키고 있었고, 너무 허물없는 말은 삼가고 있었다.

하루는 수언흐엉이 느마이에게 자기 집에서 자고 가라고 졸랐다. 이것은 아주 드문 기회라는 것을 알았지만 느마이는 부모님의 허락을 받지 않았다는 핑계로 거절했다. 그러나 그 뒤 얼마 되지 않아 다른 기회가 찾아왔다. 그 날 수언흐엉의 어머니는 고향에 제사를 지내러 가야했다. 적시에 느마이가 온 것을 보고 수언흐엉의 어머니는 심심하지 않도록 며칠동안 자기 딸과 같이 지내달라고 사정을 했다. 느마이는 승낙을 했다. 그 날 오후 한참동안 시문에 빠져 있다가 사찰 정원으로 놀러 갔다. 그들은 달이 뜰 때까지 이야기하면서 걸었다. 갑자기 수언흐엉이 발을 헛디뎌 앞으로 넘어질 뻔 했으나 느마이가 끌어안아서 넘어지지 않았다. 수언흐엉이 말했다.

"언니, 고마워. 언니가 남자였다면 저는 푹 빠졌을 거예요."

느마이가 즉시 대답했다.

"기억해라! 말 한 마디는 천금과 같은 것이야. 내가 부처에게 남자가 되게 해 달라고 빌겠다. 그 때도 나를 좋아하겠느냐?"

농담을 하고 있었기 때문에 수언흐엉은 바로 대답했다.

"왜 안 그러겠어요? 제가 하늘과 땅에 대고 맹세를 하지요."

"안 돼. 장난스런 맹세는. 진심이라면 서약서를 써야 비로소 믿을 수 있어."

"어려울 것 뭐 있어요. 집에 가서 바로 써 드리지요."

집에 와서 수언흐엉은 등불을 켜고 서약서를 써서 느마이에게 건냈다. 잠잘 때를 기다렸다가 느마이는 변장한 옷을 벗고 건장한 청년의 모습을 드러냈다. 그것을 보고 수언흐엉은 혼비백산하며 두 손으로 얼굴을 가리며 소리쳤다.

"아이고! 내가 사기꾼에게 당했구나! 당신이 누군데 나를 속인단 말이오. 온 동네에 소리칠 것이오!"

펄펄 뛰며 소리쳤지만 느마이는 낭자의 손을 꽉 잡고 있었다.

"낭자 걱정하지 마시오. 낭자를 해치지 않을 것이오. 그리고 나는 낭자를 부인으로 삼을 것이오."

그리고는 가세며 학업이 어떤지 사찰 정원에서의 우연한 만남과 그 후 날마다 꿈속에서 그렸던 얘기와 하인이 변장의 계책을 세웠던 얘기 등, 자초지종을 얘기했다.

"내가 낭자 때문에 얼마나 속을 태웠는지 모를 것이오. 잠시의 '불장난'을 위해서 그런 것이 아니라 백년해로의 짝이 되기 위해서였소."

느마이가 달콤한 말로 속삭이고 있을 때 수언흐엉은 단지 앉아서 울기만 했다. 한참 후에 낭자가 말했다.

"안돼요. 그리고 도령은 저를 대나무 문살 갈 듯, 옷 갈아입듯 버릴 것이오. 저는 평민의 집 딸인데 어찌 관리 집 자제와 인연을 맺을 수 있단 말이오?"

느마이가 대답했다.

"위에는 하늘이 있고 아래에는 땅이 있으며 면전에는 등불의 그림자가 있으니 부모님이 막는다 해도 나는 결코 낭자를 버리지 않을 것을 맹세하오."

"그렇다면 도령께서 서약서를 써 주세요."

이제 느마이가 서약서를 썼다. 서약서에 도령은 수언흐엉을 부인으로 삼는다고 엄숙히 약속하였다. 만일 낭자를 버린다면 하늘에게 죽임을 당할 것이었다.

그 때서야 수언흐엉은 비로소 기쁜 모습으로 서약서를 쥐고는 말하였다.

"도령께서 저에게 믿음을 주었습니다. 이제 명심하세요. 만일 도령이 저를 속인다면 제소를 할 것입니다. 절대로 장난이 아니고 끝까지 항소할 것입니다."

소원을 푼 후인 다음 날 도령은 집으로 돌아왔다. 3일이 지난 후에 갑자기 도령의 아버지가 왕명으로 학사직을 받기 위해 수도로 가게 되었다. 도령 역시 아버지를 따라 가야했다. 이 소식을 듣고 수언흐엉은 천둥소리를 듣는 것 같았다. 그러나 느마이는 좋은 기회로 생각했다. 도령은 이번 행차가 먼 길이라는 것을 알려주고 낭자를 다독거렸다. 도령은 수도에는 좋은 선생과 서책이 많기 때문에 학업에서 성공을 거두리라 마음먹었다. 성공해야만 비로소 낭자를 정식 부인으로 얻을 수 있다고 생각했다. 이별할 때 도령이 당부했다.

"돌이 부서지고 금이 변한다고 하더라도 나는 낭자만 생각할 것이오. 반대로 낭자도 일편단심으로 기다려 주시오."

날이 가고 해가 갔다.

똥느마이가 아버지를 따라 수도로 간지도 5년이 지났다. 이 기간 동안 도령은 경전을 갈고 닦았다. 수언흐엉을 그리는 마음이 더할수록 도령은 학업에 열중했다. 과연 도령의 노력이 헛되지 않았다. 그 해 과거시험에서 도령은 장원급제를 하였다. 아직 어린 나이에다 총명한 것을 보고 왕은 암행어사에 봉하여 각 성을 순시케 하였다. 도령은 기쁜 마음으로 직책을 받았다. 우선 도령은 5년 동안 무소식이었던 사랑하는 사람의 상황을 알아볼 요량으로 북부 성을 순찰하도록 요청하였다.

한편 수언흐엉은 느마이와 헤어진 날부터 늘 슬픈 마음으로 지냈다. 도령의 맹세의 말을 믿고 낭자는 일편단심으로 기다리기로 결심하였다. 많은 사람들이 청혼을 했지만 낭자는 모두 거절하였다. 남자들이 따라붙지 않도록 낭자는 느마이가 자신에게 준 각종 장신구와 아름다운 옷들을 상자에 깊숙이 감추어 두었다. 낭자는 공부를 그만두고 수수한 옷차림으로 집에서 어머니를 도와 누에를 쳤다. 그러나 낭자의 아름다운 용모를 감출 수는 없었다. 새로 부임한 관리가 수언흐엉의 아름다움에 대한 소문을 듣고는 마음속으로 흠모하고 있었다. 시장에서 낭자를 만난 관리는 낭자를 희롱했지만 낭자는 엄숙한 얼굴로 거절했다. 관리는 속으로 화가 나서, 며칠 후 몰래 사람을 보내서 낭자에게 사건을 일으켰다. 중혼의 문제를 삼아 관청에 제소했고, 결국 관리는 낭자를 옥에 가두었다. 여전히 낭자가 실망하지 않자 관리는 심복을 감옥으로 보내서 만일 낭자가 관리에게 순종한다면 첩으로 삼고 행복하게 살게 해주겠다고 꼬드겼고, 반대로 따르지 않는다면 굴욕을 당하게 하겠다고 했다. 한 번 더 관리는 낭자로부터 눈 흘김을 받아야 했다. 다음 날 수언흐엉은 중혼죄와 관리 모독죄로 백성들 앞에서 곤장 80대의 형을 선고 받았다.

형 집행일이 다가왔다. 그날은 마침 장날이기도 해서 사람들이 붐볐다. 시장에서 가까운 공터에 병사들이 정렬하고 있었다. 수언흐엉은 포박을 당하였고, 한 병졸이 형을 집행하기 위하여 관리들 앞으로 끌고 나왔다. 한 병사는 곤장을 들고 낭자를 내리칠 준비를 하고 있었다. 관리가 죄상을 큰 소리로 읽고 있는 중에, 도열한 병사들이 양쪽으로 길을 터서 말을 탄 한 사람이 들어오도록 했고, 뒤에는 "어사"라는 두 글자가 새겨진 깃발을 든 병사가 따라왔다. 그것을 보고는 모든 사람들이 엎드렸다. 말을 탄 사람은 바로 똥느마이였다. 처음부터 북쪽지방을 순시할 때, 그는 병사들에게 모든 일을 비밀로 하라고 하고 자신은 거지로 변장하였다. 그는 자기가 사랑하는 사람이 곤경에 처한 줄은 몰랐다. 이곳저곳을 돌아다니며 수언흐엉에 관한 사실을 알아냈다. 사람들은 낭자가 정숙한 여자이며, 누구와도 혼인하지 않고, 수도에서 공부하고 있다는 어떤 유생을 기다리며 수절하고 있다고 했다. 관리에 관해 물으니, 누구나 개나 돼지 같은 사람이라고 경멸하며, 뇌물만 먹고 불법을 자행하나 권세가 두려워서 아무도 감히 입 밖에 내지 못한다고 했다.

모든 사실을 파악한 후에 똥느마이는 암행어사의 옷으로 갈아입고 나타났다. 말에서 내려 사람들이 고개를 들기를 기다렸다가 입을 열었다.

"군사들과 백성들이여! 나는 암행어사다. 황제의 명을 받아 이 북부 성을 순시하고 있다. 내가 자세히 조사했는데, 수언흐엉 낭자는 죄가 없으니 풀어주어야 마땅하다. 그리고 죄인은 바로 낭자를 고소한 자와 낭자를 재판한 관리들이다. 저들을 하옥시켜라. 심문할 것이다."

병사들은 일제히 '예'하고 소리쳤다. 주변을 둘러싼 사람들 중에 수언흐엉의 서당 친구가 있었는데, 마치 천둥처럼 소리쳤다. 수언흐엉을 포박하고 있던 병사는 칼을 찾을 여유도 없이 이빨로 낭자를 묶었던 줄을 끊고, 사슬을 벗긴 다음, 그 사슬로 다시 낭자를 고소한 자와 관리에게 사슬을 묶었다. 암행어사가 느마이라는 것을 알고 수언흐엉은 기뻐서 기절할 뻔 했다. 사람들이 서둘러 낭자를 데려다 치료했다.

얼마 후에 젊은 어사는 모든 사실을 왕에게 아뢰었고, 수언흐엉을 부인으로 삼도록 허락해 달라는 말도 잊지 않았다. 왕은 기이한 인연임을 보고는 허락해주었다. 결혼식은 3일 동안 화려하게 거행되었다. 결혼식 날 수언흐엉의 어머니는 기뻐서 모든 사람들에게 말했다.

"나는 아들은 없지만 우리 딸이 아들보다도 더 나를 기쁘게 하는구나!"

* Tissot의 글에서.

출처: Nguyễn Đổng Chi (2000),
Kho tàng truyện cổ tích Việt Nam. Tập 2. Hà Nội: NXB. Giáo dục. pp. 1317~1322.

2. 한문학

한문학 작품들은 대부분 애국의식을 고양하고, 인도주의적 내용의 작품이 많았으며 대부분 중국에서 유입된 형식으로 터Thơ, 푸Phú, 힉Hịch, 까오Cáo, 찌에우Chiếu, 쩨Chế, 비에우Biểu 등으로 문학, 역사, 철학 등의 내용 구분이 불분명한 글이 대부분이었다. 힉은 고문체의 하나로 격문, 격서라고도 하며, 군병 또는 동지들을 급하게 모이게 하거나 동의를 얻으려고 할 때 돌리는 글은 비격이라고 한다. 베트남문학에서는 13세기의 쩐흥다오 장군의 '격장사문檄將士文'이 있으며, 프랑스 식민지시대에는 쯔놈으로 쓴 격문이 많이 있었다고 한다. 까오란 왕명을 받들고 이를 신민에게 알린다는 뜻으로 쓰인 말로, 응웬짜이의 평오대고平吳大誥(1428년)가 유명하다.

찌에우는 제왕의 선지를 일반에게 알리기 위하여 쓴 글이나 그 문체로 리타이또Lý Thái Tổ의 찌에우저이도Chiếu dời đô 등이 있다.

쩨는 한문 문체의 하나로, 임금이 내리는 조령의 일종이다. 비에우는 한문학 문체로 장과 함께 임금에게 올리는, 사리를 밝히는 글이다. 내용에 따라 사표, 하표, 진정표 등으로 나눈다.

베트남 중대 문학 작품에서 나타나는 이러한 현상을 '반스찌엣벗펀Văn sử triết bất phân'이라고 한다. 작품에 사용된 문자가 한자였고, 형식 역시 중국의 것을 그대로 받아들여 사용하였던 것이다. 이 중 가장 유명한 작품은 응웬짜이의 평오대고이다. 이 작품과 응웬짜이의 한시가 우리말로 번역되었다.

리 왕조와 쩐 왕조시대 10세기~15세기를 통해서 많은 문인들이 배출되었는데, 초기 작가들 중 상당수는 승려였으며 12세기 이후로는 유학자들이 문단의 주류를 이루게 되었다. 리 왕조의 문학은 대체로 불교적 색채를 강하게 띠고 있지만 비종교적 색채 즉, 사회생활이나 민족의 운명에 관한 작품도 있다.

쩐 왕조에 들어와서도 불교는 여전히 높은 위치를 차지하고 있었지만 점점 유교에 그 위치를 양보하게 된다. 13세기에 들어와서는 유학자 층이 날로 증가하게 되었다. 리 왕조시대보다 유학자가 대거 등장함으로써 창작집단의 변화를 엿볼 수 있다. 특히, 쩐 왕조부터 기록문학은 한문문학과 쯔놈문학을 포함하게 된다.

이때의 역사서로 레반히우의 대월사기大越史記, 호똥톡의 월사강목越史綱目, 남월세지南越世志, 무명씨의 대월사략大越史略이 있으나 현존하지 않는다. 그 외에도 13편의 부賦와 7편의 표가 전해지고 있다.

참고로 한놈원Viện Hán Nôm의 도서관에는 1987년 기준으로 4,808종 16,164권의 서적과 30,000점의 자료를 보관하고 있는데, 그중 한문 서적이 10,558권, 쯔놈 서적이 1,373권이며 나머지는 중국책이다. 4,808종의 서적을 분류하면 문학 관련이 2,500작품, 역사가 1,000작품, 종교 관련이 600작품, 교육, 문화 관련이 450작품, 정치, 사회분야가 350작품, 의학, 위생분야가 300작품, 지리분야가 300작품, 법제분야가 250작품, 예술분야가 80작품, 경제 분야가 70작품, 언어, 문자분야가 60작품, 군사 분야 40작품 등이다.

3. 쯔놈문학

1) 당률 쯔놈 시

당률 쯔놈시thơ Nôm Đường luật란 '쯔놈을 사용하여 당나라 시의 형식으로 쓴 시'를 말한다. 쯔놈은 한자를 이용해서 기록한 베트남 사람의 말이기 때문에, 다시 말하면 '베트남어를 사용해서 당시 형식으로 쓴 시'인 것이다. 즉, 시의 형식은 중국에서 들여온 것이고 시의 언어는 베트남 민족의 언어로 된 시를 말한다.

외국 시의 형식을 차용해서 자국 언어로 창작이 가능하게 된 것은 베트남 언어의 특징 때문에 가능하게 되었다고 보아야 할 것이다. 베트남 문자인 쯔놈은 중국의 한자와 다르지만 중국어와 같이 고립어이며 단음절어가 많은 언어이고, 성조어라는 특징 때문에, 우리나라에서의 경우와 달리 자국 언어로 당률시를 쓸 수 있었던 것이다.

물론 베트남에서 '독립을 쟁취하려는 시기인 8~9세기경에 쯔놈이 출현'하였다고 하지만 그 당시에는 쯔놈이 '신생아' 상태에 있어서 일반에 널리 사용되지 못했을 뿐만 아니라 한학을 공부한 유학자들로부터 냉대를 받았다. 따라서 10세기에서 14세기에 이르는 동안에 나타나는 기록문학 작품들은 대부분이 한자로 쓴 것이었다.

한문학이 주류문학 또는 '정통문학'으로 자리 잡고 있었다면 쯔놈문학은 비주류문학으로 자리 잡고 있었다. 현존하는 가장 오래된 쯔놈문학 작품의 출현 시기를 확정하는 것은 자료의 미비로 인해서 어려움을 겪고 있으나, 현재까지 알려진 것에 따르면 쩐 왕조 인종1278~1293 때 응웬투옌Nguyễn Thuyên이라는 사람이 처음으로 쯔놈을 사용해서 작품을 썼다고 한다. 그는 쩐 왕조 태종 때의 문신으로 형조판서까지 지냈으며, 본명은 응웬투옌인데, 한투옌Hàn Thuyên으로 불리게 된 일화가 있다. 1282년 가을에 악어 떼가 푸르엉Phú Lương 강에 몰려와 피해가 막심하였다. 그가 시를 지어 강가에서 읽은 다음 강에 던지니 그 뒤로 악어 떼가 사라졌다고 한다. 그 일은 중국 한유의 고사와 같다고 하여, 왕이 그에게 한Hàn씨 성을 하사하였다.

그 뒤를 이어 쩐 왕조 때의 명사였던 응웬시꼬Nguyễn Sĩ Cố, 쭈안Chu An, ?~1370, 쩐응악Trần Ngạc, ?~1391, 호꾸이리Hồ Quý Ly, 1336~1407. 등이 국음시를 지었지만, 이들의 시는 현재 전해지지 않고 있다.

따라서 쯔놈문학은 13세기에 이르러서야 기록문학의 한 부분으로 자리잡을 수 있을 정도로 발전했다고 볼 수 있지만, 현재 15세기 이전의 것이라고 하는 문건들도 과학적인 인정을 받지 못하고 있다. 현재는 쩐 왕조 때의 쯔놈 시라고 평가하기 위한 근거 자료가 충분치 않다. 그러나 역사서에 근거하면, 그 당시의 봉건 지식층에서 쯔놈 시 창작운동이 있었다는 것을 믿을 수 있으며, 쩐 왕조 때의 쯔놈문학의 성과와 경험들은 15세기의 응웬짜이와 다른 작가들의 성숙된 쯔놈문학 작품을 만드는데 기초가 되었다는 것을 알 수 있다. '응웬짜이의 꾸엄티떱Quốc âm thi tập 國音詩集은 현재까지 전해지는 가장 오래된 쯔놈 시집이다.'

2) 당률 쯔놈 시 작가와 작품

초기 쯔놈 시는 '일부 산재하고 있는 것 외에는 대부분 응웬짜이의 꾸엄티떱과 레Lê 왕조 성종 및 홍득Hồng Đức(1470~1497년간 연호) 시대 시인들과의 홍득꾸엄티떱Hồng Đức quốc âm thi tập, 洪德國音詩集 두 권에 기록되어 있다. 여기에 실린 시들은 쩐 왕조 때부터 창조된 7언과 6언이 섞인 형식을 제외하고는 대체로 당률 시가 형식'이라고 알려져 있다.

① 응웬짜이

응웬짜이Nguyễn Trãi, 1380~1442는 정치가 문필가로 이름을 날렸고, 많은 저술을 남겼다. 한시집인 억제시집, 법률서인 율서 외에도 군중사령집軍中詞命集, 억제여지지抑齊輿地志, 억제유집抑齊遺集 그리고 유명한 정론인 평오대고平吳大誥 등이 있다. 그 중 꾸엄티떱에 실린 당률 쯔놈 시를 소개한다.

어려움은 세상을 혐오하는 것이니,

더욱 늙고, 어리석게 만든다.

국화는 가을이 깊어질 때까지 기다리고,

매화는 찬 눈 속에서 움트는 것을 두려워하지 않는다.

고향집은 수만리 떨어져 있고,

나라를 걱정하는 마음에 한밤중에도 잠을 못 이룬다.

인간 세상이 험한 바다와 같은 줄 누가 알겠는가만,

물은 너무 부드럽기 때문에 오히려 그 勢가 두렵구나.

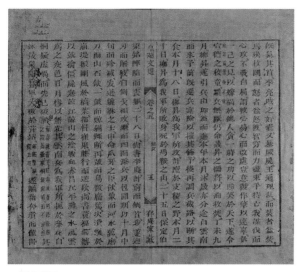

■ 평오대고

② 호수언흐엉

호수언흐엉Hồ Xuân Hương은 베트남 '쯔놈 시의 여왕'으로 불리며, 출생 및 사망년도는 불명이다. 그러나 대략 18세기말에서 19세기 초에 활동한 것으로 추정하고 있고, 베트남 사람들에게 있어서 호수언흐엉의 명성은 그 어떤 시인보다도 결코 뒤지지 않을 만큼 친숙하다.

호수언흐엉은 약 50여 수의 쯔놈 시를 남겼는데, 아래 시첩살이와 여성의 운명는 칠언율시 측체이다. 모두 순수 베트남어 즉, 쯔놈만을 사용했고,

보통 사람들의 일상 언어를 사용해서 시를 썼다는 점이 이전의 다른 작가들과 확연히 구별된다. 또한 베트남 봉건제도 하의 "기록문학 속에서 여성의 해방을 용감하게 요구한 최초의 여성"이라고 할 수 있다.

첩살이

금침을 덮는 년과 추위에 떠는 년이 있으니,
시팔, 첩의 운명이다.
열 번 중에 다섯 번도 있을까 말까,
한 달에 두 번도 있으나 마나.
매를 견디며 먹으려 하나 밥은 쉬었고,
머슴살이와 같으나 새경을 주지 않는 머슴이구나.
이 몸이 이 길을 알았다면,
관두고 혼자 살았을 것을.

③ 6·8체

6·8체Thể lục bát는 6·8체시Thể thơ lục bát라고도 부르며 "베트남의 순수한 운문"인데, 이는 베트남어의 기본적인 특징에서 발원한 것이다. 그것은 이 6·8체가 베트남어의 특징, 그 중에서도 특히 음의 영향을 직접적으로 받았다는 것을 의미한다.

6·8체를 이해하는 데는 우선적으로 베트남어의 특징을 알아야 한다. 베트남어의 특징을 염두에 두면서 6·8체를 살펴보면, 그 이름에서 보는 바와 같이 6 음절 행과 8 음절 행이 짝을 이루며 한 짝은 모두 14개 음절로 되어 있고, 운과 성조 그리고 리듬nhịp에 관한 엄격한 규정을 갖고 있다.

3) 쯔놈소설Truyện Nôm

레 왕조 초반의 안정기를 지나면서 후대로 갈수록 왕에서부터 관리까지 부패해 가며 퇴폐 향락을 일삼고 있었다. 16세기 초의 레위묵Lê Uy Mục,

1505~1509 왕은 단지 주색잡기와 도박에만 빠져 있었고 성격이 포악하여 사람 죽이는 것을 즐겼다. 그 뒤를 이은 레뜨엉즉Lê Tương Dực 왕은 퇴폐, 사치, 악함에 있어서 선왕의 배에 달했다. 궁궐과 각종 건축물을 짓는데 백성들의 돈을 수탈하고 노력을 동원하여 원성이 하늘을 찌르고, 15명의 신하를 죽이고 선왕의 궁녀와 통간하였으며, 처녀를 발가벗겨 노를 젓게 하고 배를 타고 호떠이에서 놀았다고 한다. 당시 백성들은 레위묵 왕을 '마귀 왕'이라고 하고 레뜨엉즉 왕은 '돼지 왕'이라고 불렀다. "포악하기가 진시황 같았으며 군신을 개나 말처럼 대했고, 백성을 잡초처럼" 대했다고 한다.

왕과 관리, 지방 토호 세력의 착취와 폭력으로 백성들의 삶은 날로 궁핍해져 갔으며, 게다가 가뭄과 홍수로 인한 흉년이 16세기 초반에 몇 년 동안 계속되니 농민들이 더 이상 참지 못하고 봉기를 일으켰다. 수많은 농민 봉기가 일어났고 수도인 탕롱Thăng Long을 점령하여 왕이 타지방으로 피신하는 경지에 이르기도 하였다.

이러한 봉기는 왕권을 뒤흔들기도 하였지만 한편으로는 농민들의 의식 속에 사회 정의를 위한 투쟁, 자유, 민주 의식을 일깨우는데 기여하였다.

다시 막Mạc씨가 궁중 내란을 제압하고 왕을 칭하니 레 왕조 부흥을 내걸고 응웬낌Nguyễn Kim이 세력을 규합하여 중북부지역에서 허수아비 레 왕조를 세우고 실권을 쥐고 있었다. 응웬낌이 죽자 그의 사위인 찡끼엠Trịnh Kiểm이 중북부지역에서 통치를 했는데, 이것을 남조라 부르고, 막씨가 통치하던 북부지역을 북조라 칭했다. 50여 년의 남북전쟁1540~1592에서 결국 찡 씨가 승리하여 수도인 탕롱을 차지한다.

한편 찡 씨와 막씨가 전투를 벌이는 동안에 응웬낌의 아들인 응웬호앙 Nguyễn Hoàng이 중부 지역에서 세력을 키워 찡 씨에 대항하였다. 찡 씨와 응웬 씨는 다시 근 50년1627~1672간 전투를 벌였으나 백성들에게 막대한 피해만 입히고 승부를 가리지 못한 채, 1672년에 정전을 하게 된다. 이 때 찡 씨에 속해 있던 북부를 북하, 응웬 씨에 속해 있던 중부를 남하라고 불렀다.

정전으로 인한 한시적 평화로 다시 남북 양 조정에서 향락적 생활이 되

살아나게 된다. 통치자의 퇴폐 향락과 매관매직, 백성들에 대한 무거운 노역과 세 부담이 이어졌다. 한때는 매관매직이 정식으로 공인되어 6품 이하의 벼슬은 500관을 내면 1등급을 올려 주고, 현감, 부사는 500관에서 2,500관을 내면 되었다고 한다.

더 이상 견디지 못한 백성들이 봉기하였고, 심지어 소수 종족까지도 봉기에 참가하였다. 16세기에서 18세기의 그러한 사회상이 실제로 많은 쯔놈소설에 반영되었다. 베트남 역사 속에 나오는 '마귀 왕'인 레위묵이나 '돼지 왕'인 레뜨엉즉, 또한 음탕하고 포악한 폭군 찡장Trịnh Giang, 찡썸Trịnh Sâm, 응웬푹투언Nguyễn Phúc Thuần 그리고 간신 당머우런Đặng Mậu Lân, 쯔엉푹로안Trương Phúc Loan 등은 다름 아니라 바로 쯔놈소설에 등장하는 인물의 원형 바로 그것이었다.

통치세력의 사욕을 위한 권력투쟁과 전쟁은 농민 봉기를 유발했고, 견디기 힘든 고통을 겪으면서 백성들은 봉건제도에 대해서 회의를 갖게 되었을 것이며, 그것은 쯔놈소설에 자유결혼, 여권의 신장 요구, 생존권 요구가 반영되었을 것으로 추측할 수 있다. 따라서 역사적 상황이 쯔놈소설을 탄생하게 만든 기초가 되었다고 할 수 있을 것이다.

베트남의 봉건왕조 체제는 16세기부터 그 체제의 취약성을 드러내면서 18세기에는 전에 없던 농민들의 봉기가 일어나고, 19세기 중반에는 프랑스의 식민지로 전락하게 된다. 그러한 혼란의 와중에서 새로운 문학이 탄생하게 된다. 이러한 배경에서 쯔놈소설이 출현하게 된 것이다.

쯔놈소설은 6·8체 시 형식으로 썼다고 해서 시소설Truyện thơ라고 부르기도 하며, 국음쯔놈으로 써졌다고 해서 국음소설Truyện quốc âm 혹은 운문소설tiểu thuyết văn vần이라고 지칭하기도 한다. '쯔놈소설'과 '국음 소설'은 작품에 사용된 글자를 구별해서 붙인 이름이고, '시소설'과 '운문소설'은 작품의 형식을 따서 붙인 명칭이다. 따라서 쯔놈소설은 '쯔놈으로 쓴 운문소설'로 정의할 수 있을 것이다.

쯔놈소설은 18세기에서 19세기 초반에 가장 왕성하게 발전했는데, 이러한 쯔놈소설이 언제 어떻게 시작되었는지 정확히 알 수가 없지만 대략 16세기에 출현하여 17~8세기에는 많은 작품이 나왔다.

현존하는 시소설Truyện thơ을 작품의 형식에 따라서 나누면 크게 두 갈래로 나눌 수 있다. 하나는 당나라 시 형식대부분 7언 율시로 쓰여진 쯔놈소설이고, 다른 하나는 위에서 언급한 6·8체로 쓴 쯔놈소설이다. 브엉뜨엉Vương Tường, 바익비엔똔칵Bạch Viên Tôn Khác, 또꽁풍스Tô Công phụng sứ 등과 같은 작품은 당률 시소설Truyện thơ Đường luật에 속한다. 이 작품들은 작가 미상이며 대략 16~7세기에 써졌다. 당률 시소설이란 7언8구로 된 당시唐詩 형식이 계속 이어지는 형태로 된 소설이다. 18세기 이후로는 이러한 형태의 소설은 더 이상 찾아 볼 수 없게 되었고 대신 6·8체 시소설이 나타났다. 6·8체로 된 글은 그 이전에도 작품이 있었지만 6·8체 시소설은 18세기 이후에 나타났다. 이 6·8체 시소설은 다시 두 갈래로 분류할 수 있는데, 작품의 특징에 따라서 평민쯔놈소설Truyện Nôm bình dân과 박학쯔놈소설Truyện Nôm bác học로 나눈다.

평민쯔놈소설에는 팜따이응옥화Phạm Tài Ngọc Hoa, 똥쩐꾹화Tống Trân Cúc Hoa, 프엉화Phương Hoa, 호앙쯔우Hoàng Trừu, 타익사잉Thạch Sanh, 토아이카잉쩌우뚜언Thoại Khanh Châu Tuấn 등이 있는데, 이러한 소설들은 작품의 소재를 대부분 민간에 전해지는 옛날 얘기에 근거를 두고 있고, 작가를 알 수 없으며, 작품에 사용된 단어를 볼 때 중류 이하 계층이 쓴 것으로 추측된다. 주제는 부부의 정절, 부모에 대한 효, 친구간의 의리, 형제간의 우애, 악에 대한 저항, 가정과 사회의 행복, 일반 백성들의 도덕적 관념을 나타낸다. 이 부류에 속한 작품은 모두 해피엔딩으로 끝난다. 주인공은 어려움을 만나지만 잘 극복하고, 장원급제하거나 왕이 된다. 예술적인 면에서 보면 작품에 사용된 언어가 일반 백성들의 일상 언어이며, 박학쯔놈소설에서처럼 정명사상사회 성원 각자가 자기의 명분에 해당하는 덕을 실현함으로써 예의 올바른 질서가 이루어지는 정명의 사회가 된다이 없다.

박학쯔놈소설에 속한 작품은 쭈옌끼에우Truyện Kiều, 호아띠엔Hoa Tiên, 서낑떤짱Sơ Kính Tân Trang, 판쩐Phan Trần, 떠이스엉Tây Sương, 응옥끼에우레Ngọc Kiều Lê 등이 있다. 여기에 속한 작품은 대부분 작가가 분명하고, 귀족출신이 많았다. 대부분 중국의 옛날 작품을 소재로 작가의 체험을 가미하여 썼다. 내용은 풍부하고 다양하며, 유교적 범위에서 벗어나는 재자가인의 사랑에 대해서 썼다고 하더라도 결국은 유교의 범위 내에서 해결하고 조화를 이루는 방향으로 이야기를 전개했다. 이야기 서술뿐만 아니라 인물의 심리를 잘 묘사해서 생동감과 흥미를 유발했다.

현재까지 수집된 쯔놈소설은 106 작품이다. 베트남의 여건으로 볼 때 아직도 민간이 소지하고 있는 쯔놈소설이 더 있을 수 있기 때문에 이 숫자는 더 늘어날 가능성이 있다.

이 작품들의 소재를 보면 크게 4부류로 나눌 수 있다. 첫째는 찡-응웬씨 간의 전쟁, 찡-막씨 간의 전쟁과 같은 현실 역사를 소재로 한 작품인데, 옹닝꼬쭈옌Ông Ninh Cổ Truyện, 쭈어타오꼬쭈옌Chúa Thao Cổ Truyện이 대표작인데 이러한 작품은 얼마 되지 않고 내용도 별 흥미를 끌지 못한다.

4) 쭈옌끼에우Truyện Kiều

쯔놈소설의 최고 걸작으로 일컬어지는 쭈옌끼에우의 내용은 주로 여주인공 투이끼에우Thúy Kiều의 15년간의 유락流落 생활을 그리고 있는데 구성은

■ 쭈옌끼에우

만남-변고-재회로 되어 있다. 대부분의 쯔놈소설의 구성은 이와 같다. 시작 부분에서는 작가가 말하고자 하는 바 즉, 재才와 명命이 서로 모순된다는 이야기를 하고, 청명절에 투이끼에우와 여동생 투이번Thúy Vân, 남동생 브엉꽌Vương Quan과 같이 산책을 나갔다가 낌쫑Kim Trọng이라는 남자를 만나 투이끼에우와 낌쫑이 사랑을 약속한다.

투이끼에우 집안이 무고를 당해서 아버지와 남동생이 관아로 잡혀가고 재산을 강탈당한다. 투이끼에우는 아버지를 구출하기 위해서 자신을 팔기로 작정하고, 뚜바Tú Bà라는 포주의 하수인인 마잠싱Mã Giám Sinh의 첩으로 팔려 간다. 마잠싱에게 겁탈 당하고 뚜바의 청루에 팔려 간 투이끼에우는 자살을 시도한다. 뚜바는 투이끼에우가 자살하면 돈을 잃어버리는 것이 되기 때문에 투이끼에우를 달래서 응빅루lầu Ngưng Bích에 가둬 놓고 다른 사람에게 팔려고 한다. 그 때 서카잉Sở Khanh이라는 청년이 투이끼에우를 꾀어 같이 도망치자고 하자 그녀는 그를 따라 도망치다가 뚜바에게 잡힌다. 서카잉 역시 뚜바의 하수인으로 투이끼에우를 잡기 위해서 그물을 친 것이다.

투이끼에우는 뚜바에게 매를 맞고, 그 때부터 한량들을 접대하며 살아야 했다. 손님 중에 툭싱Thúc Sinh이라는 부유한 유생이 있었는데 그녀에게 빠져서 투이끼에우를 첩으로 삼고자 한다. 그녀도 동의해서 뚜바에게 돈을 치르고 투이끼에우를 데려온다. 나중에 툭싱의 부인인 호안트Hoạn Thư가 그것을 알고 투이끼에우를 잡아다가 집에서 종으로 부린다. 호안트가 없는 틈을 타서 재회한 두 사람은 호안트에게 들키고 위험을 느낀 투이끼에우는 절로 도망간다. 절에서 투이끼에우가 훔쳐 온 종을 보고 그 물건이 호안트의 것임이 알려지게 되자 그녀는 자주 절에 놀러 오던 박바Bạc Bà라는 사람 집으로 도망간다. 그런데 박바 또한 포주였다. 그래서 다시 청루 생활을 시작한다.

봉기군 우두머리인 뜨하이Từ Hải는 그녀의 재색이 뛰어남을 듣고 찾아와 서로 얘기를 나누고는 그녀를 부인으로 삼는다. 투이끼에우는 그때부터 안정되고 행복한 생활을 한다. 자기를 학대했던 사람들을 잡아다 원수를 갚고, 도와준 사람에게는 은혜를 갚았다. 뜨하이의 세력이 날로 커지자 조정에서는 진압군을 보냈고 진압군 우두머리인 호똔히엔Hồ Tôn Hiến은 무력으로는 뜨하이를 제압할 수 없다는 것을 깨닫고 투이끼에우를 매수한다. 투이끼에우는 귀가 얇아서 그의 말에 따라 남편에게 투항하라고 권유하고, 뜨하이가 투항하자 호똔히엔은 기습하여 그를 죽인다. 호똔히엔에게 속아서 남편을 잃은 투이끼에우는 자살을 결심하고 바다에 뛰어들었으나 그녀의 자살을 꿈속에서 본 작주옌Giác Duyên이라는 여승이 기다리고 있다가 구출하여 해변에서 산다.

한편 낌쫑은 투이끼에우의 부탁에 따라 동생인 투이번과 결혼하여 살면서도 그녀를 찾아다닌다. 결국 해변에서 그녀와 재회하였고, 동생도 양보하여 투이끼에우와 다시 결혼하고자 한다. 그러나 투이끼에우는 거절한다. 가족들의 간곡한 권유에 못 이겨, 같이 살되 잠은 같이 자지 않는 조건으로 결합하게 된다.

이 작품은 인물 설정과 성격 묘사가 두드러지고 주인공을 통해서 작가의 유교적 미에 대한 관념과 사실주의적 미에 대한 관념의 변화를 잘 나타내고 있다. 특히 주인공의 심리 묘사는 사실적이고 생동감이 넘친다.

이 작품은 베트남의 고전이다. 그 줄거리와 등장인물의 성격을 모르는 사람이 없기 때문에 이 작품에 등장하는 인물은 이제 일반명사처럼 사용된다. '뚜바'는 포주로 인신 매매범은 '마잠싱'으로, 질투를 잘하는 여성은 '호안트'로, 의리 있고 여성을 아끼는 인물은 '뜨하이'로, 정직하고 첫사랑을 끝까지 지키는 인물은 '낌쫑'으로, 베트남 신문이나 잡지에 바로 사용된다. 따라서 이러한 인물을 모르면 신문의 내용을 이해하기가 어려운 경우도 있다.

5) 정부음곡Chinh phụ ngâm khúc

정부음곡은 전쟁에 나간 남편을 그리는 부인의 애절한 심정을 노래한 음곡으로, 원작자는 레 왕조 말기의 문인, 당쩐꼰Đặng Trần Côn이다. 그는 하노이 근교에서 태어났으며, 정확한 출생연도는 아직 밝혀지지 않고 있다. 그가

1710~1720년간에 태어나서 1745년경에 사망함으로 40세가 안된 생을 마친 것으로 추측하고 있다.

이 작품은 대략 1741~1742년에 쓴 것으로 추측되고, 원작은 악부樂府 형식의 한문으로 써졌으며, 규모는 총 483행으로 되어 있고, 긴 행은 13자, 짧은 행은 3자로 되어 있으며 상당부분은 7자로 되어 있다.

18세기 중엽의 베트남은 찡 씨 가문에 의한 폭정과 과도한 세금 등으로 백성들의 생활이 대단히 어려웠고, 이에 견디지 못한 농민들의 반란이 잦았다. 특히, 1739년에서 1740년 사이에 베트남은 억압적인 통치에 항거한 내란이 일어났고, 수도인 하노이가 점령당하기도 했다. 이를 진압하기 위하여 찡 씨는 병력을 동원하였고, 이때를 배경으로 이 작품이 탄생한 것이다.

이 작품은 여러 사람에 의해서 베트남의 고유문자인 쯔놈으로, 베트남 고유시가 형식에 따라 개작되었는데, 처음으로 개작한 사람은 여류시인인 도안티디엠Đoàn Thị Điểm, 1705~1748으로 알려지고 있다.

이 작품은 한문으로 쓴 원작보다 쯔놈으로 개작된 작품이 훨씬 널리 알려져 있으며, 도안티디엠의 작품이 가장 잘 된 작품으로 평가받고 있다. 즉, 이 도안티디엠의 정부음곡이 베트남 사람들의 말로 베트남인들에게 익숙한 시가형식으로 그들의 정서를 잘 담아냈다고 할 수 있다.

여기에서 "베트남의 고유한 시가"라고 한 것은 "쌍칠육팔구체Thể song thất lục bát"를 말하는데, 이 시가 형식은 첫 행의 글자가 7자, 둘째 행도 7자, 셋째 행은 6자, 넷째 행은 8자로 이루어진 형식을 말한다. 작품에서는 7·7·6·8의 4행이 한 짝을 이루는 시가형식이 계속 이어지는데, 여기에 소개한 작품은 408행으로, 쌍칠육팔구체 102짝으로 구성된 것이다. 이 시가 형식은 글자 수만 맞추는 것이 아니라 운도 맞추어야 한다.

예를 들면, 첫 행의 끝 글자와 둘째 행의 5번째 글자를 운을 맞추고, 둘째 행의 끝 글자와 셋째 행의 끝 글자를 운을 맞추며, 셋째 행의 끝 글자와 넷째 행의 6번째 글자의 운을 맞춘 다음, 다시 넷째 행의 끝 글자와 다섯째 행의 5번째 글자와 운을 맞추어야 한다. 이 작품은 이러한 4행이 한 짝을 이룬 것이 계속 이어지는 형태로 구성되어 있다.

요약하면, 쌍칠육팔구체는 글자의 수와 운이 엄격히 규정된 베트남의 독특한 '정형시가'라고 할 수 있다.

이 작품은 크게 세부분으로 나누어 볼 수 있는데, 초반부에서는 출정하는 병사의 부인으로서 남편의 기개와 활기찬 모습을 그리고 있다. 장부로서 적을 물리치기 위해 출정하는 것은 신성한 의무이고, 공을 세워 이름을 날리는 것에 대한 자부심을 드러내면서도 여자로서, 아내로서의 걱정과 우려를 감추지 못하고 있다.

중반부에서는 전쟁터에 나간 남편에 대한 걱정이 지배하고 있다. 전쟁터에서 남편이 고생하는 것을 상상하며, 사지에서의 남편에 대한 걱정으로 여인은 늘 피곤하고 처량하며 비관적인 생각에 한스럽고, 남편을 전쟁터로 보낸 것에 대해 후회하고 있다.

마지막 부분은 남편이 전쟁터에서 공을 세우고 귀환하는 꿈을 꾸며, 재회의 기쁨을 상상하고, 평화를 바라는 마음을 드러내고 있다. 추악한 전쟁 속에서의 인간의 행복에 대한 갈망과 무의미한 전쟁을 반대하는 메시지를 담고 있다.

4. 현대소설 1920~1945

베트남에서는 '근대문학'이라는 개념을 사용하지 않는다. 그 이유는 근대문학이라는 개념을 사용할 경우, 현대문학이라는 개념과 구분하기 힘들기 때문이다. 즉, 베트남문학이 중대 문학에서 근대문학으로, 다시 현대문학으로 발전되어 왔다고 한다면, 어떤 것을 근대문학이라고 정의하고, 다른 어떤 것을 현대문학이라고 정의하기가 애매한 것이 현실이다. 단지 연도를 기준으

로 정하는 것도 특정한 의미를 찾기가 힘들다. 예를 들어 1945년 이전 또는 1954년 이전으로 정한다면 그 기준을 두고 전과 후가 어떤 차이를 보여야 하는데, 베트남문학에서는 그러한 차이가 뚜렷하게 나타나지 않는다. 따라서 베트남문학에서는 중대문학 시기 이후 바로 현대문학의 시기가 있으며 근대문학이라는 개념은 사용하지 않는다.

베트남의 현대소설은 중대소설이나 산문과는 구성과 방법이 달라야 하고, 언어 측면에서도 고사성어의 잦은 사용을 지양한다. 이러한 시각으로 본다면 1920년대는 베트남에 신소설이 출현한 시기라고 할 수 있다.

20세기 초에서 1920년까지는 중대문학에서 현대문학으로의 이양기 또는 새로운 문학의 준비기로 볼 수 있는데, 여기에는 두 가지 큰 흐름이 큰 흐름이 있었다. 그것은 공개적인 작품 활동과 비밀 활동으로 나뉠 수 있다. 비밀 활동은 민족해방운동에 참여한 그룹이 지향한 것으로, 그들의 작품은 인쇄, 출판되지 못했다. 그에 반해, 공개 문학은 주로 남부에서 이루어지고 있었는데, 국어를 사용함으로써 국어 보급에 힘썼으며 새로운 단어를 창조해 냈다. 이 시기 작품의 특징은 사유에 있어서는 개혁이 이루어졌으나, 시법에 있어서는 아직도 과거를 그대로 답습하고 있었다는 점을 들 수 있다.

1920년대에는 비로소 새로운 성과가 나타나기 시작했다. 특히 소설이 강하게 발전했다. 예를 들면, 베트남 최초의 낭만소설인 또떰Tố Tâm이 발표되었고, 옹떠이안남Ông Tây An Nam이라는 희곡이 나왔다.

1930년에서 1945년 사이는 베트남 근대문학의 절정기라고 할 수 있는데, 시법에서 완전히 중대의 잔재를 탈피했고, 발전의 속도가 빨랐다. 또한 소설 분야에서는 자력문단Tự lực văn đoàn, 토요소설Tiểu thuyết thứ bảy 등과 같이 파벌이 분명했으며 서로 간에 많은 논쟁을 벌이면서 발전을 거듭했다. 시 분야에서는 '빙딩그룹nhóm Bình Định', '춘추아집春秋雅集, Xuân Thu Nga tập'이라는 파가 있었다.

자력문단은 1932년에 공개적으로 활동을 시작하고 1933년에 정식으로 출범한 작가 모임으로, 주요 멤버는 넛링Nhất Linh, 카이흥Khái Hưng, 호앙다오

Hoàng Đạo이다. 기관지로 순간 "풍화Phong hóa"를 발간하다가 1936년부터는 "오늘날Ngày nay"이라는 잡지로 대체했다. 개인주의와 개량적 자본주의를 주창했으며, "인도", "평민주의", "애국"이라는 구호를 자주 외쳤다.

이 시기의 예술적 경향은 낭만주의와 현실주의로 나눌 수 있는데, 낭만주의 경향에서도 비밀활동을 하던 자들의 경향은 영웅성을 제고하고, '나'의 해방을 이루려는 내용이 많았고, 공개파들은 자연에 대한 감정, 사랑, 술과 담배, 외도 등 향락적인 것을 탐닉하는 경향이 있었다.

현실주의파들은 정확한 당시의 현실을 묘사하는데 중점을 두었는데, 현실주의 파들 중에서도 공개파는 일반 사회의 대중의 문제를 다루었으며, 비밀활동파는 실국, 착취 등의 국가적인 문제에 대해서 다루었다.

시에 있어서는 딴다Tản Đà는 낭만주의 시초라고 할 수 있으며, 테르Thế Lữ는 몽상적 낭만주의, 수언지에우Xuân Diệu는 사랑을 갈망을, 쩨란비엔Chế Lan Viên은 망국의 설움이나 참상을 다루었고, 한막뜨Hàn Mặc Tử는 죽음, 피 등과 같이 섬뜩한 내용의 시를 썼다. 응웬빙Nguyễn Bính은 농촌의 소박한 풍경에 대해서 시를 썼다.

소설 분야에서, 녓링과 카이홍은 사랑을 낭만적으로 묘사했으며, 응웬뚜언Nguyễn Tuân은 과거의 아름다움에 대해서 묘사했다. 응웬꽁호안Nguyễn Công Hoan은 해학적 단편소설을 썼고, 부쫑풍Vũ Trọng Phụng은 '북부 풍자소설의 왕'으로 불렸고, 남까오Nam Cao는 현실비판 소설에서 뛰어난 능력을 발휘하였다.

식민지하에서 지식층들은 쌓인 불만을 해소하기 위해서 자연을 노래하거나 사랑, 꿈, 몽상, 향락에 빠지게 되었다. 그러한 가운데에서도 애국과 인도주의적 정신이 작품에 나타났다.

자력문단Tự lực văn đoàn

베트남 최초의 민간 작가 클럽으로 1932년 말에 결성되었으며 1934년 3월에 공식적으로 출범을 선언했고, 1942년까지 활동했다. 주창자는 녓링Nhất Linh이며, 카이흥Khái Hưng, 호앙다오Hoàng Đạo, 테르Thế Lữ, 타익람Thạch Lam, 뚜머Tú Mỡ가 참여하였다. 뒤에 수언지에우가 가입하였다.

동인지로 전반부에는 '풍화Phong Hóa', 후반부에는 '오늘날Ngày Nay'을 발간했다. 이들은 10개 항의 목표를 발표했는데, 주요 내용은 스스로 문학성 있는 작품을 출판하고, 평민주의를 표방하고, 베트남적인 내용의 글을 쉽고, 간략하게 쓰며, 개인의 자유를 중시하고, 유교가 시대에 맞지 않음을 전파하고, 베트남문학에 과학적 방법을 적용한다는 것이었다. 즉, 창작운동을 촉진하고, 대중 문학을 수립하며, 유럽의 창작 방법을 베트남문학에 접목시킨다는 것이었다. 사회적 측면에서는 평민을 기반으로 애국의식을 제고하고, 사상적 측면에서는 시대에 맞지 않는 유교 잔재를 드러내며, 창작의 중심은 개인의 해방을 겨냥한다는 것이었다.

이들의 활동은 두 단계로 나눌 수 있는데 전반부1932~1936에는 낭만주의, 사실주의 경향 외에도 사회풍자와 비판의 글이 다수를 이루었다. 이 시기의 두드러진 작품은 1934년의 〈단절Đoạn tuyệt〉과 1936년의 〈냉담Lạnh lùng〉이었다. 1936년 6월에 풍자로 인해 정간 당하고, 그 전에 이미 허가를 받아서 그들이 발간하던 〈오늘날〉이라는 잡지로 활동을 옮겼다. 이후 〈오늘날〉에서는 풍자적 표현을 찾아보기 힘들어졌다.

후반부1937~1942에서는 〈오늘날〉 신문은 사회개혁을 주장하며 정치적 색채를 강하게 띠게 된다. 그리고 비후옌닥Vi Huyền Đắc, 도안푸뜨Đoàn Phú Tứ, 타잉띵Thanh Tịnh, 수언지에우Xuân Diệu, 후이껀Huy Cận 등을 새로운 멤버로 영입한다. 일본이 인도차이나 반도를 점령하면서 녓링과 일부 작자들이 정치활동에 참여하게 되고, 1940년 말에 카이흥, 호앙다오, 응웬쟈찌가 프랑스 당국에 체포되어 선라 성으로 유배되고, 녓링은 중국으로 도망쳤다. 이후 타익람이 병으로 죽자 비공식적으로나마 자력문단은 거의 해체된 것이나 다름없게 되었다.

5. 북베트남 소설 1950년대 이후

베트남이 독립을 선언한 1945년 이후로 1975년까지의 문학은 대불, 대미 항전이라는 역사적 변고로 인해서 비정상적인 규칙의 지배를 받지 않을 수 없었다. 정치적 임무에 충실하기 위하여 문학을 사상적 무기로 스스로 인식하고 '신인간'을 교육시키고 만드는데 총력을 기울였다. 혁명의 관점에서 낙관적이고 적극적인 '공동체의 인간'을 찾아내는 것이 이 시기의 문학적 공헌이라고 할 수 있다. 전쟁은 베트남인들에게 생존의 문제였기 때문에 모든 것은 "적과 우리"라는 이분법적 사고가 지배했으며, 이는 최상의 원칙으로 받아들여졌다. 또한 그들은 계급이라는 기준에 따라 인식하고 평가하였다. 개인은 공동체 속에 녹아들었다. "개인의 곤경과 비극의 해결은 혁명과 공동체를 향했다."

이러한 관념은 작가로 하여금 선택적인 글쓰기를 하게 만들었다. 또한 장기간의 전쟁은 이러한 경향이 하나의 규범처럼 굳어지게 만들어 버렸다. 목적을 너무 강조한 나머지 과정을 등한시하면서 집단이 항상 개인보다 우선되는 폐단을 낳았다.

이와 같이 베트남의 역사적, 사회적 상황의 특수성, 즉, 전쟁과 사회주의화 과정의 영향으로 개인보다는 공동체를 중시하는 사고가 베트남현대문학에서도 주류를 이루게 되었다. 또한 이 시기의 작품은 현실을 충실하게 반영하는 사회주의 리얼리즘의 규율을 충실히 따라야 했는데, 예술은 현실을 반영하는 하나의 수단에 지나지 않았다. 소재도 한정되어 노동자, 농민, 군인에 대한 글이 주조를 이루게 된다. 또한 작품은 항상 정치체제를 옹호, 칭찬하는 등의 낙관적인 내용을 획일적으로 담아내야 한다는 폐단도 눈에 띄었다.

『1965~1975 단편선』에서 "문학은 구국전쟁의 분위기에 호응하여 들끓었고, 이 시기의 많은 작가들이 직접 총을 들고 참전했으며 희생된 자도 있었다. 우리는 한 시대의 문학생활의 분위기를 기록하고 독자 여론의 주의를 받은 단편들과 대표적인 단편을 소개하고자 노력하였다"고 밝히고 있다. 이는 60년대 후반에서 70년대 전반기 베트남 소설을 이해하는데 도움이 될 것이다.

그 이전시기의 작가들에게도 역시 혁명영웅주의는 그들의 사고나 생활방식 속에서 통상적인 기준이었다. 이러한 노선을 따른 작가는 또히우Tô Hữu, 수언지에우Xuân Diệu, 후이껀Huy Cận, 쩨란비엔Chế Lan Viên, 떼하잉Tế Hanh, 아잉터Anh Thơ, 농꾹쩐Nong Quốc Chấn, 반따이도안Bàn Tài Đoàn, 응오떳또Ngô Tất Tố, 남까오Nam Cao, 응웬꽁호안Nguyễn Công Hoan, 응웬후이뜨엉Nguyễn Huy Tưởng, 응웬홍Nguyễn Hồng, 응웬뚜언Nguyễn Tuân, 응웬딩티Nguyễn Đình Thi, 또호아이Tô Hoài 등이었다.

1975년 이전의 작가들은 자신의 작품으로 전투에 참가했으며 1975년 이후 1980년대 중반까지도 대미항전을 소재로 한 소설이 주류를 이루었고 특히, 르포 문학이나 회고록이 많이 나왔는데 응웬카이Nguyễn Khải의 『서부고원에서의 3월Tháng 3 ở Tây Nguyên』, 남하Nam Hà의 『사이공 동북전선Mặt trận đông bắc Sài Gòn』, 수언티에우Xuân Thiều의 『1975년의 박하이번수언Bắc Hải Vân Xuân 1975』, 호프엉Hồ Phương의 『전선의 서쪽Phía tây mặt trận』, 반띠엔중Văn Tiến Dũng 대장의 『봄의 대승Đại thắng mùa xuân』 등이다.

인간의 가치를 확립하는 과정에서 의지의 역할은 대단히 중요하다고 할 수 있다. 특히 베트남과 같이 공동체를 위해서는 개인이 희생될 수도 있다는 것을 강조하는 사회에서는 더욱 그러할 것이다. 그러나 의지의 힘을 너무 강조한 나머지 인간 사회에서 흔히 일어날 수 있는 우연을 간과하였다. 이러한 잘못을 간과하고 제6차 전당대회에서 강조한 것은 "사실을 직시하고, 사실을 올바로 평가하며, 사실을 분명히 말하는 것"이었다. 따라서 문학 창작에 대해서 얘기할 때도 우선적으로 사실을 말해야 하고, 작가의 재능과 작품의 가치는 여러 방면에서 나타날 수 있지만 우선적으로 충분한 설득력과 새로운 독창성으로 삶의 사실을 언급하는 곳에 나타난다고 했다.

그러한 의지주의 문제를 비판한 소설로 마반캉Ma Văn Kháng의 『혼인 증명서 없는 결혼Đám cưới không có giấy giá thú이 있다. 의지가 아닌 운수가 결정적 요인임을 표현한 응웬카이의 『연말의 만남Gặp gỡ cuối năm』이 있으며, 또한 실화소설인 히우마이Hữu Mai의 『고문顧問, Ông cố vấn』에서도 주인공인 하이롱Hai Long이 적에게 체포되어 아무런 희망이 없는 가운데서도 단순히 우연에 의해 자신의 처지를 역전시키는 것이 가능함을 보여주었다.

자연법칙에 대한 인식의 변화는 작품에서 보다 포용적이며, 유연하게 나타날 수 있는 것인데, 그것에 반하는 주관적 의지의 폐해에 대해서 레밍퀘Lê Minh Khuê는 『작은 비극Bi kịch nhỏ』에서 비판하고 있다. 주관적 권력을 가진 성당서기가 폭풍우 속에도 청년 돌격대로 하여금 물고기를 기를 연못을 파도록 지시하여 인력을 낭비하고 결국은 물이 넘쳐 물고기도 다 잃게 되는 비극을 초래한다. 이러한 류의 작품으로는 응웬밍쩌우Nguyễn Minh Châu의 『잣 시장Phiên chợ Giát』, 응웬카이의 『항전기의 친구들Nhóm bạn thời kháng chiến』, 레밍퀘의 『아주 늦은 오후Một buổi chiều thật muộn』, 응웬후이티엡Nguyễn Huy Thiệp의 『가장 큰 짐승Con thú lớn nhất』, 팜티호아이Phạm Thị Hoài의 『눈 감아주다Chín bỏ làm mười』 등이 있다.

개인의 전쟁에 대한 새로운 시각에 대해서 심도 있게 그린 작품으로는 바오닝Bảo Ninh의 『전쟁의 슬픔Nỗi buồn chiến tranh』이 있다. 주인공 끼엔Kiên은 "정의가 승리했다. 인심도 승리했다. 그러나 악과 비인간적 폭력도 승리"했기 때문에 전쟁은 슬픈 것이라고 가슴 아파했고, 전쟁은 승자도 패자도 모두 피해자일 수 있다는 것을 독자들에게 보여주는 반전의 메시지를 담고 있다.

그러나 이 작품은 독자들에게 지금까지 그들이 가지고 있던 영웅성, 낙관성과는 다른 인상을 심어주게 되었다. 이것으로 인해서 바오닝은 엄청난 비판에 시달리게 되었찌만 그럼에도 그는 여전히 건재하다. 이 작품은 우리말 번역본이 2권 출판되었다.

공산주의자들에게 있어서 "종교는 아편"이다. 응웬카이는 1957년에 『충돌Xung đột 1부』, 1959년에 『충돌 2부』에서 천주교의 "반동적 행태"에 대해서 고발하였으나, 1983년에 출판한 『인간의 시간Thời gian của người』에서는 인간의 자연적인 신앙심과 종교인의 아름다운 인격에 대해서 언급하였다. 이에 대해서 응웬카이는 "전에 나는 종교의 소극적인 면을 직접 대면하고 『충돌』을 썼다. 통일 후에 여러 종교인들을 접하면서 종교의 적극적인 면을 보게 되었다. 그래서 『인간의 시간』을 썼다"고 술회했다. 또한 인간이 동물과 다른 것은 현재를 위해서 살기도 하지만 그 자신보다 더 신성하고 고귀한 믿음을 위해서 살기도 한다. 혹은 사회적 이상에 대한 믿음일 수도 있고 혹은 종교적 이상에 대한 믿음일 수도 있다고, 자신의 종교관의 변화를 인정하였다.

남녀관계 혹은 성性의 문제는 문학작품에서 흔히 다루어지는 소재이다. 베트남도 예외가 아닐 것이다. 아내와 남편이 있는 두 남녀의 외도를 그려서 판금처분을 받은 다오히에우Đào Hiếu의 『난리Nổi loạn』가 있었고, 1995년에 출판된 팜티호아이의 단편집은 베트남문학에서 그처럼 저속하고 병적이며 극단적으로 프로이트주의적인 작품이 없었다는 비판을 받았다. 이 단편집은 모두 10편의 작품으로 되어 있는데 그 중에서도 『만느엉Man nương』은 매일 오후 2시에서 4시 사이에 5평 남짓한 방안에서 남자 주인공인 '나'와 만느엉이라는 여성 사이에 벌어지는 '운우지정雲雨之情'을 묘사하고 있다. 여성이 들어오면서 작품이 시작되어 집을 나가면서 결말을 맺고 있는데, 신체의 각 부분을 세밀히 묘사하고 있다. 『겸애』는 두 모녀의 얘기로 딸이 매춘을 하는 어머니를 보고 느낌을 술회하는 형식인데, 결국 18세 된 남자를 어머니와 딸이 함께 취하는 내용이다. 『중고품』는 중고품을 배달하는 청년과 중고품 가게 여주인 사이에 벌어지는 부정한 관계를 그리고 있다. 『바다 세Thuế biển』는 주인공인 "내"가 붕따우로 함께 놀러 가는 길동무가 사랑을 받아주지 않는 것을 불평하는 내용이다. 이 작품들은 아주 심한 비판을 받았다.

대체로 도이머이 이전, 특히 1975년 이전에는 문학 활동에 많은 제약이 있었다. 그러나 이제 베트남 문단은 역사와 시대의 요구에 부응하여 다양한 소재와 보다 자연스러운 구성으로 독자에게 다가가고 있다. 반면 당시의 특수한 역사적 상황전쟁을 고려해야 한다고 하는 주장도 만만치 않다. 또한 현

상황에 맞지 않는 것은 시정해야 할 시기에 도달했으며 '시대와 민족의 새로운 요구'에 부응해야 한다는 주장도 대두되고 있다.

도이머이 이후로 베트남문학의 특징은 작품의 '풍부함', '다양성', '복잡성' 외에도 '예술적 사유'의 변화이다. 그것은 크게 3가지로, 각 인간 속에서 그리고 사회생활 속에서 선악, 명암, 적극과 소극적인 면이 보다 명확히 드러남으로써 현실에 대한 관념이 보다 충분해졌다는 것, 그리고 인간 내면에서 일어나는 복잡한 변화와 인간과 사회와의 관계 속에서 예술적 관념이 바뀌었다는 점이다. 그리고 마지막으로 예술적 구조에서 '개방의 원칙'이 중시되고 있다는 것이다.

년반자이펌Nhân văn Giai phẩm 사건

1954년 5월 초 베트남 서북 산악지대인 디엔비엔푸에서 프랑스군을 궤멸시킨 호찌밍정부는 그해 10월 하노이를 수복하고 본격적으로 북부 베트남 지역에서의 '사회주의화'를 추진했다. 그 과정에서 지식인, 문인들의 민주화, 자유화를 요구하는 운동이 일어났고, 이를 제압한 사건을 '년반자이펌 사건'이라고 부른다.

이 자유화 요구 운동은 1955년 초에 시작되어 1958년 6월에 막을 내리게 되는데, 당시 북베트남의 지식인과 문인 등 50여 명이 넘는 인사들이 관련되었다. 이들은 《년반人文》 이라는 잡지와 《자이펌佳品》 이라는 잡지를 통해서 당시의 북베트남의 상황을 비판하고, 민주화를 요구하는 글을 발표하였다. 여기에 관련된 자들은 일부는 교도소에, 일부는 작가로서의 활동을 금지당하고, 비교적 관련 정도가 낮은 자들은 '개조학습'을 받게 되었다.

시인 쩐전은 1956년 1월에 출간된 《자이펌》 봄 호에 "반드시 승리한다!"라는 제목의 시를 발표하여, 남북분단 초기의 북베트남의 상황을 묘사하는 장문의 시(310행)를 발표하였다. 그 시의 일부를 소개한다.

아, 생사의 거리에서
둘은
비좁은 한 칸에서
아주 사랑하는데 왜 삶이 즐겁지 않은지!
오늘의 조국
평화 속에 산다고는 하지만
이제 첫 장이라네……
……나는 걷지만
거리도 볼 수 없고
집도 볼 수 없으며
오직 붉은 깃발에
떨어지는 비만 본다……

이 시로 쩐전은 사회주의를 왜곡하고, 파괴하려 했다는 비판을 받았고, 수십 년 동안 작품 활동을 금지 당했다.

이들 중 가장 심한 처벌을 받은 사람은 여류 시인 투이안1916~1989과 기자 출신의 응웬히우당1913~2007으로, 각 15년 징역형을 선고 받았고, 1973년에 출소한 뒤로도 장기간 연금되었다. 이들은 간첩활동 죄로 처벌받았다.

그 외에도 학자이며 문인이었고, 년반의 창간자인 판코이1887~1959, 현재의 베트남 국가인 "진군가"를 작곡한 반까오1923~1995, 역사학자이며 〈월~한 사전〉의 편찬자 다오주이아잉1904~1988, 베트남 최고의 현대화가로 알려진 부이수언파이1920~1988, 동양철학 교수 까오수언후이1900~1983와 시인 히우로안 1916~2010, 쩐전1926~1997, 풍꽌1932~1995 등 당시는 물론 지금까지도 베트남 사람들에게 널리 알려진 인물 수십 명이 참여하였다.

《년반》은 5호, 《자이펌》은 4호를 출간하고 폐간되었다. 이 운동을 가장 앞장서서 비판한 사람은 당시 베트남 노동당 중앙위원이며 문화담당 최고위층이었던 시인 또히우였다. 또히우는 이들이 반동이며, 간첩이고, 반공, 반사회주의자들이고, 반혁명 분자들이라며 몰아붙였다.

이 사건을 계기로 북베트남 정부는 문학에서의 이론적 대응력을 기르기 위해 〈베트남문학원〉을 창립하게 되었고, 작가들을 한곳으로 모으기 위해

〈문예회〉를 만들고, 그들의 기관지로 《반文》이라는 잡지를 출간하였다. 그러나 이 잡지도 1958년 초에 37호를 끝으로 폐간시켰다. 당에 대항한다는 이유였다. 당시 300명이 넘는 작가와 예술인들은 당의 노선에 순응하겠다는 서약서에 서명해야만 했다.

그리고 오랜 세월이 지난 후, 도이머이 이후로 이들의 명예를 복원시키기 위한 노력이 시작되었다. 베트남에서 가장 명예로운 상이 〈호찌밍상〉인데, 이 상을 년반자이펌에 연루되었던 자들에게 수여하기 시작했다. 1996년에 까오수언후이 교수와 작곡가 반까오 그리고 2000년에는 다오주이아이잉 교수, 철학자 쩐득타오 교수가 2007년에는 시인 레닷, 쩐전, 풍꽌, 호앙껌이 이 상을 받았다. 호앙껌은 수상 소감에서 "1958년 이후로 거의 50년 만에 년반자이펌이 비로소 해원되었다. 도이머이 이후로 모든 것이 회복되기 시작했지만 그것은 공개적인 것이 아니었다"고 말했다. 이 상의 문학 분야 심사위원인 도쭈는 수상자를 발표하면서 "이것은 여러분에 대한 우리들의 사과이다. 더불어 수여는 아름다운 행동이다. 비록 늦은 것이기는 하지만 더 늦는 것보다는 낫지 않은가!"라고 말했다.

한 때 "년반자이펌" 관련자들을 반혁명분자로 몰아붙였고, 교도소도 보내고, 예술 활동을 금지시켰던 베트남 당국은 반세기만에 그들에게 '가장 영광스러운 상'을 수여했다. 지금까지 당국에서는 이 사건에 대해서 잘못했다거나 사과한다는 말을 한 적이 없었다. 이런 것이 베트남식 화해인 것 같다. 누구나 잘못된 일이라는 것을 알지만 그 누구도 잘못을 시인하지 않는다. 그리고 조용히 '호찌밍 상'을 통해서 화해를 청했다. 국외자인 필자가 보기에 이런 방식의 화해는 아쉬움이 남는다. 그리고 이제는 이 사건을 재조명해야 할 것 같은데, 아직은 특별한 움직임이 없다. 시간이 더 흘러야 할 것 같다.

출처: 배양수 (2012.2.20.), "년반자이펌(人文佳品) 사건과 50년만의 사과", 서남포럼 심층분석 아시아 뉴스레터. http://www.seonamforum.net

6. 작가와 작품

1) 판보이쩌우 Phan Bội Châu, 1867~1940

1920년에서 1925년 사이에 베트남에서 가장 유명한 혁명가, 애국자로, 응에안 성의 유학자 집안에서 태어나 1900년 이후로 혁명 활동에 참가했으며, 일본의 영향을 많이 받았다. 혁명 활동의 잠재역량을 기르기 위한 방편으로 동유운동東遊運動을 제창하였으며, 초기에는 입헌군주제를 주장하였다.

일본에 머물 때 『월남망국사』를 썼고, 이 책은 우리나라에서도 번역, 출판되었다. 프랑스의 사주로 일본에서 축출 당한 후 중국으로 건너갔다. 당시에는 이미 궐석재판에서 총살형이 언도되어 있었기 때문에 중국에 머무는 것도 여의치 않자 1910년에 태국으로 건너간다. 태국에서 왕족의 배려로 땅을 하사 받고 베트남인들과 같이 생활하다가 1911년 신해혁명 이후 다시 중국으로 건너간다. 이 시기에 그는 혁명 방법을 민주공화제로 바꾼다. 1913년 광동군벌에 의해서 체포되어 1917년 풀려나게 된다. 이 때 그는 옥중서를 썼다. 1924년에는 중국에서 호찌밍을 만난다. 1925년 중국에서 체포되어 베트남으로 압송되고, 국민들의 강력한 저항에 부딪힌 식민당국은 후에로 데려와 연금시켰다. 이때부터는 주로 저술활동에 전념하다 세상을 마쳤다.

그는 재능 있는 문필가로 다양한 장르의 작품을 썼다. 특히 한문으로 쓴 작품이 많다. 월남망국사, 해외혈서 등의 작품이 유명하다. 그의 저술활동은

크게 3단계로 나누어 볼 수 있는데, 1단계는 1905년 이전으로, 청년의 갈망을 표현한 '봄날' 등이 있고, 2단계는 해외유랑기로 1905년에서 1925년 시기에는 정열적인 의지와 낙관적인 확신에 찬 내용으로 이루어져 있다. 3단계는 1925년에서 1940년 사망할 때까지로 심정을 노래한 서정적인 작품을 많이 썼다.

■ 판보이쩌우

2) 응웬꽁호안 Nguyễn Công Hoan, 1903~1977

8월 혁명 이전의 현실비판주의소설의 대표적 작가로 당시의 박닝 성, 현재는 흥이엔 성에서 태어났다. 몰락한 유학자 집안 출신으로 식민지배 세력에 적대감을 갖고 있었다. 1926년 사범전문대를 졸업한 후 1945년까지 교편을 잡았으나 식민지 세력의 견제로 여러 곳에 전근을 다녔다. 1923년 단편 『홍안의 겁 Kiếp hồng nhan』을 발표하고, 1936년 이후로는 많은 단편 소설과 장편을 썼다. 당시의 지배계급을 풍자하는 소설이 다수였다.

1945년 이전까지 20여 편의 장편소설을 발표했으나 단편만큼 호응을 얻지 못했다. 초기 작품으로 『가슴의 불을 끄다 Tắt lửa lòng』1933, 『금지옥엽 Lá ngọc cành vàng』1935 등을 발표했는데, 이룰 수 없는 비극적 사랑에 대해서 썼으며 비록 사회 비판적 내용이 있었지만 대개는 주관적이고 낭만적인 내용이었다. 당시 피폐한 베트남 농촌과 지주의 착취를 그린 『막다른 길 Bước đường cùng』1938 등이 있다.

■ 소설가 응웬꽁호안

8월 혁명 이후로 하노이 신문검열 위원장을 역임하고 군에 입대해 '위국군'지의 편집위원과 '군인학보'의 편집위원을 겸했다. 1957년 베트남 문인회의 창립회장을 역임하였다. 1955년에는 토지개혁을 다룬 『농민과 지주 Nông dân và địa chủ』를 펴냈으며 대불항전의 영웅들에 관한 회고록을 집필하였다. 그는 베트남의 대표적인 현실비판주의 작가로 평가받고 있다. 하노이에 그의 이름을 딴 거리가 있다.

3) 응웬뚜언 Nguyễn Tuân, 1910~1987

하노이 근교의 유학자 집안에서 태어났다. 그의 아버지는 베트남의 마지막 과거에 합격한 사람이었다. 아버지를 따라 중부지역의 여러 곳을 돌아다녔다. 남딩에서 학교에 다니다 데모에 참가하여 퇴학당하고 태국으로 도망했으나 붙잡혀 타잉호아에 연금 당했다. 1937년부터 본격적으로 글을 쓰기 시작했으

■ 소설가 응웬뚜언

며 1938~9년에 〈토요소설〉, 〈따오단Tảo Đàn 騷壇〉 등에 글을 발표하면서 유명해졌다. 1947년에는 이동극단 단장을 맡았고 1948년 '베트남 문예회'를 창립할 때 집행위원회 총서기로 선출되었으며 1958년까지 해당 직을 맡았다.

1945년 이전에는 주로 낭만주의 소설을 썼고, 그 후에는 현실참여 소설을 썼다. 『항전수필Tùy bút kháng chiến』, 『송다 강 수필Tùy bút Sông Đà』, 『미국과 잘 싸우는 우리 하노이Hà Nội ta đánh Mỹ giỏi』 등 정치성이 강한 작품을 많이 썼다.

4) 녓링Nhất Linh, 1906~1963

■ 소설가 녓링

자력문단을 이끈 자로 본명은 응웬뜨엉땀Nguyễn Tường Tam이고 하이흥 성의 공직자 집안에서 태어났다. 재무국에서 근무하면서 글을 쓰기 시작했고 1925년 하노이 미술전문대에 입학하였으며 1927년 프랑스에 유학하고 1930년에 학사를 받아 귀국하여 탕롱 사립학교에서 교편을 잡았다. 1932년부터 1935년까지 봉건제도를 타파하고 서구화와 자본주의, 개인화를 외치며 낭만주의 문학을 진파했다.

1940년 일본이 인도차이나로 들어오자 창작활동을 멈추고 친일적 성격의 대월민정당大越民政黨의 총서기가 되었고, 프랑스가 친일세력에 대한 테러를 시작하자 중국으로 피신한다. 호찌밍이 설립한 연합정부에서 베트남 국민당측 사람으로 외무장관을 맡기도 했으나, 장개석 군이 철수할 때 같이 도망하였다. 1951년 프랑스 통치하에 있던 지역으로 돌아와 정치와의 단절을 선언하고 창작에 전념하면서 사이공에서 '오늘의 문화'라는 잡지를 창간했다.

대표작으로는 『당신은 살아야 한다Anh phải sống』, 『풍진의 시대Đời mưa gió』, 봉건적 대가족제, 개인의 행복과 자유연애를 내용으로 하는 『단절Đoạn tuyệt』과 『냉담Lạnh lùng』, 혁명을 위해 집을 버리고 떠나는 내용의 『두 친구Đôi bạn』, 신구의 갈등, 사회불안, 보통 사람들의 애환을 비극적으로 그린 『흰나비Bướm trắng』 등이 있다. 1958년 이후의 작품들은 독자의 주의를 끌지 못했다. 1963년 음독자살했다.

5) 남까오 Nam Cao, 1915~1951

현실비판 소설의 대표적 작가로 본명은 쩐흐우찌Trần Hữu Trí이고
하남닝 성의 중농 집안에서 태어났다. 고등학교를 졸업하고 사
이공으로 가서 글을 쓰기 시작했으나 병으로 귀향하여 하노
이 근교의 사립학교에서 교편을 잡다가 일본이 인도차이나를
침략하자 학교가 문을 닫게 되고 가정교사로 생계를 유지한
다. 1941년에 비밀구국문화 그룹에 참가하나 테러가 심해지자
고향으로 가서 월맹越盟활동에 참가한다. 1948년 비엣박 지구에서

■ 소설가 남까오

신문, 잡지 업무를 담당한다. 1951년 10월 제3지구에 업무차 가다가 매복한
적군의 총격을 받고 사망했다.

1936년부터 여러 필명으로 글을 쓰기 시작했으나 본격적으로 글쓰기에
들어간 것은 1941년 『찌페오Chí Phèo』를 발표하면서부터다. 농민과 관련된 20
여 편의 단편소설이 있고, 그 외에도 수필과 장편이 있다.

그는 아주 현실성 있고, 냉정하면서 정감 있고 인간의 심리를 잘 표현하
여 베트남문학의 수준을 한 단계 올리는데 기여한 것으로 평가받는다.

6) 호앙응옥파익과 『또떰Tố Tâm』

또떰은 호앙응옥파익Hoàng Ngọc Phách의 1925년 작품으로, 하노이 사범전문
대 학생시절에 쓴 작품이다. 담투이라는 전문대생이 작가에게 자신의 아픈
사랑을 진술하는 형식으로 되어 있다. 서류를 잃어버린 담투이는 그것을 찾
기 위해 군수에게 부탁하였고 군수가 그것을 찾아주
었는데, 서류를 받으러 간 남자 주인공은 또떰이란 여
주인공을 만나서 서로 사랑하게 된다.

이 작품은 사랑의 자유를 갈망하면서도 구시대
의 봉건적 관습에 순응하는 모습을 보여준다. 부모
의 명을 거절하지 못하고 순응하며 모든 아픔을 내면
으로 감내하는 모습에서 당시의 사회상을 엿볼 수 있

■ 호앙응옥파익의 『또떰』

다. 기존의 이야기가 해피엔딩인데 반해서 이 소설은 사랑의 파국과 주인공의 죽음으로 결말을 짓고 있다. 베트남 낭만소설의 효시로 알려진 작품이다.

7) 응웬후이티엡과 『퇴역 장군』Tướng về hưu

베트남이 도이머이 개방정책을 펴기 시작한 1980년대 말 어느 날, 베트남의 한 장군이 예편하여 하노이 근교에 있는 고향 집으로 돌아온다. 이제 나이 70이 되어 고향에 돌아오니, 그보다 여섯 살 위인 부인은 치매에 걸려 남편을 알아보지도 못한다.

장군은 조국의 독립을 꿈꾸며 프랑스와 미국을 상대로 한 기나긴 전쟁을 치른 뒤에 "자기 세대가 맡은 큰일을 다 마치고" 귀향한다. 베트남의 통일을 이루는데 일생을 바쳐 큰 공을 세운 장군은 노인이 되어 고향에 돌아왔지만 그리 오랜 시간이 지나지 않아 자기가 할 수 있는 일이 많지 않다는 것을 깨닫고 만다.

그는 무료하게 시간을 보내면서 뒤늦게 사회생활에 적응하려고 애쓴다. 하지만 평화를 찾은 찾은 고향에서 본 것은 돈을 벌기 위해서는 무슨 일도 서슴지 않는 사람들이다. 그는 깊은 분노와 좌절에서 벗어나지 못한다.

치매에 걸린 부인은 장군이 전역한 지 6주 만에 사망하고, 사회생활에 적응하지 못하던 그는 옛 부대의 기념일에 초청을 받고 짐을 꾸려 부대를 찾아간다. 얼마 후에 가족은 그의 사망 소식을 듣게 된다.

위 줄거리는 1987년 6월 20일자 주간 〈문예〉지에 발표된 응웬후이티엡이라는 작가의 단편소설 〈퇴역장군〉의 내용이다. 응웬후이티엡은 이 작품을 통해 베트남 문단에 그야말로 혜성처럼 나타났다. 어떤 평론가는 "이전의 베트남 단편은 단편이 아니다. 이제야말로 진정한 단편이 나왔다"고 극찬을 했다. "아마도 베트남 문학사에서 가장 많은 평론을 기록한 최초의 작가", "흥미 있고 독특한 필법과 과감한 현실 반영, 새로움의 모색으로 베트남 문학에서 이정표를 세웠다"가 그것이다.

■ 소설가 응원후이티엡

〈퇴역장군〉은 장군의 아들인 화자 '나'가 가족 내에서 일어난 일을 진술하는 형식이다. 짧은 단편임에도 베트남 사회의 여러 문제점을 아주 사실적으로 다양하게 그리고 있다. 또한 다룬 내용을 보면 결코 '단편'이 아닐 만큼 여러 가지 문제를 다루고 있다. 곧 생과 사, 사랑과 죽음, 사업, 소외, 도덕성과 착취, 지식인과 노동자 등의 문제이다.

특히 시장경제체제를 도입하면서 변화하는 베트남 사회에서 베트남혁명과 통일의 주체인 '장군'은, 변화하는 사회에 적응하지 못하고 실패할 수도 있으며, 그 실패를 극복하지 못하면 죽음에 이를 수도 있는 인물이다. 하지만 이 작품은 작품은 극찬을 받은 것 못지않게 사나운 비판도 받았다. "필법도 새로운 것이 없고 수백 년 전에 사용되었던 방법을 복제한 것이다." 특히 "주제의 사상성이 의심된다."는 비판이 거셌다. 생사를 넘나드는 전쟁터에서도 살아 돌아온 영웅이 시장경제 체제에 적응하지 못하고 비극적으로 생을 마감하는 점이 문제라는 것이다. 조국의 '영웅관'을 갖고 있는 사람들과 군 고위 장교들이 이런 비판의 주류였다.

우리는 이 작품을 베트남인들의 시각으로 볼 필요가 있다. 사회주의 중앙집중경제체제에서 살다가 시장경제체제로 전환한 것은 단순히 수요와 공급에 따른 가격결정 시스템으로 전환한 것만을 의미하지 않는다. 새로운 체제에 적응하기 위해서는 기존의 사고방식을 밑바탕에서 전환해야 한다. 그런데 오랫동안 익혀온 사회주의경제방식이 하루아침에 바뀔 수는 없다. 그 과정에서 많은 시행착오를 겪으면서 변화한다.

평론가 호앙응옥히엔은 다음과 같이 설명한다. 이전의 역사 시기는 배급제도의 융성기였고, 특히 전쟁의 환경에서는 정과 의리만으로 살 수 있었고 계산이 필요 없었다. 하지만 우리는 현재 독립채산제라는 새로운 기원으로 전환하고 있다. 정과 의리만으로는 충분치 않다. 오늘날의 인간은 공평함과 분명한 계산을 요구하고 있다. 당연히 독립채산제는 효율성이며 문명이고 진보이다. 그런데, 경제에서 독립채산제 사유의 위기는 돈이 인간의 모든 정신생활 영역에 끼어들어 통치하는데서 온다. 인간과 인간 사이의 관계에서 단지 매매관계와 이익 추구의 계산만 남는다면 현실은 아주 공포스러울 것이다. 실용주의의 변질로 인해 인간의 진실과 정감은 냉정한 계산속에 가라앉을 것이다. 이러한 면에서 응웬후이티엡의 단편은 깊은 경고의 의의가 있다."

이제 베트남이 시장경제를 적용한 지 25년이 지났다. 지금 이 시점에서 작가가 경고했던 일들을 눈으로 확인하는 건 어려운 일이 아니다. 그런 의미에서 응웬후이티엡은 뛰어난 작가임에 틀림없다고 할 것이다.

8) 응웬카이와 『지위Danh phận』

지금은 베트남 쌀국수 체인점인 〈퍼24〉가 널리 알려져 있지만 1990년대 초에는 이러한 퍼 체인점이 생겨나고, 오늘날처럼 큰 사업이 될 것을 예측하기 힘들었다. 퍼24는 2003년에 처음 문을 열었다. 그런데 당시에 이것을 예견한 작품이 나왔다. 바로 『지위』라는 단편소설이다.

이 소설은 1954년부터 베트남이 도이머이 초기까지 한 가족의 얘기를 통해서 북베트남의 정치적 변동과 그 과정에서 적응해가는 소자본가 가족의 애환과 정치적 가치관의 변화를 담담하게 그리고 있다.

이 소설의 주인공 나는 문선대 소속의 장교로 '의식주 같은 것은 걱정할 필요가 없으며, 병들거나 심지어 자식의 교육은 물론 성장한 후의 직업까지도 보장을 받는' 사람이다. 그들의 관심사는 오직 승진이다. 승진이란 월급 한두 푼 오르는 것이 문제가 아니라 부수적인 많은 우대가 뒤따르기 때문이다. 심지어 누구나 붙잡고 싶어 하는 사랑조차도 지위 앞에서 고분고분해진다고 말한다. 또 병상에서 마지막 숨을 헐떡이는 자도 비록 그것이 장지葬地에 대한 은전일지라도, 국가가 베풀어주면 기꺼이 눈을 감을 수 있다는 듯 안절부절 기다리는 것이 승진인 것이다. 그의 친척 아저씨는 프랑스 항전 시기에 하노이에서 차를 3대나 가진 부자였다. 하노이가 해방된 후, 휘발유와 타이어를 매집했다가 발각되어 벌금을 부과 받았고, 헐값에 차 두 대를 팔고, 마지막 한 대는 강제 매입 당한다. 차 세 대를 모두 처분한

■ 소설가 응웬카이

아저씨네는 평범한 노동자의 삶을 살아간다. 친척이었지만 아저씨의 두 아들과 진솔한 대화도 없고 일정한 거리를 두고 산다. 형제라고 해도 친구보다 믿지 못했고, 일 년에 한두 번 제사 때 만나긴 했으나 기껏해야 우스갯소리나 쓸데없는 얘기만 나눌 정도로 서먹한 사이가 되었다.

그러다가 베트남이 도이머이 정책을 선언한 이후로 사회는 상식과 원칙에 의해 움직였다. 사람들은 개인의 일상적인 삶에도 가치를 부여했다. 누구나 추구하는 바가 같아졌고 행복이나 불행까지도 자신의 책임임을 의미했다. 지위라는 것도 공무원의 전유물이 아니었다. 능력 있는 자나 돈이 있는 자에게도 그들만의 어떤 지위가 부여됐다. 그들도 사회로부터 존경을 받을 수 있게 된 것이다. 솔직히 돈 있는 사람들이 사회로부터 존경받는 경우가 더 많았다. 가난은 더 이상 자랑할 만한 일도 명예도 아니었던 것이다. 주인공과 아저씨 자식들과의 관계도 좋아졌다. 그는 지위는 있었으나 단지 명예뿐이었고 그들 형제는 돈이 있었다. 진짜 돈이었다. 그와 나는 거의 40년 만에야 처음으로 친구처럼 진솔한 이야기를 나눌 수 있었다. 지위에 관해서 누구에게도 치우침이 없었기 때문이었다. 이제 우리 둘 모두가 동등한 가치를 갖게 되었고 사회로부터 동등한 존경을 받고 있었다. 그는 신분이 바뀌지 않았는데도 자신이 사람으로 대우받고 있다는 사실이 믿어지지 않는다고 했다. 여전히 그는 퍼와 밥을 파는 장사꾼이다. 하지만 다시 사람으로 태어났다.

그들 형제는 이제 하노이 중심 상권에 다섯 개의 국수집을 열었다. 가히 기업이라고 부를 만했다. 국수 가락의 부드러움, 고추의 색깔, 파 줄기 등을 포함한 그들만의 고유한 맛을 유지하기 위해서 한 곳에서 요리한 다음 차로 각 가게로 나른다.

어느 날 캉이 속내를 털어놓는다. "자기 집 자동차는 헌납한 것이며, 그것에 대해서 조금도 유감이 없다고 말한 적이 있었다. 하노이에 사는 같은 또래의 많은 친구들이 전쟁에서 돌아오지 못한 것에 어찌 비하겠느냐고 했다."

작가는 마지막으로 "타인으로부터 존중을 받은 사람은 자신이 귀하다는 것을 의식하게 된다는 것이다. 남을 높여주면 자신이 높여준 만큼 자신도 대우를 받는다고 했다. 맞는 말이다. 만약 국가가 국민을 존중하면 잃을 것이 무엇이 있겠는가? 존중을 받은 사람은 자신을 존중해 준 사람의 인품을 감히 잊지 않을 것이다. 옛말에 이르기를 '군자는 지기를 위해 죽을 수도 있다'고 하지 않았는가!'라고 결말을 내린다.

응웬카이는 "대불항전, 대미항전과 도이머이 시대를 겪어온 세대 중 가장 뛰어난 작가"라고 평론가 응웬응옥은 말한다. 어떤 이들은 그가 "너무 영리한 작가"라고도 말한다. 이렇게 평가하는 사람들은 그가 사회를 비판하면서도 항상 금도를 넘지 않기 때문이라고 한다. 어쩌면 금도를 넘어선 것 같이 보이는데 막상 그것을 문제 삼기에는 2% 부족한 것 같아서, 문제 삼을 수 없는 것 같은 글을 쓰기 때문이기도 하다. 바로 그런 점이 그의 재능이 아닌가 싶다.

응웬카이Nguyễn Khải는 1930년 12월 3일 하노이에서 태어나 2008년 1월 15일 호찌밍 시에서 지명으로 사망했다. 대불항전 때 지방 자위대에 가입하였고, 49년 말부터 군대 신문기자로 글쓰기를 시작했다. 그의 최초의 중편소설 『건설』은 1951~1952년 베트남 문인회 상을 수상했다. 55년부터 「군대문예」 잡지사에서 은퇴할 때까지 근무했다. 1957년 '베트남 문인회' 창립멤버로 여러 중책을 맡았고, 국회의원을 역임했다.

작품은 『땅콩 수확기』, 『연말의 만남』, 『인간의 시간』, 『어떤 죽음의 조사』, 그리고 그의 자전적 소설이라고 하는 『조물주는 웃는다』 등 외에도 많은 단편집이 있으며, 대미항전 훈장 등 다수의 훈장과 문인회 작품상, 호찌밍 상, 아세안 문학상 등을 수상하였다.

9) 바오닝과 『전쟁의 슬픔Nỗi buồn chiến tranh』

베트남에서 전쟁과 관련된 문학작품을 찾는 일은 너무나 쉬운 일이다. 20세기의 4분의 3을 전쟁 속에서 지낸 나라가 베트남이다. 바오닝의 『전쟁의 슬픔』은 전쟁을 테마로 한 수많은 작품 중에서 백미로 꼽는다. 이 소설은 당초 1991년 『사랑의 운명』이라는 제목으로 출판되었고 그해 베트남 문인회의 작품상을 수상했다. 3년 후인 1994년에 영어 번역판 『전쟁의 슬픔The Sorrow of War』이 나오면서 외국에 널리 알려지고 호주에서 문학상을 수상했다. 이 작품이 외국에 널리 알려지자 베트남에서는 오히려 심한 비판을 받게 되고 상당한 기간 동안 판매금지 조치를 당한다.

오랜 침묵의 시간이 지난 끝에 『사랑의 운명』은 2003년 여성출판사에서, 그리고 2004년 문인회 출판사에서, 2011년에는 문화정보출판사에서 다시 출간했다. 원래 바오닝은 이 책의 제목을 『전쟁의 슬픔』이라고 지었으나 출판사가 1991년 출판할 때 제목을 『사랑의 운명』으로 바꾼 것이다. 독자를 유인하기 위해서 바꾸었다는 설도 있지만 그보다는 베트남 민족의 운명을 건 위대한 전쟁, 승리의 전쟁을 슬픔이라는 단어와 연관 지었기 때문이라는 설이 더 유력하다.

바오닝에게 '전쟁의 슬픔'보다 더한 슬픔은 없다. 그 슬픔은 베트남의 서부 고원지대 울창한 삼림지대에 비가 내리면서 시작한다. 그 슬픔은 쯔엉선 산맥 이곳저곳에 흩어져 있는 무명용사들의 묘지로 흘러간다.

주인공 끼엔은 전쟁에서 살아 돌아오지만 그의 마음에는 그가 겪은 전쟁의 슬픔 외에 어떤 것도 남아있지 않다. 그런 마음의 상처를 안고 있으면서 그는 가장 이상적인 삶을 살겠다고 다짐을 하고 노력한다. 하지만 그런 자신의 행동 때문에 자신이 지불한 대가 때문에 마음이 더욱 아프다. 그는 평화가 왔으니 죽은 자도 살아 돌아온다는 꿈을 꾸게 된다.

그는 현실에서 또 다른 현실을 만난다. 늘 전쟁의 추억에서 벗어나고자 하지만 항상 상처로 남은 전쟁의 슬픔은 떠나지 않는다. 그는 밤새 자신의 인생과 자신의 세대를 회상하며 회한과 고통으로 베개를 눈물로 적신다. 그러한 아픔에서 벗어나고자 하지만 방법이 없다. 마침내 그는 글을 쓰기로 작정한다.

테마는 전쟁에 관한 것이다. 그는 어떻게 자기의 감정을 글 속에 녹여낼 것인가 고민하고, 결국은 사랑과 전쟁의 글을 써나간다. 그는 과거의 진술을 통해 오늘을 사는 사람들의 감정을 자

■ 소설가 바오닝

극하고자 하므로 그 글은 상상의 허구가 아니라 바로 자신의 삶을 진술하는 것이다. 병사의 마음속에 있는 전쟁의 슬픔은 사랑의 슬픔이며 고향에의 향수이다. 이제 어머니도 아버지도 갔다. 혼자 남았다. 그리고 새 시대가 왔다. 그럼에도 여전히 식지 않는 슬픔이 남았다.

베트남문학 연구자들은 바오닝이 이 소설에 자신의 혼과 정열을 다 쏟아부었기 때문에 다른 작품을 쓰지 못한다고 말한다. 바오닝은 이 소설 외에 제대로 된 다른 작품을 내놓지 못하고 있다. 아주 가끔씩 단편소설을 썼을 뿐이다. 이 작품은 한국에서 불어판을 번역하여 1999년에 출판되었고, 2012년에 베트남어판을 번역한 번역본도 출판되었다.

바오닝Bảo Ninh은 1952년 10월 응에안 성에서 태어났다. 본명은 호앙어우 프엉이고 필명인 바오닝은 그의 고향인 꽝빙 성 바오닝 면의 이름을 따서 지은 것이다. 1969년 17살 어린 나이에 군에 입대하여, 중서부 지역에 주둔하던 10사단 24연대 5중대 보병 소총수로 복무했다.

1975년 제대한 후 하노이 종합대학교 생물학과에 들어가 1981년에 졸업했다. 베트남 사회과학원에 근무하던 중 '응웬주 문인학교' 2기로 졸업한 후 〈젊은 문예〉지 편집국에서 근무하고 있다. 1987년 〈일곱 난장이 캠프Trại bảy chú lùn〉로 등단한 후 1991년 『사랑의 운명』, 즉 『전쟁의 슬픔』으로 1992년 문인회의 문학상을 수상했다. 단편으로 〈각주구검Khắc chu cầu kiếm, 刻舟求劍〉, 〈0시의 하노이Hà Nội 0 giờ〉 등이 있다. 고등학교 국어교사직에 있다가 은퇴한 부인과 미국에서 대학교를 나와 결혼한 아들 하나가 있다.

10) 응웬비엣하와 『신의 기회Cơ hội của Chúa』

1990년 이후 연평균 7% 이상의 고도성장을 하고 있는 베트남은 겉모습의 변화는 물론 그들의 실질소득도 확실하게 증가되었음을 느낀다. 개방 초기에는 자전거나 오토바이를 타던 베트남 교수들 중에 이제는 자가용을 가진 자가 수 명이나 있음을 보게 된다. 그리고 그러한 성장 과정에서 나타나는 문제점들을 베트남 작가들은 어떻게 보고 있는가에 대해 늘 관심을 갖고 지켜보고 있다. 많은 작품들이 빈부격차, 농촌의 황폐화, 배금주의 만연 등에 관한 주제를 다루고 있다. 그러나 도시 청년들의 문제에 대해서 다룬 작품은 많지 않다. 그런데 바로 하노이 청년들의 문제를 집중적으로 다룬 소설이 있다. 응웬비엣하의 『신의 기회』라는 소설이다. 1999년 초판이 나왔고, 2006년 재판이 나왔다.

이 소설은 시장경제 하의 도시 지식층 청년들의 무기력함, 배금주의, 사랑과 타락 등을 묘사하며 이러한 상황이 '신을 믿을 수 있는 기회'라는 것을 암시하고자 한 것으로 보인다. 이 소설은 주인공 호앙을 중심으로 주변 인물들의 생활을 그리고 있다. 호앙은 대학 졸업 후 내수 기업에 근무한다. 술을 좋아하고, 신에 대한 믿음이 강하나 무기력한 삶을 사는 지식인이다. 떰은 호앙의 남동생으로, 고등학교 1학년 때와 대학 4학년 때에 이미 여학생을 임신시켰고, 대학교를 마치기 전에 돈을 벌기 위해 독일에 노동자로 갔다. 독일에서 시계를 밀수하며 동유럽을 누비고 다닌다. 술을 좋아하고, 귀국해서는 플라스틱 재생회사를 차려서 돈을 번다.

탕은 외국에서 유학하고 귀국하지만 일자리를 못 찾다가 떰과 같이 일을 한다. 역시 술을 좋아한다. 빙은 잘생긴 용모에 차관인 아버지와 같이 밀수를 한다. 바람둥이이며 돈을 잘 벌고, 호앙의 애인인 투이를 사랑한다. 럼은 대학 교수로, 자기 제자인 냐와 관계를 가져 딸을 낳지만, 고위층의 딸과 결혼하여 네덜란드로 유학을 간다. 상은 박사 학위를 가진 비겁한 지식인이다. 냐는 고위 간부의 딸로 교수를 사랑하다가 사생아를 낳고 장사를 해서 돈을 벌고, 호주 청년과 관계를 맺는다. 투이는 호앙의 애인으로, 은행대학을 졸업하고 빙을 따라 체코로 장사하러 간다.

이처럼 이 소설에 등장하는 인물들은 돈을 벌기 위해서 모든 술수를 동원하지만 돈 이외의 제대로 된 삶에 대한 목표는 갖지 못한 채 방황하고, 그 허무함을 채우기 위해 술을 마신다. 바른 삶의 방향을 찾지 못한 도시 청년들의 문제점을 지적하고자 이 소설을 썼다고 한다.

그리고 이 소설이 나오자 많은 베트남 작가와 평론가들이 이

■ 소설가 응웬비엣하

작품에 주목하며 주로, 긍정적인 평가를 내리면서 세상의 주목을 받게 되었다. 그러나 그 얼마 뒤에 평론가이며 작가인 쩐마잉하오가 인민일보에 "신의 기회 - 문학의 기회는 아니다."라는 제목으로 장문의 비판 기사를 쓰면서 흔히 정통신문?이라는 사이공 해방지, 공안일보 등에 연속적으로 비판 기사가 나갔고, 작가는 침묵했다.

반면에 하꽝은 "예술적인 면에서 『신의 기회』는 구성이 흥미롭고, 문장도 자연스러우나 외국어를 사용할 때는 좀 무질서한 느낌도 들지만 읽기에 피곤한 것은 아니다. 아마도 베트남 현대작가 중에서 『신의 기회』의 작가만큼 짧은 문장을 사용한 작가는 없었던 것 같다. 어떤 페이지에는 한 문장이 서너 단어로만 된 곳도 있다....이는 새로운 느낌을 불러일으키고, 독자로 하여금 작품 속 인물의 심리 상태로 자연스럽게 빠져들게 만드는 작품"이라고 했다. 2003년 〈콜걸〉이라는 영화로 크게 성공한 영화감독 레호앙도 "경악했다. 아주 오랜만에 그처럼 재미있게 풍자한 소설을 볼 수 있었다."고 극찬했다.

작가인 응웬비엣하는 "내 소설 속의 인물은 도시에 사는 젊은 지식인들이다. 그들은 의식주에 구애받지 않는다. 그들에게 있어서 중요한 것은 어떤 일에 있어서 확실한 주도자가 되거나 도시를 탈출하는 것이다. 소설가 또호아이는 내 소설 속의 인물에 대해서 그들은 충, 효, 절, 의를 충분히 갖고 있다고 평가한 적이 있다."고 말하면서 일부에서 우려하는 타락한 도시 청년들의 모습이 주가 아니라 그들의 고민과 아픔을 그리고 있다고 했다.

응웬비엣하Nguyễn Việt Hà는 1962년 생으로, 본명은 쩐꾸옥끄엉Trần Quốc Cường이다. 필명 응웬비엣하는 자기 부인의 이름이다. 은행대학을 나와 베트남 상공은행의 직원으로 근무할 당시 등단했으며, 당시에는 자기가 근무하는 은행에서도 그가 소설가로 등단한 사실을 모르고 있었다고 한다. 1993년 〈송흐엉〉 잡지사에서 주관한 단편 공모에서 〈상급자와 나와...〉라는 단편으로 등단한 이래 1997년 문화정보 출판사에서 단편집 〈선가禪家〉를, 그리고 1999년에 『신의 기회』, 2002년에는 〈망실〉이라는 본인의 단편소설을 영화로 제작하기도 했다. 독실한 천주교 신자이며, 일본계 회사에 다니는 부인과 딸, 아들 두 자녀를 두고 있다. 문인회 소속 작가가 아닌 자유 작가로 활동하고 있다.

11) 호앙밍뜨엉과 『신의 시대』Thời của thánh thần

　2011년 9월 28일 하노이에 있는 한국문화원 마당에서 아주 특별한 시상식이 열렸다. 베트남 최초로 개인이 수여하는 문학상 시상식이었다. 상의 명칭은 〈trannhuong.com〉 문학상으로 쩐느엉이라는 작가가 제정하였고, 그 첫 수상자는 호앙꾸옥하이와 호앙밍뜨엉 두 명이었다. 크리스털 트로피와 상징적인 의미의 상금 1천동이 지급되었다.

　소설가 호앙밍뜨엉은 〈신의 시대〉라는 작품으로 이 상을 수여

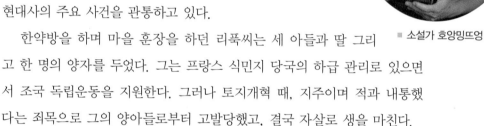

받았다. 이 소설은 홍하델타 지역 농촌 명문가에서 50여 년 동안에 벌어진 비극적인 가족사를 그리고 있다. 이 소설은 프랑스 식민지 투쟁으로부터 1945년의 8월 혁명, 특히 토지개혁, 인문가품운동, 통일과 남부개혁, 탈출과 도이머이까지 베트남 현대사의 주요 사건을 관통하고 있다.

■ 소설가 호앙밍뜨엉

　한약방을 하며 마을 훈장을 하던 리푹씨는 세 아들과 딸 그리고 한 명의 양자를 두었다. 그는 프랑스 식민지 당국의 하급 관리로 있으면서 조국 독립운동을 지원한다. 그러나 토지개혁 때, 지주이며 적과 내통했다는 죄목으로 그의 양아들로부터 고발당했고, 결국 자살로 생을 마친다.

　큰 아들 응웬끼코이는 15세 때 집을 나가 공산당 간부가 된다. 그는 이

름을 찌엔탕러이戰勝利로 바꾸고, 핵심 당 간부의 길을 걷지만 집안 내력 때문에 불안해한다. 아버지가 지주이고, 셋째 동생이 남쪽으로 내려갔고, 바로 밑에 동생이 50년대 북베트남 예술인들의 자유화 요구 운동인 '인문가품' 사건에 연루되었기 때문이다. 그는 통일 후 남베트남의 상공업 개혁의 핵심인물이 된다.

■ 소설 신의시대
한국어 번역본 표지

　둘째인 응웬끼비도 공산 혁명에 참가한 시인이다. 그는 "신의 시대"라는 시를 써서 유명해졌다. 이 소설에서 가장 많이 다루어지고 있다. 그는 공산혁명에 심혈을 기울였지만 혁명을 분쇄하려 했다는 누명을 쓰고 교도소에 간다. 그는 정신적, 물질적인 고통을 감내하면서도 조국을 버리지 않

는 의지의 시인으로 묘사되는데, 단지 몇 줄의 시구가 문제되어 소련의 외진 지방으로 유학 보내졌고, 반동분자로 의심을 받으며 고통스러운 삶을 살면서도 조국을 배반하지 않는다.

셋째인 응웬끼봉은 겁이 많고 공부에 대한 욕심으로 친구를 따라 남베트남으로 내려간다. 공부를 잘하여 미국 유학을 다녀온 후, 남베트남 정부에서 건설청장이 된다. 통일 이후 다시 그의 재능을 인정한 북베트남 정권은 그를 사용한다. 그러나 그가 고향을 다녀오는 사이 아내와 딸이 베트남을 탈출하였고, 그로 인해 그는 감시의 대상이 된다. 그러한 상황을 견디지 못한 그도 탈출하여 미국에 정착하였고, 사업에 성공한 후 베트남으로 돌아와 사업을 한다. 이른바 "애국 교포"가 된 것이다.

리푹씨가 입양하여 친자식처럼 돌보고 키워준 응웬끼꽉은 "토지개혁" 때 양아버지를 고발한 인물이다. 장애인으로 배움이 적은 그는 나중에 후회하며 응웬끼 가문을 성실하게 지키는 인물이 된다. 그의 어머니는 프랑스 혼혈인 남자에게 강간당해 그를 낳았고, 그를 리푹씨 집 앞에 버렸다. 그를 낳은 여인은 나중에 여성연맹의 고위 간부가 되었다.

이 소설은 베트남 현대사에서 벌어진 중요한 사건들 속에서 한 가족의 이별과 우애 그리고 그들의 사랑과 비극이 때로는 자의로 때로는 타의에 의해 반전되고, 그 역사적 사건 속에서 한 가족, 한 개인의 행복과 불행이 휩쓸리는 것을 담담한 문체와 인물들의 대화를 통해 묘사되고 있다.

작가는 이 소설의 제목을 『졸, 강을 건너다』로 정하고 출판사에 제출했는데, 출판사 사장이 이미 『졸이 강을 건널 때』라는 제목의 작품이 있다고 하여, 고민 끝에 작중 인물인 응웬끼비가 쓴 시의 제목인 『신의 시대』로 바꾸었다고 한다. 인쇄되어 배포되자마자 당국은 배포금지 결정을 내렸고, 출판사와 작가는 이미 배포된 서점을 다니면서 90여 권을 회수했다고 한다. 판금의 이유는 출판법을 위반했기 때문이라고 한다. 베트남 출판법에는 납본 후 10일 후에 배포하도록 되어 있는데, 8일 반나절 만에 미리 배포했기 때문이라고 하지만 대다수 베트남 사람들은 내용 때문이라고 생각한다. 그럼에도

이 책은 하노이의 서점이나 길거리에서 판매되었고, 인터넷 베트남문학관련 사이트에는 소설 전문이 실려 있어서 누구나 쉽게 접할 수 있다. 불법 인쇄되어 팔린 책만도 수만 권에 이른다고 한다.

호앙밍뜨엉Hoàng Minh Tường은 1948년 하떠이 성, 현재 하노이에서 태어나 하노이 사범대학교에서 지질학을 전공하였다. 1970~1977년까지 교사생활을 하다가 1988년까지 "인민교사 신문"의 기자로, 1988년부터 "문예신문"의 편집국에서 산문 분과위원장으로 근무하고 있다. 1979년 『겨울 들판』을 시작으로 2008년 『신의 시대』까지 13권의 장편소설과 7편의 단편집을 출판하였다. 그 외에도 여러 권의 수필집과 르포 기사집을 냈다. 1990년 『다른 길에 사는 사람들』이라는 소설로 노동문학상을, 1997년에는 『수화도적水火盜 賊』으로 문인회 상을 수상하였다.

12) 또호아이와 『세 남자Ba người khác』

2006년 말에 『세 남자』라는 소설이 출판되었다. 이 책이 출판되자 베트남 언론에서는 큰 관심을 보였다. 그리고 지지와 비판의 글이 실렸지만 대세는 지지하는 쪽이었다. 작가인 또호아이는 당시 86세의 노인이었다.

이 작품에 대한 논쟁의 핵심은 베트남문학에서 '금기'시 되어왔던 "토지개혁"을 다루었기 때문이었다. 토지개혁이란 1953년부터 1956년 사이에 북베트남 전역에서 실시된 일련의 '사회주의화' 과정에서 실시된 농업분야의 정책이었다. 이른바 지주들의 토지를 몰수하여 가난한 농민에게 분배하는 정책이었다. 그러나 시행과정에서 많은 오류와 문제점이 노출되었고, 결국에는 호찌밍 주석이 토지개혁의 과오를 인정하고 눈물을 흘리며 인민들에게 사과하는 일까지 벌어졌다. 베트남의 공식 자료에 의하면, 제5차 토지개혁 때만 17만여 명이 사형되었고, 이 중에서 70% 정도인 12만여 명이 악덕지주로 몰려 억울하게 죽임을 당했다고 한다. 상황이 그러하니 토지개혁의 결과가 남겨놓은 상처와 북베트남 사람들에게 끼친 영향은 매우 컸으리라고 짐작할 수 있다.

■ 소설가 또호아이

이 토지개혁 과정에서 나타난 폐해는 너무나 심각했다. 자식이 아버지를, 아내가 남편을, 며느리가 시아버지를, 머슴이 주인을 고소하게 했던 일들은 그동안 유교적 전통에서 살아온 베트남 사람들에게 엄청난 충격이었다. 이렇게 인민재판을 받은 피고?들 중에서는 치욕을 참지 못해 자살한 사람도 있었다.

토지개혁의 전개과정은 이러했다. 베트남 공산당에서 토지개혁대를 편성하여 해당 지역에 파견한다. 토지개혁대는 자신들이 맡은 지역에 가서 사전에 그 마을의 상황을 파악한다. 이들은 각 가정의 소유지, 주택형태, 가축 수, 농기구, 과실수, 가구현황 등을 세밀하게 조사한 후, 각 가정을 등급별로 분류하고, 인민재판에 회부할 악덕지주를 정한다. 다음에 그 지주를 고소할 대상자를 선정한다. 주로 가장 가까운 사람 중에서 뽑아, 사전에 교육시키고, 재판을 열어 무차별 공격을 한 다음에 악덕지주로 판명되면 사형을 언도하는 것이다.

문제는 이 과정에서 너무 기계적으로 등급 분류를 하였다는 것이다. 지주들 중에는 많은 사람들이 베트남의 독립 투쟁을 지원한 '애국 지주'들이 있었고, 가난한 농민들을 도운 사람들이 있었지만 그러한 정상이 전혀 참작되지 않았다는 것이다. 당시의 사회 분위기가 그러한 정황을 참작할 수 없는 분위기였다는 것이 더 맞는 말일 것이다. 이 "경천동지할 사건"에 관한 것은 오랫동안 금기처럼 입에 올리지 않게 되었다. 역사에서 다루는 경우도 있었지만 아주 짧고 간결하게 다루었고, 원인분석이나 책임에 대해서는 거의 다루지 않고 있다.

60여 년이 지난 지금까지도 이러한 분위기는 크게 달라지지 않았다. 그런데 완전히 토지개혁만을 소재로 한 소설이 나왔고, 이 작품에서는 토지개혁 당시의 한 단면을 생생하고, 적나라하게 보여주었다. 작가는 이 작품을 1992년에 완성했지만 2006년에 출판사에 넘겼다. 아마도 작가는 1992년 당시에는 출판될 수 없을 것이라 판단했던 것 같다. 그리고 작가 자신이 토지개혁대에 직접 참여했었고, 인민재판의 재판장도 맡았던 사람이었다. 따라서 자신이 직접 겪은 이야기를 썼을 것이라고 독자들은 추측하고 있다. 그러나 이 책의 서문에서는 허구라는 점을 강조하고 있다.

이 소설의 가치는 인간의 원초적인 욕망, 식욕과 정욕, 물욕 앞에서는 '모두가 잘 사는 착취 없는 세상'을 만들고자 하는 이상을 가진 토지개혁 대원들도 힘없이 무너져 내리고, 완장을 찬 순진무구했던 민초는 자신의 행위가 어떤 의미를 갖는지, 어떤 영향을 끼치는지도 모르고 있기에 독자들로 하여금 너무나 가슴 아프게 만든다는 것이다.

베트남에서 토지개혁을 소재로 한 작품은 이 소설이 처음이 아니다. 1990년에 『악몽Ác mộng』, 1991년에 『석회로 쓴 족보Gia Phả Viết Bằng Vôi』라는 작품이 있었다. 그리고 최근에 토지개혁을 다룬 작품들이 나왔다. 그러나 대부분 피상적으로 다루거나 작품의 일부로 다루어지고 있기 때문에 이 작품처럼 큰 반향을 일으키지는 못했다. 평론가 라이응웬언씨는 "이와 같은 작품의 출현은 우리 사회의 상처들 중의 하나를 치료하는 하나의 방법이다."라고 사회적 의미를 부여했다.

작가 또호아이Tô Hoài의 본명은 응웬샌Nguyễn Sen이며 1920년 하노이에서 태어났다. 베트남 문인회 창립 멤버이며, 비엣박 구국신문의 기자, 문인회 부서기와 총서기, 하노이 문예회 회장을 역임했으며, 150여 편의 작품을 썼다. 그 중에서 1942년에 발표한 『귀뚜라미 표류기Dế Mèn phiêu lưu kí』, 『고향 사람1943』, 『고향 집1970』, 『회고록1991』 등이 널리 알려진 작품이다. 문인회 상을 여러 번 수상했으며, 1996년 문학부문 호찌밍상을 수상했다.

13) 쩐반뚜언과 『이웃Hàng xóm』

1994년 초 호찌밍 시의 한 서민 아파트에서 벌어지는 이웃 간의 갈등과 고민을 아주 사실적으로 그리고 있다. 급수탑으로 물을 올리는 펌프가 고장 나면서 이웃 간에 갈등이 시작된다. 관리사무소도, 동사무소도 서로에게 책임을 전가하기 바쁘고 문제를 해결하려는 노력은 없다.

그래도 1층과 2층까지는 물이 나왔다. "1층과 2층 사람들은 말은 안했지만 얼굴을 보면 그들의 속을 알 수 있었다. 그러나 그들에게 타인의 곤경 앞에 행복해 하는 양심 없는 사람이라고 한다는 것은 옳은 것이 아니었다. 왜

냐하면 수 년 동안 그들은 아래 층 사람의 설움을 참고 견뎌야 했기 때문이었다. 위 층 사람들은 쓰레기를 그들의 머리 위에 버렸다. 그들은 닭장 씻은 물, 닭똥, 바나나 껍질, 수박 껍질... 심지어 어린애 똥까지도 참아 내야 했던 것이다. 이제 위 층 사람들이 줄줄이 물을 길어 나르는 것을 보고 그들이 속 시원히 생각하는 것은 당연한 것이었다. 이것을 얻으면 저것을 잃는 것은 당연한 것 아닌가!"

사람들은 각자 물 펌프와 파이프를 사서 물을 퍼 올렸고, 이 과정에서 물 펌프 가격이 폭등한다. 이 펌프 가격 상승이 동봉씨와 펌프 장사 사이에 모종의 거래가 있었던 것이라고 관리소장은 오해를 하고 그를 미워하기 시작한다. 한편 동봉씨는 자식을 다섯이나 두고 아주 가난하게 살았지만 시장경제에 잘 적응하여 큰돈을 번다. 전에는 무당을 태우고 다니는 쌔옴오토바이 택시 운전수였다가, 무당의 조수가 된다. 무당의 조수 생활을 통해서 쉽게 돈을 벌었지만 1년 만에 사람들에게 잡혀서 각서를 쓰고 그만둔다.

그러나 그는 사부를 통해서 "많은 돈을 번 것 외에도 그는 사부로부터 각 계각층의 고객의 기호와 변화, 심리상태를 파악하는 것 등 많은 공부를 할 수 있었다. 그러나 사부가 그에게 전해 준 가장 구체적인 것은 사주, 풍수지리, 역경 및 중국어에 대해서 깊이 알게 해준 것이었다." 그리고 그때 배운 지식 때문에 동봉씨는 한 홍콩 회사의 마케팅 직원으로 채용되었으며, 풍수지리 아르바이트로 돈을 벌었다. 부자가 되었음에도 그는 전기세가 아까워서 몰래 전기를 쓰다가 걸려서 벌금을 물게 되었다. 동봉씨는 전기 도둑질이 발각된 것은 관리소장이 고발했다고 의심했다. 결국 두 안주인 사이에 격투가 벌어졌고, 아파트 복도를 반으로 나누어 벽돌을 쌓았다. 이웃이 단절되었다.

이 단편은 베트남이 시장경제를 받아들이며 발생하는 빈부격차와 그것을 시기하는 사람들의 심리, 돈에 대한 욕심 때문에 이웃 사이에 벌어지는 갈등과 싸움을 아주 사실적으로 묘사하고 있다.

■ 소설가 쩐반뚜언

쩐반뚜언Trần Văn Tuấn은 1949년 하남 성에서 출생하였다. 고등학교를 졸업
하고 군에 입대하여 남부지역 전투에 참여하였고, 해방 후에 사이공 해방지
의 문예부 부장을 거쳐, 부편집장을 역임하고, 현재는 호찌밍 시 문인회 부
회장을 맡고 있다. 작품으로는 1985년 『다리 옆 골목Ngõ hèm bên cầu』, 1989
년 『쫓기는 여자Người đàn bà bị săn đuổi』, 1990년 『사람을 찾는 사람Người tìm người』,
2004년 『신령한 숲과 맑은 물Rừng thiêng nước trong』 등이 있고, 문예지 상, 문인
회 상 등을 수상하였다.

14) 도티투히엔과 『여행자의 전설Cổ tích người lữ hành』

불행하게 태어난 한 여성의 기구하고 고통스러운 삶을 그린 단편이 "여행
자의 전설"이다. 수레꾼의 첩이 그녀의 어머니였다. 그리고 그 수레꾼이 일을
그만두면서 그녀와 아버지의 관계도 끊어진다. 대학을 가고 싶었지만 어머니
의 강권으로 트럭 운전수와 결혼해서 아들을 낳았다. 그녀가 밥을 짓는 동
안 아이가 마당에서 놀다가 구덩이에 빠져 사망하고, 남편과 시댁에서 쫓겨
난다. 이복 언니를 따라 하노이로 간 그녀는 언니 집에서 식모생활을
하면서 대학을 가게 된다. 대학에서 만난 데와 결혼 다시 결혼하
지만 시부모의 냉대와 남편의 무능력으로, 한 연구소의 계약
직으로 근무하게 된다. 전자제품 가게를 하는 친구에게 연구
소 사람들이 계를 들도록 소개했고, 그 계가 깨지면서 그녀는
직장과 남편으로부터 다시 한 번 버림을 받는다.

■ 소설가 도티투히엔

빈민촌으로 들어가 행상을 하며 근근이 살아가던 그녀에게 다
시 사랑의 기회가 찾아왔고, 그녀는 그 남자와 살림을 차린다. 그
남자는 마약 중독자였고, 결국 마약을 하다가 체포된다. 그리고
풀려난 후, 그녀는 도시의 고통스런 삶을 떠나기로 결심한다.

"그녀는 구치소를 나왔지만 꿈속을 걷는 것 같았다. 그 꿈이 기쁜지 슬
픈지, 좋은 것인지 나쁜 것인지 알지 못했다. 그녀는 수년의 고생을 뒤로 하

고 산골 고향으로 돌아가기로 했다. 꽁이 준 남은 돈으로 언덕배기에 작은 나무집을 짓고 주위에 나무 심고, 닭 기르고 채소 심으며 지내다 보면 모든 것이 잊힐 것이고, 그 때에 그녀는 문맹자를 위한 선생을 할 것이었다. 고향은 어쨌든 그녀가 돌아오기를 기다렸다. 그곳이야말로 산골 출신인 그녀의 진정한 생활터전이었다. 그녀는 꽁이 돌아오기를 기다렸다. 아빠와 같이 총명하고 엄마같이 예쁘고 건강한 아이를 낳기 위해서 노력할 것이다. 그녀는 두 명의 자식을 낳았지만 엄마 노릇을 못했었다. 모든 것이 사라졌다. 그녀의 것이 아닌, 도시의 전등과 번화함도 저 멀리 가버렸다. 처음부터 그녀는 인생이라는 얼굴을 바로 쳐다보지 못했다. 과거의 욕망, 꿈, 단념, 회피가 그녀를 실패하게 만들었다."

도티투히엔Đỗ Thị Thu Hiên은 1969년 푸토 성에서 태어났다. 1988년 군에 입대하였고, 1989년 응웬주 작가학교에서 공부하였다. 베트남 사회과학원, 국가정치출판사에서 근무했으며, 현재는 베트남공산당 온라인판 신문의 문예부장을 맡고 있다. 작품으로 『최초의 빛의 흔적Vệt nắng đầu tiên』, 『아버지의 금단지Hũ vàng của cha』, 『여행자의 전설Cổ tích người lữ hành』 등이 있고, 2004년 문예지 상을 수상하였다.

베트남
역사기행

6

베트남 역사기행

1009~1858
봉건왕조 시대

1009~1225. 리왕조李王朝

1010. 하노이 천도당시 이름은 탕롱

1075. 중국 송나라의 침공 격퇴,
　　　최초의 과거제 실시

1225~1400. 쩐왕조陳王朝

1257. 원나라몽고의 1차 침입 격퇴

1284. 원나라몽고의 2차 침입 격퇴

1287. 원나라몽고의 3차 침입 격퇴,
　　　제2의 박익당 강 승리

1407~1427. 중국 명나라의 침입과 지배

1418~1427. 레러이의 항쟁과 명군 격퇴

1428~1789. 후레 왕조黎王朝

18세기 말. 후레 왕조의 쇠퇴,
　　　봉건세력 간 남조와 북조로 분열

1771. 농민봉기 "떠이선 운동西山運動" 발기

1789. 청의 침입과 격퇴,
　　　떠이선 운동 지도자 응웬후에왕위 즉위

1802. 응웬아잉 프랑스 지원으로 떠이선 왕조 전복,
　　　응웬 왕조 수립

1802~1945. 응웬 왕조阮王朝

1858. 프랑스 함대 다낭공격

BC2879~?
고대국가 발생기

고대국가반랑, 어우락국

BC111~939
중국 지배기 북속시대

BC 111. 한무제에 의한 정복

AD 40~43. 하이바쯩의 저항운동

544. 리남데李南帝의 봉기

939. 바익당 강 전투의 승리, 독립국가 수립

1867~1954
프랑스 식민지 시대

1867. 프랑스 남베트남 점령

1873. 프랑스 하노이 공격

1887. 프랑스령 인도차이나 성립

1930. 인도차이나 공산당 창당

1940. 일본군의 베트남 진주

1941. 베트남 독립동맹월맹 성립

1945. 8월 혁명, 베트남 민주공화국 성립

1946. 전국 총선, 호찌밍 국빈자격 프랑스 방문,
　　　베트남-프랑스 조약체결

1946~1954. 프랑스의 재침과 1차 인도차이나 전쟁

1954. 프랑스군 베트남군에 대패,
　　　제네바협정프랑스 군 철군,
　　　베트남의 통일 인정,
　　　군사력 격리목적의 일시적 남북분단,
　　　1956년 총선 규정

1955~1973

대마항쟁 및 전쟁시기

1955. 사이공 정권 수립응오 딘 지엠

1960. 민족해방전선NLF:베트콩 결성

1965. 미군 북폭개시, 2차 인도차이나 전쟁

1968. 미군과 사이공정부에 대한 민족해방전선의 구정공세.
북폭중지, 파리평화회담 시작

1973. 파리평화회담 조인, 미군 철수 시작

1886~2016

경제개혁 시기 도이머이

1986.12. 베지남공산당 6차 당대회 개최: 도이머이刷新
정책 결정

1989.9. 캄보디아 철군완료

1991.6. 7차 당대회 개최, 중국과의 관계 정상화

1992.4. 베트남 헌법 개정

1992.12. 한국과 수교

1993.11. 1차 베트남 지원국 회의 개최

1994.2. 미국의 베트남 경제제재조치 해제

1995. 아세안 가입, EU와의 협정, 미국과 수교

1996.6. 8차 당대회 개최

1998. APEC 가입

2001.4. 9차 당대회 개최

2002.5. 11대 국회의원 선거

2006.4. 10차 당대회

2007.5. 12대 국회의원 선거

2011.1. 11차 당대회

2011.5. 12대 국회의원 선거

2016.1. 12차 당대회

1975~1979

통일사회주의 베트남

1975.4. 사이공 함락4월 30일

1976.7. 베트남 사회주의 공화국으로 개명

1976~1978. 캄보디아 크메르루지 정권의 베트남에 대한 계속된 침공,
민간인 학살

1979.1. 크메르루지 정권 전복

베트남의 시대별 영토 변화

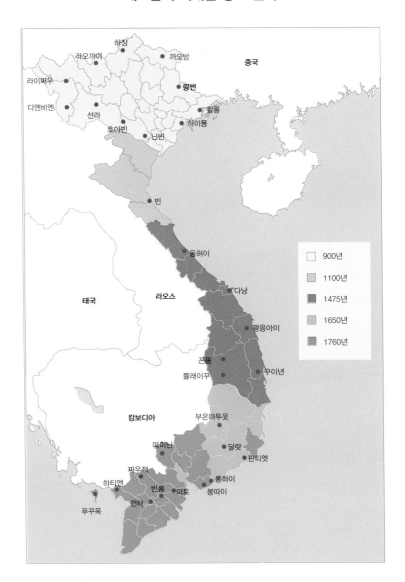

1) 고대국가 B.C.690~B.C.111

해신海神 락롱꿘Lạc Long Quân 과 아름다운 산신山神 어우꺼Âu Cơ 의 결합으로 100여 명의 아들이 탄생하였는데, 이중 훙Hùng 홍왕이 반랑국을 건설BC 690하였고 후에 어우락국이 성립되었다.

2) 중국의 지배 B.C.111~A.D.938

어우락국은 중국인들에게 패망하였다. 한무제漢武帝는 현재 베트남의 북부를 쟈오찌Giao Chi부로 명명하고 중국 행정구역의 하나로 편입하여 이 지역에 부을 설치했다. 이후 쯩Trưng 씨 자매의 저항을 비롯한 몇 차례의 저항운동에도 불구하고 938년 베트남이 중국으로부터 독립을 쟁취하기까지 중국의 지배가 계속되었다.

3) 베트남의 독립 939~1883

938년 남한南漢 군을 격파하고 응오꾸엔이 응오Ngô, 吳 왕조를 수립, 사상처음으로 중국의 지배에서 벗어나 독립했고, 그 후 19세기 응웬Nguyễn, 阮 왕조가 프랑스 침략으로 프랑스의 피보호국이 되기까지 약 950년간 베트남은 왕조를 유지했다. 이 기간 동안 베트남은 중국의 송, 원, 명, 청의 침략을 차례로 격파했다. 16세기 레Lê, 黎 왕조가 쇠퇴하여 북의 찡Trinh, 鄭 씨와 남의 응웬 씨 가문으로 분열되었고 17세기에는 55년에 걸쳐 남북 간의 전쟁이 계속되었다.

남의 응웬 왕조는 챰파를 정복하고 남하했다. 남북조의 대립은 18세기들어 중부에서 발생한 농민봉기로 쌍방 모두 멸망했고 농민봉기 지도자가떠이선Tây Sơn, 西山 왕조를 세우고 청나라 침략군 20만 명을 하노이에서 대파했다. 살아남은 응웬 씨 일족인 응웬아잉Nguyễn Ánh이 떠이선 왕조를 전복시키고1802년 통일된 베트남을 수립하고 중부 후에Huế시를 수도로 정하고, 자신을쟈롱Gia Long 嘉隆 황제로 칭하였다.

■ 응웬 왕조

4) 프랑스령 식민지시대 1859~1954

쟈롱 황제 이후 프랑스 선교사 처형사건을 계기로 프랑스가 1858년 베트남을 무력침공, 남부지역, 하노이, 후에의 순으로 제압한 뒤, 1883년 베트남은 프랑스의 피보호국으로 편입되었다. 프랑스는 1883년 캄보디아를 포함한 인도차이나 연방을 창설, 하노이에 총독부를 두고 통치, 1899년 라오스도 합병하여 2차 대전 말까지 인도차이나 보호령을 유지하였다.

프랑스 통치 시 애국적인 왕정세력, 농민, 지식인들이 반 프랑스 저항운동을 벌였다가 혹독한 탄압에 의하여 모두 실패하였다. 1930년 창당된 공산당을 중심으로 한 베트남독립동맹회가 반일 항쟁을 전개하였고, 일본의 패망을 계기로 1945년 8월 전국적인 총봉기를 성공적으로 이끌어 1945년 9월 2일 호찌밍이 하노이에서 베트남민주공화국의 독립을 선언하였다.

1945년 3월, 일본군이 주둔 프랑스군의 무장을 해제하여 약 60년간 프랑스의 인도차이나 통치가 종식 되었으나 2차 대전 이후 프랑스는 인도차이나 복귀를 시도, 일본군 무장해제의 명목으로 남부에 파견된 영국군의 협조 아래 군사적으로 재개입하였다.

한편 1946년 3월과 9월에 베트남민주공화국 정부는 2번이나 임시협정을 체결하여 한때 프랑스연합 내에 인도차이나 연방국으로 인정되었으나, 실질적 독립을 추구한 베트남과 연방 내의 한 자치국으로 인정한 프랑스측이 대립, 하노이에서의 무력충돌에 이어 1946년 12월 전면전으로 확대되어 호찌밍 정권은 서북 산악지역으로 철수하였다.

■ 바오다이

1949년 프랑스는 8월 혁명 이후 황제에서 물러나 망명생활을 하던 응웬 왕조의 마지막 황제인 바오다이와 교섭, 그를 수뇌로 한 베트남공화국을 수립했으나 베트남인민과 군대가 프랑스군에 대한 전국적인 공세를 펼쳐 결국 1954년 5월 디엔비엔푸 전투에서 프랑스군에게 승리를 거둠으로써 프랑스가 인도차이나에서 철수하게 되었다.

5) 대미항쟁 및 통일전쟁시기 1954~1975

1954년 7월 인도차이나에서 전쟁을 종식시키기 위한 국제회의가 제네바에서 개최되어 베트남, 라오스, 캄보디아 휴전협정을 1954년 체결, 베트남의 독립과 통일의 인정 및 이를 기초로 북위 17도선의 잠정 군사분계선 설정, 국제 감시위원회 설치 등이 정해져 통일을 위한 총선거를 1956년에 실시키로 하였다.

베트남민주공화국은 이 기간 동안 토지개혁과 경제관계 개조를 추진하는 등 사회주의 제도의 공고화와 사회주의 과도기 경제발전을 통하여 통일의 기반을 마련했고, 한편 남부베트남에는 1955년 바오다이가 퇴진한 후 천주교 신자이며 반공주의자인 응오딩지엠 Ngô Đình Diệm을 대통령으로 한 베트남공화국이 수립되어 강력한 반공정책 및 통일거부에 매진하며 독재적 성향을 보였다.

■ 응오딩지엠

제네바협정에는 1955년 남북대표가 1956년 총선의 실시를 위해 협의토록 되어 있으나 미국과 응오딩지엠 정권의 통일거부 주장으로 총선은 실시되지 않았다.

미국은 공산주의 확산을 막는다는 명분 아래 프랑스를 대리하여 베트남에 대한 간섭을 확대시키는 가운데, 불교도 및 애국세력을 중심으로 한 반

■ 호찌민 주석

지엠-반미 운동과 게릴라 활동이 활발하였으며, 1960년에는 공산주의자 및 반정부 지식인으로 구성된 남베트남민족해방전선이 결성되어 남베트남 정부 전복 활동을 강화하였다.

1963년 격렬한 반정부운동과 함께 지엠 정권은 군사 쿠데타로 붕괴되었고, 그 후 계속된 쿠데타 등으로 정정이 극도로 혼란해지고 전황도 악화되어 미국은 1965년 본격적인 북폭과 남베트남에 전투부대 투입을 개시하였으며 영향권을 확대하려는 해방전선과의 전투도 격화되었다. 1968년 해방전선의 구정공세로 파리회담이 개시되었다.

미국의 북베트남에 대한 폭격은 1965년부터 1968년 11월까지 계속되어 그 후 파리회담을 앞두고 잠시 중단되었으나 1972년 12월 18일부터 29일까지 2차 북폭이 12일간 주야로 계속되었는데, 1945년 히로시마에 투하된 원폭의 5배 분량의 폭탄 10만 톤이 투하되었다.

이러한 전투 중에서도 베트남민주공화국정부, 민족해방전선 1969년에 민족해방전선과 사이공정권 통제지역에서 결성된 민족평화연맹에 의하여 구성된 남부베트남 임시혁명정부 자격, 미국 그리고 사이공정권 사이에 종전을 위한 평화회담이 진행되었고, 1973년 1월 27일자로 조인된 파리협정에 의해 미국은 베트남에서 철수하였다.

협정 후 60일내 철군 합의에 따라 미국은 철수하였으나 협정실행을 둘러싸고 전쟁이 계속된 가운데 해방 군사력은 전국적으로 1975년 총공세를 취해 4월 30일 대통령궁에 임시혁명정부기를 게양함으로써 전쟁은 종료되었다.

6) 통일과 사회주의화 시대 1976~1979

전쟁이 종식된 후 남북 베트남은 선거를 통해 1976년 7월 베트남 사회주의 공화국을 수립했다. 통일된 베트남은 외국원조의 단절, 낙후성, 심각한 전쟁의 후유증, 미국과 서방의 제재 및 봉쇄정책, 이웃 강대국과의 관계악화, 캄보디아 크메르 루즈 정권에 대한 공격 등으로 매우 어려운 처지에 있었다.

7) 경제개혁 도이머이 시대 1986~현재

1986~1991년 중 베트남은 경제, 사회, 정치의 운용 면에서 근본적인 변화를 맞게 되었다. 이 같은 변화는 각 부분에서 당면한 여러 가지 난관을 극복해 베트남을 본격적인 발전의 궤도에 올려놓음으로써 국제 및 지역사회와 점진적인 통합을 이루어 나가기 위해 취해진 것이었다.

베트남 공산당은 1986년 12월 제6차 전당대회를 열고 당의 지도노선과 지도방법에 중대한 과오가 있음을 인정했다. 그에 따라 경제구조와 경제운용방식을 쇄신하고 법률체계를 확립하며 당과 국가조직을 개혁할 필요성이 있음을 분명히 천명하게 되었다.

뒤이어 국가쇄신방안을 둘러싼 각계각층의 온갖 의견이 라디오와 TV, 신문 등을 통해 봇물처럼 터져 나왔다. 이런 변화의 물결 속에서 문학과 미술, 연극, 영화부문 등이 모두 활기를 띠며 활동하게 되었다.

경제면에서 국가는 복합경제구조Multi-Sectoral Economic Structure와 시장기능을 받아들였다. 시장기능이란 자극제가 가장 빠르고 효율적인 수단이라고 판단했기 때문이다. 이에 따라 베트남경제는 진정한 의미에서 개방화의 첫걸음을 내딛게 되었다. 국가보조금에 크게 의존하고 수입과 외국원조에 의존하던 경제모델에서 수출과 균형예산 지향적인 경제모델로 바뀌어갔다.

국가는 법률체계를 정비하고 시장경제에 유리한 환경을 조성하기 위해 수많은 법률과 시행령을 제정했다. 동시에 여러 가지 중요한 경제적 조치들이 시행되었다. 농가에 대한 농지 배분, 2중 가격제도의 폐지, 은행금리의 인상, 금 및 외환시장의 자유화, 외국인 투자법 채택 등이 그런 것이다.

이 같은 조치로 말미암아 베트남은 곧바로 세계 1위의 쌀 수출국으로 떠올랐고 시장에는 다양한 상품이 넘칠 듯 쏟아져 나왔다. 또한 상거래와 교역의 순환속도가 훨씬 빨라졌고, 수많은 산업개발프로젝트가 착수되는가 하면 외국인 투자가 급증하게 되었다.

1990년 말 베트남 경제는 여러 가지 어려움을 맞게 되었다. 베트남에 적잖은 원조를 제공하고 또 베트남의 주요 수출시장이 되었던 소련과 동유럽에 격변이 일어났기 때문이었다.

그러나 베트남은 이런 난관을 빠르게 극복해나갔다. 베트남이 채택한 시장경제로의 전환 덕분이었다. 특히 베트남은 정치 및 사회 안정을 잘 유지할 수 있었다. 시장경제에 따른 물품의 품귀현상은 사회보장기금과 '빈곤축소 및 기아근절 계획'을 통해 곧바로 해소되었다.

1991년 6월에 열린 베트남 공산당 제7차 전당대회는 복합 경제 개발과 대외경제관계의 확대, 개방적 시장경제체제의 창설, 중앙과 지방차원의 정치제도 개혁, 능률성 제고를 위한 국가기구의 단순화, 국가기능의 점진적 법제화, 사회전반의 민주화 확산, 인민의 문화 및 정신생활에 대한 관심 강화, 협력과 평화공존, 호혜의 원칙을 바탕으로 사회–정치체제에 관계없이 모든 나라와의 우호협력관계 강화 등의 도이머이개혁 정책을 계속 실행해 나간다는 결의안을 채택했다.

■ 보반끼엣 수상

1991년 말을 전후해 전개된 일련의 정치적 사태는 베트남의 건실한 대외 관계를 재확인시켜 주었다. 캄보디아의 평화협정 타결, 보반키엣 수상의 동남아시아 국가 순방, 베트남-중국 국교 정상화, 베트남-EU 외교관계 수립, 국교 정상화문제를 협의하기 위한 미국과 베트남의 첫 공식 대화 등이 그런 중요한 정치적 움직임이었다.

1992년부터 오늘까지 베트남은 시장경제체제로의 전환에 따른 여러 가지 심각한 난관들을 극복하고 이제 탄탄하고 안정된 발전 궤도에 진입하게 되었다. 세계 언론은 이런 점을 자주 기사화 했고 유엔의 여러 회원국과 국제경제기구, 세계적인 명성을 지닌 여러 저명인사들이 그 같은 성공사례에 주목했다.

미국이 1994년 2월 베트남에 대한 무역금지조치를 해제한데 이어 1995년 7월에 국교정상화를 결정하고 하노이에 대사관을 설치함으로써 두 나라 관계는 중대한 전환점을 맞게 되었고 이 같은 변화는 베트남의 국제관계 전반에 상당한 영향을 끼치게 되었다.

이에 앞서 베트남은 EU와의 협정을 체결하였으며 95년 8월에 ASEAN에 정식 가입했으며, 미국과의 무역협정 체결 및 비준이 끝남으로써 대미수출을 확대해 가고 있다.

2001년 4월에 열린 제9차 전당대회를 통하여 베트남은 "부민강국과 민주화되고 문명화된 정의사회"를 지향하면서, 역내 및 세계의 발전에 함께 하기 위해 노력을 다하고 있다.

베트남의
정치

7

베트남의 정치

1. 국가기관

1) 국가주석 Chủ tịch nước

국가주석은 국가의 원수로서 대내외적으로 베트남 사회주의 공화국을 대표하며, 국회의원 중에서 국회가 선출하고, 임기는 국회의 임기에 따른다. 그러나 국회의 임기가 종료되었어도 새로운 국회가 새로운 국가주석을 선출할 때까지 계속 임무를 수행하도록 함으로써 주석 직에 대한 공백이 없도록 규정하고 있다.

① 주석의 임무와 권한

2013년 개정헌법 6장 88조에 국가주석의 권한과 임무에 대해 다음과 같이 규정하고 있다. ① 법률헌법 공포권 및 제의 요구권 ② 국회에 부주석, 수상, 최고인민법원장, 최고인민검찰총장의 임명 및 해임 제청권 ③ 국회 및 국회 상임위의 의결에 근거하여 부수상, 장관 등에 대한 임명 및 해임권 ④ 국회 및 국회 상임위의 의결에 근거한 선전포고 및 대사면 공포권 ⑤ 국회 및 국회 상임위의 의결에 근거하여 총동원령, 국부 동원령 그리고 전국 또는 일부 지역에 대한 긴급사태 선포권 ⑥ 최고인민법원 부원장, 판사와 최고인민검찰청 부총장, 검사의 임명 및 해임권 ⑦ 고급장교, 외교관, 정부직위에 대한 서열의 결정 및 훈장, 포상결정권 ⑧ 대사의 파견, 소환 및 외국 대사의 접수, 외국국가 원수와 회담진행, 국제조약 참가 및 체결권국회 승인이 필요한 경우는 제외 ⑨ 베트남 국적의 부여, 정지, 박탈 결정권 등이 있으며, 국회 상임위원회 및 정부의 각 회의에 참가할 권리가 있다. 또한 주석의 명령, 결정을 공포할 수 있는 권리가 있다. 국가주석의 유고시에는 국회에서 새로운 주석을 선출할 때까지 부주석이 대리한다.

역대 국가주석

순서	국가주석 성명	재임 기간	
1	Hồ Chí Minh	1945.9.2 ~ 1969.9.2	24년
	Huỳnh Thúc Kháng	1946.5.31 ~ 1946.9.21	4개월
2	Tôn Đức Thắng	1969.9.3 ~ 1969.9.22	19일
		1969.9.22 ~ 1980.3.30	10년 6개월
	Nguyễn Hữu Thọ	1980.3.30 ~ 1981.7.4	1년 3개월 권한대행
3	Trường Chinh	1981.7.4 ~ 1987.6.18	6년
4	Võ Chí Công	1987.6.18 ~ 1992.9.22	5년 3개월
5	Lê Đức Anh	1992.9.23 ~ 1997.9.24	5년
6	Trần Đức Lương	1997.9.24 ~ 2006.6.26	8년 9개월
7	Nguyễn Minh Triết	2006.6.27 ~ 2011.7.25	5년 1개월
8	Trương Tấn Sang	2011.7.25 ~ 2016.4.2	4년 9개월
9	Trần Đại Quang	2016.4.2. ~ 현재	

② 쩐다이꽝Trần Đại Quang 주석

쩐다이꽝 현 국가주석은 1956년 북부 닝빙 성 출신이며, 공안부 대장을 역임했다. 10~12대 중앙 집행위원, 11~12대 정치국원, 13대 국회의원을 지냈으며, 2011년 8월 공안부 장관으로 임명되었다가 2016년 4월 국가주석으로 선출되었다. 4형제 중 둘째이며, 막내 동생 쩐꾸옥또Trần Quốc Tó는 타이응웬 성 당서기이다.

■ 쩐다이꽝

2) 국회 Quốc hội

베트남 국회는 헌법상 "인민의 최고 대표기관이며 베트남 사회주의 공화국의 국가 최고 권력기관이다. 국회는 유일한 입헌, 입법기관이다. 국회는 국가의 대내외 기본정책, 경제-사회, 국방, 안보의 임무, 국가기관의 조직과 활동에 관한, 공민의 사회관계와 활동에 관한 주요원칙을 결정한다. 국회는 국가의 모든 활동에 대한 최고 감사권을 행사한다."고 규정하고 있다. 그러나 이러한 최고 권력 기관으로서의 위치를 누리게 된 것 역시 도이머이의 영향이다.

7대 국회 이전의 베트남 국회는 일 년에 한 번, 3~4일간 열렸으며 만장일치제였기 때문에 형식적으로 운용되었다. 도이머이 이후인 8대 국회에 이르러서야 보다 민주적인 국회 활동이 시작되었다. 베트남 국회 역사에서 최초로 장관에 대한 국회의원의 질의가 실시되었는데, 이는 당시 국회의장이던 레꽝다오의 역할이 컸다고 한다.

실질적으로는 국회가 독자적으로 국가정책을 입안하지는 못하며, 당의 정치노선과 주장, 정책을 그대로 수행해야 한다. 기본적으로 국회의 의견은 당의 노선과 다를 수는 없다. 그러나 만일 세부적인 사안에 대해서 의견이 다를 경우에는 정치국에 국회의 의견을 제시하여 협의를 통해 해결할 수 있다.

① 국회의 임기, 권한과 임무

국회의원의 임기는 5년이고, 임기 만료 60일 전까지 새로운 국회의원 선거를 마쳐야 한다. 다만 국회 상무위원회가 제안하고, 재적 의원 2/3 이상이 찬성하면 임기의 연장 또는 단축이 가능하지만 전시를 제외하고 12개월을 초과할 수는 없다. 정기 국회는 1년에 2번 개최하도록 되어 있고, 국회 상무위원회 또는 국회의원 1/3 이상이 찬성하면 임시 국회를 개원할 수 있다.

국회는 ① 헌법과 법률의 제정 및 개정 ② 각 국가기관에 대한 최고 감찰권 ③ 국가 경제-사회발전계획의 결정 ④ 국가의 재정, 금융정책, 예산심의, 승인 ⑤ 민족정책 결정 ⑥ 입법, 사법, 행정기관의 조직 및 활동을 규정 ⑦ 국가주석, 부주석, 국회의장, 부의장, 상무위원회, 각 상임위원장, 최고인민법원장, 최고인민검찰총장의 선출, 면직, 정직 결정과 주석의 건의 및 수상의 제청에 의한 관료의 승인 ⑧ 정부부처의 신설 및 해체 결정과 성급 이상의 경계선 설정, 행정특구 신설 및 해체 결정 ⑨ 헌법과 법률에 위배되는 입법, 사법, 행정부의 공문 폐지 결정 ⑩ 특별사면 결정 및 훈포장 수여 결정 ⑪ 국가안보와 관련된 특별한 결정 ⑫ 국제조약의 비준 및 폐지 ⑬ 국민투표 실시 여부 결정 ⑭ 고위공직자에 대한 신임투표 실시 등의 권한과 임무를 갖고 있다.

국회 조직도 14대 국회

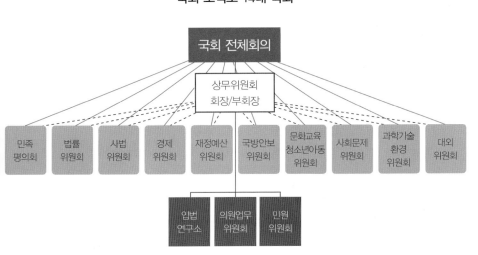

② **국회 상무위원회** Uỷ ban thường vụ Quốc hội

베트남 국회는 일부 극소수의 무소속 의원이 있으나, 일당에 의한 국회이기 때문에 여야의 개념이 없다. 그리고 정기 국회는 일 년에 단 두 번 열리도록 되어 있기 때문에 평상시 국회의 기능을 수행할 수 있는 기구가 필요하다. 그래서 베트남 국회에는 상무위원회라는 기구가 있다.

이 상무위원회는 사실상 베트남 국회의 모든 활동을 주관하는 기구로, 국회의장과 부의장이 각각 상무위원장과 부위원장이 되고, 몇 명의 위원으로 구성된다. 2016년 7월에 구성된 14대 국회의 상무위원회는 국회의장, 부의장 4명을 포함하여 18명으로 구성되었다.

상무위원회는 위에서 언급한 대부분의 국회 권한을 갖고 있으며, 특히 국회가 열리고 있지 않을 때는 선전포고는 물론 수상을 포함한 정부 인사의 임명과 해임을 포함한 모든 국회의 권한을 위임받고 있다.

14대 국회 상무위원회 18명

상무위원회	성명	직책
위원장	Nguyễn Sinh Hùng	국회의장
부위원장	Tòng Thị Phóng	국회 부의장
	Uông Chu Lưu	
	Đỗ Bá Tỵ	
	Phùng Quốc Hiển	
위원	Hà Ngọc Chiến	민족평의회 의장
	Nguyễn Khắc Định	법률위원장
	Lê Thị Nga	사법위원장
	Nguyễn Văn Giàu	대외위원장
	Nguyễn Đức Hải	재정예산위원장
	Võ Trọng Việt	국방안보위원장
	Nguyễn Thanh Hải	민원위원장
	Nguyễn Thúy Anh	사회문제위원장
	Phan Xuân Dũng	과학기술환경위원장
	Phan Thanh Bình	문화교육청소년아동위원장
	Nguyễn Hạnh Phúc	국회사무처장
	Trần Văn Túy	의원업무위원장/중앙조직위 부위원장
	Vũ Hồng Thanh	경제위원장

③ 상임위원회 Các ủy ban Quốc hội

국회조직법에는 ① 법률위원회 ② 사법위원회 ③ 경제위원회 ④ 재정예산위원회 ⑤ 국방안보위원회 ⑥ 문화교육청소년아동위원회 ⑦ 사회문제위원회 ⑧ 과학기술환경위원회 ⑨ 대외위원회의 9개 분과위원회를 두도록 되어 있으며, 별도로 소수종족 관련 정책을 다루는 ⑩ 종족평의회가 있다.

각 분과 상임위원회는 법률안 제출권이 있으며, 상무위원회가 위임한 사항을 심사하여 상무위원회에 제출하고 해당 분야에 대한 감독권을 행사한다.

각 기관에 대한 자료 제출 요구권이 있고, 조사단을 파견할 수 있다. 최고인민법원장, 최고인민검찰총장, 각 성, 시 인민위원장에게 건의권이 있으며, 이 때 해당 기관장은 15일 내에 답변할 책임이 있다. 또한 특정 문제를 연구하기 위한 소위원회를 구성할 수 있다.

④ 국회의원의 선출

베트남의 국회의원 선출은 2013년 개정 헌법과 2014년 국회조직법 그리고 2015년 국회의원 및 인민의회 의원 선거법에 근거하여 선출한다.

베트남 국회의원 선거는 보통, 평등, 직접 및 비밀투표 원칙에 따라 진행되며 민족, 남녀, 사회성분, 직업 등의 차별 없이 만 18세 이상인자는 선거권이 있고 만 21세 이상인자는 피선거권이 있다. 다당제를 채택하지 않고 베트남 공산당이 집권당인 베트남에서 국회의원 후보 출마 방식은 ① 일반인의 자진 출마 방식과 ② 베트남 조국전선에 의한 전국 각 기관, 조직, 단위, 군, 정부기관에서 후보자 선발, 소개받는 방식을 채택하고 있다.

국회의원 선거를 주관하는 기관으로는 ① 국회 상무위원회 ② 베트남 조국전선 ③ 중앙선거위원회가 있는데, 이들 개별 기관의 선거 주관, 관리 직능은 아래와 같다.

국회 상무위원회는 국회의원 선거를 공고하고 주재하며 선거를 감찰하고 선거가 법률에 따라 민주적으로 진행되도록 추진한다. 동시에 국회 내에서 인민 각계 각층의 합리적인 의원 비율을 보장하기 위해 관계 기관들과 의견을 교환한 후, 전국 각 기관, 조직, 단위, 군 및 정부기관에서 국회의원 후보로 선출할 사람 수 및 기구, 성분에 관해 3차에 걸쳐(예측 선거일 80일, 70일, 40일 전)에 예측하고, 이 예측을 베트남 조국전선으로 보낸다.

베트남 조국전선은 베트남 공산당의 전위조직인데, 2013년 헌법 제9조에는 "베트남 조국전선과 그 구성 조직들이 인민정권의 정치 기반이다. 조국전선은 전 인민의 전통적인 단결을 발휘하고 정치와 정신에 관한 일체감을 증진시켜 인민정권을 건설하고 공고히하며, 국가와 더불어 인민의 정당한 이익을 보살피고 인민으로 하여금 주권을 행사하게 하고 헌법과 법률을 엄정히 시행하도록 하며 국가기관, 민선대표, 간부의 활동을 감시한다. 국가는 조국전선과 그 구성 조직이 효과적으로 활동할 수 있는 조건을 조성한다."라고 규정하고 있다. 또한 국회의원선거법 제8조에서 "베트남 조국전선이 국회의원 후보자 선별, 소개 협상을 조직하며 국회의원 선거 감찰에 참가한다."라고 규정하고 있다.

따라서 베트남 조국전선은 국회의원 선거법에 따라 전국 각 조직, 기관, 단위, 군 및 국가기관에서 국회의원 후보로 선출할 사람 수, 기구, 성분에 관한 국회 상임위원회의 1차, 2차, 3차 예측과 국회의원 후보를 내는 각 기관, 조직, 단위가 개최한 유권자회의 회의록 및 후보자를 내는 각 기관, 조직, 단위에서 후보자에 관해 개최한 자체회의록 등을 근거로 하여 관계기관 대표의 참석 하에 후보자 선정, 협상회의를 개최한다. 베트남 조국전선은 협상회의 결과보고서를 국회 상무위원회 및 중앙선거위원회로 제출한다. 국회상임위원회는 베트남 조국전선의 협상회의 결과보고서를 2차, 3차 예측에 활용한다.

중앙선거위원회는 베트남 조국전선으로부터 받은 후보자 공식명부에 입각하여 전국선거 단위별로 후보자 명부를 작성하여 공고한다. 개별선거 단위 후보자 수는 실제로 개별선거 단위에 배정된 국회의원 수보다 많아야 한다. 후보자는 선거일 20일 전에 후보자 명부가 공고된 후에, 유권자와의 만남과 접촉을 통해 자신의 정견을 발표하는 등 선거운동을 할 수가 있다. 그러나 후보자의 유권자와의 만남과 접촉은 베트남 조국전선이 주관하는 것으로 규정하고 있다.

국회의원 선거비용은 국가가 부담하는 공영제국회의원 선거법 제7조를 실시하고 있으며, 중앙선거위원회는 총선 결과를 종합하여 선거 결과 및 당선자 명단을 공고한다.

당선자라 하더라도, 국회는 국회의원자격심사위원회를 구성하여 심사한 후 개별적으로 국회의원 자격 유무를 확인한다.

베트남에서 국회의원 후보는 1차적으로 후보자 선정 과정에서 베트남 조국전선이 주관하는 선정, 협상회의와 거주지 유권자회의에서 그리고 직장회의에서 후보자 자격이 있는 것으로 인정을 받아야 후보자가 되며 2차적으로 선거에서 당선되어야 하며 마지막으로 새로운 국회에 구성된 국회의원자격 심사위원회로부터 국회의원 자격을 인정받아야만 비로소 국회의원이 된다.

베트남 국회의원은 상근 국회의원과 비상근 국회의원으로 나눠지며, 그 수는 국회가 정하도록 되어 있다. 국회의원은 법률 제안권과 정부 각 기관에 대한 질문권이 있고, 국민의 청원을 해당 기관에 전달하고 해당 기관은 그에 대한 답변을 해야 하며, 청렴의 의무와 유권자에 대한 활동 보고의 의무가 있다.

성, 시별로 국회대표단을 구성하여 활동할 수 있고, 조국전선 또는 유권자의 요구에 따라 국회에서 의결을 거쳐 해임될 수 있다. 면책특권을 갖으며 국회의원의 체포, 소추 및 사무실과 주택에 대한 수색은 국회의 동의를 받아야 하고, 국회 상무위원회의 동의 없이 소속 직장에서 해임, 휴직 당하지 않는다. 비상근 국회의원은 근무시간의 1/3 이상을 국회 활동에 할애해야 하고, 상근 국회의원은 임기가 끝났을 때 직장을 알선 받으며 국회 활동 기간은 근속년수에 합산된다.

⑤ **국회의장단** Chủ tịch, phó chủ tịch Quốc hội

국회의장은 국회 회의를 주재하며 국회의 결정, 법에 서명하고 국회 상임위원회 사업을 지도하고, 국회 예산 집행을 지도하며, 국회를 대표하여 대외 관련 업무를 수행하고 국회의원과의 관계를 유지할 임무와 권한을 갖고 있으며, 국회 부의장은 국회의장의 업무 분장에 따라 의장을 보좌한다.

현 14대 국회의장 응웬티낌응언은 1954년 남부 벤째 성에서 태어났고, 경제학 석사로, 재정, 예산 분야가 전공이다. 9대~12대까지 중앙위원, 2001년에 재정부 차관, 2013년 국회부의장, 2016년 3월 정치국원, 국회의장으로 피선되었다.

역대 국회 현황

구분	임기	총선일자	의석수	의원수	주요직
초대	1946~1960	1946.1.6	403	333명	정부주석: 호찌밍 국회의장: 부이방도안
2대	1960~1964	1960.5.8	453	362명	국가주석: 호찌밍 상무위원장: 쯔엉찡
3대	1964~1971	1964.4.26	453	336명	국가주석: 호찌밍 상무위원장: 쯔엉찡
4대	1971~1975	1971.4.11		424명	국가주석: 똔득탕 국회의장: 쯔엉찡
5대	1975~1976	1975.4.6		424명	국가주석: 똔득탕 국회의장: 쯔엉찡
6대	1976~1981	1976.4.25		492명	국가주석: 똔득탕 국회의장: 쯔엉찡
7대	1981~1987	1981.4.26		496명	국가평의회의장: 쯔엉찡 국회의장: 응웬히우터
8대	1987~1992	1987.4.19		496명	국가평의회의장: 보찌꽁 국회의장: 레꽝다오
9대	1992~1997	1992.7.19		395명	국가주석: 레득아잉 국회의장: 농득마잉
10대	1997~2002	1997.7.20		450명	국가주석: 쩐득르엉 국회의장: 농득마잉
11대	2002~2007	2002.5.19		498명	국가주석: 쩐득르엉 국회의장: 농득마잉
12대	2007~2011	2007.5.20		493명	국가주석: 응웬밍찌엣 국회의장: 응웬푸쫑
13대	2011~2016	2011.5.22		500명	국가주석: 쯔엉떤상 국회의장: 응웬싱훙
14대	2016~2020	2016.5.22		494명	국가주석: 쩐다이꽝 국회의장: 응웬티낌응언

QUỐC HỘI KHÓA XIV
KỲ HỌP THỨ HAI

3) 정부 Chính phủ

지금까지 베트남은 1946년 헌법을 제정한 이후로 1959년, 1980년, 1992년에 걸쳐 헌법을 개정했는데, 각각의 헌법에 규정된 정부의 조직, 임무와 권한은 서로 다른 점이 있으며 정부의 명칭도 46년 헌법에서는 '정부Chính phủ', 59년 헌법에서는 '정부평의회Hội đồng Chính phủ', 80년 헌법에서는 '각료평의회Hội đồng Bộ trưởng'로, 92년 헌법에서는 다시 '정부Chính phủ'로 개칭하였다. 각 헌법에서 규정한 정부의 성격은 아래와 같다.

1946년 헌법에서 '정부'는 '전국의 최고행정기관'이다. 정부는 국가주석, 국가부주석 및 내각으로 구성되며 내각은 수상, 장관, 차관으로 구성하나 부수상도 포함할 수 있다고 규정했다. 이 헌법에서 규정한 정부의 조직과 활동을 다른 3개 헌법과 비교하면, 즉 정부가 비록 의회에 의해 수립되지만 정부는 의회의 집행기관이 아니며, 정부 구성에 국가주석을 포함하고 있다. 국가주석은 전군을 통수하고 수상을 임명하고 대내외적으로 국가를 대표하며 정부회의를 주재한다. 의회가 회기 중이 아닌 때에는 전쟁 또는 정전을 선포하는 등의 권한을 가진다. 국가주석은 반국가범죄를 제외하고 의회에 대해 어떠한 책임도 지지 아니한다. 반면 내각은 의회에 대해 책임을 진다. 따라서 1946년 헌법에 규정된 정부는 국가최고행정기관으로 활동했다.

1959년 헌법에서는 국가주석을 정부로부터 분리시키고 '의회'를 '국회'로 개칭했다. 제5장에 국가주석을 신설하고 제6장에 정부평의회를 두었다. 1959년 헌법에서는 정부를 정부평의회로 개칭하고 "정부평의회는 최고국가권력기관국회의 집행기관이며 베트남민주공화국의 최고 국가행정기관이다."라고 규정하고, "국회는 베트남 민주공화국의 최고 국가권력기관이다."라고 규정했다. 정부평의회는 수상이 대표하며 국회의 집행기관으로서 국회가 회기 중이 아닌 때에는 국회상무위원회에 대해 책임을 지고, 보고한다.

또한 국회에서 선출되는 국가주석은 정부의 구성원이 아니며, 국가주석은 국회의 의결에 근거하며 수상, 부수상 및 기타 정부구성원 임명을 통해 정부를 지도하고 필요시 정부평의회 회의에 참가하여 회의를 주재하는 권한을 가지나 정부로부터 분리되고, 1946년 헌법에서 부여받았던 권한 일부가 국회 상무위원회로 이양되었기 때문에 1959년 헌법에서의 국가주석은 대내외적으로 국가를 대표하는 사람이다. 반면 최고국가행정기관인 국가평의회는 모든 분야에서 국가행정을 담당한다.

1980년 헌법에서는 정부를 '각료평의회'로 개칭했다. 이 헌법에서는 "국회는 인민의 최고대표기관이며 베트남 사회주의 공화국의 최고 국가권력기관이다. 국회는 입헌 및 입법권을 가진 유일한 기관이다."라고 규정하고 "각료평의회는 베트남 사회주의 공화국의 정부이며 최고 국가권력기관국회의 최고 국가집행 및 행정기관이다."라고 규정했다. 국회와 각료평의회를 이와 같이 규정함으로써 국회는 입법, 행정, 사법권을 완전히 장악하며 국회가 국가권력을 행사하는 집단이 된 것이다. 그러므로 국회에 의해 수립된 다른 국가기관들은 국회의 직능과 임무를 분임을 통해 실현하는 기관인 것이다. 최고 국가권력기관국회의 최고 국가집행 및 행정기관인 각료평의회정부도 이와 같은 헌법 정신에 따라 조직되기 때문에 각료평의회의 직능, 임무는 국회로부터 부여받은 행정권을 집행하는 것이다. 우리는 베트남이 삼권분립제도를 채택하지 않고 삼권을 국회에 집중시키며 국회에 집중된 삼권을 입법부국회, 행정부정부와 사법부최고인민법원 및 최고인민검찰청 간에 분담과 분임을 통해서 행사한다는 관점이 헌법에서 반영되고 있음을 알 수가 있다.

1992년 헌법에서는 제8장에 정부를 규정하고 있다. 1992년 헌법에서는 1946년 헌법에서와 같이 '정부'로 명칭하고, 정부를 최고 국가권력기관국회의 집행기관, 베트남 사회주의 공화국의 최고 행정기관으로 규정했다. 이와 같이 정부를 1959년 헌법과 동일하게 규정한 것은 권력을 국회에 집중시키기 위한 것이다. 1992년 헌법 개정 시 일부에서 정부를 헌법에 관한 권력기관, 최고 행정기관으로 보자는 의견을 제시했으나 받아들여지지 않았고 정부를 국회의 집행기관, 국가의 최고 행정기관으로 규정했다. 그렇기 때문에 1992년 헌법 정신은 정부를 최고 행정기관으로 보지 않고 국회의 집행기관으로 보고 있다는 것을 인식해야 한다. 베트남 정부는 일부 국가처럼 정부가 국회에서 제정한 법과 의결을 부결하거나 또는 시행하지 않거나 할 수 없으며, 정부는 헌법상 국회에서 제정한 법과 의결을 올바로 집행하고 국회에 대해 보고해야 하는 국회의 집행기관인 것이다.

① 정부의 위상

국가 권력 구조에서 정부의 법적 지위는 정부와 국회, 국회 상무위원회, 국가 주석 간의 관계와 헌법에서 규정한 권리와 의무 그리고 법률의 규정으로 확정된다. 1980년 헌법은 정부 수립에 관해 모든 각료평의회 정부 구성원, 국가위원회 주임은 모두 국회가 선출하도록 규정했으나 1992년 헌법에서는 국회는 국가주석의 제의에 따라 수상을 임명, 해임하며 수상의 부수상, 정부구성원 임명에 관한 제청을 국회가 회기 중이 아닌 때에는 국회 상무위원회가 승인한다고 규정하고 있다.

1946년 헌법과 1959년 헌법에서는 국가주석이 의원, 국회의 의결에 근거하여 수상을 임명했으나 1992년 헌법에서는 국가주석이 국가 부주석, 수상, 최고 인민법원장, 최고 인민검찰총장의 임명과 해임을 국회에 제청하는 권한을 갖는 것으로 되어 있다. 1946년 헌법에서는 수상과 장관은 모두 의원 중에서 선출하도록 규정했고, 1959년 및 1980년 헌법에서는 명확하게 규정하지는 않았으나 정부 구성원 대부분이 국회의원이었다. 1981년에 공포된 각료평의회 정부 조직법에서는 각료평의회 구성원은 국회의원이 아니어도 되지만 각료평의회의장과 각료평의회의 주요 구성원은 국회의원이어야 한다고 규정했다. 그리고 1992년 헌법에서는 수상 외의 다른 정부 구성원은 반드시 국회의원이 아니어도 된다고 규정했다. 이는 이전 헌법과 비교해서 새로운 것이다. 1997년 7월 20일에 실시한 10대 국회의원 선거에서 부수상 2명, 장관 15명, 차관 5명이 국회의원에 당선되었다.

또한 정부의 책임에 관하여 1946년 헌법을 제외한 1959년 헌법과 1980년 헌법에서 "수상정부평의회, 각료평의회는 국회 및 국회가 회기 중이 아닌 때에는 국회상임위원회에 대해 책임을 지고 보고한다."고 규정했으며, 1992

년 헌법에서는 "수상은 국회, 국회상임위원회, 국가주석에 대해 책임을 지고 보고한다."고 규정하고 있다. 1946년 헌법에서 내각은 의회에 대해서만 책임을 지는 것으로 규정했다.

그러나 1992년 헌법 제117조에서 "정부와 장관 및 기타 정부 구성원은 전국적인 범위에서 자신이 많은 부문에 관해 국가관리 책임을 진다."고 규정하여 개인의 책임을 강조하고 있다.

② 정부의 임기

정부의 임기는 국회의 임기에 따르며, 국회가 임기가 끝난 경우에는 새로운 국회가 구성되어 새로운 정부를 수립할 때까지 임무를 계속 수행하는 것으로 되어 있다. 현재는 국회의원의 임기가 5년이므로 정부의 임기도 5년이다. 다만 국회의원 2/3 이상의 찬성으로 국회의원의 임기를 단축하거나 연장하면 정부의 임기도 그에 따르게 되어 있다.

③ 수상의 권한과 임무

헌법 114조에 수상의 임무와 권한이 규정돼 있는데, 수상은 ① 정부, 정부구성원, 각급 인민위원회의 사업을 영도하고 정부 회의를 주재하며 ② 부와 부급 기관의 설립 또는 해체를 국회에 건의하며 부수상, 장관, 정부의 기타 구성원의 임명, 해임을 국회에 제청하여 동의를 받고 ③ 차관과 차관급의 임명과 해임, 성, 중앙 직속 시의 인민위원장, 부위원장 선거의 승인, 임명과 해임 ④ 헌법과 법 및 국가 상급기관의 문서에 위배되는 장관의 지시, 시행세칙, 성 및 중앙 직속 시 인민위원회와 인민위원장의 결정, 지시의 시행 정지 또는 폐지 ⑤ 정부가 해결해야 할 중요한 문제에 관해 대중통신을 통해 인민에게 직접 보고할 수 있다.

정부 조직

```
                        수상
                         │
                       부수상4
        ┌────────────────┼────────────────┐
     국방부            공안부            외교부
     내무부            사법부          계획·투자부
     재정부            상공부        농업·농촌개발부
   교통·운송부          건설부          자원·환경부
   정보·통신부       노동사회복지부      문화체육관광부
   과학·기술부         교육훈련부          보건부
   * 정부행정실       * 중앙은행        * 정부 감사실
                                      * 18개 부와
   * 민족위원회       * 부급 기관       4개의 부급기관
```

제14대 정부부처 및 장관 명단

구분	직책	성명	당내 직책
1	수상	Nguyễn Xuân Phúc	정치국원
2	부수상	Trương Hòa Bình	정치국원
3	부수상/외교부장관	Phùng Quang Thanh	정치국원
4	부수상	Vương Đình Huệ	정치국원
5	부수상	Vũ Đức Đam	중앙집행위원
6	부수상	Trịnh Đình Dũng	중앙집행위원
7	국방부 장관	Ngô Xuân Lịch	정치국원
8	공안부 장관	Tô Lâm	정치국원
9	내무부 장관	Lê Vĩnh Tân	중앙집행위원
10	재정부 장관	Đinh Tiến Dũng	중앙집행위원
11	정부행정실 장관	Mai Tiến Dũng	중앙집행위원

12	농업·농촌개발부 장관	Nguyễn Xuân Cường	중앙집행위원
13	보건부 장관	Nguyễn Thị Kim Tiến	AIDS 예방위 부위원장
14	상공부 장관	Trần Tuấn Anh	중앙집행위원
15	교육·훈련부 장관	Phùng Xuân Nhạ	중앙집행위원
16	교통·운송부 장관	Trương Quang Nghĩa	중앙집행위원
17	자원·환경부 장관	Trần Hồng Hà	중앙집행위원
18	문화·체육·관광부 장관	Nguyễn Ngọc Thiện	중앙집행위원
19	정부 감사원장	Phan Văn Sáu	중앙집행위원
20	종족위원회 장관	Đỗ Văn Chiến	중앙집행위원
21	정보·미디어부 장관	Trương Minh Tuấn	중앙집행위원
22	과학·기술부 장관	Chu Ngọc Anh	중앙집행위원
23	계획·투자부 장관	Nguyễn Chí Dũng	중앙집행위원
24	노동·사회복지부 장관	Đào Ngọc Dũng	중앙집행위원
25	사법부 장관	Lê Thành Long	중앙집행위원
26	건설부 장관	Phạm Hồng Hà	중앙집행위원
27	중앙은행 총재	Lê Minh Hưng	중앙집행위원

정부 직속 기관 Các cơ quan thuộc Chính phủ

순서	기관명
1	베트남 사회과학 한림원 Viện Hàn lâm Khoa học xã hội Việt Nam
2	베트남 과학기술 한림원 Viện Hàn lâm Khoa học và Công nghệ Việt Nam
3	베트남 통신사 Thông tấn xã Việt Nam
4	베트남 라디오 방송국 Đài Tiếng nói Việt Nam
5	베트남 텔레비전 방송국 Đài Truyền hình Việt Nam
6	베트남 사회보험 Bảo hiểm Xã hội Việt Nam
7	호찌밍 정치–행정 대학원 Học viện Chính trị-Hành chính Quốc gia Hồ Chí Minh
8	호찌밍 주석릉 관리위원회 Ban Quản lý Lăng Chủ tịch Hồ Chí Minh

④ 응웬수언푹 수상

응웬수언푹_{Nguyễn Xuân Phúc} 수상은 1954년 중부 꽝남 성에서 태어났다. 1978년 국민경제대학을 졸업하고, 1983년 베트남 공산당에 입당하였으며 2001년 꽝남성 부서기, 꽝남성 인민위원장, 11대 국회의원, 2006년 10대 중앙집행위원, 정부행정실 부위원장, 2007년 정부행정실 장관, 2011년 8월 부수상, 2016년 4월 수상으로 피선되었다.

■ 응웬수언푹

4) 인민법원_{Tòa án Nhân dân}

베트남의 법원 체계는 우리의 대법원에 해당하는 ① 최고 인민법원이 있고 ② 성급 법원 ③ 현급 법원 ④ 군사 법원과 ⑤ 법률 정하는 법원이 있다. 우리와 다른 점은 베트남 법원이 행정단위와 상응하게 법원이 설치된 것이다. 군 단위 법원과 광역시도 단위 법원 그리고 중앙정부에 상응하는 최고 인민법원이 있다.

최고 인민법원장은 국가주석의 제청으로 국회가 임명, 해임하며 임기는 국회의 임기와 같고, 최고 인민법원장은 국회에서 보고의 의무가 있으며, 지방 인민법원장은 각 지방 의회에 보고 의무가 있다. 이러한 점 때문에 베트남 사법부는 삼권분립 차원에서 본다면 그 권한이 행정부, 입법부에 비해 현저히 낮다고 할 수 있다. 심지어 베트남 공산당 정치국의 지시가 법률보다 우선시된다고 자조하는 경우도 있다.

① 법원 체계도

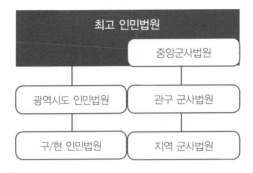

② 최고 인민법원

최고 인민법원은 ① 법관평회의 ② 중앙 군사법원 ③ 형사재판부 ④ 민사재판부 ⑤ 경제재판부 ⑥ 노동재판부 ⑦ 행정재판부 ⑧ 각 최고 인민법원 2심재판부 ⑨ 감사위원회 ⑩ 서기위원회 ⑪ 조직국 ⑫ 법원 간부학교로 구성되어 있다. 법관평의회Hội đồng Thẩm phán는 17명 이내로 구성하도록 되어 있으며, 현재는 7명으로 구성되어 있다.

■ 히노이에 위치한 인민법원

③ 성급 인민법원

성급 인민법원성, 중앙 직속 시 법원은 ① 법관위원회 ② 형사재판부 ③ 민사재판부 ④ 경제재판부 ⑤ 노동재판부 ⑥ 행정재판부 ⑦ 지원조직으로 되어 있다. 법관위원회Ủy ban Thẩm phán는 법원장, 각 부법원장 및 판사로 구성하며 9명 이내로 한다. 각 전문 재판부에는 재판장, 부 재판장, 판사, 법원 서기가 있다.

④ 현급 인민법원

현급 인민법원 구, 현, 성 직속 시 인민법원은 ① 법원장 ② 1~2 명의 부 법원장 ③ 판사 ④ 배심원 ⑤ 법원서기 ⑥ 지원조직으로 구성되어 있다.

⑤ 판사의 자격과 임명

베트남에서 판사로 임명되기 위해서는 법학사 학위를 갖고, 재판관련 교육을 이수한 후 4년 이상 현급 재판 관련 업무에 종사한 자 중에서 능력이 있다고 판단되는 자에게 현급 판사의 자격을 준다.

현급 법원 판사로 5년 이상 근무한 자와 법학사 학위를 갖고, 재판 관련 교육 이수 후, 현업에서 10년 이상 근무한 자는 성급 판사로 임명될 수 있다.

성급 판사로 5년 이상 근무한 자와 법학사 학위를 갖고, 재판 관련 교육 이수 후, 현업에서 15년 이상 근무한 자는 최고 인민법원의 판사로 임명될 수 있다. 판사의 임기는 보임된 날로부터 5년이다.

최고 인민법원장은 국가주석의 제청으로 국회에서 인준되고, 최고 인민법원의 부 법원장은 법원장의 제청으로 국가주석이 임명한다. 지방 법원장과 부 법원장은 최고 인민법원장이 해당 지방의 인민의회와의 협의를 거쳐 임명한다. 각급 법원장, 부 법원장의 임기는 보임된 날로부터 5년이다.

⑥ **2심제도**chế độ hai cấp xét xử

베트남의 재판은 우리와 같은 3심제가 아니고 2심제이다. 1심 재판은 베트남어로 '서팀sơ thẩm'이라고 하고, 2심 재판은 '푹팀phúc thẩm'이라고 한다.

그러나 사형을 언도한 경우에는 재판 관련 서류를 최고 인민법원장과 최고 인민검찰청장에게 송부해야 하고, 2개월 내에 '감독심giám đốc thẩm' 또는 '재심tái thẩm'을 할 것인지를 결정한다. 감독심이란 '재판 과정에서 또는 판결문, 결정문에서 법률을 위반한 경우'에 실시하는 재판으로 우리나라의 대법원 재판과 유사하다. 즉, 사형이 언도되는 경우는 3심을 할 수 있다는 것을 의미한다. 재심은 '재판의 결과에 영향을 줄 수 있는 새로운 사실이 발견되었을 때'에 행하는 재판이다.

5) 인민검찰청Viện Kiểm sát nhân dân

베트남 검찰 체계는 앞에서 본 법원 체계와 같다. 최고 인민검찰청과 성급 인민검찰청 그리고 현급 인민검찰청이 있고, 군 검찰이 있다.

최고 인민검찰청장은 국가주석의 제청으로 국회가 임명한다. 최고 인민검찰청 부청장과 최고 인민검찰청 검사는 최고 인민검찰청장의 제청으로 국가 주석이 임명한다. 지방 검찰청장과 부청장 그리고 지방 검찰청 검사와 최고 인민검찰청 수사관은 최고 인민검찰청장이 임명한다.

검사의 등급은 초급1~3, 중급1~3, 고급1~4 3단계로 구분되고, 각 급은 다시 1~4등급으로 나뉘어져 있다. 초급 검사의 자격은 대학에서 법률을 전공하였거나 검찰 전문대, 법리 중급 자격증, 검찰 중급 자격증 또는 이에 응하는 자격을 갖고, 현급에서 검찰 업무에 종사할 능력이 있으며 수사, 재판에 참여한 경험이 있는 자이다.

중급 검사는 법대, 검찰 전문대 졸업자 또는 그에 응하는 자로, 성급 사건의 수사, 재판에 참여한 경험이 있으며, 하급 검사와 현급 검찰을 지휘할 능력을 갖춘 자이다.

고급 검사는 법대, 검찰 전문대 졸업자 또는 그에 응하는 자로, 범죄 예방과 수사에 대해 종합적으로 연구할 수 있는 수준을 갖추고, 복잡하고 심각한 사건의 수사와 재판에 참여한 경험이 있으며, 성급 검찰청장의 업무를 지원하고 초급, 중급 검사를 지휘할 능력을 갖춘 자이다.

6) 각 국가기관과의 관계

앞서 베트남 정치의 핵심을 이루는 공산당과 국가를 이루는 입법, 사법, 행정기관에 대해서 알아보았다. 각 기관을 하나하나 떼어놓고 보면 나름대로 삼권분립에 기초하여 국가기관이 만들어진 것으로 보인다. 그러나 앞에서 본 바와 같이 당과 정부, 입법기관과 사법기관 사이에 서로 유기적으로 연결되어 있음을 알 수 있다. 예를 들어, 행정부의 수반인 수상은 당의 핵심기구인 정치국원을 겸하면서, 입법부인 국회의원의 신분을 갖고 있다.

현 최고 인민검찰청장인 응웬화빙은 중부의 꽝응아이 성 당서기를 역임하고 현재 중앙 집행위원으로 있다. 또한 정부 각 부처의 장관들은 모두 당 중앙 집행위원 또는 정치국원이다. 이러한 내용을 종합해 보면 베트남을 실질적으로 이끄는 세력은 '베트남 공산당'이라고 할 수 있다. 당은 입법, 사법, 행정 어디에나 간섭할 수 있는 구조로 되어 있다.

현행 베트남 헌법에는 입법부인 국회가 베트남 '최고의 권력기관'이라고 되어 있지만 그 최고의 권력기관을 구성하는 것은 '당'이다. 아래 그림은 당을 제외하고 국회, 정부, 사법부 간의 관계를 표시해 놓은 것이다. 실선은 직접적인 관계, 점선은 간접적인 관계를 표시하고 있다. 국민은 국회의원과 각급 의회 대표만을 투표를 통해 선출할 뿐이며, 각급 행정기관의 장은 해당 인민의회에서 선출하도록 되어 있다.

베트남 국가기관 관계도

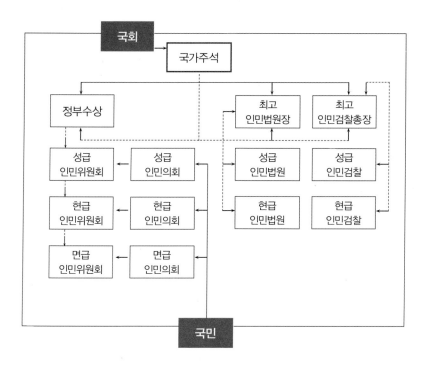

이는 1992년 개정 헌법 제 4조에 "베트남 공산당은 베트남 노동자의 선봉대이고 노동자, 농민계급 및 전 민족의 권리에 충성하는 대표로서 마르크스 – 레닌주의와 호찌밍 사상을 신봉하는 국가 및 사회의 영도세력이다. 당의 모든 조직은 헌법과 법률의 테두리 내에서 활동한다."라고 분명하게 언급한 것에서도 잘 나타나 있다.

아래 표는 권력기관별 직책과 그에 따른 급여 등급을 나타낸 것으로, 주요 직책에 대한 서열 관계를 유추할 수 있다.

등급	정부	공산당	국회-법원	조국전선
직책				
13.00	·국가주석	·서기장	·국회의장	
12.50	·수상			
12.00		·서기국 상무위원		
11.10	·국가 부주석	·정치국원		·조국전선 중앙위 의장
10.40	·부수상 ·대장	·중앙당 서기 ·중앙 감사위원장	·국회 부의장 ·최고인민법원장 ·최고 인민검찰총장	
9.80	·중장		·국회 상무위원	
9.70	·장관 ·부급 기관장 ·국가주석실 실장 ·국가회계원장 ·하노이 시장 ·호찌민시 시장	·당 위원장 ·중앙당 각 실장 ·호찌민 정치학원장 ·인민일보 편집장 ·공산잡지 편집장 ·하노이 시당 부서기 ·호찌민시 시당 부서기	·민족평의회 의장 ·국회 상임위원장 ·국회 행정실장 ·하노이 인민회의 의장 ·호찌민시 인민회의 의장	·조국전선 부의장 겸 총서기 ·베트남 노동연맹 의장 ·농민회 회장 ·호찌민공산 청년단 중앙단 제1 서기 ·여성연맹 회장 ·참전용사회 회장

2. 베트남 법률체계

아래는 베트남 주요기관에서 공포하는 법적 효력을 갖는 문건의 종류와 공포기관을 표로 정리한 것이다. 개방 이후 베트남은 '법에 의한 통치'를 강조해 오고 있으며, 많은 법률 문건을 제정, 개정하고 있다. 대체로 우리와 비슷하지만 꼭 그렇지 않기 때문에 세밀하게 볼 필요가 있다. 예를 들어, 국회에서 제정하는 법률 문건은 헌법, 부율, 법, 법령, 의결이 있다. 여기서 이와 같은 벌률 문전들 사이에는 어떤 차이점이 있는지 알아보자.

제정 기관	법률	의결	시행령	결정	지시	시행세칙	연부시행세칙	연부의결	명령
국가주석		O							O
국회	O	O							
정부		O	O					O	
수상				O	O				
각부 장관				O	O	O	O	O	
각급 인민의회		O							
각급 인민위원회		O			O				
법관평의회법원		O					O	O	
최고검찰청장				O	O	O	O	O	

1) 헌법Hiến Pháp, 憲法

전국 범위의 일반적이고 가장 중요한 문제에 관한 규정으로 국회에서 제정된 최고의 법적 효력을 갖는 법률 규범 문건이다.

2) 부율Bộ Luật, 部律

헌법 다음으로 높은 법적 가치를 갖는 것으로, 국회에서 제정된 법률 규범 문건이다.

예) 민법, 노동법, 형법, 형사소송법, 항해법 등

3) 법Luật, 律

헌법의 특정한 문제를 구체화하거나 국회의 권한과 임무에 속한 특정한 문제를 규정하기 위하여 국회에서 제정된 법으로, 헌법 다음의 가치를 갖는 법률 규범 문건이다.

예) 국적법, 토지법 등

4) 법령 Pháp lệnh, 法令

국회 상무위원회에서 제정되고 국가주석이 공포하는 법률 문건이다. 앞의 국회 편에서 설명했듯이 국회 전체회의가 열리지 않을 때 상시적으로 국회의 기능을 하는 국회 내의 기관이 상무위원회인데, 여기서 통과시킨 법률문건을 번역하면 '법령'이라고 한다.

예) 공무원 법령, 행정 위반 처리 법령, 개인 의약업 법령 등

5) 영 Lệnh, 令

주석의 권한과 임무를 수행하기 위하여 국가주석이 공포하는 문건이다. 특히 국회 상무위원회에서 통과시킨 '법령'은 반드시 국가주석을 통해 공포하는데, 이 때 법령의 앞 장에 국가주석의 '영'으로 공포한다.

6) 시행령 Nghị Định, 議定

특정한 범위에 속한 법적 관계를 조정하기 위하여 또는 법 시행을 위해서 정부가 공포하는 법 아래의 법규 문건이다.

7) 시행세칙 Thông Tư, 通諮

상급기관국회, 국회 상무위원회, 국가주석, 수상의 법률 규범에서 해당 분야의 관리를 위임하거나 자신의 관리 영역에 속한 규정을 실현하기 위하여 각부 장관, 부급 기관장, 정부 직속기관장이 공포하는 법적 규범 문건이다.

8) 연부 시행세칙 Thông Tư liên tịch, 通諮聯席

해당 기관의 권한과 임무, 직능에 관련된 문제에 관한 상급 기관의 법률 규범 문건의 시행을 안내하기 위하여 각 부, 부급 기관, 정부 직속기관이 함께 서명하고 공포하는 법률 문건이다. 최고인민법원과 최고인민검찰 사이, 각 부처와 최고인민법원 및 최고인민검찰 사이에서 공포하는 것도 포함된다.

9) 결정Quyết Định, 決定

각 기관, 직속 단위의 활동과 조직에 관하여 해당 분야의 경제적 기술적 한계와 기준을 규정하고 자신의 관리 기능 또는 정부가 위임한 문제를 실현하기 위한 방법을 규정하는 법률 규범 문건이다.

10) 지시Chi Thị, 指示

해당 기관과 상급 기관의 법률 규범 문건을 실현하기 위하여 자신이 관리하는 분야에 속한 기관과 단위의 활동을 감사하고, 협의하고, 독촉하고, 지도하는 방법을 규정한 문건이다.

11) 의결Nghi Quyết, 議決

법률이 정한 절차에 따라 토론과 표결을 거친, 회의 제도에 따른 기관의 결정문이다. 다수결 또는 절대 다수결로 표결하는데, 국회와 국회 상무위원회의 의결은 과반수의 찬성으로, 국회의원의 제명, 국회의 임기 단축이나 연장, 헌법의 개정은 재적 2/3 이상의 찬성으로 가결된다.

12) 연부 의결Nghị Quyết liên tịch, 議決聯席

상급 기관의 문서에 규정된 각 주체 사이의 업무 협의 관계를 구체화하기 위하여 중앙정부 기관과 정치 사회조직의 중앙기관 사이에 연석으로 만든 법률 규범 문건이다.

예) 베트남 노동총연맹과 정부 사이의 업무 관계에 관한 규정

3. 베트남 공산당과 조국전선

■ 베트남 공산당

1) 베트남 공산당Đảng Cộng sản Việt Nam

프랑스 식민지하에 있던 1911년 6월에 상선을 타고 프랑스로 망명한 응웬떳타잉Nguyễn Tất Thành은 러시아에서 10월 혁명이 성공한 후에 이름을 응웬아이꾸옥Nguyễn Ái Quốc으로 바꾸고 1918년 프랑스 사회당에 입당하여 활동했다.

1925년 6월에 호찌밍은 베트남 공산당의 전신인 '베트남 청년혁명동지회'를 만들고, 기관지로 〈청년Thanh Niên〉을 출판하면서 베트남에서의 공산당을 설립하기 위한 기반을 닦았다.

1929년 3월에 베트남 최초의 공산당 지부가 7명의 당원으로 하노이에 설립되었고, 1929년 6월 17일에 북부 지역에 있던 당 기초 조직의 대표들이 모여서 인도차이나공산당을 설립하기로 의결하였다. 또, 1929년 5월에는 제1

차 베트남 청년혁명동지회 전국대표자대회가 열려 '베트남에서 혁명 사업을 전면적으로 지도하기 위한 유일한 당'을 설립하기로 결정하고, 같은 해 6월에 '인도차이나 공산당'을 설립했다.

1929년 7월에는 중국에서 활동하던 당원들이 인도차이나공산당에 서신을 보내 비밀 공산당을 설립하기로 결정했다는 것을 통보하였고, 그 결과 '안남공산당An Nam Cộng Sản đảng'이 탄생하게 되었다. 이와 같은 두 당의 출현은 기존의 '신월혁명당'의 분화를 급속히 촉진시키는 한편, 신월혁명당에서 분리되어 각 당지부가 설립되기 시작했다. 한편 신월혁명당은 '인도차이나 공산연단Đông Dương Cộng Sản liên đoàn'을 설립키로 선언하였다. 이로써 1929년 6월부터 9월 사이에 베트남에는 3개의 당이 출현하게 된 것이다.

이에 국제공산당은 '인도차이나에 유일한 무산계급의 혁명당을 창당해야 한다'고 권고하였고, 호찌밍은 베트남에서의 유일한 공산당 창당의 책임을 맡게 되었다.

1930년 2월 3일부터 7일까지 홍콩의 구룡 지역에서 호찌밍의 주재 하에 모임을 갖고 인도차이나공산당과 안남공산당을 통합하기로 하고 통합당의 명칭을 베트남 공산당으로 결정하였으며, 축약된 정강정책, 당 규약 등을 통과시켰다. 이로써 '베트남 공산당'이 정식으로 출범하게 되었다.

창당대회에 참가했던 대표들이 베트남으로 귀국하여 국내에 있던 기존의 기초 당 조직을 통합하면서 7명의 위원으로 임시 중앙 집행위원회를 발족시켰다.

그러나 그때까지도 인도차이나 공산연단은 여전히 별도로 존재하고 있었으며, 1930년 2월 24일에 회의를 열어 베트남 공산당과 통합하기로 의결하였다.

이렇게 정식으로 출범하게 된 베트남 공산당이 프랑스 식민지 당국에 대한 반식민지 투쟁을 계속하는 가운데, 소련에서 교육을 받고 1930년 4월에 귀국한 쩐푸Trần Phú는 7월에는 임시중앙 집행위원회 위원으로 피선되고, 1930년 10월 14일부터 31일까지 쩐푸의 주재 하에 제1차 중앙 집행위원회가 홍콩에서 개최되었고, 쩐푸를 당 서기장으로 선출하였다.

1930년에 극소수의 사람들이 모여 결성한 베트남 공산당은 15년 뒤에는 베트남 민주공화국을 세우게 되고, 1945년부터는 지난한 30년 전쟁을 승리로 이끌어 1975년에 통일된 베트남을 세우게 된다. 이 과정에서 가장 뛰어난 인물이 호찌밍이다. CIA의 전신인 OSSOffice of Strategic Service 소속의 베트남 책임자인 패티 소령이 1945년 4월 30일 중국 남부의 한 국경 마을에서 호찌밍을 만나서 서로의 협력 방안에 대해 논의를 시작하였지만, 당시의 국제상황은 이들의 협력을 적대적인 전쟁 관계로 만들었다. 그리고 1975년 4월 30일 호찌밍의 북베트남은 남북의 통일을 이루었다. 패티는 호찌밍에 대해 "그의 깊은 동포애와 일생을 통한 애국심에 지울 수 없는 강한 인상을 받았다."고 술회했다.

① 당의 조직체계

당의 조직체계는 국가의 행정조직체계와 상응하게 조직한다. 당 기초 조직은 행정, 사업, 경제 기초 단위에 조직되며 성 직속, 구, 현, 시 위원회 급의 영도 하에 둔다. 당, 특히 정치국과 서기국은 인민군대 및 경찰을 모든 면에서 직접 영도한다. 인민군대 및 경찰 내의 당 조직은 당의 정치 강령, 당 규약, 당의 의결, 지시 및 국가의 법률에 따라 활동한다. 당 위원회 급의 각 위원회는 직능에 따라 인민군대 및 경찰 내에 있는 위원회 급의 당 사업을 지도, 감사한다. 해당 상급위원회 급이 직속 당부, 지부의 설치 또는 해체를 결정한다.

② 당 조직도

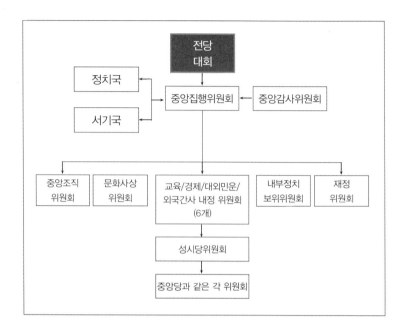

③ 당의 조직원칙

11차 전당대회에서 채택한 당 규약에서 베트남 공산당은 민주집중의 원칙에 따라 조직하며 그 원칙의 기본 내용은 아래와 같이 규정하고 있다.

ㄱ. 당의 각급 영도기관은 선거로 설립하며, 집단이 영도하고 개인이 담당한다. 즉, 개인이 업무를 담당하나 집단 지도 체제를 유지한다.

ㄴ. 당의 최고영도기관은 전국대표자대회전당대회이다. 각급에서 영도기관은 대표자대회 또는 당원대회이다. 전기와 후기의 두 전당대회 중간에 당의 영도기관은 당 중앙 집행위원회, 각급 당부, 지부 집행위원회위원회 급이라 약칭이다.

ㄷ. 각급 위원회 급은 자기의 활동에 관해 동급 대회에 대해서 그리고 상급 및 하급 위원회 급에 대해서 책임을 지며, 활동 상황에 관해 정기적으로 직속 당 조직에 통보하고 비판을 한다.

ㄹ. 당 조직과 당원은 당의 의결을 집행해야 한다. 그리고 소수는 다수에, 하급은 상급에 복종하고 개인은 조직에, 당내 각 조직은 전국대표자대회와 중앙 집행위원회에 복종해야 한다.

ㅁ. 당의 각 영도기관의 의결은 그 기관 구성원의 과반수 이상의 찬성이 있어야 시행 효력이 있다. 표결하기 전에 각 구성원은 의견을 발표한다. 소수에 속한 의견을 가진 당원은 자신의 의견을 보류할 수 있고 전당대회까지 상급 위원회에 보고할 권리를 가진다. 그러나 결정된 의결은 엄정히 집행해야 하며 당의 의결에 위배되는 의견을 전파할 수 없게 되어 있다. 소수에 속한 의견을 가진 당원을 차별 대우하지 않는다.

ㅂ. 당 조직은 자기의 권한 조직에 속한 문제점을 결정한다. 그러나 당의 원칙, 노선, 정책과 국가의 법률 및 상급의 의결을 위반해서는 안 된다.

④ **전당대회**Đại hội đại biểu toàn quốc

전당대회는 당의 최고의 영도기관이며, 정기 전당대회는 매 5년마다 소집하나 일 년 이내의 범위에서 일찍 또는 늦게 소집할 수 있다. 중앙 집행위원회가 필요하다고 판단하거나 또는 직속 위원회 급 과반수 이상의 요구가 있을 때에 임시 전당대회를 소집한다. 전당대회에서는 전 임기의 의결 실현 결과를 평가하고, 차기의 당의 노선과 정책을 결정하고, 중앙 집행위원과 후보위원의 수를 정하고, 선출하며 필요시 당의 정치 강령, 당 규약을 수정, 보완한다.

개최년도 및 당원 수

구분	개최년도	장소	대표자수후보	당원수
1차	1935.3.27~31	마카오	13명	600명
2차	1951.2.11~19	뚜엔꽝 성	158명 53명	766,349명
3차	1960.9.5~12	하노이	525명 51명	500,000명
4차	1976.12.14~20	하노이	1,008명	1,555,000명
5차	1982.3.27~31	하노이	1,033명	1,727,000명
6차	1986.12.15~18	하노이	1,129명	1,900,000명
7차	1991.6.24~27	하노이	1,176명	2,000,000명
8차	1996.6.28~7.1	하노이	1,198명	2,130,000명
9차	2001.4.19~21	하노이	1,168명	2,479,719명
10차	2006.4.18~25	하노이	1,176명	3,100,000명
11차	2011.1.12~19	하노이	1,376명	3,600,000명
12차	2016.1.20.~28	하노이	1,510명	4,500,000명

역대 전당대회 요약

전당대회	당 서기장	내용
창당대회	Trần Phú	– 국내 3개 공산당을 통합 베트남 공산을 창당 – 프랑스 식민통치 하에서 독립운동 전개 – 프랑스 공산당 및 국제 공산당과 연계 활동
1차	Lê Hồng Phong Hà Huy Tập Nguyễn Văn Cừ Trường Chinh	– 국제 공산당과 연계하여 국내외에서 활동
2차	당주석: Hồ Chí Minh 서기장: Trường Chinh	– 1945.9.2 독립선언, 베트남 민주공화국 수립, 항불투쟁 전개 – 1954.7 제네바협정 체결, 프랑스군 베트남에서 철수 – 북부 베트남에서의 사회주의 건설, 개조사업 착수
3차	당주석: Hồ Chí Minh 당제1서기: Lê Duẩn	– 대미구국투쟁 전개, 통일정책 본격 추진 – 1975.4.30 무력 통일 달성

4차	Lê Duẩn	– 중국관계 소원, 친소정책 추진 – 1978.12 캄보디아 침공, 1979.1 중국과 무력 충돌
5차	Lê Duẩn Trường Chinh	– 미국의 대베트남 고립화 정책, 금수 조치 등으로 경제 악화
6차	Nguyễn Văn Linh	– 개방, 개혁정책 채택 – 서방국가와 외교관계 강화
7차	Đỗ Mười	– 개혁, 개방정책 지속 추진 – 시장경제 추진
8차	Đỗ Mười Lê Khả Phiêu	* 1997.12월 중앙 집행위원회 4차 회의에서 Đỗ Mười 퇴임, Lê Khả Phiêu를 당 서기장으로 선출
9차	Nông Đức Mạnh	– 고도성장 지속 – 과학기술, 문화의 발전 – 국방, 안보의 확고, 대외관계 개선
10차	Nông Đức Mạnh	– 당원의 개인경제 활동에서의 규모 제한 철폐
11차	Nguyễn Phú Trọng	– 개인 기업주의 입당 허용 – 중앙집행위의 권한 확대
12차	Nguyễn Phú Trọng	– 서기장 재임 – 6.5~7% 성장, GDP U$3,200~3,500 – 당 규약 개정 않음.

⑤ **중앙 집행위원회** Ban Chấp hành Trung ương Đảng

전당대회에서 선출되는 당 중앙 집행위원회는 전당대회가 결의한 정책, 당의 정치 강령, 당 규약, 전당대회의 의결을 시행, 지도하고, 대내외에 관한 주장, 정책, 군중사업 및 당 건설 사업을 결정한다. 또한 정기 전당대회, 임시 전당대회를 준비하며, 중앙 집행위원회의 정기회의 또는 임시회의를 소집한다. 정치국원을 선출하고 정치국원 중에서 당 서기장을 선출한다. 서기장을 포함하여 일부 정치국원과 중앙 집행위원회에서 선출한 위원으로 서기국을 구성한다. 중앙 감사위원을 선출하고 감사위원 중에서 위원장을 선출한다. 서기장은 두 임기까지만 연임할 수 있다. 정치국원, 서기국 위원, 중앙 감사위원의 수를 결정한다. 12대 중앙 집행위원 수는 위원 180명, 후보위원 20명으로 구성되어 있다.

전당대회별 중앙 집행위원 수 및 정치국원 수

순서	중앙 집행위원회원 후보	정치국원 후보	서기국원
1차	13		
2차	191		
3차	47/31	11	
4차	101/32	152	9
5차	116	132	10
6차	124/49	131	13
7차	146	13	9
8차	170	19	*정치국 상임위원: 5명
9차	150	15	11
10차	161/20	15	10
11차	175/25	16	11
12차	180/20	19	10

⑥ 정치국Bộ Chính trị

정치국은 전당대회와 중앙 집행위원회의 의결 시행을 지도, 검사, 감찰하고, 주장, 정책, 조직, 인사에 관한 문제를 결정한다. 중앙 집행위원회 회의 소집 및 회의 내용에 대한 준비를 결정하며, 중앙 집행위원회 회의 또는 중앙 집행위원회의 요구에 따라 실시한 업무를 보고한다.

정치국은 사실상 최고의 권력기관이라고 할 수 있다. 보통 15명 내외로 구성되는 정치국원들이 베트남 공산당, 베트남 국가를 이끌어 가는 핵심이라고 할 수 있다. 그렇기 때문에 베트남의 정치체제를 집단 지도 체제라고 말하는 것이다. 물론 최고 권력자는 서기장이지만 서기장 역시 정치국원 중 한 사람이다. 12대 정치국원은 19명을 선출했다. 정치국원이면서 중앙당 서기 국원직을 겸직도 가능하고, 여러 위원이 겸직한다.

제12대 정치국원 명단

순서	성명	직책
1	Nguyễn Phú Trọng	1944, 하노이, 당 서기장
2	Đinh Thế Huynh	1953, 남딩, 서기국 상무위원(치료중)
3	Trần Đại Quang	1956, 닝빙, 국가주석
4	Nguyễn Thị Kim Ngân	1954, 벤째, 국회의장
5	Ngô Xuân Lịch	1954, 하남, 국방부장관, 대장
6	Tô Lâm	1957, 흥이옌, 공안부장관, 중장
7	Nguyễn Xuân Phúc	1954, 꽝남, 수상
8	Nguyễn Thiện Nhân	1953, 짜빙, 조국전선 중앙위 의장
9	Phạm Minh Chính	1958, 타잉화, 중앙당 조직위원장
10	Tòng Thị Phóng	1954, 썬라, 국회부의장
11	Vương Đình Huệ	1957, 예안, 부수상
12	Trần Quốc Vượng	1953, 타이빙, 중앙감사위원장
13	Phạm Bình Minh	1959, 남딩, 부수상, 외교부장관
14	Trương Thị Mai	1958, 꽝빙, 중앙당 민운위원장
15	Trương Hòa Bình	1955, 롱안, 부수상
16	Nguyễn Văn Bình	1961, 푸토, 중앙당 경제위원장
17	Võ Văn Thưởng	1970, 빙롱, 중앙당 선교위원장
18	Đinh La Thăng	1960, 남딩, 호찌민시 당서기 (2017.5월해임)
19	Hoàng Trung Hải	1959, 타이빙, 하노이시 당서기

⑦ **서기국**Ban Bí thư

서기국은 일상적인 당의 업무를 관장한다. 당 건설 사업과 군중 사업을 지도하고, 경제, 사회, 국방, 안보, 대외에 관한 당의 의결, 지시 이행을 검사, 감찰한다. 각 정치 조직 사이의 협의 활동을 지도하고, 조직, 인사 및 중앙 집행위원회가 부여한 기타 문제를 결정한다. 정치국에 보내 토론 및 결정할 문제의 준비를 지도하고 감찰한다. 12대 중앙당 서기국원은 10명이다.

11대 서기국원 명단

순서	성명	직책
1	Nguyễn Phú Trọng	당 서기장, 중앙군사위 서기
2	Đinh Thế Huynh	정치국원, 중앙당 서기국 상무위원
3	Trần Quốc Vượng	정치국원, 당 중앙감사위원장
4	Phạm Minh Chính	정치국원, 중앙당 조직위원장
5	Võ Văn Thưởng	정치국원, 중앙당 선교위원장
6	Trương Thị Mai	정치국원, 중앙당 민운위원장
7	Nguyễn Văn Bình	정치국원, 중앙당 경제위원장
8	Lương Cường	중앙군사위 상무위원, 정치총국장
9	Nguyễn Văn Nên	중앙당 행정실장
10	Nguyễn Hòa Bình	최고인민 법원장

⑧ **중앙군사위원회** Quân ủy Trung ương

중앙군사위원회는 정치국이 선임하며 군내에 근무하는 중앙 집행위원과 군 밖에서 근무하는 일부 중앙 집행위원으로 구성한다. 중앙 집행위원회 영도 하에 둔다고 되어 있지만 실제적으로는 정치국이 중앙군사위원회를 영도한다. 중앙군사위원회는 군사노선, 임무 및 국방에 관한 문제를 연구하여 중앙 집행위원회가 결정하도록 제출한다. 주력 부대 및 국경선 부대 내 당위원회 급은 해당 급 당 대회가 선출하며 자기 급에 속한 각 단위를 영도한다. 관구 단위는 동급 대회가 선출한다. 각 급에서의 지방군사 당 조직은 모든 면에서 그 급 지방위원회 급의 영도 하에 둔다. 동시에 전 인민군사 임무와 지방군사 사업에 관한 상급 군사 당위원회의 의결을 실행한다. 중앙군사위 위원장은 당 서기장이 맡는다.

중앙군사위원회 명단

직책	성명	당/정부 직책
서기	Nguyễn Phú Trọng	당 서기장
부서기	Ngô Xuân Lịch	국방부 장관
상무위원	Trần Đại Quang	국가주석
	Nguyễn Xuân Phúc	수상
	Lương Cường	정치총국장, 중장
	Phan Văn Giang	총참모장, 소장, 국방부 차관
	Nguyễn Chí Vịnh	국방부 차관, 중장
	Trần Đơn	국방부 차관, 소장
위원	Bế Xuân Trường	국방부 차관, 중장
	Lê Chiêm	국방부 차관, 소장
	Nguyễn Trọng Nghĩa	정치총국 부국장, 소장
	Nguyễn Tân Cương	4관구 사령관
	Nguyễn Phương Nam	부총참모장, 소장
	Phạm Hoài Nam	해군 작전사령관
	Lê Huy Vịnh	공군 방공작전사령관
	Võ Minh Lương	7관구 사령관
	Huỳnh Chiến Thắng	9관구 사령관
	Hoàng Xuân Chiến	국경부대 사령관
	Trần Việt Khoa	국방대학원장
	Trần Quang Phương	5관구 정치위원
	Vũ Hải Sản	3관구 사령관
	Nguyễn Mạnh Hùng	군대통신그룹 사장
	Lê Xuân Duy	2관구 사령관(2016.8 사망)

(2015~2020)

⑨ **중앙경찰 당위원회**Đảng ủy Công an Trung ương

중앙경찰 당위원회는 정치국이 지정하며 경찰 내에서 근무하는 일부 중앙 집행위원과 경찰 밖에서 근무하는 일부 중앙 집행위원, 그리고 중앙경찰 당부 내에 속한 사업을 하는 일부 사람으로 구성되고, 중앙 집행위원회의 영도 하에 둔다. 그러나 정치국이 직접 영도한다. 중앙경찰 당위원회는 노선, 정책, 정치 안보, 사회 안전, 질서 보장에 관한 문제를 연구하여 중앙 집행위원회에 제출한다. 중앙경찰 당위원회는 경찰 내의 모든 사업을 영도한다. 성, 시, 구, 현, 읍 경찰 당위원회는 동급 대회가 선출한다.

⑩ **중앙 감사위원회**Ủy ban Kiểm tra Trung ương

감사는 당의 영도 직능 중의 하나이며, 당 조직은 감사를 실시하고 당 조직과 당원은 당의 감사를 받아야 한다. 각 당위원회 급은 감사 업무를 영도하고 당원의 당 정치 강령, 당 규약, 당의 결의 및 지시 수행을 감사할 임무가 있다. 중앙에 당 중앙 감사위원회를 두며 지방에도 감사위원회를 둔다. 각 급 감사위원회는 동급 위원회 급이 선출하며 위원회 급 내의 일부 당원과 위원회 밖에서 근무하는 일부 당원으로 구성한다. 하위급의 감사위원회 위원과 위원장 임명은 차 상급 위원회 급의 승인을 받아야 한다. 12대 감사위원회는 위원장 1명, 7명의 부위원장과 13명의 위원까지 총 21명으로 구성되어있다.

⑪ **지방 당 조직**

성, 중앙 직속 시 당위원회, 구, 현, 면 당 위원회 대회는 동급 위원회 급이 5년에 한 번 정기대회를 소집한다. 대회에서는 상급위원회의 문건을 토론하고 지난 임기의 실현결과를 평가하고 새로운 임기의 임무를 결정한다. 위원회 급, 상급위원회 급에 참가할 대표를 선출한다. 성, 중앙 직속 시 위원회 급과 성 직속 시, 구, 현, 면 위원회 급은 대표자 대회의 의결, 상급의 의결, 지시에 대한 실천을 영도한다. 각급 위원회는 상무위원을 선출하고 상무위원 중에서 서기 및 부서기를 선출하고, 감사위원을 선출하며 감사위원 중에서 위원

장을 선출한다. 상무위원 수와 감사위원 수는 정치국의 지도에 따라 위원회 급
이 결정한다.

⑫ 당 서기장Tổng bí thư

베트남 공산당의 최고위 직으로 중앙 집행위원회에서 선출된다. 현 당 서
기장인 응웬푸쫑은 1944년 하노이에서 태어났다. 하노이종합대학교 국문과
를 졸업한 뒤 당 신문사에 근무하였다. 1981년에 연구생 자격으로 러시아에
서 유학했으며, 1983년 귀국 후에 다시 공산잡지사로 복귀하여 1991년에는
편집장에 올랐다. 2000년에 하노이 시 당서기로 피선되었고, 2006년 6월 국
회의장에 올랐다가 2011년 당 서기장으로 선출되었고 2016년 1월 재선되었다.

■ 응웬푸쫑 당 서기장

역대 당 서기장

순서	성 명	기 간	재임년수
1	Trần Phú	1930.10 ~ 1931.9	10개월
2	Lê Hồng Phong	1935.3 ~ 1936.7	1년 3개월
3	Hà Huy Tập	1936.7 ~ 1938.3	2년 9개월
4	Nguyễn Văn Cừ	1938.3 ~ 1941.5	3년 2개월
5	Trường Chinh	1941.5 ~ 1956.7	15년 8개월
6	Lê Duẩn	1960.9 ~ 1986.7	25년 10개월
7	Trường Chinh	1986.7 ~ 1986.12	6개월
8	Nguyễn Văn Linh	1986.12 ~ 1991.6	4년 6개월
9	Đỗ Mười	1991.6 ~ 1997.12	6년 6개월
10	Lê Khả Phiêu	1997.12 ~ 2001.4	3년 4개월
11	Nông Đức Mạnh	2001.4 ~ 2011.1.19	9년 9개월
12	Nguyễn Phú Trọng	2011.1.19. ~ 현재	12대 재선

2) 베트남 조국전선 Mặt Trận Tổ quốc Việt Nam

베트남 조국전선은 정치조직, 사회조직, 각 종족 및 종교, 해외 거주 베트남인들이 만든 연합으로, 정치 연맹 조직이다. 조국전선은 당과 군을 포함하여 주요 직능단체를 회원으로 둔 정치조직이라고 할 수 있다. 베트남 공산당은 조국전선의 회원인 동시에 조국전선을 지도한다. 행정기관과 조국전선은 상호 존중의 평등한 관계이며, 헌법과 법률로 규정되어 있다. 조국전선의 업무 준칙은 민주적 협상, 평등한 협력, 상호존중과 진정한 단결, 행동의 협의와 통일이다. 이 조국전선은 베트남의 정치 시스템의 일부분이라고 할 수 있다. 특히 이들은 국회의원과 각 인민의회 의원 후보를 추천하고, 선거 운동에 참여하고, 선거를 감찰할 수 있는 권한이 있다. 또한 소송과 판사 선발 위원회에 참여할 수 있고, 배심원을 추천할 수 있다. 조국전선의 예산은 정부에서 지원한다.

조국전선의 조직은 행정조직과 같이 중앙에서 지방까지 동급의 조직을 갖고 있으며, 동급의 행정기관과 조국전선이 같이 업무를 협의하는 것을 원칙으로 한다. 예를 들어, 정부는 조국전선 중앙위와 정부 부처는 조국전선 중앙위 주석단과 각 성, 시 인민위원회는 동급 조국전선 위원회와 업무 협의규정을 만들어 활동하도록 되어 있다. 산하 회원 단체는 44개로 아래와 같다.

베트남 조국전선 산하단체

1. 베트남 공산당 Đảng cộng sản Việt Nam

2. 베트남 노동총연맹 Tổng liên đoàn lao động Việt Nam

3. 베트남 농민회 Hội nông dân Việt nam

4. 호찌밍 공산청년단 Đoàn thanh niên cộng sản Hồ Chí Minh

5. 베트남 여성연맹 Hội liên hiệp Phụ nữ Việt Nam

6. 베트남 참전용사회 Hội cựu chiến binh Việt Nam

7. 베트남 인민군대 Quân đội Nhân dân Việt Nam

8. 베트남 과학기술연합회 Liên hiệp các hội khoa học và kỹ thuật Việt Nam

9. 베트남 문학-예술 연합회 Hiệp hội các hội văn học - nghệ thuật Việt Nam

10. 베트남 친선연합회 Liên hiệp các tổ chức Hữu nghị Việt Nam

11. 베트남 청년연합회 Hội liên hiệp thanh niên Việt Nam

12. 베트남 합작사 연맹 Liên minh hợp tác xã Việt Nam

13. 베트남 상공회의소 Phòng thương mại và công nghiệp Việt Nam

14. 베트남 적십자사 Hội Chữ thập đỏ Việt Nam

15. 베트남 변호사회 Hội Luật gia Việt Nam

16. 베트남 기자회 Hội Nhà báo Việt Nam

17. 베트남 불교회 Hội Phật giáo Việt Nam

18. 베트남 천주교 단결위원회 Uỷ ban đoàn kết công giáo Việt Nam

19. 베트남 정원협회 Hội Làm vườn Việt Nam

20. 베트남 맹인회 Hội Người mù Việt Nam

21. 베트남 조경생물협회 Hội Sinh vật cảnh Việt Nam

22. 베트남 한의사회 Hội Đông y Việt Nam

23. 베트남 의약학 총회 Tổng hội Y dược học Việt Nam

24. 베트남 노인회 Hội người cao tuổi Việt Nam

25. 베트남 가족계획협회 Hội kế hoạch hoá gia đình Việt Nam

26. 베트남 권학 협회 Hội khuyến học Việt Nam

27. 베트남 고아 및 장애인 지원회 Hội bảo trợ tàn tật và trẻ mồ côi Việt Nam

28. 베트남 침술협회 Hội châm cứu Việt Nam

29. 베트남 기독교총회 Tổng hội thánh tin lành Việt Nam

30. 해외거주 베트남인 연락회 Hội liên lạc với người Việt Nam ở nước ngoài

31. 베트남 역사학회 Hội khoa học lịch sử Việt Nam

32. 베트남 고엽제 피해자회 Hội nạn nhân chất độc da cam/đioxin Việt Nam

33. 베트남 귀금속 가공협회 Hội mỹ nghệ - kim hoàn - đá quý Việt Nam

34. 베트남 퇴직 교직자회 Hội cựu giáo chức Việt Nam

35. 베트남 서적 출판–인쇄–발행회 Hội xuất bản - in - phát hành sách Việt Nam

36. 베트남 어업회 Hội nghề cá Việt Nam

37. 베트남장애인생산경영협회 Hiệp hội sản xuất kinh doanh của người tàn tật Việt Nam

38. 베트남 장애아 구조회 Hội cứu trợ trẻ em tàn tật Việt Nam

39. 베트남 공동 의료회 Hội y tế cộng đồng Việt Nam

40. 베트남 구 방공청년회 Hội cựu thanh niên xung phong Việt Nam

41. 베트남 비공립 대학–전문대 협회 Hiệp hội các trường đại học, cao đẳng ngoài công lập Việt Nam

42. 베트남 중소기업협회 Hiệp hội doanh nghiệp nhỏ và vừa Việt Nam

43. 베트남–독일 중소기업협회 Hội doanh nghiệp nhỏ và vừa Việt-Đức

44. 베트남 전통공예마을 협회 Hiệp hội làng nghề Việt Nam

① 베트남 노동총연맹

베트남 노동총연맹은 1920년대에는 적공회Công hội Đỏ, 1935년에는 애우업 단Nghiệp đoàn Ái hữu, 1939년에는 반제공인회Hội Công nhân Phản đế로 불렸으며 1941 년에는 구국공인회Hội Công nhân Cứu quốc, 1940년에는 베트남 노동총연단Tổng Liên đoàn Lao động Việt Nam으로 불리다가 1961년부터 약 30년 간, 베트남 총공단Tổng Công đoàn Việt Nam으로 불렸다. 그리고 현재의 노동총연맹Tổng liên đoàn lao động Việt Nam 은 1988년부터 사용하기 시작했다.

산하기관으로 노동보호기술연구소, 노동출판사, 노동 및 노동조합 저널, 노동관광회사, 노동조합대학, 노동신문, 노동연맹 게스트하우스, 노동자 및 노동조합연구원, 노동조합 인쇄주식회사, 똔득탕 대학교, 노동조합 기술학 교가 있다.

노동연맹 조직도

```
                          ┌──────────────┐        ──────▶  직접 지도, 관리
                          │  노동 총연맹  │        ------▶  간접 지도, 관리
                          └──────────────┘        ◀-----▶  상호 협의하여 활동
                           ↙          ↘
          ┌──────────────────┐    ┌──────────────┐
          │  중앙부처 노조    │◀--▶│    성/시      │
          │ 총연맹 산하       │◀--▶│  노동연맹     │
          │ 총공사 노조       │    │              │
          └──────────────────┘    └──────────────┘
             ↙     ↓     ↘          ↙    ↓    ↓    ↘
  ┌──────┐┌──────┐┌──────┐┌──────┐┌──────┐┌──────┐┌──────┐
  │그룹사││중앙  ││성시산하││공연  ││지방  ││시군구││시군구│
  │총공사││부처  ││중공사 ││단지  ││직능별││교육  ││산하  │
  │노조  ││노조  ││노조   ││노조  ││노조  ││노조  ││노조  │
  └──────┘└──────┘└──────┘└──────┘└──────┘└──────┘└──────┘
    ↓      ↓       ↓       ↓       ↓       ↓       ↓
  ┌──┐┌──┐┌──┐┌──┐┌──┐┌──┐┌──┐┌──┐┌──┐
  │기초││기초││기초││기초││기초││기초││기초││기초││기초│
  │노조││노조││노조││노조││노조││노조││노조││노조││노조│
  └──┘└──┘└──┘└──┘└──┘└──┘└──┘└──┘└──┘
```

② 호찌민 공산청년단

호찌민 공산청년단은 1931년 봄에 인도차이나 공산청년단으로 설립되었으며, 그동안 수차례 명칭이 변경되었고 현재의 명칭은 1976년 12월에 변경된 것이다.

청년단은 중앙, 성급, 현급, 기초급, 총 4급으로 구성되어 있는데, 만 16세에서 30세의 베트남 청년으로서 이력이 분명한 자는 자원하여 청년단에 가입할 수 있다. 30세가 되어 계속 청년단으로 활동하기를 원하면 35세까지 연장할 수 있다. 그리고 각 급 청년단에서 간부를 맡은 자는 청년단에서 계속 근무할 수 있다. 청년단원은 당과 호찌민 주석의 이상을 위해 항상 분투해야 하고, 조국 건설과 보위, 사회활동에 적극적으로 참여해야 한다. 그리고 베트남 청년 연합회, 대학생회, 호찌민 선봉 소년대 건설에 적극 참여한다.

③ 베트남 여성연맹

1930년 10월에 설립된 조국전선 산하의 정치-사회조직으로 여성의 권리 신장, 남녀평등을 목적으로 한다. 여성연맹은 중앙 연맹, 성시 연맹, 시군구 연맹, 읍면동 연맹으로 조직되어 있다. 전국 여성 대표자 대회는 5년마다 열린다. 2011년 12월 기준으로 15,342,302명의 회원이 있다. 산하에 베트남 여성학원을 두고 있는데, 2012년에 설립되었고, 2013년부터는 사회봉사 및 경영학에 대한 대학과정 개설을 허가받았다. 또한 여성개발센터를 두고 있는데 2002년에 설립되었고, 호텔, 식당 서비스, 요양보호, 미용 서비스 등을 가르치고 제공한다.

④ 베트남 참전용사회

베트남 참전용사회는 1989년 12월 공산당 정치국의 결정으로 설립된 베트남 공산당이 지도하는 정치-사회조직으로, 우리나라의 향토예비군과 유사한 조직이다. 2005년 10월에는 참전용사법이 제정되었는데, 참전용사란 1945년 이전 베트남 공산당이 조직한 무장단체에서 근무했던 사람, 베트남

인민군에 근무했던 자, 민방위대, 유격대원, 외침에 대항한 전투에 참여한 국방 노동자, 군무원 등으로 규정하고 있다. 참전용사회의 조직 역시 다른 단체들과 유사하게 중앙회, 성시회, 시군구회, 읍면동회로 구성되어 있다.

⑤ 베트남 친선연합회

1950년에 설립된 친선연합회는 베트남 국민과 외국인 및 외국 비정부조직과의 협력을 촉진하고, 우호적인 관계를 확대, 발전시키며, 평화를 위한 각계각층의 투쟁을 모으는 사업을 전문적으로 하는 조국전선 산하의 정치–사회조직이다. 이 연합회 산화 기관으로는 각국과의 친선협회가 있다. 베트남–한국 친선협회 사무실은 베트남 친선연합회 사무실 주소와 같다. 즉, 친선연합회 사무실이 하노이에 있는데, 이 연합회 내에 친선협회가 있으며, 각국 친선협회는 상주 근무자가 없고, 오직 친선연합회에만 상주 근무자가 있다. 베–한 친선협회는 1994년 11월 3일에 설립되었고, 현 베트남 상공회의소 소장인 부띠엔록이 회장, 외국투자기업협회장 마이타잉하이, 하노이시 베–한 친선협회장이며, 대하 합작회사 사장인 당호앙껀 그리고 전직 주한 베트남 대사였던 즈엉찡특, 팜띠엔번 씨가 부회장을 맡고 있다. 또한 친선연합회는 호찌민 시에 지회를 두고 있다.

⑥ 베트남 청년연합회

1946년 6월 베트남 청년총단이 설립되었고, 이듬해 1948년 베트남 청년연단으로 이름을 바뀌었으나 1955년 베트남 청년연합회로 발족되었다. 각종 청년 관련 단체들이 회원으로 있으며, 호찌민 공산청년단도 이 청년연합회의 회원이다. 기관지로〈청년Thanh niên〉이라는 신문을 발간하고 있다. 조직은 중앙회, 성시회, 구현회 그리고 기초 단위 지회로 되어 있다.

베트남의
경제

8

베트남의 경제

1. 남북통일과 통합 과정

베트남이 남북통일을 이룬 후 남베트남에서의 사회주의화 과정과 그 과정에서 벌어진 대표적인 정책, 사건을 소개한다. 이러한 과정과 그 결과가 도이머이 정책을 선언하게 이끈 계기이기 때문이다.

1) 상공업 분야

남베트남 상공업 분야의 사회주의화 과정은 농업에 비해서 보다 급진적으로 이루어졌다. 우선은 '매판 자본가'를 제거하는 계획인 'X-2 작전Chiến dịch X-2'을 세웠는데, 2차에 걸쳐 진행되었다. 1차는 1975년 9월 9일 밤에 실시되었고, 2차는 12월 4일에서 6일 사이에 실시되었다. 1차 X-2 작전에서 약 60여 명의 자본가들이 체포되었는데, 그 중에는 쩔런Chợ Lớn에 사는 화교들이 있었다. 이들로부터 금괴, 보석, 달러, 재산을 몰수했다. 그러나 이 작전이 사전에 누설되어 일부 사람들은 미리 재산을 분산시키거나 숨기는 경우가 있었고, 2차 작전에는 주로 화교 자본가를 대상으로 실시되었다.

2) 환전

1975년 9월 22일과 23일 사이공 정부의 구 화폐를 신권으로 교환하는 환전đổi tiền을 단행했다. 비율은 500:1이었다. 이것을 'X-3 작전'이라고 불렀다. 구권 500동을 신권 1동으로 교환하고, 한 가족 당 최대 10만 동까지, 기업의 경우 최대 50만 동까지만 교환한다는 내용이었다. 그러나 짧은 기간에 제한적으로 이루어진 이 X-3 작전으로 많은 사람들이 자신들이 소유하고 있던 남베트남 정부의 화폐가 휴지 조각이 되는 것을 목격하게 되었다. 현금을 많이 소유했던 사람들은 한순간에 재산을 모두 잃어버렸다. 원래 계획은 9월 22일 오전 5시까지 환전 신고서 접수 준비를 마치는 것으로 되어 있었다. 그러나 짧은 시간에 수만 명을 동원하여 교육시키는 일이 순조롭지 않아서 일부 지역에서는 오전 11시까지도 신고를 받을 준비가 덜 되어있었고, 결국 접수 시간을 22일 밤 9시까지 연장하여, 9월 23일부터 환전을 시작했다.

환전 신고서를 받아오는 데만 수 시간이 허비되었다. 많은 사람들이 한꺼번에 몰렸기 때문이었다. 다시 신고서를 작성하여 줄을 서서 기다리며 접수해야 했다. 게다가 일부 기관에서는 보유하고 있던 현금이 1억 동이었다면 1억 5천만 동으로 신고하고, 나머지 5천만 동은 주민들로부터 사들였다고 한다. 주민들은 각 가정에 할당된 환전 금액이 십만 동이었기 때문에 나머지는 휴지 조각이 될 것이라고 생각하여 50% 이하의 가격으로 팔았다. 심지어 마감 시간 직전에는 10%의 가격으로 팔았다고 한다. 응웬히엔레는 파출소에서 이러한 불법 거래를 알았을 것이지만 묵인했을 것이라고 했다. 그는 호찌밍 주석이 몇십년 동안 가르쳤던 사회주의 혁명 동지들의 아름답지 못한 실상을 보고 처음으로 실망했다고 토로했다.

3) 합작사 hợp tác xã 合作社

전쟁이 끝난 후, 베트남 정부는 남베트남의 경제구조를 자본주의 경제에서 사회주의 경제 모형으로 전환하는 조치를 실시했다. 중앙 집중의 계획경제 모형인 사회주의 경제란 모든 생산 수단의 국유화 또는 집단화를 의미하는 것이다. 베트남은 농업 국가였고, 농업에서 가장 중요한 생산 수단은 '토지'였다. 이 토지를 국가 소유로 편입시키고, 국가 또는 집단이 관리하는 것으로 전환하게 된 것이다. 경제체제의 집단화란 '합작사'를 만드는 것이었다. 즉, 북베트남에서 실시하고 있던 사회주의 경제 모델을 남베트남에 적용하는 것이었다. 이 작업은 1977년에서 1980년까지 실시되었는데, 농민들이 합자사의 구성원이 되어 공동으로 농사를 짓고 그 수확물은 정해진 가격으로 국가에 팔았다. 물론 시장 가격에 비해 아주 낮은 가격이었다. 대신 국가는 합작사에 물자와 소비재를 공급해주었다. 그러나 이미 자본주의 경제를 경험한 남부 베트남에게 이러한 모델은 적합지 않았다. 생산성이 현저히 떨어지면서 식량 부족 현상이 나타났다.

이러한 현상은 이미 북베트남에서 일찍이 경험했던 것이었다. 1950년대 말에 시작된 농촌에서의 합작사로의 전환은 1960년대 초에 이미 그 불합리성이 노출되었다. 사회주의 원리의 필수 요소는 두 가지로 볼 수 있는데 첫째는 사회주의 소유 제도이고 둘째는 집단 노동 형식이라고 할 수 있다. 합작사는 바로 그러한 원리에 따라 만들어진 것이었다. 농민들은 함께 모여 농사를 짓고 그 성과를 나누었는데, 농민들이 노동에 참여한 근무 일수와 노동의 강도 계수를 곱한 점수로 계산하여 분배했다. 합작사에서 생산한 총생산량 중에서 국가에서 부여한 일정량의 수확물을 납부하고 남은 양을 합작사 사원들이 나눠가지는 형태였다. 이러한 방식은 이론적으로는 매우 합리적인 것으로 보였지만 실제는 정반대의 결과를 가져온 것이다. 그 이유는 ① 접대비나 기금 등의 간접비가 예상보다 많이 지출되었고 ② 합작사 관리자 등 직접적으로 노동에 참여하지 않는 자들의 점수가 높았고 ③ 동기부여가 안 되어 일에서 게으름을 피우는 현상이 널리 퍼졌으며 ④ 실제로는 일을 하지 않았으면서도 거짓으로 점수를 받는 현상이 벌어졌기 때문이었다. 그 결과는 벼 수확량의 현저한 감소로 나타났고, 수확량의 감소는 합작사 사원들에게 분배할 몫이 줄어드는 것을 의미했다.

4) 신경제 구역 건설

베트남 정부의 노동력 재배치 계획 정책을 일컫는 말로, 주로 도시 지역과 평야 지역의 잉여 노동력을 구릉지와 산악 지역, 섬, 국경지대로 이주시켰다. 주로 서부 고원지대의 닥락 성이나 럼동 성 그리고 동남부 지역을 붕따우, 동나이 성, 동남부, 서남부 지역으로 이주시켰다. 수백만 명이 이 정책에 따라 같은 성 내의 타 지역 또는 다른 성으로 이주했다. 1960년대 초부터 북베트남에서 실시했으며, 통일 후에는 주로 호찌밍 시 주민들 중에서 스스로 선택하거나 반강제로 이주시켰다. 이 때 한 가족 당 500㎡의 토지를 지급하고, 초기 3개월 동안은 정부에서 식량 등을 지원해주고 그 이후에는 스스로 독립하도록 했다. 그러나 도시의 문명 생활을 경험한 사람들이 갑자기 전기와 수도가 없는 산골에서 땅을 일구는 일에 적응하지 못하고, 식량이 떨어지자 다시 도시로 돌아오는 사람들도 상당수였다. 1976년에서 1996년까지 신경제 지역으로 이주한 사람은 전국적으로 약 450만 명에 이른다고 한다.

5) 6차 중앙집행위원회 의결

1979년 초, 베트남 공산당 제4대 중앙집행위원회 6차 회의에서 발표된 의결을 말한다. 베트남의 도이머이 정책 선언과 관련하여 이 회의의 의결은 아주 특별한 의미를 갖는다고 할 수 있다. 이 의결은 1979년 9월 20일 의결 제 20호로 발표되었는데, 제목은 '급박한 경제 문제들'이었다.

이 의결의 주요 내용은 계획경제와 시장의 원리를 결합하는 것을 허용하고, 국가 관리 하에서 개인 경제를 사용하며, 합의에 의한 농산물 가격을 인정하고, 중앙정부에서 독점하던 무역을 지방에도 허용한다는 것이었다. 이는 그동안 베트남 정부가 주장하던 중앙집중식 계획경제를 완화하여 시장과 개인기업의 활동을 허용하고, 국가가 정한 가격이 아니라 판매자와 구매자 간의 합의에 의한 가격을 인정한다는 것으로 당시의 베트남 분위기를 감안한다면 아주 '혁명'적인 것이라고 할 수 있었다.

국영기업에 대한 생산 원료의 수급과 상품 판매에 자율성을 부여하는 결정을 내림으로써 특히 호찌민 시에는 많은 생산 기업이 출현하게 되었다.

6) 코안 못짬100

'코안khoán'이란 '일을 주고 그 결과에 따라 임금을 지불하다'는 의미인데, 도급제라는 의미에 가깝다. 중앙당 서기국의 1981년 1월 13일자 지시 100호를 통상적으로 '코안 100'이라고 부른다.

이른바 도급제라는 것이 시작된 것은 오래전이다. 1966년 하노이 서북쪽에 있는 빙푹 성의 당 서기였던 낌응옥씨에 의해서 실시되었지만 당에서 금지시켰다. 이어서 통일 이후 1976년 하이퐁 시에 속한 한 면$_{xã}$에 60가구가 있었는데, 그 중에는 생계 유지가 곤란한 가정도 있었다고 한다. 그래서 합작사에서는 자기들만의 비밀로 하고 합작사 소유의 논을 구성원들에게 나누어 주고, 수확 후 일정량을 합작사에 납부하도록 했다. 1사오$_{sào}$(360㎡)의 논에서 약 70kg의 나락을 납부하도록 했는데, 이는 합작사가 직접 농사를 지을 때 얻을 수 있는 수확량이었다. 즉, 농사를 지어서 70kg만 합작사에 내고 나머지는 농사를 지은 농민이 처분하도록 한 것이다. 이 '도급제'를 실시한 첫 수확에서 평균 140kg 정도를 수확하여, 농민들은 70kg를 납부하고도 그 만큼의 소득을 올리게 되었다. 그러나 이 사실이 발각되어 비판받은 일이 있었다. 농업 분야에서 이러한 '도급제'를 광범위하게 허용하는 지시를 '코안 100'이라고 불렀다. 즉, 생산 과정의 일부를 농민들이 자율적으로 관리하도록 하고, 잉여 생산물을 농민이 갖도록 하는 인센티브제를 도입함으로써 3차 5개년 계획$_{1981\sim1985}$ 기간 동안의 연평균 농업 성장이 5%가 증가되어 조금이나마 식량난 해결에 도움을 주었다.

'코안 므어이(10)'는 도이머이 이후인 1988년 4월 5일에 발표된 정치국 의결 제 10호의 별칭이다. 농민들에게 생산과 판매의 자유를 허용하고 국가에 세금을 납부하도록 한 조치로, 베트남 농업 생산에 새로운 활기를 불어넣은 정책이다.

2. 도이머이 정책

우리는 앞에서 통일 이후 남북의 정치, 경제적 통합 과정과 그 과정에서 겪는 어려움, 또 그것을 탈피하기 위한 시도에 대해서 알아보았다. 아래에서는 도이머이의 의미와 선언 과정 그리고 추진 과정에 대해서 알아본다.

1) 도이머이의 의미

'도이머이'는 '발전의 요구에 부응하여 낙후, 지체 상태를 극복하고 보다 진보적이며, 전과는 다르게 바꾸는 것 또는 그렇게 바꾸다'라는 뜻을 가진 단어이다. 즉, '바꾸다'라는 뜻의 '도이đổi'라는 동사와 '새롭다'라는 뜻의 '머이mới'라는 형용사로 이루어진 복합어. 즉 '새롭게 바꾸다'라는 의미인 것이다.

도이머이는 '적절치 못한 것을 새롭게 바꾼다'는 의미가 강하며 시대성, 역사성이 함축된 말로, 현실에 맞지 않는 것을 고쳐나가고 그러기 위해서는 새로운 사고를 가져야 한다는 의미에서 '사유의 도이머이'를 강조하고 있다.

제6차 전당대회 중앙집행위원회의 정치보고서에는 "자신의 전투력과 실천적 조직 능력을 증강하기 위하여 당은 다방면에서 – 사유, 특히 경제적 사유의 도이머이, 조직의 도이머이, 간부대오幹部隊伍의 도이머이, 영도와 업무방식의 도이머이 – 도이머이를 해야 한다."고 하면서 "우리나라에 있어서 도이머이는 혁명 사업의 시급하고 절실한 요구이며 생존의 의미를 갖고 있는 문제이다."라고 주장했다. 그중에서도 우선적으로 사유의 도이머이 강조하였다.

사유의 도이머이 주장은 베트남 공산당 제4차, 제5차 전당대회에서 천명한 일반적인 노선의 내용에 포함된 것이었다. 그런데 왜 이 시점, 6차 전당대회에서 사유의 도이머이를 특히 강조하고 있는가? 그것은 '현 시점에서 사유의 도이머이는 삶의 명령'이기 때문이라고 밝히고 있다. 그 만큼 도이머이를 해야 할 절박성을 나타내고 있다고 보아야 할 것이다.

그 이유로는 3가지를 들고 있는데, 첫째는 통일 이후 1년 동안 사회주의 건설을 시도했지만 경제, 사회가 안정되지 못했는데, 그것은 낙후된 관념에 따른 당의 지도에 있어서 잘못이 있었고, 그것을 해결하기 위해서는 고정관념을 버리고 새로운 관념을 가져야 한다는 것이다. 실천적인 새로운 사유 없이 올바른 지도를 할 수 없다는 것이다. 둘째는 세계의 변화 추세에 적응해야 한다는 것으로, 베트남이 세계의 역외에 놓여 있는 것이 아니라 세계 속의 한 부분이기 때문에 복잡하게 변화하는 세계를 보는 시각을 바꾸어야 한다는 것이다. 과거의 승리 아니면 패배라는 이분법적 시각은 현재 상황에 맞지 않는 다는 것이 논점이다. 셋째는 과학기술은 인간의 사유 활동의 결과 인 동시에 인간의 사유 활동에 영향을 미치는 것이기 때문에 많은 관심을 가 져야 한다는 것이다.

2) 도이머이의 선언

베트남은 1961~1965년의 1차 5개년 계획 이후 미국과의 전쟁으로 인해 계획을 중단했다가 통일 이후인 1976~1980년의 2차 5개년 계획을 추진했 다. 그러나 이 기간 동안의 경제성장은 연 1.9%인데 반해 인구는 연 2.4%씩 증가하여 극심한 식량난에 봉착하게 되었다. 식량만 부족한 것이 아니었다. 수도인 하노이조차 식수가 부족해서 밤마다 물을 길러 다니는 경우가 대반 사였다. 사람들은 "밤이 되면 온 집안이 물 걱정하고, 아침이 되면 온 나라 가 집안 일 걱정한다Đêm đến cả nhà lo việc nước/Sáng ra cả nước lo việc nhà"라는 노래를 만 들어 불렀다고 한다. 베트남어에서 '물'과 '나라'는 같은 단어이다.

1984년 4월에 프억롱 방직공장에 각 지방과 분야별 지도자 200여 명이 모여서 3일 간 회의를 가졌고, 이 자리에서 '이중장부'에 대한 질문이 있었다. 프억롱 방직공장 사장은 "내가 이중장부를 갖고 있는 것은 맞다. 합법적인 장부는 상부에 보고하기 위한 것이고, 합리적 장부는 기업을 운영하기 위한 것이다. 예를 들어, 대나무를 살 때 사람들은 1개에 1.5동에 판다. 그런데 물 가위원회는 한 개에 1동으로 구매하는 것만을 허용한다. 나는 대나무 하나 를 사서 직원들에게 둘로 자르도록 한다. 합법적인 장부에 두 개로 기록하기 위해서 이다."라고 대답하였다고 한다. 이는 사회주의 중앙 집중 경제체제에 서 발생된 기업의 문제점을 파악하기 위한 자리였고, 이를 통해서 경제 상황 이 얼마나 심각한지를 당 지도부도 파악하기 시작했다.

후이득이 "1980년대는 아마도 베트남 사람들에게 육체는 물론 정신적으 로 가장 많은 상처를 남긴 기간이었다."고 말할 정도로 어려운 시기였다. 한 예로 하노이에 사는 한 교수가 아파트 2층에서 돼지를 길렀다고 한다. 주민 들이 불평하자 관리사무소에서 찾아와서 아파트에서의 돼지 사육을 비판하고, 경위서를 작성했다고 한다. 그 교수는 그들의 지적과 비판에 대해 수긍하면서, 경위서에 쓰인 "반느끄엉 교수가 2층에서 돼지를 길렀다."는 문장을 "돼지가 2층에서 반느끄엉 교수를 길렀다."라고 고친 다음에 서명했다고 하는 얘기가 전설처럼 전해지고 있다.

이러한 심각한 어려움을 타개하고자 1986년 12월 제6차 전당대회에서 도이머이를 선언한 것이다. 그러나 베트남 공산당 지도부에서 이러한 결정을 하기까지는 그리 간단치 않았다. 이른바 보수 측에서는 반대가 만만치 않았기 때문이다. 그러한 상황에서 운 좋게 구소련의 고르바초프 서기장이 도이머이를 지지했기 때문에 보수파도 암묵적 동의를 한 것이었다. 당시에는 베트남에서 전당대회가 열리기 전에 당 지도부가 통상적으로 중국과 소련을 방문해서 당의 노선에 대해 설명하고, 지지를 받는 것이 관례처럼 되어 있었다. 다만 1986년 당시에 베트남과 중국은 사이가 좋지 않았기 때문에 베트남 지도부는 중국은 방문하지 않고 소련만 방문했고, 고르바초프는 "베트남의 개혁 예정은 창조적"이라며 칭찬했다고 한다.

이러한 과정을 거쳐서 도이머이 선언을 이끌어낸 핵심 인물은 쯔엉찡Trương Chinh이었다. 제6차 전당대회에서 쯔엉찡의 뒤를 이어 당 서기장에 피선된 응웬반링이 도이머이의 주창자로 알려져 있는데, 이는 당시에 외부에서는 베트남 내부 정치 상황을 파악하기 어려웠기 때문이었다. 전당대회에서 우여곡절 끝에 서기장으로 피선된 응웬반링이 전당대회 폐막식에서 공개적으로 전당대회 의결, 즉 도이머이 선언을 발표했기 때문이었다.

당풍은 도이머이 직전 베트남 경제 분야에서 기존의 '틀' 즉, '중앙 집중 경제'를 파괴한 각 분야의 20가지 사례를 소개하면서, 그들이 베트남의 도이머이를 이끈 선봉대라고 소개하고 있다. 그는 "우리는 낭비가 심하고, 아주 길게 돌아가는 길을 선택했다. 초기에 우리는 그 길이 가장 빠르고, 가장 쉽고, 가장 짧고, 가장 바른 길이라고 확신했었다. 그리고 역사적으로 나타난 통상적인 고속도로가 위험하고, 힘들고 재난으로 가득 찼으며, 그것을 '피할 필요'가 있으며, '피할 수 있다'고 오해한 적이 있었다. 그래서 그곳에 '위험'이라는 여러 종류의 금지 표지판를 설치했었다. 도이머이는 구부러진 것을 바로 잡는 큰 과정이었고, 상식의 고속도로를 다시 찾는 것이었으며, 그로부터 우리의 자동차가 덜 힘들고, 더 빠르게 나갈 수 있었다. 그리고 도이머이 직전의 여러 개혁 시도는 바로 우리가 바른 길로 가도록 하기 위해 상식에 맞지 않는 금지 표지판들을 점차로 뽑아내는 일이었다. '위험'하고 '사람 죽이는' 금지 표지판을 뽑아내는 일, 그 자체 또한 위험하고 '사람 죽이는 일'이었다. 바로 그렇기 때문에 도이머이 이전에 개혁 사업에 선봉에 섰던 사람들을 칭송하는 이유이다."라고 말하면서 선봉대의 기여에 대해서 언급하고 있다.

3) 도이머이의 추진

도이머이를 공식적으로 천명한 응웬반링 서기장은 도이머이 정책을 전파하는 데 온 힘을 쏟았다. 계획 경제에서 시장 경제로의 전환은 사회주의 경제제체에 익숙한 사람들에게는 쉽게 이해되지 않았다. 특히 도이머이 정책에 대해 암묵적 동의를 했던 보수적인 동료들과 그 결정에 이르기 위해, 도이머이를 주장한 사람들 역시 바로 자기 자신과 당내의 동지들을 설득하기 위해서 아주 많은 시간을 허비해야 했다.

응웬반링은 우선 언론 기고를 통해서 자신의 생각을 전파하기 시작했다. 그의 첫 기고문은 '가격 질서는 존중되어야 할 필요가 있다'는 것이었다. 이후로 때로는 독자의 의견으로, 때로는 직접 기고를 하면서 개혁을 전파하고 있었다. 언론을 통한 그의 의견 발표 방식에 대해 정치국 내에서도 반대 의견이 있었다. 이에 대해 그는 인민일보를 통해서 공개적으로 왜 글을 계속 써야 하는지를 발표했고, 인민일보 편집국도 이에 호응하기 시작했다고 한다. 이후 각 신문과 잡지에서 행정기관이나 기업에서의 잘못을 지적하기 시작하면서 언론이 활기를 띠기 시작했다.

또한 베트남 작가들 100여 명을 모아놓고 이틀 동안 그들의 의견을 경청하고, 작가들을 고무했다. 전에도 이러한 모임이 간혹 있었는데, 기존에는 서기장이 얘기하고 작가들이 듣는 방식이었다면 이번에는 그 반대로 이틀 동안 서기장이 1시간 정도만 얘기하고 나머지는 작가들에게 자유롭게 발표하도록 했다. 작가들은 그동안 억눌려 있던 것들을 솔직하게 털어놓았다. 이를 통해 서기장과 작가 사이가 한층 가까워졌다. 그러나 이러한 밀월도 1990년에 끝나게 된다.

도이머이 과정에서 갑자기 어려움에 직면한 분야가 하나둘이 아니었다. 교육 분야도 심각한 어려움에 직면한 분야 중의 하나였는데, 도이머이 이전에는 다른 사회주의 국가들과 마찬가지로 베트남 역시 계획 경제 시스템을 따랐다. 매년 각 기관과 지방의 수요에 근거하여 국가계획위원회가 각 대학에 신입생 선발 인원수를 할당하고, 그 할당 인원수에 근거하여 각 주관 부에 예산을 배정하는 방식이었다.

각 부는 자신의 부에서 관리하는 대학에 돈을 지급하고, 졸업생은 국가가 직업을 알선하는 것이다. 그러나 도이머이 선언 이후인 1987년부터는 각 지방에서 대학생에 대한 수요가 없었고, 국가기관에 대한 취업도 보장되지 않는 상황이 발생했다. 1987년 하노이종합대학교에는 1천 명의 교직원이 있었는데, 신입생을 100명만 선발하도록 했다. 다른 대학들 역시 유사한 상황이었다. 그해 호찌밍 시 공업대학교 총장이던 쩐홍꿴을 대학 및 전문고등학부 장관으로 임명하였다. 그는 1987년 여름 냐짱에 각 대학 총장들과 대학 당서기를 소집하여 회의를 열었는데, 이 회의를 '냐짱회의'라고 한다. 이 회의에서 대학 교육의 4가지 전제를 합의했는데, ① 국가기관뿐만 아니라 경제 분야를 위해서도 교육한다. ② 미래의 수요 예측에 따라 교육한다. ③ 학업에 대한 국민들의 요구를 위해 교육한다. ④ 정규 학생 외에 학비를 징수하는 비정규생도 교육한다. 이에 대해 많은 당 서기들이 반대하고 나섰다. 그렇게 하는 것은 사회주의 원리에 맞지 않는다는 것이라고 주장했다. 그러나 더 좋은 안을 내라는 말에 아무도 대답하지 못하고 받아들였다고 한다.

도이머이 정책은 우선 다양한 소유의 경제를 인정했다. 그 다양한 소유란 소생산 경제수공업자, 농민, 개인 서비스 및 상인와 개인자본 경제, 국가자본 경제이다. 국가자본 경제 형식 중에는 국가자본과 개인자본이 합쳐진 공

사합영 경제가 많이 나타나게 되었다. 6차 전당대회는 그동안 부분적으로 시행해 오던 경제의 구조조정 정책 – 시장경제로의 전환 – 을 구체화 시켰다.

특히, 식량 생산, 소비재 생산, 수출품 생산의 3가지 프로그램에 역점을 두었으며, 정치국의 의결 16호 및 1988년 의정서 27, 28, 29호에 따라 '모든 사람의 정당한 부의 축적을 장려'하는 대내 정책과 외국투자를 촉진하기 위한 외국 투자법이 공포되었다.

그리고 은행체계와 활동의 개혁과 국영기업에 대한 자율권 부여 즉, 독립채산제 국무회의령 50호로의 전환으로 시장경쟁의 원리가 국영기업에 도입되었다.

베트남이 도이머이 정책을 실시한 이후 가장 큰 영향을 받은 분야는 농업이었다. 1988년 4월 5일자 정치국 의결 10호에 따라 농민에게 장기적이고 안정적으로 경작지를 공급함으로써 '농촌에서의 생산력을 해방'시켰다. 농촌에서의 생산 활동은 가정을 중심으로 이루어지고, 이렇게 가정을 중심으로 이루어지는 경제를 '가정경제Kinh tế hộ'라고 한다. 이 가정경제는 베트남을 식량 수입국에서 쌀 수출 세계 1위의 국가로 탈바꿈시켰다고 해도 과언이 아닐 것이다. 농토도 변한 것이 없고, 노동력도 변한 것이 없었지만 정책의 변환으로 이와 같은 성과가 나타나게 된 것이다. 그 정책은 '정치국 의결 10호'를 말하며, 이 정책의 성공으로 일시에 식량난을 해결하는 동시에 외화 획득에도 큰 기여를 했던 것이다.

국가 공무원 급여의 현물 지급을 철폐하고 화폐로 지급하였으며, 국영기업에 대한 보조금 삭감과 석유류, 전기, 수도, 철강, 시멘트 등을 제외한 모든 상품의 가격을 시장가격으로 통일함으로써 이중 가격제도를 철폐했다. 이것은 가격 구조를 행정력에 의한 통제에서 재정 정책에 의한 조절로 전환한 것이었으며, 그 결과는 매우 성공적이었다.

그러나 이러한 긍정적인 면과 아울러 각 금융 조직의 파산과 이자율의 상승으로 인한 투자 감소로 1989년과 1990년에는 세수 확보에 어려움이 야기되었고, 특히 구소련과 동유럽의 정치변동은 원조와 차관의 중지 및 수출 시장의 상실, 원료와 연료 공급처의 상실로 베트남 경제가 과연 회복할 수 있을지 의문을 제기하는 사람이 많았다.

이러한 가운데 1991년에 개최된 제7차 전당대회는 '부민강국, 정의롭고 문명된 사회'라는 기치를 내세우고 '사회주의 정향定向에 따른 국가관리 하의 시장경제'를 계속 추진할 것을 확인했고, 제5차 5개년 계획 기간1991~1995 동안 연평균 8% 이상의 고성장과 물가안정 및 연평균 20% 이상의 수출 증대를 이룩했다.

3. 외국 투자

도이머이 선언 이후 베트남 정부가 공을 들인 분야 중의 하나가 외국 투자를 유치하는 것이었다. 미국의 경제봉쇄 정책으로 서방 국가들과의 교역이 단절된 후, 베트남은 러시아와 동구권 국가들과의 교역 또는 원조에 의존했었다. 그러나 러시아와 동권 국가들의 정치적 변동으로 베트남 경제는 더욱 큰 어려움에 봉착했다. 따라서 외국 투자 특히 서방 국가들로부터의 투자 유치는 더욱 절실했던 것이다. 베트남이 개방을 선언했지만 초기에 외국 기업들은 베트남의 열악한 인프라스트럭처와 정치체제에 대한 신뢰를 자신하지 못하는 분위기에서 선뜻 투자를 결정하지 못하고 관망하는 분위기가 강했다. 이에 베트남 정부는 이들을 안심시켜야 하는 그 무엇이 필요했고, 우선적으로는 '외자 기업을 국유화 하지 않는다'는 내용을 투자법에 명시하면서 외국 투자유치에 열을 올렸었다. 이후 베트남 정부와 지방 정부의 적극적인 유치 노력으로 외국 투자가 증가하기 시작하면서 베트남 경제에 활력을 불어넣었다. 아래의 각종 통계표를 보면 베트남 외국 투자의 개략적인 특징을 알 수 있다.

1) 외국 투자법 공포

베트남 정부는 투자자본의 상당액을 외국 투자로 충당하려는 정책에 중점을 두었고, 이는 국내 자본이 절대로 부족한 상태에서 자본을 유치하기 위한 쉬운 선택이었다. 그러기 위해서 1987년 12월 29일 외국 투자법을 공포했다. 도이머이 선언 이후 1년이 지난 뒤였다. 외국 투자법이 공포되었지만 외국인 투자자들은 여전히 베트남의 정책에 대해서 관망하는 추세였다. 초기에는 대만과 홍콩, 싱가포르 등에서 소규모 투자가 이루어졌을 뿐이다.

이러한 상황에서 베트남은 외국 투자법을 수차례 개정했다. 1987년, 1990년, 1992년, 1996년, 2000년, 2005년 그리고 2014년에 개정되었는데, 2014년 개정된 투자법에서는 직접투자와 간접투자를 구분하지 않고 있으며, 여러 절차를 간소화한 것이 특징이다.

2) 대베트남 투자 상위 10개국 현황

참고로 북한은 5개 프로젝트에 투자자본 120만 달러, 등록자본 80만 달러로 81위를 기록하고 있다.

(단위: 백만 달러)

구분	1988.1.1. ~ 2016.7.20 기준 누계		2016.1.1. ~ 8.20.		
국가	건수	투자금액	신규건수	신규투자금액	증자금액
한국	5,453	48,808	517	3,841	4,802
일본	3,154	40,239	220	552	1,463
싱가폴	1,664	38,158	127	1,371	1,675
대만	2,540	31,926	78	559	958
버진아일랜드(영)	659	19,427	24	176	524
홍콩	1,064	15,798	104	818	1,084
말레이시아	552	13,857	28	255	377
미국	821	10,905	43	98	159
중국	1,475	10,865	185	553	842
네덜란드	269	8,219	10	27	62

태국	466	9,443	25	392	414
전체 합계	21,666	293,383	1,619	9,796	14,367

출처 : 베트남 계획투자부 (MPI: Ministry of Planning & Investment)

3) 투자 형태별 외국 투자 현황

순위	투자형태	프로젝트 수	투자 자본U$	법정자본U$
1	100% 외자기업	14,213	172,568.45	54,853.22
2	합작회사JVC	2,945	60,101.96	21,577.59
3	BOT, BTO, BT	12	8,175.02	1,811.89
4	BCC	215	5,137.51	4,276.93
5	주식회사	193	4,586.88	1,222.95
6	모/자회사	1	98.01	82.96
합계		17,579	251,835.62	84,168.97

2015. 1. 20 누적통계

4. 한국의 베트남 투자

도이머이 선언 이후 한국 기업들이 베트남에 대해 관심을 갖기 시작했다. 1988년부터 아주 소수의 기업이 베트남 시장을 탐색하기 시작한 것이다. 물론 1983년부터 대한광업진흥공사에서 베트남 석탄을 수입하기 시작했지만 공개적으로 교역을 한 것은 아니었다. 당시는 투자보다는 무역에 중점을 두고 있었다. 그리고 일부 봉제 업체와 가방 제조 업체들은 수교 이전이었지만 베트남에서 임가공 형태로 생산을 시작했었다. 그리고 수교 이후 한국 기업들이 본격적으로 베트남에 투자하면서 한국은 대만, 홍콩, 싱가포르 등과 함께 투자 상위권을 유지하다가, 현재는 1위 자리를 지키고 있다. 동남아 국가 중에서 한국 기업의 투자가 일본 기업에 비해 뒤지지 않는 나라는 베트남이 유일하다.

5. 무역

베트남의 수출은 농수산, 광물 등 1차산품의 비중이 줄어들고 있고, 전화기와 전화기 부품의 수출이 급증하고 있음을 볼 수 있는데, 이것은 삼성전자의 진출로 인한 것으로 보인다. 수입은 전자부품, 화공약품, 철강 등 생산재 수입이 주를 이루고 있다.

우리나라는 베트남으로부터 농수산물과 목제품, 봉제품, 원유 등을 수입하고, 기계, 설비, 봉제용 원부자재, 석유류, 철강, 화학제품, 자동차 등을 수출하고 있다. 한국과 베트남 수교 20주년이 되던 해인 2012년 말에 양국 정부는 2015년까지 양국의 교역액을 200억 달러까지 높이기로 합의했었다. 그런데 2014년에 양국의 교역액은 거의 300억 달러에 이르렀다.

2014년의 통계로 보면 베트남은 우리의 10대 수출국 중에서 중국, 미국, 일본, 홍콩, 싱가포르 다음으로 6위를 차지하고 있는데, 이는 대만, 인도, 인도네시아, 멕시코보다 상위에 속하는 것이다. 또 베트남은 우리나라의 10대 무역 흑자국 중에서 중국, 홍콩, 미국 다음으로 4위를 차지하고 있다. 2015년 대베트남 수출은 약 270억 달러, 수입은 약 89억 달러로, 한국은 베트남의 네 번째 수출국이며, 두 번째로 수입을 많이 하는 나라이다.

무역 현황 및 통계를 보려면 베트남 통계총국의 웹사이트 'http://www.gso.gov.vn'에 접속해 무역통계, 투자, 노동, 인구 등을 볼 수 있다.

주요 국별 수출입 현황

(단위: 백만 달러)

순번	국가명	수출		수입	
		2015(*)	2016.7(*)	2015(*)	2016.7(*)
1	미국	33,480	21,266	7,796	4,477
2	중국	17,141	10,855	49,527	27,329
3	일본	14,137	7,952	14,367	8,153
4	한국	8,932	6,033	27,614	17,502

출처: General Statistics Office/ 베트남 관세청 자료

2014년 베트남의 10대 수출품은 전화기 및 부품, 봉제품 및 천류, 컴퓨터 및 전자제품, 신발류, 수산물, 기계설비류, 원유, 목재 및 목제품, 운송수단 및 부품, 커피였다. 2014년 교역액은 2,982억 4천만 달러로, 2013년 대비 12.9% 증가했으며, 그 중 수출은 1,501억 9천만 달러로 전년대비 13.7% 증가하였고, 수입은 1,480억 5천만 달러로 전년대비 12.1%가 증가하였다. 10대 수입품은 기계설비류, 컴퓨터 및 전자제품, 천류, 전화기 및 부품, 철강, 석유류, 액체원료, 봉제/신발 원부자재, 기타 금속류, 화공약품 순이다.

2014년 12월 10일 부산에서 개최된 한−아세안 특별 정상회담을 계기로 베트남과의 자유무역협정이 타결되었다. 한국−베트남 FTA 협상 타결을 통해 수출입 무역 관세 철폐, 인하와 함께 투자자 권리 보호를 위한 상호간 합의가 이루어진 점에 의의를 둘 수 있으며, 기존 진출한 수출 제조 기업들의 경우 관세 철폐, 인하를 통해 본국에서의 원부자재 수입 시 발생했던 수입세가 없어짐에 따라 기존 수입세 환급과 관련된 문제가 어느 정도 해소될 것으로 보인다. 또한 베트남 내수 시장 진출 기업들에게는 수입세 철폐, 인하로 인한 경쟁력 상승 효과가 클 것으로 기대되며, 베트남 내 기존 수출용 제조업체들의 경우 내수시장으로 눈을 돌리는 사례도 늘어날 것으로 전망되고 있다.

한국과
베트남의
만남

9

한국과 베트남의 만남

1. 한국과 베트남의 관계

1945년 8월 15일 일본이 항복한 후 베트남에서는 호찌밍이 9월 2일에 독립선언문을 낭독하고, 베트남 민주공화국을 선포했다. 포츠담 선언에 근거하여 베트남에 잔류하는 일본군의 무장 해제를 위해 북위 16도를 기준으로 북에는 중국군이, 그리고 남에는 영국군이 들어왔다. 그러나 프랑스가 다시 기득권을 주장하며 영국군과 중국군이 물러가고 프랑스가 다시 베트남을 지배하기 시작하였고, 호찌밍 정부는 프랑스와 전쟁을 벌이게 되었다. 1954년 프랑스군이 디엔비엔푸 전투에서 대패하면서 프랑스와 베트남 민주 공화국은 제네바 협정을 체결하여, 프랑스가 인도차이나 반도에서 완전 철수하기로 합의하였다.

이에 미국에 망명 중이던 응오딩지엠이 귀국하여 1954년 7월에 남부 베트남의 내각 수반이 되었고, 이듬해에는 남베트남에서만의 선거를 통해서 1955년 10월 남베트남의 대통령으로 취임하였다. 우리나라는 1956년 5월 사이공에 공사관을 설치했고, 1958년 4월 대사관으로 승격시켰다.

베트남의 통일과 함께 우리나라와 베트남의 관계가 단절되었으며, 베트남이 개방정책을 선언한 이후인 1992년 4월 2일 양국 정부는 연락대표부를 설치하기로 합의하고, 8월에 주 베트남 한국 연락대표부를 설치하였고, 베트남측은 두 달 뒤인 10월에 서울에 연락대표부를 설치하였다. 그리고 12월 22일에 양국 간 대사급의 정식 외교관계를 수립하였다.

이 수교 과정에서 과거 한국군의 베트남전 참전에 관한 베트남 측의 문제 제기가 있었다. 이와 관련하여 베트남에서 아주 작지만 관련 자료가 나왔고, 그 내용을 소개한다.

그때까지도 남조선이라 부르던 한국과의 외교관계 수립은 비록 베트남이 추진한 측은 아니지만, 편입 과정에서 기억할 만한 일이다. 한국과 베트남은 1983년부터 무역, 투자 관계를 가졌지만 비정부 수준이었을 뿐이다. 부콴씨는 "1991년 유엔의 아시아–태평양 경제사회 이사회, ESCAP이 서울에서 열렸다. 남조선은 베트남 대표가 참석하기를 원했고, 그들은 대표단의 비행기 표와 경비를 지원했다. 나는 남조선에 간 베트남 최초의 공무원이 되었다. 서울에서 우리는 외교 관계 수립을 위한 회담을 시작했다. 그들은 바로 하노이에 대사관 설치를 원했지만 우리는 총영사관을 먼저 개설하기를 주장했다. 양측의 협의는 비밀리에 진행되었는데 그들이 언론에 소식을 흘렸고, 나는 그만두고 귀국했다."고 말했다.

그 뒤 남조선은 국장급 회담을 제의했다. 그들은 태국 주재 대사를 하노이로 파견했다. 응웬마잉껌에 따르면 "회담 과정에서 몇 가지에 대해 정치국에 의견을 구해야 했다. 우리는 전쟁 배상을 요구했고, 그들은 우리가 배상을 받아들이면 미국인이 어려움을 야기시킬 것이라고 했다. 우리가 그들이 베트남에 대해 책임을 져야한다고 하면, 그들은 미국이 더 큰 책임이 있기 때문에 그것 역시 안 된다고 했다. 배상 대신에 그들은 베트남에 대해 ODA 차관을 우선할 것이고, 양국 관계를 강력히 추진할 것이라고 약속했다."고 한다.

남조선과의 외교관계를 수립하는 일은 역시 순탄치 않았다. 1975년 이전, 남조선은 호주와 함께 미국의 동맹국이었으며, 박정희 정권은 남부 베트남에 참전할 군대를 보냈다. 정치국 회의에서 응웬하판은 "나는 결코 박정희 군대의 죄악을 잊을 수 없다. 당신들이 관계를 원한다면 박정희 군대가 많은 죄악을 일으켰던 지역인 동부지역 주민들에게 설명하고, 사상적으로 해명해야할 것이다. 나는 주민들이 반응할 것이라고 믿는다."라고 발표했다. 그는 "다오주이뚱 역시 그들이 매우 나쁘다는 의견을 갖고 있다."고 말했다. 응웬하판과 다오주이뚱 모두 발언자를 가리켰다. 보반끼엣에 따르면, 남조선이 베트남에 군대를 보냈다고 말하는 것은 단지 구실일 뿐이라고 했다. 남조선과 외교 수립에 대해 북조선이 반응했고, 중국은 만족하지 않음을 표시했다. 1992년 4월 양국은 연락 사무소 설치에 동의했다.

1992년 5월 24일 베트남 기자협회 회원인 수언르엉이 한국을 방문한 후, '봄이 지나는 서울'이라는 기사를 〈하노이 머이〉 일요판에 실었다. 기사는 '해방 후 남조선은 자원이라고 할 만한 것이 없는데다가 '동족상잔'의 3년 전쟁으로 아주 가난했다."라고 썼다. 1992년 5월 30일자 〈인민일보〉에는 '남조선 번영의 길'이라는 제목으로 "아시아의 네 마리 용으로 출현했다."고 묘사했다. 그 기사에 따르면 '남조선이라는 용'이 민족정신, 인내 정신과 국가의 올바른 주장과 합해져서 발전했다고 칭송했다.

그 후 바로 하노이 주재 북조선 대사가 외교부 신문국 부국장 다오꽁밍을 만나서 수언르엉의 두 기사에 대해서 반응했다. 대사는 조선 반도에서의 1953년 전쟁은 '해방 전쟁'이며, 소위 남조선이 발전한 것은 그들이 미국과 일본에 빌붙어 살기 때문이라고 말했다. 대사는 또한 "양국 언론 관계가 이별할 수도 있다."는 문제를 제기했다.

보반끼엣은 "북조선은 사회주의지만 우리가 캄보디아에 갔을 때, 남조선이 아니라 그들이 우리를 가장 반대한 선봉 국가였다. 좋고 나쁨에 대해서 말한다면, 누가 더 낫다고 말할 수 없다."라고 말했다. 정치국은 역내에서 그처럼 중요한 국가와의 관계를 거절할 이유가 없었다. 1992년 12월 22일 양국 외무장관은 대사급 외교관계 수립을 공동으로 선언하고 서명했다.

1993년 2월 응웬마잉껌 외무장관이 서울을 방문했을 때, 아주 정중한 영접을 받았다. 껌씨는 "현직 대통령과 대통령 당선자 모두 나에게 보반끼엣 수상이 방문하기를 희망한다고 말했다. 나는 수상께서 동의할 것으로 생각한다고 말했다."고 했다.

최근에 부콴씨는 한국과의 외교 수립 과정에 대한 회상에서 다음과 같이 언급하였다.

"20년 전, 나는 우리 부급 관리로는 처음으로 서울에 간 사람이다. 양국은 90년대 초에 서로 관계 수립을 주장하였다. 서울에서의 유엔 아시아-태평양 경제 사회 이사회(ESCAP)를 계기로 한국은 항공료와 숙박비를 부담하며 우리 대표단을 맞을 준비가 되었음을 알려왔고, 나는 단장으로 파견되었다. 처음으로 한국 땅을 밟았을 때 나는 좀 애매함을 느꼈다. 솔직히 말하면 내 머릿속에 우리 인민 특히 남중부 지역의 인민들에게 '대한민국' 군대가 일으킨 죄악이 갑자기 떠올랐다. 그 느낌은 서울 시내 중심지에 있는 특급 호텔인 롯데호텔에 도착할 때까지 나를 따라다녔다. 옥상을 바라보니 개막식에 참석할 한국 대통령과 회의의 보안을 위해 이곳저곳을 겨누고 있는 총구와 얼룩무늬 군복을 입은 군인이 가득했다. 그 기회로 인해 나는 청와대라고 불리는 대통령 관저에서 열리는 한국 대통령의 만찬에 참석한 우리나라 최초의 관리가 되었다. 그곳에 앉아서 내 마음 속에는 계속 '언제 내가 이곳에 앉아 있을 것이라고 생각이나 했었는지'라는 의문이 들었다. 그리고 과거는 양국의 외교관계 수립으로 덮였고, 나 역시 양국 관계가 이와 같이 변하게 될 줄은 생각도 못했다. 한국은 이제 베트남에서 넘쳐나고, 수만 명의 베트남 노동자와 신부들이 한국 땅 곳곳에 살고 있다."

출처: Vũ Khoan (2013), "vài nét chấm phá về xứ người", Chuyện nghề, chuyện nghiệp ngoại giao. Hà Nội: NXB. hội Nhà văn. pp. 108-109.

1955. 10 베트남공화국Republic of Vietnam 승인

1956. 5 사이공에 공사관 설치

1957. 9 응오딩지엠 대통령 한국 방문

1958. 4 대사관으로 승격

1958. 11 이승만 대통령 월남 방문

1964. 9 제1 이동외과 병원 및 태권도 교관단 파견

1965. 9 전투부대 선발대 파견

1973. 3 주월 한국군 철수 완료

1975. 4 사이공 함락과 국교단절

1990. 12 대한무역투자진흥공사 호찌밍 무역관 개설

1992. 8 주하노이 한국연락대표부 부임

1992. 12 베트남 사회주의 공화국과 국교 수립

1993. 2 베트남 외무장관 한국방문

1993. 5 보반끼엣 베트남 수상 방한

1993. 11 주호찌밍 시 한국 총영사관 개설

1995. 4 도므어이 베트남공산당 총서기 방한

1996. 11 김영삼 대통령 베트남 공식 방문

1998. 12 김대중 대통령 베트남 공식 방문

2001. 8 쩐득르엉 국가주석 방한 포괄적 동반자 관계

2003. 9 판반카이 수상 방한

2004. 10 노무현 대통령 베트남 공식 방문

2007. 11 농득마잉 국회의장 방한

2009. 5 응웬떤중 수상 방한 전략적 협력 동반자 관계 수립

2009.10 이명박 대통령 베트남 공식 방문

2013. 9 박근혜 대통령 베트남 공식 방문

2014. 10 응웬푸쫑 당서기장 방한

베트남 측은 한국과의 실질적 협력 관계를 중시하면서도 북한과의 전통적인 우호관계를 유지하는 정책을 추진하고 있으며, 남북 문제에 대해서는 중립적인 입장을 견지하고 있다. 베트남이 실질적인 협력 관계를 중시하므로 양국 간에는 많은 인적 교류가 있어왔고, 1994년 9월에는 한-베트남 우호협회가 창설되었으며, 1995년 5월에는 한-베트남 의원친선협회가 창립되어 인적 교류를 확대해 왔다.

법무부 통계에 의하면, 2011년 말 기준으로 국내 거주 베트남인은 116,219명이며, 그중에 노동자는 64,831명, 유학생이 3,100명, 결혼 이주자는 37,516명이다.

한국과 베트남과의 관계에 대해 얘기할 때 우리가 꼭 기억해야 할 사건이 있다. 1975년 베트남 통일 이후, 한국 외교관들이 남베트남에서 탈출하지 못하고 베트남에 억류되어 있다가 1980년 4월에야 풀려난 일이 있었다. 이에 관해서 당사자 중의 한 분인 이대용 씨가 그의 회고록에서 "1975년 5월 12일, 베트남 공산 정부는 미처 철수하지 못하고 사이공에 잔류하고 있는 외교관들의 출국 조치에 필요하니 외무부에 등록신고를 해달라고 공고했다. 이때 한국 외교관 8명 모두 등록신고를 했다. 6월 8일 베트남 외무부는 한국 외교관 8명의 출국 일자는 6월 17일 오전 10시이며, 항공기 탑승 장소는 사이공 탄손누트 공항이라고 공고했다. 그러나 며칠 후 서병호 영사와 안

희완 영사의 출국을 금지한다고 발표했으며 그 이유는 밝히지 않았다."고 술회하고 있다. 그 당시 사이공에 잔류하고 있는 한국 외교관 및 민간인은 175명이었고, 이대용 공사를 포함한 3명의 외교관은 5년여의 옥살이 끝에 1980년 4월 12일 오후 1시 20분 경 아이젠버그 회장의 전용기로 귀국하게 되었다. 그리고 베트남 정치국원이었던 레득토의 회고록 중에 이와 관련 자료가 있어서 소개한다. 이 자료는 팜반동 수상의 비서였던 쩐땀쨥이 레득토의 회고록에 실은 글로, 레득토와 팜반동 수상이 넓은 아량을 가진 정치가라는 것을 칭송하기 위해 쓴 글이다. 이 글에는 일부 부정확한 사실이 들어 있다. 예를 들어, 억류 외교관 수를 7명이라고 하고, 7명 모두가 장군이라고 언급하고 있는 것 등이다. 그러한 오류가 있음에도 불구하고, 참고 자료로 사용할 수 있도록 내용 전문을 소개한다.

남부 베트남 해방 후에 우리에게 체포당한 7명의 한국 장군

우리 정부가 한국의 7명의 장군을 풀어주기 위한 우리의 주장은, 한국과의 협상에서 조선 인민민주주의 공화국에게 여건을 만들어 주는 것이었다. 당시 양측은 인도 뉴델리에 있는 베트남 대사관에서 협상을 했었다. 북조선의 요구가 너무 지나쳐서 한국이 이에 부응하지 않았고, 양측 간의 수년 동안의 협상이 합의에 이르지 못했다. 판반동 수상과의 협의에서 레득토 동지는 이 장군들이 나이가 많고, 우리의 감금 여건이 좋지 않으며, 그들의 건강이 좋지 않아서 만일 그들의 생명에 문제가 생긴다면 우리에게 아주 어려움을 줄 것이라고 말했다. 그 후, 우리는 외교부를 통해서 합리적인 방안이 있어야 한다고 친구(북조선)의 의견을 물었다. 친구는 이들을 그들에게 넘기라고 요구했지만 우리는 찬성하지 않았다. 그 때 스웨덴 정부가 Oberg 대사를 통해 우리 정부에게 박정희 대통령의 요구 서신을 전달했다. 그들 중에는 대통령의 친구 또는 가족이 있었다. 판반동 수상과 레득토 동지는 여러 차례, 여러 측면에서 협의를 했고, 결국 인도적인 이유로 이 장군들을 자유롭게 풀어주기로 결론을 냈다. 이 일을 정치국에 보내서 결정할 때, 결코 쉬운 결정이 아니었다. 결국 스웨덴 정부의 중간 역할을 통해서, 전용기가 하노이에 와서 위에 언급한 장군들을 인수하도록 허가했다. 한국 측은 매우 감격했고, 우리의 결정을 높이 평가했으며, 그들은 우리에게 적절한 경제적 원조를 제공하고 싶다는 뜻을 피력했었다. 비록 그 당시 아주 많은 어려움에 직면했음에도 우리는 거절했고, 우리가 인도적인 이유로 그들을 일방적으로 풀어준다는 것을 강조했었다. 그 뒤 우리는 북조선에게 설명을 했고, 친구(북한: 역자주)는 만족하지 않았지만 예상외의 반응은 없었으며, 통상적인 우호관계를 유지했다.

고려 말에 베트남의 왕족인 이용상이 부하와 가족을 이끌고 고려에 정착하였고, 화산 이씨의 조상이 되었다는 사실은 이미 널리 알려져 있는데, 이에 관한 내용은 최상수의『韓國과 越南과의 關係』에 자세히 소개되어 있다. 개방 이후 베트남에서도 이와 관련된 소식이 간헐적으로 소개되었는데, 이미 70여 년 전에 베트남에서 이를 소개한 글이 있었다. 1942년에 발간된 〈찌떤Trí Tân〉이라는 잡지 32호에 서꾸옹So Cuồng이라는 필명으로 '리 왕조 영종(1138~1175)의 22대 손이 현재 고려에 살고 있다'라는 글을 발표하였다. 필자인 서꾸옹은 1914년 중국을 거쳐 우리나라를 여행한 적이 있었다. 그리고 귀국하는 길에 중국에서 한 조선인을 만나서 화산 이씨에 대한 얘기를 듣게 되었다. 그러다가 몇십 년 뒤에, 프랑스 극동서원에서 같이 근무하던 조선인 김영건으로부터 〈안남 화선군 이용상의 사적〉이라는 자료를 얻게 되었으며, 당시 이용상의 22대손이 한국에 살고 있다는 것을 알게 되었다고 기술하고 있다.

한국에 있는 베트남 왕족의 흔적을 찾으려 애썼던 베트남 사람이 있다. 그는 의사인 쩐다이시Trần Đại Sỹ다. 쩐다이시는 파리에 있는 아르마 의과대학 교수이며, 프랑스 – 아시아 연구소 중국사무처장을 겸하고 있다고 소개되고 있다.

그는 1958년 11월, 당시 사이공 의과대학 1학년생이었으며, 이승만 대통령이 남베트남을 방문했을 때, 뉴스에서 이승만 대통령이 자신의 조상이 베트남 사람이라고 했다는 말을 듣고 그 출처를 찾기로 마음먹었다고 한다. 베트남 역사서를 뒤졌고, 수십 년이 지난 후인 1980년 8월, 그의 나이 41세 때에 중국 항주에서 열린 의학 세미나에 프랑스 대표단으로 참가하게 되었고, 그곳에서 북한의 웅천에서 온 이조명과 순천에서 온 이엽영이라는 여의사를 만났는데, 그녀가 자신이 이용상의 후손이라고 얘기했으며, 그를 북한으로 초청했다고 한다. 프랑스 여권을 소지하고 있던 그는 북경주재 북한대사관에서 8일간의 관광 및 인삼 연구를 위한 여행허가서를 발급받고, 북한을 방문하여 이용상의 후손들을 만났다고 한다. 그 후, 1983년 그는 다시 남한을 찾았고, 남한에 살던 화산 이씨 일가를 만났다. 그는 남한에서 이용상 관련 유적은 거의 찾지 못했고, 남한에 살던 화산 이씨도 대부분 1954년에 북에서 남하한 사람들로 약 천 가구 정도였으며, 그들이 가져온 족보도 최근에 써진 것으로 보이고 내용도 틀린 것이 많았다고 했다. 그렇지만 그는 서울에서 정선 이씨의 후손을 만났고, 정선 이씨의 시조 역시 베트남 왕족이었다는 것을 알게 되었다고 한다.

2. 북한과 베트남의 관계

북베트남은 1950년 1월 30일 북한과 정식 외교관계를 수립하였으며, 1957년 7월에 호찌밍 주석이 북한을 방문하였고, 1958년 11월에는 김일성 주석이 베트남을 방문하였다. 1965년 5월 20일에 북한은 베트남 전쟁에서 북베트남을 지지하는 선언을 발표하였고, 베트남 전쟁 기간 동안 북베트남에 군사적 지원을 했다. 일반적으로 베트남과 북한은 수교 이후 베트남 전쟁이 끝날 때까지 아주 우호적인 관계를 유지했다고 볼 수 있다. 그러다가 1978년 베트남의 캄보디아 원정으로 관계가 악화되었다. 북한은 당시 중국 편에 서서 베트남의 캄보디아 원정을 반대했었다. 1992년 한-베트남 수교 이후로 관계가 소원했다가 1990년대 중반부터 관계가 개선되기 시작하여, 2000년대 들어와 양국의 고위 관리들이 상호 방문하면서 관계가 호전되었다고 볼 수 있다. 하지만 실제로 경제교류는 별로 없는 편이다. 베트남 정부는 북한에 대한 투자 타당성 검토를 위해 대표단을 파견하기도 했지만 베트남 기업인들은 관망하는 추세이다.

경제 관계는 2000년 9월에 양국 경제-과학기술 협력위원회가 설립되어, 2001년부터 하노이와 평양을 오가며 매년 한 차례씩 회의를 개최하고 있다. 수출입은 1993년 베트남이 35,000불 정도를 수출했고, 북한에서 450만 불을 수입했다. 1996년에 북한이 베트남 쌀 2만 톤을 수입했으나 그 대금을 갚지 않은 이후로 교역 관계가 거의 중단되었다. 2007년 10월 기준으로 원금과 이자를 포함하여 약 180만 달러라고 한다.

베트남 정부는 2000년에 1천 톤, 2001년에 5천 톤, 2002년에 5천 톤, 2005년에 1천 톤의 쌀과 5톤의 천연고무를 북한에 원조하였고, 2007년에는 긴급원조로 5만 달러와 쌀 2천 톤을 지원하였다.

1993년 중반에 하이즈엉 성에 350만 불 규모로 베트남이 원료를 제공하고 북한은 기계 설비를 제공하여 합작 공장을 세웠는데, 베트남 측이 이 합작 공장에서 철수하여 북한이 단독으로 운영하다가 2001년에 이 공장을 베트남 측에 팔았다. 북한은 하노이에 평양관과 우의관이라는 식당을 열었다. 이 우의관은 2009년 8월에 폐쇄하고, 2012년 5월에 조선유경식당을 개관해서 영업중이다.

1960년대부터 70년대 초까지 북한은 수백 명의 베트남 유학생을 받았고, 매년 4월에는 베트남 문화예술단이 평양을 방문하였으나, 1970년대 중반 이후로 거의 왕래가 없는 편이다. 2002년 5월 쩐득르엉 국가주석 북한 방문 시 해상운송협정, 무역협정 등을 체결하였고, 2004년에는 베트남과 사법공조협정을 체결했다.

1) 베트남 인사의 북한 방문

1951년 똔득탕을 단장으로 한 베트남 국회 대표단

1957년 7월 호찌밍 주석

1961년 6월 팜반동 수상

1965년 7월 호앙반호안 국회 부의장

1965년 10월 베트남 – 북한 친선협회 창립

1974년 3월 남베트남 임시혁명정부 외교장관 응웬티빙

1988년 9월 보찌꽁 국가평의회 의장김일성에게 금성훈장 수여

1997년 5월 응웬마잉껌 외무장관

2000년 8월 응웬지니엔 외무장관

2002년 5월 쩐득르엉 국가주석

2003년 12월 짱아파오 국회 민족위원회 주임

2006년 7월 응웬반손 중앙당 대외위원장

2007년 4월 인민일보 편집장

2007년 9월 팜테주엣 베트남 조국전선 의장

2007년 10월 농득마잉 당서기

2008년 10월 레홍아잉 공안부 장관

2010년 2월 부이수언꾸 산업무역부 차관

2011년 4월 레홍아잉 공안부 장관

2011년 8월 응웬찌빙 국방부 차관

2013년 7월 쩐꾸옥브엉 당 서기국 국장

2) 북한 인사의 베트남 방문

1958년 11월 김일성 주석

1963년 6월 박금철 북한 의회 대표단

1991년 4월 이종옥 부의장

1992년 1월 김영남 부수상

1996년 4월 이성태 대외경제 부장

1997년 4월 공진태 부수상

2000년 3월 백남순 외교부장

2001년 4월 최태복 최고인민회의 의장

2001년 7월 김영남 최고인민회의 상임위원장

2007년 10월 김영일 내각수상

2008년 6월 주상성 보위부장

2008년 7월 박의준 외교부장

2009년 9월 김영일 외무성 부상

2011년 7월 리명상 무역상 부상

2012년 8월 김영남 최고인민회의 상임위원장

3) 북한 유학생 사건

1997년 인터넷에 한 베트남 사람의 회고록이 올라왔다. 그 회고록의 저자는 부트히엔이었다. 그는 1933년생으로, 1949년 군에 입대하였고, 1954년부터 영화 업계에 종사하면서 1959년까지 소련에서 시나리오를 공부했으며, 〈베트남 사진신문Báo Ảnh Việt Nam〉의 편집을 맡았다. 1967년 자전거를 타고 하노이 시내에 가던 중 비밀 경찰에 체포되어 호아로 하노이 교도소, 벗밧썬 떠이 교도소, 떤럽푸토 교도소 등을 거쳐 아무런 재판 없이 1976년 석방되었다. 그의 아버지는 호찌밍 주석의 경호, 의상을 담당하던 개인비서였다. 어린 시절에는 주석궁에 놀러가서 잡무를 도와주기도 했다고 한다. 반당분자 색출 사건에 연루되어 교도소에 갔고, 풀려난 후 고무농장에서 일한 적도 있다. 1990년에는 문인회 회원이 되었으며, 1993년 베트남 회사의 통역으로 러시아에 갔다가 그 회사의 러시아 주재원이 되었고, 1995년 모스크바를 떠나 폴란드, 파리 등으로 옮겨 다니다가 프랑스에 망명을 신청하였다. 1997년 4월 수년 동안 집필하던 자신의 교도소 생활을 그린 『대낮 가운데의 한밤중 Đêm giữa ban ngày』을 출간하였다. 이 회고록 중에 중국에서 유학하던 북한 학생이 베트남으로 밀입국했다가 체포되어 교도소에서 만났던 얘기와 그가 소련에서 유학 시절에 경험한 북한 유학생의 얘기를 소개한다.

어느 북한 유학생의 얘기

아, 내 삶은 어찌 그리 기구한지! 계속해서 그런 일이 벌어지는 것은 내가 오직 비정상적인 사건들의 목격자가 되기 위해서 태어난 것 같았다. 그리고 비정상적인 사건들은 교도소에서 수없이 많았다…. 나는 마리넷보다 먼저 한 조선 청년을 만났었다. 김씨 성을 가진 그 청년을 1971년 가을에 떤럽에서 만났다. 아주 드문 경우였고, 너무 이상했으며, 너무 비참했다….

김 군은 하노이 교도소로부터 떤럽으로 이송되었다. 교도소에 있던 사람들이 그들 중에 이상한 사람이 있다는 것을 우리에게 자랑하기 위해 그를 가리켰다. 조선 청년은 무심하게 혼자 서서, 누구와 얘기할 줄 몰랐다. 나는 중국어로 그에게 "니하오?"라고 인사하고, 조선 사람이냐고 물었다.

"예!"

나의 중국어는 그 정도밖에 안됐다. 운 좋게도 김 군은 러시아어를 할 줄 알았다. 나는 왜 체포되었냐고 물었다. 김 군은 이해할 수 없다는 표정으로 대답했다.

"저는 이해할 수 없어요. 저는 아무 것도 몰라요. 왜 저를 체포했을까요? 저는 북경에서 공부하던 조선 대학생입니다. 저는 베트남을 사랑합니다. 저는 자원해서 베트남을 도와 미국과 싸우려고 왔는데, 아무도 저를 받아주지 않았어요. 제가 열차를 타고 남쪽으로 내려갔는데, 그곳에 가면 틀림없이 베트남으로 가는 길이 있다고 생각했습니다. 핑셍에 도착하니, 국경을 통과하기 위해 기다리는 커다란 파이프를 실은 트럭 행렬이 보였어요. 그 파이프 속으로 기어 들어갔고, 과연 국경을 통과할 수 있었습니다. 그것은 베트남에 원조하는 기름 파이프였어요. 박쟝에 도착해서 저는 기어 나왔습니다. 저는 미국과 싸우겠다고 베트남 행정기관을 찾아갔는데, 체포되었어요…"

"사람들이 믿지 않던가요?"

"그들은 아무 말도 하지 않았어요. 먹을 것을 주고, 이 일을 조사할 것이라고 말했습니다. 그들은 하노이에 있는 우리 대사관에 물었답니다…"

"대사관에서는 뭐라던가요?"

"통역을 통해서 들은 바로는 대사관에서 '조선에는 기율이 없는 공민은 없다. 베트남 동지들이 맘대로 처리해라!'라고 했답니다. 그리고 교도소에 들어왔지요."

"자네가 저항했어야지?"

"저항했지요. 그런데 그들은 '안심해라, 잠시 여기에 머물면 사람들이 더 조사할 것이다'라고 말했습니다."

김 군이 한숨을 쉬었다. 이해할 수 없는 것은 그때 내 머릿속에 장난칠 생각이 떠올랐고, 지금 생각하니 너무 심했다는 생각이 든다.

"김 군! 내 생각에 자네는 다른 혐의를 받고 있는 것 같은데… 사람들이 자네에게 말하지 않는 것 같아."

"무슨 죄요? 저는 그들에게 솔직하게 진술했는데요. 저는 베트남 인민과 함께 미국과의 전쟁에 참가하고 싶다고 말입니다."

나는 잠시 생각하는 척 하다가 말했다.

"자네를 간첩이라고 생각할 수도 있어."

"간첩! 어떻게 그렇게 생각할 수 있겠어요? 제가 미국의 간첩이라고요?"

"자네도 조선의 수출품 중 강점을 가진 것이 인삼이라는 것은 알고 있을 거고."

"맞아요!"

"베트남도 인삼이 있는데, 조선 인삼과 경쟁할 수 있는 것으로, 베트남 정부가 아주 비밀스럽게 이 인삼을 지키고 있지."

"그래요?"

나는 엄지손가락을 가리키며 말했다.

"조선 인삼이 이 정도 되지? 큰 고추 만하지?"

"예. 한 뿌리에 둘 또는 세 갈래로 갈라져 있어요."

"자네 잠시 기다리면 베트남 인삼이 얼마나 큰지 알 것이네."

농장 일을 하는 죄수들이 수확한 타피오카를 부엌으로 낑낑거리며 메고 왔을 때, 김 군은 눈이 휘둥그레져서, 내가 이해할 수 없는 조선말로 감탄사를 연발했다.

그날 밤 나는 베트남 교도소에 갇힌 이 조선 청년은 다른 사람과 다른 처우를 받을 것이라고 생각했지만 그렇지 않았다. 그가 징벌 독방에 감금된 것이다. 나는 김 군이 밤마다 날이 밝을 때까지 소리치며 벽을 두드리는 소리를 들었다. 며칠 동안 계속 그랬다. 그리고 독방은 완전히 침묵했다. 그는 다른 곳으로 이감되었거나 살았거나 죽었을 것이다.

호은표 사건

1956년 겨울, 소련 영화대학교에서 전에 없던 사건이 일어났다. 조선 인민민주주의 공화국 공산당원이며, 시인인 호은표라는 학생이 그가 서기로 있던 당 지부의 부정기 회의에서, 조선 노동당은 개인숭배와 비민주적 상황에 관해 김일성 주석을 엄격하게 점검해야 한다고 외쳤다.

소련에 유학 오기 전에 호은표는 서울에서 활동한 첩보 장교로, 여러 번 부상을 당하고, 적에게 체포되기도 했었다. 그가 건의서를 보낸 뒤에, 외교관을 가장한 조선의 비밀요원들이 학교로 찾아와 대사가 부른다고 하여 데려간 다음 대사관 내에 감금시켰다. 호은표는 기막힌 꾀를 내어 그들을 속이고, 4층에서 뛰어내려 탈출했다. 바닥에 쌓여있던 눈이 20m 공중에서 떨어지는 충격을 완화시켰던 것이다.

그가 탈출했다는 소식을 듣고, 우리들이 찾아가서 물었다.

"저들이 너를 죽이려고 했니? 바로 대사관 내에서?"

"아니. 저들은 나를 강제 귀국시키려고 했어."

그는 넘어져 삔 팔을 앞가슴에 대고, 대사관 탈출에 대해 얘기했다. 저들에게 귀국하기 전에 아내를 만나게 해 달라고 말했다고 한다. 그는 같은 조선 사람인 부인이 있었고, 모스크바 의대에 다니고 있었다. 그리고 기숙사에 가서 옷을 챙기게 해달라고 했지만 저들은 "조선에 가면 아내도, 옷도 필요 없고 오직 한 벌이면 충분하다."고 말했다고 했다.

눈물을 줄줄 흘리며 호은표는 나에게 김일성, 국회, 정부, 당에 보낸 편지를 읽어주었다. "나는 영웅적인 조선 인민을 배반한 당을 버리기로 선언한다. 나는 아픈 마음으로 조선 인민민주의 공화국 국적을 포기한다. 왜냐하면 그것은 나에게 걸맞지 않으며, 나의 국적이 아니고, 노예의 이마에 찍힌 낙인이다. 내 몸 속에는 영원히 조상의 피가 흐르고, 나는 영원히 조선인이라는 자부심을 갖고 살 것이다..."

나는 호은표가 애타게 글을 읽는 것을 듣고 마음이 아팠다. 김일성의 사람은 호은표 납치에 실패했다. 20차 전당대회 후의 소련은 다른 소련이 되었다. 그러나 아주 다른 것은 아니었다. 소련 영화대학교는 부끄러운 일을 했던 것이다. 그들은 아무런 이유 없이 호은표 학생을 내쫓는 명령을 내렸다.

호은표는 타슈켄트로 가서 조선 문학 강사가 되었다. 호은표 사건이 후에 나는 김일성과 그가 통치하는 나라를 경멸했다. 소련 붉은 군대의 한 중위는 북조선이 병영으로 바뀌었으며, 민중들은 군대식으로 지배받고 있다고 했다...

베트남
여행하기

10

베트남 여행하기

1. 하노이Hà Nội

하노이는 베트남의 수도이다. 홍하 델타의 삼각지에 위치하며 동북쪽은 땀다오Tam Đảo 산, 서남쪽은 바비Ba Vì 산과 딴비엔Tản Viên 산으로 둘러싸여 있다. 인구는 약 645만 명이며, 면적은 약 3,325㎢이다. 그러나 1954년에는 면적이 152㎢에 인구는 54,000명에 불과했었다. 인구밀도는 시내 중심가와 교외 농촌 지역이 현저하게 다르다. 인구밀도가 가장 높은 중심지는 평방킬로미터 당 35,000여 명인데 반해 인구밀도가 낮은 농촌 지역은 평방킬로미터 당 1천 명에 불과하다. 하떠이 성과 통합된 이후로 현재의 인구 분포를 보면 베트남족이 99%, 자오, 므엉, 따이족 등 소수종족이 1%이고, 도시 거주자가 41%, 농촌 거주자가 58%에 이른다.

하노이에는 크고 작은 호수가 많이 있다. 그중 시내에서 가장 큰 호수인 호떠이Hồ Tây는 면적이 500ha가 넘는다. 11세기에는 '안개 호수'라는 의미를 가진 덤무스엉đầm Mù Sương이라고 불렀으며, 15세기부터 호떠이로 부르기 시작했다고 한다. 리 왕조 때부터 호수 주변에 궁전이나 휴식처를 세웠고, 현재 호수 주변에는 61개의 사찰, 사당 등이 있다.

다음으로는 하노이 중심부에 있는 호그엄Hồ Gươm 또는 호안끼엠Hoàn Kiếm 호수라고 불리는 호수인데, 호수에서 거북이가 신검을 물고 나와 레러이Lê Lợi 왕에게 전달했고, 왕은 그 검으로 적을 물리친 뒤에 다시 그 검을 거북이에게 되돌려 주었다는 전설이 있다. 현재 이 호수에는 거북이가 살고 있으며, 가끔 모습을 드러내기도 한다. 호수 가운데에는 거북탑이 세워져 있다.

호떠이 가장자리에 있는 작은 호수는 쭉박익 호수Hồ Trúc Bạch이다. 호떠이와 쭉바익 호수 사이는 도로를 사이에 두고 양쪽으로 나뉘어 있는데, 이 도

로를 드엉타잉니엔ᴰường Thanh Niên, 청년로라고 부른다. 1968년에 청년들을 동원해서 이 도로를 건설했고, 호찌민 주석이 '청년로'로 이름을 붙였다고 한다.

하노이 역에서 가까운 곳, 그리고 통일공원 정문 앞에 티엔꽝 호수Hồ Thiền Quang가 있다. 전에는 이 호수가 더 넓었지만 1920~1925년에 호수를 메워서 시내를 넓혔다고 한다. 그리고 통일공원 내에 있는 호수를 바이머우 호수Hồ Bảy Mẫu라고 한다. 바이는 7이라는 의미이고, 머우는 베트남의 면적 단위로, '호 바이머우'는 면적이 7머우라는 뜻이다. 그러나 실제로 이 호수의 면적은 30머우가 넘는다고 한다. 그 외에도 10여 개의 호수가 있다. 1996년까지는 하노이 시내에만 40개가 넘는 호수가 있었다고 한다.

하떠이 성이 하노이로 편입되면서 두 개의 큰 호수가 하노이에 편입되었는데, 하나는 호수오이하이Hồ Suối Hai이고, 다른 하나는 호동모-응아이선Hồ Đông Mô-Ngai Sơn이다. 호수오이하이는 인공 호수로 면적이 1,000ha가 넘고, 호떠이의 두 배에 이른다. 호동모-응아이선은 산정 호수로, 호수오이하이로부터 동쪽으로 약 20km 떨어져 있으며, 면적은 1,300ha에 이른다. 호숫가에 36홀의 동모 골프장이 있다. 홍강이 하노이를 관통하는데, 시를 지나는 강의 길이는 약 120km이고, 가장 높은 산은 짬찜 산으로 462m이다.

겨울의 평균 기온은 15.2℃이고, 1955년 1월에는 2.7℃까지 내려간 적이 있다고 한다. 여름의 평균 기온은 29.2℃이며, 1926년 5월에 42.8℃까지 올라간 적이 있다. 연간 평균 기온은 23.6℃이며 강우량은 1,800mm이다.

1) 행정조직

하노이는 10개의 구, 18개의 현, 1개의 소도시로 구성되어 있으며, 그 중 가장 큰 구는 동다 구이고 가장 작은 구는 환끼엠 구이다. 교외의 가장 큰 현은 바비 현으로 현재 중심지에서 가장 멀리 떨어져 있으며, 관광 잠재력이 크지만 가장 빈곤한 곳이기도 하다.

2) 하노이의 명칭

하노이는 BC. 258년 안즈엉브엉An Dương Vương이 세운 어우락Âu Lạc 국의 수도였다. 당시는 꼬로아Cổ Loa라는 이름이었으며, 현재 하노이 동아잉Đông Anh 지역이다. 중국이 지배할 때는 교지군의 군 소재지였는데, 당시의 이름은 다이라Đại La 성이었다. 이어 1010년 대월국 리 왕조의 태조 리꽁우언Lí Công Uẩn이 호아르Hoa Lư에서 다이라로 수도를 옮기면서 비로소 베트남의 수도가 되었다. 리 태조의 배가 지금의 홍강에 다다랐을 때 노란색 용이 나타났는데, 이것을 좋은 징조라고 여겨서, 다이라를 탕롱Thăng Long으로 바꾸었다. 1397년 호꿔리Hồ Quý Ly가 동도Đông Đô로, 1428년 레러이Lê Lợi가 동낑Đông Kinh으로, 1831년 응웬 왕조의 밍망Minh Mạng 왕이 하노이Hà Nội 성으로 명명했고, 1888년 프랑스 총독이 하노이 시로 승격시켰다. 1946년 1월 베트남 민주공화국의 수

■ 하노이 기차역

도가 되었고, 통일 이후 1976년 4월 베트남 사회주의 공화국의 수도로 확정되었다. 현재 하노이는 베트남의 정치, 경제, 문화, 역사, 교육의 중심지이다.

3) 유적지 및 관광지

하노이는 천 년이 넘는 기간 동안 베트남의 수도였기 때문에 많은 역사 유적이 있다. 물론 여러 차례의 전쟁을 겪으면서 많은 유적이 파괴되었지만 여전히 볼만한 역사 유적들이 많이 남아있다. 여기에서는 대표적인 유적지나 관광지를 소개한다.

■ 안즈엉브엉 사당

● 꼬로아 성과 안즈엉브엉 사당

꼬로아 성은 하노이 중심부에서 약 18㎞ 떨어진 동아잉 현에 있으며, 어우락국의 수도였다. 3겹으로 된 토성으로, 안즈엉브엉 사당과 그의 딸이었던 미쩌우 공주를 기리는 암자가 있다. 이 유적지에서는 청동 화살촉과 농기구, 동물 뼈 등이 출토되었다.

● 문묘Văn miếu와 국자감Quốc tử giám

하노이 시내에 위치한 문묘는 유교의 성현들과 베트남의 유명한 유학자의 제사를 지내는 곳으로 1070년에 건설되었고, 오늘날의 국립대학이라고 할 수 있는 국자감은 1076년 세워졌다. 그리고 1482년 레 왕조의 성종이 1442년 이래로 과거에 급제한 사람들의 이름과 고향을 비석에 새겨 거북이 조각상 위에 세워 놓은 진사비가 있다. 현존하는 진사비는 82개가 있으며, 시험을 앞둔 베트남 학생들이 이곳을 찾아 거북이 머리를 만지며 합격을 기원하는 풍습이 있다.

● 하이바쯩Hai Bà Trưng 사당

리 왕조의 영종 때인 1142년부터 만들어졌으며, 중국에 대항하여 봉기를 일으켜 잠시나마 정권을 잡았던 쯩짝Trưng Trắc과 쯩니Trưng Nhị 자매를 기리기 위해 세워졌다. 두 자매의 상 좌우에는 군대를 이끌고 전투에 나서는 12 여장군의 상이 있다. 매년 음력 2월 5일과 6일에 이들을 기리는 추모 축제가 열린다. 동년Đông Nhân 마을에 있다고 하여 '동년 사당'이라고도 부른다.

● 푸동Phù Đổng 사당

6대 훙브엉 시대에 은나라 적군을 물리친 전설적인 영웅 타잉종Thánh Gióng을 기리는 사당이다. 리 왕조 태조 때부터 건설되어 여러 번 중수되었다. 중요한 유물로는 19세기에 만들어진 계단 옆 용 석상과 사자 상 그리고 1660년에 만든 현판, 잘 조각된 제단 등이다. 음력 9월 4일에는 타잉종이 은나라 군을 물리치는 모습을 재현하는 축제가 열린다.

● 응옥선Ngọc Sơn 사당

환끼엠 호수 안에 있으며 19세기에 세워졌다. 처음에는 '절'이었으나 '사당'으로 바뀌었다. 이는 과거시험을 관장하는 반스엉Văn Xương 신과 원나라 몽고군을 물리친 쩐흥다오 장군을 모시기 때문이다. 경내로 진입하는 다리 입구에는 오층 탑 위에 붓을 거꾸로 세워 둔 모양의 탑이 있다. 사당 안에는 박제된 거북이를 전시하고 있다.

● 쭈어쩐꾸옥Chùa Trấn Quốc

541년부터 건설된 베트남에서 가장 오래된 사찰로, 호떠이에 있는 작은 섬에 위치하고 있다. 청년로 끝에서 바라보면 호수 위에 크고 작은 탑들이 보이고, 사찰 내에는 베트남 조각 기술의 경지를 보여주는 석가모니 상이 있다. 경내에 보리수나무가 있는데 1959년 인도 대통령이 하노이 방문 때 기증한 것이다.

● 쭈어못꼿Chùa Một cột

지엔히우뜨Diên Hựu tự라고도 불리며, 리 왕조 태종 때인 1049년에 건축되었다. 전설에 따르면, 태종이 나이가 많았는데 아들이 없어 각 사찰을 찾아다니며 불공을 드렸다고 한다. 어느 날 하노이 서쪽의 네모난 호수 연꽃 위에 관음불이 나타나 아들을 왕에게 건네주는 꿈을 꾸었다. 그리고 얼마 후 왕

■ 쭈어못꼿

스에서 베트남에 조공을 바치는 사신을 자주 파견하였고, 그 사신들의 숙소를 지었는데, 이름을 꽌스라고 했다. 그리고 그 나라 사신들이 불교를 숭상해서 그 관사 내에 사찰을 지어 예불을 행했다고 한다. 현재 관사는 사라지고 사찰만 남아 있으며, 1934년부터 북부 불교회 본부로 사용하다가 1942년에 재건 축되었고, 1958년부터는 베트남 불교회 본부로 사용하고 있다.

● 주석궁Phủ Chủ Tịch

1901년에 건설을 시작하여 1906년에 완공되었고, 인도차이나 총독의 관저로 사용되었다. 4층짜리 노란색 건물로 현재는 국가주석의 집무실로 사용하고 있다. 외국 국가원수의 베트남 공식 방문 시 영접 의례를 행하는 곳이다. 호찌민 주석릉 옆에 위치하고 있다.

■ 주석궁

● 하노이 대극장 Nhà hát lớn thành phố

오페라 하우스의 형태로 지은 극장으로 900석의 좌석을 갖추고 있으며, 1911년 완공되었다. 극장 앞에는 조그만 광장과 짱띠엔 거리가 보인다. 1945년 8월 17일 2층에 베트남 금성홍기가 걸렸으며, 8월 혁명을 지지하는 궐기대회가 열리기도 했다. 1997년 프랑스 정부의 지원을 받아 초기의 모습 그대로 수리됐다. 바로 옆에 대극장과 조화를 이룬 하노이 힐튼 호텔이 있다.

● 호찌민 주석릉 Lăng Chủ tịch Hồ Chí Minh 과 바딩 Ba Đình 광장

1973년에 시작하여 1975년 완공되었다. 바딩 광장 정면에 있으며, 호찌민의 시신을 미이라 형태로 보관하는 곳이다. 이 능에는 참배객이 끊이지 않으며, 오전에만 개방하고 일주일에 한두 번은 문을 닫기 때문에 미리 개방 여부를 알아보고 방문하는 것이 좋다. 건축물은 베트남과 구소련 기술자들의 합작품이다. 바딩 광장의 길이는 320m, 폭은 100m이다. 1945년 9월 2일 호찌민 주석이 이곳에서 독립 선언문을 낭독했다. 광장의 서쪽에는 호찌민 주석의 박물관, 기념품점, 호찌민 주석이 거주하던 고상가옥 등이 있다.

■ 하노이 대극장

● 박물관

역사박물관Viện bảo tàng lịch sử Việt Nam은 하노이 대극장 근처에 있다. 선사시대부터 8월 혁명까지의 역사 유물과 사진 등을 전시하고 있다. 혁명박물관Bảo tàng Cách mạng은 1959년 8월에 설립되었으며, 대 프랑스 항전과 독립 투쟁, 사회주의 건설 과정에 관한 자료, 유물을 전시하고 있다. 미술박물관Bảo tàng Mĩ thuật Việt Nam은 응웬타이혹 거리 66번지에 있으며, 1만 여 점의 원본 또는 복제품을 전시하고 있다. 각 소수 종족별로, 그리고 시대별로 미술 작품을 전시하고 있다. 그 외에도 도자기, 민화, 옻칠회화, 조각품 등을 전시한다. 민족박물관Bản tàng dân tộc Việt Nam은 하노이 서쪽 꺼우저이 구에 있는데, 1997년에 문을 열었다. 베트남에 거주하는 54개 종족의 생활과 문화를 소개하는 각종 유물, 사진, 비디오테이프 등의 자료와 고상가옥 등 베트남 문화의 다양성과 독특함을 볼 수 있다. 여성박물관Bảo tàng Phụ nữ Việt Nam은 하노이 중심부에 있고, 여성 관련 연구 자료, 유물을 전시하고 있다. 여성동맹의 역사와 여성의 복장, 독립투쟁에서의 여성의 활동 등을 볼 수 있다.

■ 민족학 박물관

● 호아로Hỏa Lò 교도소 터

하노이 시내에 있는 호아로 교도소 터는 프랑스 식민지 시절에 많은 베트남 공산주의자들을 가둔 곳으로, 1954년 이후로는 일반 범죄자들을 수용하기 시작했다. 1994년에 이 교도소를 외각으로 이전하고 이곳에 26층짜리 쌍둥이 빌딩을 지었다. 그리고 이 호아로 교도소의 일부를 유적으로 남겨 놓았다. 프랑스 식민지 시대의 감옥 모형과 단두대 등을 전시하고 있다. 베트남전 당시에는 격추당해 포로가 된 미군 조종사들이 수감돼 있던 곳으로 '하노이 힐튼'이라고 불렸다.

● 36거리36 phố phường

하노이 구 시가지를 일컫는 말이다. 환끼엠 호수의 북쪽, 분수대를 지나며 시작된다. 옛날에는 각 상점이 모여서 거리를 형성했고, 그 제품의 이름을 따서 거리 이름을 붙였다. 면제품을 파는 항봉Hàng Bông, 설탕, 절인 과일을 파는 항드엉Hàng Đường, 함석제품을 파는 항티엑Hàng Thiếc, 돗자리를 파는 항찌에우Hàng Chiếu, 제사용품을 파는 항마Hàng Mã 등이 있다. 지금은 36개 거리 이름과 그곳에서 파는 제품이 일치하지 않는 경우가 많다. 그러나 앞의 몇몇 거리는 여전히 그 명맥을 유지하고 있다. 항응앙Hàng Ngang 거리는 15세기 중국인들의 하노이 거주가 허용된 이후 이들이 집중적으로 모여 장사하던 곳이었다. 이 거리의 양쪽 입구에는 출입문이 있었고, 밤에는 이 출입문을 잠가서 통행을 금지했다고 한다. 그런 연유로 거리 이름을 '가로막다'라는 의미의 '응앙ngang'으로 붙인 것이다. 항드엉에서 조금 더 가면 하노이에서 가장 큰 시장인 동수언Đông Xuân 시장이 있다.

● 기타

전통 도자기 마을인 밧짱 도자기 마을Làng gốm Bát Tràng이 있고, 뱀을 길러 약제와 음식을 만들어 파는 레멋 뱀 마을Làng rắn Lê Mật, 투레 동물원Vườn thú Thủ Lệ, 통일 공원Công viên Thống Nhất 등이 있다.

2. 호찌민 시 TP. Hồ Chí Minh

호찌민 시는 수도인 하노이보다 인구가 많은 베트남 최대의 상업 도시로, 면적은 2,095㎢, 인구는 7,123,340명, 거주하는 종족은 베트남족, 화교, 크메르족, 짬족 등이다. 24개의 구와 현으로 구성되어 있고, 건기와 우기의 구분이 명확하다. 평균 강우량은 1,979mm이고 평균 기온은 27.5℃이다.

하노이로부터 육로로 1,730㎞ 떨어져 있고, 동쪽 바다로부터는 직선거리로 50㎞ 떨어져 있다. 사이공 항구는 연간 1천만 톤의 화물을 처리할 수 있고, 시내 중심지로부터 7㎞ 거리에 떤선녓 국제공항이 있다. 사이공은 1698년 응웬 씨 가문에서 처음으로 응웬히우까잉 Nguyễn Hữu Cảnh 장군을 파견하면서 베트남에 편입되었다. 그는 이곳에 쟈딩부 phủ Gia Định를 설치하였다.

이후 1859년 프랑스가 남부 베트남을 점령하고, 이곳에 인구 50만 명의 도시 건설 계획을 세웠다. 이후 프랑스는 남북과 동서 방향의 두 축을 중심

■ 호찌밍 주석릉

으로 도시 개발을 시작했고, 시멘트와 벽돌로 지은 고층 빌딩, 광장, 항구, 공원 등이 세워지면서 점차 도시의 모습을 갖추었다. 일교차가 적은 기후, 지리적 편리함으로 많은 상인들이 모여들기 시작했고, 1862년 사이공 항이 개항되면서 서양 상선들이 드나들기 시작했다. 1874년 3월 15일 프랑스 총통이 사이공 시로 승격시키는 문서에 공식 서명함으로써 사이공 시가 되었다. 그리고 1949년부터 남베트남의 수도였으며, 1955년 베트남 공화국 수립 이후 1975년 4월 30일까지 역시 남베트남의 수도였다. 통일 이후 1976년 7월 2일 사이공 시를 호찌민 시로 개명하였다. 이러한 개명을 보반끼엣 자신이 주도했다는 것을 시인했다고 한다. 그러나 이미 1946년 8월 27일자 구국신문báo Cứu Quốc에, 57명의 남부 출신 인사들이 사이공을 호찌민 시로 개명해달라는 결의서를 게재했다고 한다. 그리고 1954년 8월에 쓴 또히우Tô Hữu의 시 중에 '호찌민 시에 가면...'이라는 구절이 있었고, 당시 또히우는 시인이었을 뿐만 아니라 중앙당 선전위원장이었기 때문에 그의 의견은 당연한 것으로 받아들여졌을 것이라는 것이다. 사이공은 식민지 시절부터 '원동遠東의 진주'라는 별칭을 가질 만큼 경제, 문화, 관광의 중심지이며, 활력이 넘치는 '젊은 도시'이다.

사이공이라는 명칭에 관해서는 여러 가설이 있다. 그 중 하나는 사이공이 열대 식물인 '목면cây bông gòn, 나무가 많은 땅' 또는 '목면 숲rừng cây gòn'에서 유래되었다는 설이다. 또 다른 설은 고대 크메르어인 'Prei Nokor'에서 왔다는 것인데, 이 뜻 역시 '나무가 많은 땅' 또는 '왕의 숲'이라는 의미라고 한다.

사이공이 베트남에 편입되기 전에 이곳에 살던 사람들은 누구인가? 현재까지 충분한 유물과 사료가 없어서 누가 이곳 사이공에 살았는지에 대해서 확정짓기가 어려운 실정이다. 다만 지금까지의 여러 자료에 근거하면, 약 1세기부터 이곳에 사람이 살았으며, 초기 거주민은 소수종족인 스띠엥Xtiêng족과 마Ma족이 살았다. 그러나 이 종족들은 수세기 동안 살아왔지만 국가체제를 이루지 못했다. 당시 캄보디아는 이곳까지 영향을 미치지 못하고 있었다. 그리고 17세기에 이르러 베트남 이주민들이 이곳에 정착하기 시작했고, 일찍이 논농사 기술에 익숙한 베트남인들이 이곳에서 농사를 지으며 생산을 확대하고, 수십 년이 흐르면서 인구가 증가하였다. 수렵채집 생활과 밭벼 재배에 익숙했던 스띠엥족과 마족 그리고 소수의 크메르인들은 기술적 진보를 이루지 못하고 평야 지역을 떠나 구릉지나 산악 지역으로 이동하였다. 18세기 초에 사이공 외곽에 살던 소수종족들은 그들의 종족이 오랫동안 살고 있던 북쪽의 산악 지역으로 이주하였다.

그리고 중국의 화교들이 이곳에 정착하게 되는데, 이들은 청나라가 집권한 후 고향을 버리고 떠나온 명나라의 장군과 그 가족들이었다. 1679년 진상천陳上川과 양언적楊彦迪이 3,000여 명을 50척의 전함에 태워 베트남에 귀순 요청을 했고, 당시 응웬 씨 가문이 진상천 일행은 비엔호아Biên Hòa에, 양언적 일행은 미토Mỹ Thọ에 정착하도록 허락했다. 이들 중 일부가 나중에 사이공으로 다시 이주하여 마을을 형성했는데, 이것이 밍흐엉 마을làng Minh Hương이다.

1) 행정조직

호찌민 시의 행정조직은 하노이 시의 행정조직과 유사하다. 19개 구와 5개 현이 있으며, 이 중에서 12개 구는 명칭이 1~12의 일련번호로 되어 있고, 나머지 7개 구는 빙떤Bình Tân 구, 빙타잉Bình Thạnh 구, 고법Gò Vấp 구, 푸뉴언Phú Nhuận 구, 떤빙Tân Bình 구, 떤푸Tân Phú 구, 투득Thủ Đức 구이고, 5개 현은 빙짜잉Bình Chánh 현, 껀저Cần Giờ 현, 꾸찌Củ Chi 현, 혹몬Hóc Môn 현, 냐배Nhà Bè 현이다. 시 산하의 직속 총공사로는 벤타잉 총공사, 사이공 관광 총공사, 릭신 총공사, 사이공 상업 총공사, 사이공 문화 총공사가 있다.

2) 유적지 및 관광지

호찌민 시는 베트남, 중국, 프랑스 건축물이 다양하게 혼재되어 있다. 개방 이후에는 현대식 건물이 들어와 다양함과 전통이 조화를 이루고 있고, 많은 사찰과 유적, 관광지가 있다.

● 쭈어작럼Chùa Giác Lâm

떤빙 구에 있으며, 1744년에 건립되었고, 1804년과 1909년에 중수되었다. 임제종에 속하는 사찰로, 짙은 갈색 기둥에 금색으로 대구對句를 새겨 놓은 것이 특징인데, 모두 143쌍의 대구가 있다. 석가모니상과 관음보살상 외에도, 염라대왕상, 구룡상, 달마대사상, 용왕상이 있고, 113개의 구리 또는 희귀 나무로 만든 불상이 있다.

● 쭈어빙응이엠Chùa Vĩnh Nghiêm

선종의 일파인 죽림파에 속하는데, 죽림파는 쩐 왕조 인종에 의해서 세워졌다. 죽림파의 시조와 2대, 3대가 모두 박장 성의 영엄사에서 수행했고, 득도했다고 한다. 영엄사는 1964년부터 1971년까지 건축되었고, 면적은 8,000㎡이며, 공工자 형태로 지어졌다. 관음탑은 7층으로 35m이며, 불당에는 석가모니상 양 옆에 문수보살과 보현보살상이 있다. 양쪽 벽에는 6편의 목재 부조 나한상이 있다. 호찌민 시에서 가장 큰 대승불교 사찰로, 사찰 내에 불교전문대가 있다.

● 쭈어싸러이|Chùa Xá Lợi, 舍利寺

3구에 위치하며, 1956년 8월에 공사를 시작하여 1958년 5월 준공식을 거행했다. 1층은 강당, 2층은 불당으로, 현대식 건축물이다. 이 절에는 나라다가 기증한 사리를 보관하고 있어서 사리사라고 부른다. 6.5m 높이의 돌로 된 석가모니상이 있는데 1969년에 금박을 입혔다. 2층 불당에는 석가모니가 태어나서 열반하기까지의 과정을 그린 15편의 대형 그림이 있다. 또 7층 높이의 종탑이 있는데, 1961년에 종을 설치했다고 한다. 이 사찰은 베트남 불교회 본부로 사용되고 있다.

■ 빙응이엠사 관음탑

● 마리아 성당Nhà thờ Đức Bà

호찌민 시 중심부에 있으며, '대성당'이라고도 부른다. 1877년 10월에 공사를 시작하여 1880년 4월에 완공되었다. 파리의 마리아 성당을 모델로 프랑스에서 설계했으며, 당시 금액으로 250만 프랑이 들었는데, 모두 남부 지역 총독부에서 부담했다고 한다. 폭 35m, 길이 133m, 높이 21m로, 양쪽 종탑의 높이는 51m이다.

● 기독교 교회Nhà thờ Tin Lành

1구, 쩐흥다오 거리 155번지에 있다. 호찌민 시에 여러 기독교 교회가 있지만 이 교회가 가장 큰 교회로 알려져 있으며, 베트남 기독교 동남부 지회 사무실이 있고, 1950년대에 건축되었다. 2층으로 되어 있고 본당은 2층에 있다. 현재 주일에는 베트남인들이 예배를 먼저 드리고 나서 베트남에 거주하는 우리나라 기독교인들이 이 교회를 빌려서 예배를 드리고 있다.

● 쩐흥다오 사당Đền thờ Trần Hưng Đạo

1구 보티사우 거리 36번지에 위치하고 있으며, 몽고군을 물리친 쩐흥당오 장군을 기리는 사당으로 남부 지역에서 가장 규모가 큰 사당이다. 옛날에는 번안사Chùa Vân An가 있던 곳인데, 번안사 옆에 쩐흥다오 사당을 지었다. 1958년에 모두 허물고, 사당만 새로 지었다. 마당에 콘크리트로 만든 쩐흥다오 장군상이 있고, 본당에는 1.7m 높이의 쩐흥다오 동상이 있다. 마당 오른쪽에는 유물을 전시한 작은 박물관이 있다.

● 통일 회의장Hội trường Thống nhất

1873년부터 건축을 시작하였는데, 당시에는 '노르롬 궁'이라고 불렀다.
1954년 응오딩지엠이 대통령궁으로 사용했으며, 1963
년에 새로 건축하여 '독립궁'이라고 이름을 지었다. 5층
이며 100개의 방이 있다. 해방 후 1975년 12월에 통일
협상 회의가 이곳에서 열렸고, 그러한 연유로 '통일회
의장'이라고 이름을 바꾸었다.

● 호찌민 시 인민위원회 청사Trụ sở Ủy ban nhân dân TP. HCM

1871년부터 프랑스 식민지 당국의 행정본부가 이곳
에 있었으며, 1898년에 건축을 시작하여 1908년에 완
공되었다. 1954년부터 남베트남 정부의 청사로 사용되
다가 통일 이후, 호찌민 시 인민위원회와 인민의회의 청
사로 사용하고 있다.

● 사이공 우체국Bưu điện Sài Gòn

1861년에 건축을 시작하여 1863년에 최초의 우체
국이 완공되었다. 이 건물은 비교적 단순한 건물이었
다. 그 후 1890년에 지금의 사이공 우체국이 완공되었
고, 이 건물은 동서양의 건축을 혼합한 형태이다. 정
문 위에는 이 건물이 완공될 때부터 걸려 있는 큰 시
계가 있다.

■ 마리아 성당

● 박물관

호찌민 시 베트남 역사박물관Bảo tàng lịch sử Việt Nam은 1구, 응웬빙키엠 거리 2번지에 있는데, 1929년에 완공되었다. 베이징의 여름 궁전 모양을 본떠서 지어졌고, 초기에는 미술박물관이었으나 1979년에 이름을 베트남 역사박물관으로 바꾸었고, 베트남 선사시대부터 응웬 왕조까지의 17,000여 점의 유물을 전시하고 있다.

호찌민 시 혁명박물관Bảo tàng cách mạng thành phố은 1구, 리뜨쫑 거리 65번지에 있는데, 프랑스 건축가에 의해 1890년 완공되었다. 처음 건축할 때는 남부 지역의 산물을 전시하려고 했으나 완공 후 남부 지역 총독 사저로 사용되기도 했으며, 남부 임시행정위원회 본부로도 사용되었고, 응오딩지엠의 쟈롱궁으로도 사용되었다. 1963년 11월 1일 쿠데타가 일어났을 때 지엠 대통령과 동생 뉴가 이 궁전의 지하통로로 빠져나갔었다. 응웬반티에우 대통령 시절에는 대법원으로 사용되었고, 1978년 8월에 호찌민 시 혁명박물관이 되었다. 프랑스 식민지 때부터 1975년까지의 혁명 관련 유물과 자료를 전시하고 있다.

똔득탕 박물관Bảo tàng Tôn Đức Thắng은 1구, 똔득탕 거리 5번지에 있고, 남부 베트남 수상 쩐티엔키엠의 사저를 똔득탕 탄생 100주년을 기념하여 1998년 8월 20일에 박물관으로 열었다. 1917년 흑해에 있던 프랑스 전함에서 반전운동을 벌인 유일한 베트남인이었던 똔득탕을 기념하는 자료, 유물을 전시하고 있다. 똔득탕은 호찌민 주석이 사망한 이후 뒤를 이어 1969년부터 1980년까지 주석 직을 맡았었다.

호찌민 시 미술박물관Bảo tàng Mĩ thuật TP. HCM은 1구, 포득찡 거리 97A에 있으며, 1991년에 문을 열었다. 1층에는 전시회 작품을, 2층은 회화 및 조작 작품을, 3층에는 7세기에서 20세기까지의 미술 작품을 전시하고 있다.

남부 여성박물관Bảo tàng Phụ nữ Nam bộ은 3구, 보티사우 거리 202번지에 있다. 이 건물은 남부 베트남 정부의 경찰청장의 관저였는데, 4층으로 증축하여 1984년 남부 여성박물관으로 바뀌었다. 10개의 전시실과 800석 규모의 회의장, 영사실, 도서관, 자료실이 있다.

전쟁유적박물관Bảo tàng chứng tích chiến tranh은 보반떤 거리에 있으며, 1975년 9월에 문을 열었다. 미국, 캄보디아 및 중국과의 전쟁 관련 사진과 유물 등을 전시하고 있다.

● 꾸찌 터널Địa đạo Chủ Chi

호찌민 시내에서 서북쪽으로 약 70km 떨어진 곳에 있다. 프랑스 항전 시기인 1948년부터 파기 시작했으며, 당시의 길이는 17km에 불과했다. 그리고 1960년대에 들어와 계속 확장되어 길이가 약 250km가 넘는 것으로 알려져 있다. 3층 구조로 되어 있으며 지하 8~10m 깊이로, 회의실, 병원, 학교 등 지하 생활에 필요한 것을 다 갖추고 있다. 베트남 정부는 이곳을 역사—문화 유적으로 지정하였다.

● 동식물원Thảo Cầm Viên

사이공 식물원은 세계에서 8번째로 오래된 식물원으로, 1구, 응웬빙키엠 거리 2B번지에 있다. 1864년 프랑스의 열대식물학자에 의해서 공사를 시작하여 1865년에 완성되었다. 베트남 및 세계의 여러 나라에서 수입한 희귀식물이 있

■ 호찌밍 인민위원회 청사

으며, 한쪽에는 동물원이 있는데, 이 동물원은 '서투Sở Thú'라고 부른다. 이곳에 1924년에는 박물관을 지었고, 1929년에는 후에 왕릉에 있는 사당을 본떠서 추모전을 지었다. 1956년 사이공 정부는 박물관을 '사이공 국가박물관'으로, '서투'를 '타오 껌 비엔'으로 바꾸었다. 동물원에는 125종의 동물과 260종의 나무, 난을 키우는 구역, 분재를 키우는 구역 등이 있으며, 면적은 20헥타르이다.

● 덤샌 공원Công viên Đầm Sen

11구에 있는데, 면적이 52헥타르에 이른다. 각종 동식물, 오락 기구, 볼링장, 문화, 체육시설이 있고, 호수에서는 낚시, 보트, 수상 인형극 등을 즐길 수 있다. 덤샌은 '연꽃 호수'라는 의미이다.

● 벤타잉 시장Chợ Bến Thành

벤타잉 시장은 시내 중심부에 위치하고 있으며, 벤응에 강가에 있었다. 벽돌과 목재로 지었으나 1870년 화재로 일부가 소실되었고, 1911년에 허물고 새로 짓기 시작하여 1914년에 완공했다. 1985년 내부를 전면적으로 수리하였다. 이곳은 베트남에서 가장 큰 시장으로 외국 관광객들도 많이 찾는다.

■ 벤타잉 시장

■ 하이퐁시

3. 하이퐁Hải Phòng

하이퐁은 북베트남에서 가장 큰 항구 도시이며 하노이로부터 102km 떨어져 있고, 동북쪽은 꽝닝Quảng Ninh 성, 서북쪽은 하이즈엉Hải Dương 성, 서남쪽은 타이빙Thái Bình 성과 접하고 있다. 교통의 요충지이며, 북부 물류의 중심지이다. 꽝닝 성의 까이런Cái Lân 항구와 더불어 중국 서남부 지역으로 물류 이동이 편리하다.

하이퐁 시의 면적은 1,521㎢이고, 인구는 1,803,400명이다. 산림이 전체 면적의 15% 정도를 차지한다. 북쪽은 구릉지와 평야가 혼재된 지형이며, 남쪽은 해발 1미터 내외의 평야 지역이다. 깟바Cát Bà 섬은 '하이퐁의 진주'로 불리는데, 주변에 360여 개의 섬이 군도를 이루고 있다. 깟바 섬은 면적이 100㎢이고, 해발 200미터의 산이 있다. 깟바 섬에서 동남쪽으로 90km 떨어진 곳에 바익롱비Bạch Long Vĩ 섬이 있는데, 흰 백사장과 평지로 이루어져 있다.

기후는 열대 몬순기후로 건기와 우기가 있고, 연평균 강우량은 1,600~1,800㎜이다. 해변 도시이기 때문에 하이퐁의 기온은 여름에는 하노이보다 1℃ 낮고, 겨울에는 1℃ 높다. 연평균 기온은 23~26℃이며, 6, 7월이 덥고, 1, 2월이 가장 춥다. 가장 추울 때는 5℃ 이하로 내려가는 때도 있다. 평균 습도는 80~85%이며 7~9월 사이가 높고 12월과 1월은 건조한 편이다.

경작지는 약 6만 헥타르가 넘는데, 이 중 50%의 경작지는 1년에 3모작이 가능한 땅이다. 근교에서는 꽃 재배도 많이 하며, 왕골과 담배 재배로 유명하다. 과일은 바나나, 오렌지, 리치가 많고, 수산물 양식에도 좋은 조건을 갖추고 있다. 대나무와 등나무도 많이 재배한다. 광물로는 석탄, 고령토, 석회석이 있고, 철광산은 있지만 매장량이 많지는 않다.

하이퐁은 교통이 잘 발달된 항구 도시이며, 공업 도시이고, 많은 유적지와 관광지가 있는 관광의 도시이기도 하다.

1) 행정조직

하이퐁 시는 7개의 구와 8개의 현으로 되어 있으며, 시 산하에는 16개의 국이 있다. 뜨득Tự Đức 왕의 명을 받아 부이비엔이 1870년에서 1873년까지 닝하이Ninh Hải라는 이름의 항구를 건설했고, 바로 그 옆에 방어 진지를 구축했는데 '냐 하이 퐁 스nha Hải Phòng sự'라고 불렀다. 그리고 1873~1874년 사이에 응웬 왕조와 프랑스 당국이 공동으로 세무 기관과 관리 기관을 이곳에 설치했고, 1962년에 베트남 민주공화국 정부가 하이퐁 시로 승격시켰다.

2) 유적지 및 관광지

하이퐁은 교통의 요충지였기 때문에 일찍이 외부와의 접촉이 많았고, 다양한 문화와 문물을 접할 수 있는 여건을 갖추고 있기 때문에 많은 역사 유적이 남아 있다.

● 쭈어즈항Chùa Dư Hàng

시내 중심지에서 2km 서남쪽에 있다. 띠엔레 왕조 때 건축되었고, 쩐 왕종의 인종은 직접 이곳에 와서 불법을 강의했다고 한다. 여러 번 중수 되었으며, 불상과 종 등 귀중한 유물이 있다. 특히 불교의 오래된 서적인 『장아함경長阿含經』을 보관하고 있다.

● 항껭 정Đình Hàng Kênh

1856년에 건축되었고, 1905년에 확장하여 오늘날과 같이 되었다. 목조 작품으로 유명하며, 특히 용을 주제로 한 크고 작은 조각이 308개가 있다. 매년 음력 2월 16일에서 18일까지 축제가 열리고, 각종 전통 공연, 씨름, 닭 싸움, 장기 대회 등이 열린다.

● 응애 사당Đền Nghè

시내 중심가인 하이퐁 시립 극장에서 서남쪽으로 600m 떨어진 곳에 있다. 이 사당은 하이바쯩과 함께 중국에 대항해 봉기를 일으켰던 여장군인 레 쩐Lê Chân을 기리는 곳으로, 레쩐은 하이퐁의 전신인 안비엔An Biên 마을을 세 웠던 인물이다.

● 도선 비치Biển Đồ Sơn

중심지에서 동남쪽으로 약 22㎞ 떨어져 있는 해변 휴양지이다. 식민지 시 대에 프랑스가 프랑스 장교 및 베트남 상류층을 위한 휴양지로 건설하였다. 도선 비치는 세 부분으로 구분되는데, 언덕과 소나무 숲이 있는 지역, 그리 고 베트남의 마지막 황제였던 바오다이의 별장 지역과 사찰을 모방하여 지은 집이 있는 지역이다. 특히 반도 끝의 높은 언덕에 있는 반화Van Hoa 호텔은 도 선에서 가장 아름다운 건축물로 유명하다.

● 보이 산Núi Voi

"보이"는 '코끼리'를 의미하는데, 이 '코끼리 산'은 시내 중심부에서 서남 쪽으로 약 20㎞ 떨어져 있다. 보이 산에는 여러 개의 동굴이 있고, 동굴 내 에는 다양한 모양의 석상이 있다. 특히, 산 정상에는 비교적 평평한 곳이 있 는데, 이곳을 '신선의 장기판'이라고 부른다. 16세기 막 왕조 시대에 건축된 것으로 보이는 사찰과 사당의 흔적이 많이 남아 있다.

● 깟바 국립공원Vườn Quốc gia Cát Bà

깟바는 366개의 크고 작은 섬을 가리킨다. 주 섬은 면적이 100㎢이며, 하이퐁에서 30해리 떨어져 있고, 하롱베이로 이어진다. 깟바 국립공원은 15,200헥타르인데, 이 중 산림 지역이 9,800헥타르, 해변 지역이 4,200헥타르이다. 석회석으로 이루어진 산으로, 산의 높이는 평균 150m, 가장 높은 까오봉Cao Vọng은 해발 322m이다. 여기에는 20종의 동물, 69종의 조류, 20종의 파충류와 11종의 개구리가 있고, 745종의 식물이 있다.

● 박익당 강Sông Bạch Đằng

하이퐁 동북쪽으로 중심지에서 약 20㎞ 떨어진 곳에 있는데, 베트남 역사에서 중국과 몽고군을 물리친 장소로 유명하다. 938년에는 응오꾸옌Ngô Quyền이 남한의 군을 물리쳤고, 981년에는 레호안Lê Hoàn이 송나라 수군을 물리쳤으며, 1288년에는 원나라 몽고군을 물리치고, 오마니Ô Mã Nhi 장군을 생포하였다.

 깟바섬

● 하이퐁 시 대극장Nhà hát lớn thành phố

　시내 중심지 광장 앞에 있는 대극장은 프랑스 설계사에 의해 파리 대극
장을 본떠 바로크 양식으로 지은 것으로 1904년에 공사를 시작하여 1912
년에 완공되었다. 프랑스 사람들과 베트남 귀족층이 이용하던 정치, 문화의
중심지였다.

4. 다낭Đà Nẵng

　다낭 시는 육지와 섬들을 포함하고 있는 중부 해안 도시로 북쪽으로는
후에, 서남쪽으로는 꽝남 성과 접하고 있다. 하노이로부터 764㎞, 호찌민 시
로부터는 964㎞ 떨어져 있다. 시 전체 면적은 1,283㎢이고, 인구는 2010년
기준으로 942,132명이다.

　기후는 전형적인 열대 몬순 기후로, 기온이 높고, 일교차가 적다. 우기는

8월에서 12월 사이이고, 건기는 1월에서 7월 사이이다. 겨울에 가끔 추위가 밀려오기도 하지만 길지 않다. 연평균 기온은 25.9℃인데, 6~8월의 평균 기온은 28~30℃, 12~1월의 평균 기온은 18~23℃이다. 해발 1,500m에 이르는 바나Bà Nà 산의 평균 기온은 20℃이다. 연평균 강우량은 2,505mm이며, 10~11월은 월평균 550~1,000mm, 1~4월 사이에는 월평균 23~40mm이다. 연평균 일조시간은 2,156시간이다.

지형은 산과 평야가 혼재해 있고, 높은 산이 서북쪽에서 해안 쪽으로 뻗어 있다. 해발 700m~1,500m에 이르는 산이 시 면적의 상당 부분을 차지하고 있고, 이 산들이 다낭 시의 생태계를 보호해 준다. 강은 주로 서쪽과 서북쪽에서 흐르는데 길이가 짧은 편이다. 해안가의 낮은 평야 지역은 염분이 많고, 농업, 공업, 군사기지 등으로 사용된다.

광물로는 남오Nam ô 지역에는 실리카 샌드가 많은데, 매장량은 약 500만 m³이다. 화강암은 오행산Ngũ Hành Sơn 지역에 많이 있지만 보호를 위해 개발이 금지되어 있다. 건설용 자갈이 많이 생산되는 지역은 주로 서쪽 지역이다. 질

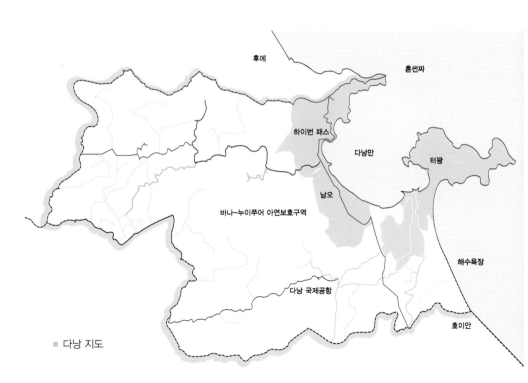

■ 다낭 지도

은 회색의 편석 매장량이 약 500,000㎥인데, 특히 다낭 앞바다 대륙붕에 원유가 있을 가능성이 높다고 한다.

다낭은 밍망Minh Mạng 왕이 "서양의 배는 다낭 항구 외에는 접안할 수 없다."는 명령을 내리면서 중부 베트남의 가장 큰 무역항으로 성장했고, 프랑스가 베트남 전체를 점령한 1889년 이후에는 인도차이나 총독이 직접 관할하면서 명칭도 'Tourane'으로 바꾸었다. 20세기에 들어서 프랑스는 다낭을 현대식 도시로 건설했고, 하이퐁, 사이공과 함께 상업의 중심지가 되었다. 프랑스는 1950년 다낭을 바오다이 황제에게 넘겼고, 1965년 3월 미국 해병대가 다낭에 들어오면서부터 대규모 군사기지를 건설했다. 1997년 다낭은 중앙직속시로 승격되었다.

1) 행정조직

다낭 시는 7개 구와 1개의 현으로 구성되어 있다. 자매결연 도시로 국내의 하이퐁이 있고 해외로는 러시아의 야로슬라블 주, 핀란드의 살로 시, 루마니아의 티미쇼아라 시, 인도의 수라트 시, 독일의 슈투트가르트 시, 중국

산둥 성, 라오스의 세콩 성과 사바나케트 성, 호주의 사우스 오스트레일리아 주가 있다.

2) 유적지 및 관광지

다낭은 참파 문화가 있었던 곳이기 때문에 많은 참파 유적이 발견되었으며, 베트남 전쟁 때는 군사기지로 개발되어, 항구, 공항 등의 사회 간접 시설과 공업이 발달했다. 현재는 인근에 중꿧 정유단지와 아름다운 해변이 있어 많은 관광객이 찾는 곳이기도 하다.

● 다낭 박물관Bảo tàng Đà Nẵng

레주언 거리 24번지에 있는 다낭 박물관은 3층 건물로, 전에는 다낭 시 과학기술원으로 사용했다. 박물관에는 산악 지역의 소수종족의 유적, 꽝남−다낭 지역에 남아 있는 사후잉Sa Huỳnh 문화의 유적, 1975년 이후에 출토된 짬족의 조각품과 1930년 이후의 근대 역사 유적 자료를 전시하고 있다.

● 짬족 박물관Bảo tàng Chàm

1915년에 문을 연 짬족 박물관은 짬탑의 모양을 본떠서 지어졌다. 주로 돌과 흙을 구워 만든 짬족의 조각품을 전시하고 있다. 참파 왕국의 10세기

■ 다낭 박물관

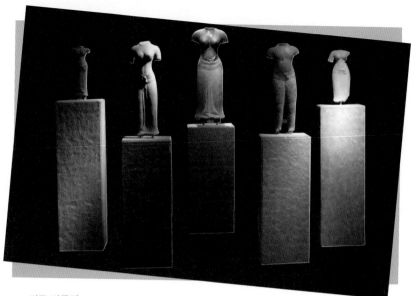

■ 짬족 박물관

이전의 유물과 10세기에서 16세기까지의 유물을 발굴된 지명을 따서 4개로 나누어 전시하고 있다. 박물관 입구 야외에는 미선Mỹ Sơn에서 출토된 조각상을 전시하고, 이어서 짬족의 수도였던 짜끼에우Trà Kiệu에서의 생활상을 그리고 오른쪽에는 짜반Trà Bàn에서 발견된 악공, 무녀, 신상을 전시하고 있다. 300여 점의 유물 원본을 전시함으로써 짬족 연구에 중요한 자료를 제공하고 있다.

● 쭈어포다Chùa Phổ Đà

쭈어포다는 1915년에 건축되었고, 현재 주소는 판쭈찡 거리 340번지다. 1937년과 1945년 그리고 1983년에 중수되었고, 대승불교 사찰이다. ㅁ자 형태로 지었고, 3층 건물이며 본당이 있고 양 옆으로는 게스트 하우스와 참선하는 곳, 강당이 있다. 본당 안에는 3개의 불상이 있고, 본당 앞에는 작은 연못이 있는데, 연못 가운데 3m가 넘는 관세음보살상이 있다. 이곳은 승려를 가르치는 기능을 하는 중요한 사찰이다.

■ 하이번 고개

● 쭈어땀바오Chùa Tam Bảo

판쭈찡 거리 323번지에 있는데, 1953년에 건축을 시작하여 1963년 완공되었고, 1990년 대규모로 중수되었다. 아래층은 강당이고, 위층은 본당으로 한 개의 불상이 있고, 위에는 사리를 보관하는 탑이 솟아 있다. 이 사찰은 남종불교 즉, 소승불교 사찰이다.

● 하이번 고개Đèo Hải Vân

하이번 고개는 후에와 다낭 사이에 있는 높은 산을 지나는 길로, 496m 정상에서 바라보는 풍경이 일품이다. 다낭 시내와 북쪽의 평화로운 마을의 풍경이 아름답다.

● 오행산Ngũ Hành Sơn, 五行山

오행산은 다낭 시 동남쪽으로 8㎞ 떨어진 곳에 있는바다에 인접한 5개의 산의 집합체이다. 19세기 초에 쟈롱 황제가 이곳을 지나다가 오행산으로 이름

■ 오행산

을 붙였다고 전한다. 5개 산은 금산金山 목산木山, 수산水山, 화산火山, 토산土山을 일컫는다. 이중 수산이 가장 아름답다고 한다.

● 바나산Núi Bà Nà

다낭 시내에서 서남쪽으로 약 35㎞ 지점에 있는 해발 1,478m의 산이다. 정상에 비교적 평평한 조그만 고원이 있고, 기온은 17~20℃로 시원하다. 프랑스가 이곳에 여러 별장을 지었다. 이곳에서는 하루에도 사계절을 볼 수 있다고 하는데, 정상에서 내려다보는 풍경이 아주 아름다운 것으로 널리 알려져 있다. 지금은 케이블카로 산을 오를 수 있다.

● 논느억 석공예 마을Làng đá mỹ nghệ Non Nước

돌을 이용하여 각종 석상을 만드는 마을로 18세기부터 시작되었고, 19세기부터는 이 마을 전체가 석상 조각으로 생계를 꾸려왔다고 한다. 오행산 부근에서 채취한 돌로 석상은 물론 팔찌 등 장신구도 만들고, 기념품도 만들어 관광객에게 판매한다.

5. 껀터 Cần Thơ

껀터 시는 호찌민 시에서 남쪽으로 약 170㎞ 떨어져 있고, 메콩 델타 지역의 중심 도시이며, 100여 년 전에는 서남부 지역의 수도라는 의미로 '떠이도Tây Đô'라고 불렀다. 껀터는 농산물, 과일, 수산물이 풍부한 지역이고, 면적은 1,402㎢이며, 인구는 1,197,100명이다. 북쪽으로는 안쟝 성 Tinh An Giang, 동쪽으로는 동탑 성tinh Đồng Tháp과 빙롱 성tinh Vĩnh Long 서쪽으로는 끼엔쟝 성tinh Kiên Giang, 남쪽으로는 허우쟝 성tinh Hậu Giang과 접하고 있다. 해발 2m 이내의 낮은 평야 지역이다. 열대 몬순기후로 연중 고온다습하며 연평균 기온은 28℃, 일조시간은 2,249시간이다. 연평균 습도는 82~87%, 연평균 강우량은 약 1,600mm이고, 건기에는 북동풍이 불고, 우기에는 서남풍이 분다. 농사짓기에 아주 좋은 조건을 갖고 있지만 우기에 홍수가 자주 발생하고, 홍수가 나면 시 전체 면적의 반이 잠길 정도이다. 또한 건기에는 농업용수가 부족할 때도 있다. 허우 강이 껀터 시와 접하는 길이는 65㎞에 폭은 1.9㎞이다. 껀터 강은 허우 강의 지류로 길이는

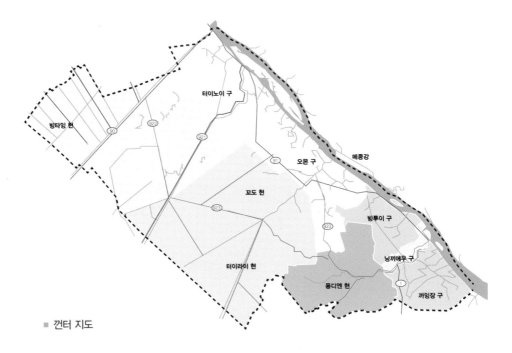

■ 껀터 지도

16km, 폭은 280~350m이며, 건기에 농업용수로 사용 가능하고, 수로 교통이 편리하다. 이 외에도 까이런 강 20km과 150개가 넘는 크고 작은 수로, 하천이 있다.

1) 행정조직

껀터 시는 5개 구Ninh Kiều, Cái Răng, Bình Thủy, Ô Môn, Thốt Nốt와 4개 현Phong Điền, Cờ Đỏ, Vĩnh Thạnh, Thới Lai으로 구성되어 있다. 껀터라는 명칭에 관해서는 몇 가지 설이 있다. 하나는 응웬아잉이 왕위에 오르기 전 배를 타고 이 지역에 저녁에 도착했는데, 양쪽 강가에 여러 척의 배들이 줄지어 서 있고 등불을 켜고 노래 소리와 시 읊는 소리가 들렸다. 아름다운 밤의 정취에 흠뻑 취해 이 강의 이름을 껌티쟝Cầm thi giang이라고 불렀는데, 사람들이 '껌티'를 잘못 발음하여 '껀터'로 불렀다고 한다. 후에 껀터 역시 좋은 명칭으로 생각하여 사용하기 시작했다는 설이 있다. 또 하나는 옛날에 양쪽 강가에 자우껀rau cần과 자우텀rau thơm을 많이 재배했고, 그런 연유로 이 강을 껀텀 강sông Cần Thơm이라고 불렀으며, 껀텀의 발음이 변하여 껀터가 되었다는 설이 있다. 셋째는 이 강에 낀토Kin Tho라는 물고기가 많았고, 당시 사람들은 강에서 많이 잡히는 물고기의 이름을 따서 강 이름을 짓는 것이 일상화되어 있었다고 한다. '낀토'는 크메르 말이었고, 크메르 사람들은 '낀'을 '껀'에 가깝게 발음했다고 한다. 옛날 남부 사람들은 '언' 발음을 '인'으로 발음하는 습관이 있었고, 따라서 '낀토'가 '껀터'로 바뀌었다는 것이다. 또 하나는 껀터Cần Thơ에서 껀Cần은 '필요하다', 터Thơ는 '시'라는 의미로 합하면 '시가 필요하다'라는 의미라는 설이 있다.

2) 유적지 및 관광지

메콩 델타는 메콩강의 풍부한 물과 넓은 평야, 충분한 일조량으로 농업생산의 최적지이다. 그 메콩 델타의 중심에 껀터 시가 있다. 다양한 농산물과 과일, 민물고기 등이 많아 먹거리가 풍부하며, 북부와는 다른 남베트남의 문화를 느낄 수 있는 곳이다.

■ 남냐사

● 쭈어남냐Chùa Nam Nhã

이 절은 전에 남아당이라는 한약방이었으며, 프랑스에 투쟁하는 사람들의 모임 장소이자 연락처였다. 1895년에 설립되었고, 베트남 광복회의 활동 근거지였다. 1917년에 중수되었고, 본당에는 석가, 공자, 노자의 상이 있다. 본당 양측에는 5칸짜리의 숙소가 있다. 본당 뒤로는 동유운동에 참가했던 사람들과 절을 건축한 사람들의 묘지가 있다. 이곳은 베트남 혁명사를 볼 수 있는 사찰이다.

● 쭈어옹Chùa Ông

껀터에 사는 화교들의 절로 광조회관Quảng Triệu Hội Quán이라고도 한다. 이러한 이름을 갖게 된 이유는 원래 중국 광둥 성의 광주와 조경 출신 화교들의 회관이었기 때문이다. 1894년 건축을 시작하여 1896년 완공되었다. 지붕은 청기와로 되어 있고, 지붕 꼭대기는 용과 봉황 등 여러 형상으로 장식되어 있다. 화교들의 신앙과 문화 생활의 장소이다.

● 빙투이 정Đình Bình Thủy

　시내 중심지에서 5km 떨어진 곳에 있고, 용천고묘Long Tuyền Cổ Miếu, 龍泉古廟라고도 부른다. 1844년 태풍으로 큰 피해를 입은 주민들이 대나무와 잎사귀로 정亭을 세워 평안을 기원했다고 한다. 1852년 뜨득 황제의 특사인 후잉먼닷Huỳnh Mẫn Đạt이 배를 타고 순시를 하던 중 빙투이 지역에 이르렀을 때 회오리바람이 불어 배가 위험에 처했는데, 배를 급히 이곳에 정박하니 파도가 잔잔해져서 위기를 모면했다고 한다. 특사는 3일 동안 주민들과 함께 잔치를 벌였고, 이곳을 빙투이, 즉 '평안한 강平水'라고 불렀다. 조정에 돌아가서 황제에게 이 사실을 보고하자 황제가 1853년 1월에 이 마을에 '본까잉타잉황Bổn Cảnh Thành Hoàng'이라는 성황신을 하사했다. 이에 주민들이 추가로 정을 짓고 다른 애국지사들과 같이 제사를 지내다가 1910년에 정을 새로 지었다. 앞채와 뒤채 모두 정방형이며, 지붕 꼭대기가 이중으로 되어 있어 북부 지역의 정과는 사뭇 다르다.

■ 빙투이 정

● 까이장 수상시장Chợ nổi Cái Răng

껀터 시 중심지에서 약 6㎞ 떨어져 있고 닝끼에우 나루터로부터는 배로 30분 거리이며, 까이장 다리 근처에 있는 메콩 델타 최고의 수상 도매시장이다. 메콩 델타 지역에서 생산되는 농산물과 각종 과일을 판매하고, 이 상품은 캄보디아, 중국으로까지 수출된다. 이 수상시장은 새벽부터 열려서 오전 9시경이면 끝난다. 연중 음력설 이틀과 단오절에는 쉰다.

■ 닝끼에우 나루

● 닝끼에우 나루Bến Ninh Kiều

컨터 시 중심에서 가까운 허우 강가에 있는 나루터로, 메콩 델타 지역에서 나는 많은 생산물을 실어 나르는 배로 붐비는 곳이다. 이 나루에서 가까운 곳에 껀터 시장과 껀터 항이 있다. 신축된 나루는 5,000톤의 배가 정박할 수 있다. 현재는 닝끼에우 공원으로 확장되었고, 야시장도 개장되어 단순한 물류의 중심뿐만이 아니라 문화, 생활, 관광의 중심지 역할을 하고 있다.

● 껀터 대교도소Khám Lớn Cần Thơ

껀터 대교도소는 프랑스가 1878년에 건축을 시작하여 1886년에 완공했다. 애국심을 고취하기 위해 베트남 정부는 1996년 이곳을 국가유적으로 지정했다. 원래의 명칭은 '성 교도소Prison Provinciale'였지만 주민들이 '껀터 대교도소'로 불렀다. 1954년 제네바 협정 이후 이 교도소가 남베트남 정부에 인계되었고, 명칭을 '재교육 센터Trung tâm Cải huấn'로 바꿔 통일될 때까지 운용되었다. 껀터 시가 인민위원회 청사를 신축하면서 교도소의 일부를 편입하여 현재는 일부만 남아 있다.

참고문헌

국내 서적

김홍구, 최재현, 배양수 (2001), 『동남아의 인간과 문화』. 부산: 부산외대출판부.

더글라스 파이크. 녹두편집부 역 (1985), 『베트남 공산주의 운동사 연구』, 서울: 도서출판 녹두.

도안티디엠 (2003), 배양수 역.『정부음곡』. 부산: 부산외대출판부.

마이클 매클리어 (2002), 유경찬 옮김.『베트남 10,000일의 전쟁』. 서울: 을유문화사.

무경 엮음 (2000), 박희병 역.『베트남의 신화와 전설』서울: 돌베개.

바오닝 (1999), 박찬규 옮김.『전쟁의 슬픔』. 서울: 예담.

바오닝 (2012), 하재홍 옮김.『전쟁의 슬픔』. 서울: 아시아.

박장식 엮음 (2012), 『줌인 동남아시아①』. 서울: 솔과학.

박진태 외 (2004), 『춘향예술의 양식적 분화와 세계성』. 서울: 도서출판 박이정.

부썬투이 (2002), 배양수 역.『베트남 베트남 사람들』 서울: 대원사.

송정남 (2013), 『베트남 사회와 문화 들여다보기』서울: 한국외대출판부.

아시아 편 (2012), 『스토리텔링 하노이』. 서울: 아시아.

아시아지역연구소 (2005), 『아시아의 단편소설 I』, 부산: 부산외대출판부.

외교부 (2013), 『베트남 개황』외교부 남아시아태평양국 동남아과. pdf판.

유인선 (1989), 『베트남史』. 서울: 민음사.

이대용 (2010), 『6·25와 베트남전 두 死線을 넘다』 서울: 기파랑.

조동일 해설, 지준모 번역 (1992), 『베트남 최고시인 阮廌』. 서울: 지식산업사.

최귀묵 (2010), 『베트남 문학의 이해』, 서울: 창작과비평사.

崔常壽 (1966), 『韓國과 越南과의 關係』. 서울: 韓越協會.

한국학문헌연구소편 (1980), 『한국개화기문학총서 II』역사, 전기소설 5. 서울: 아세아문화사.

호앙 밍 뜨엉 (2015), 배양수 역.『시인, 강을 건너다』. 서울: 도서출판 b

국내 논문 및 기타

배양수 (2012.2.20.), "년반자이펌(人文佳品) 사건과 50년만의 사과", 서남포럼 심층분석 아시아 뉴스레터.

윤대영 (2009), 김영건(金永鍵)의 베트남 연구, 동인(動因)과 그 성격: 1930~40년대, 그의 "전변무상(轉變無常)"한 인생 역정과 관련하여. 동남아시아연구 19권 3호.

정연식, 배양수 (2012), 베트남의 교육 및 학사제도 조사연구. 한국연구재단, 정책연구-2011-101-국제교류.

출입국외국인정책본부 (2011), 국적별 결혼이민자(국민의 배우자) 체류현황.

베트남어 서적

Ban tuyên huấn Trung ương (1987), Đề cương giới thiệu Văn kiện Đại hội đại lần thứ VI Đảng Cộng Sản Việt Nam. Hà Nội: NXB. Sách giáo khoa Mác-Lê-Nin.

Bộ Giáo dục và Đào tạo (2000), Những điều cần biết về tuyển sinh đại học, cao đẳng, trung học chuyên nghiệp chính quy. Hà Nội: NXB. Giáo dục.

Bùi Đức Tịnh (1992), Văn Phạm Việt Nam. NXB. TP. HCM.

Bùi Huy Đáp (1985), Văn minh lúa nước và nghề trồng lúa Việt Nam. Hà Nội: NXB. Nông nghiệp.

Bùi Thiết (1999), 54 Dân tộc Việt Nam và các tên gọi khác. Hà Nội: NXB. Thanh Niên.

Bùi Văn Nguyên, Đỗ Bình Trị chọn lọc, chú giải, giới thiệu (1974), Tư liệu tham khảo Văn học Việt Nam Tập I. Hà Nội: NXB. Giáo dục.

Bùi Văn Nguyên, Hà Minh Đức (1971), Thơ Ca Việt Nam-hình thức và thể loại. NXB. Khoa học Xã hội. Hà Nội.

Bùi Văn Nguyên, Nguyễn Sĩ Cẫn, Hoàng Ngọc Trì (1989), Văn học Việt Nam Từ thế kỉ X đến giữa thế kỉ XVIII. Hà Nội: NXB. Giáo dục.

Cao Tự Thanh (2007), Lịch sử Gia Định – Sài Gòn trước 1802. TP. HCM: NXB. Văn hóa Sài Gòn.

Chu Quang Trứ (2000), Tìm hiểu các nghề thủ công, điêu khắc cổ truyền. Hà Nội: NXB. Mỹ thuật.

Cục Điện ảnh (1983), Lịch sử điện ảnh cách mạng Việt Nam. Hà Nội: Cục Điện ảnh.

Cục Điện ảnh (2005), Phim Truyện Việt Nam 1995-2003. Hà Nội.

Đặng Nhật Minh (2005), Hồi ký Điện ảnh. Hà Nội: NXB. Văn nghệ.

Đặng Phong (2008), Tư duy kinh tế Việt Nam: Chặng đường gian nan và ngoạn mục 1975-1989. Hà Nội: NXB. Tri thức.

Đặng Phong (2013), "Phá rào" trong kinh tế vào đêm trước đổi mới. Hà Nội: NXB. Tri thức.

Đào Thái Tôn (1995), Thơ Hồ Xuân Hương. Hà Nội: NXB. Giáo dục.

Đào Thanh Hải sưu tầm & tuyển chọn (2006), Giới thiệu về các tổ chức chính trị - xã hội Việt Nam. Hà Nội: NXB. Lao động Xã hội.

Đinh Gia Khánh chủ biên (1983), Thơ văn Nguyễn Bỉnh Khiêm. Hà Nội: NXB. Văn học.

Đỗ Bình Trị (1991), Văn học dân gian Việt Nam Tập I. Hà Nội: NXB. Giáo Dục.

Đỗ Thị Thu Hiên (2002), Cổ tích người lữ hành. Hà Nội: NXB. Văn học.

Đoàn Thị Tình (1988), Tìm hiểu Trang phục Việt Nam. Hà Nội: NXB. Văn hóa.

Dương Quảng Hàm (1993), Việt Nam Văn học sử yếu. Đồng Tháp: NXB. Tổng hợp Đồng Tháp.

FAFIM Việt Nam (1998), 45 năm FAFIM Việt Nam & Hoạt động phổ biến phim. Hà Nội: NXB. Văn hóa Thông tin.

Hoàng Minh Tường (2008), Thời của Thánh thần. Hà Nội: NXB. Hội Nhà văn.

Hoàng Văn Thung (1994), Ngữ pháp tiếng Việt. Trường ĐHSP HN 1.

Hôi Nhà văn Việt Nam (2007), Nhà văn hiện đại Việt Nam. Hà Nội: NXB. Văn hóa Thông tin.

Hữu Mai (2000), Ông Cố Vấn – hồ sơ một điệp viên. (In lần thứ 5) Hà Nội: NXB. Quân đội Nhân dân.

Hữu Ngọc chủ biên (1995), Từ điển văn hóa cổ truyền Việt Nam. Hà Nội: NXB. Văn hóa Thông tin.

Huy Đức (2012a), Bên thắng cuộc tập I – Giải phóng. OSINBOOK. Boston.

Huy Đức (2012b), Bên Thắng cuộc tập II – Quyền bính, OSINBOOK. Boston.

Huỳnh Sanh Thông (1985), "Literature and Vietnamese", The Vietnam Forum 9 (Council on Southeast Aisa Studies). Yale Univ. Press.

Kiều Thu Hoạch (1993), Truyện Nôm nguồn gốc và bản chất thể loại. Hà Nội: NXB. Khoa học Xã hội.

Lê Bá Thảo (1977), Thiên Nhiên Việt Nam. Hà Nội: NXB. Khoa học và kĩ thuật.

Lê Như Hoa chủ biên (1998), Hôn lễ xưa và nay ở Việt Nam. Hà Nội: NXB. Văn hóa Thông tin.

Lê Trung Hoa (1992), Họ và tên người Việt. Hà Nội: NXB. Khoa học Xã hội.

Lê Văn Quán (1981), Nghiên cứu về chữ Nộm. Hà Nội: NXB. Khoa học Xã hội.

Lữ Huy Nguyên tuyển chọn (1995), Xuân Diệu thơ và đời. Hà Nội: NXB. Văn học.

Lữ Huy Nguyên tuyển chọn (1996), Tú Xương thơ và đời. Hà Nội: NXB. Văn học.

Ngô Phương Lan (1998), Đồng hành với màn ảnh. Hà Nội: NXB. Văn hóa Thông tin.

Nguyễn Cừ (1996), Truyện cười Việt Nam hiện đại. Hà Nội: NXB. Văn học.

Nguyễn Đổng Chi (2000), Kho tàng truyện cổ tích Việt Nam. Tập 2. Hà Nội: NXB. Giáo dục.

Nguyễn Hiến Lê (2011), Hồi ký Nguyễn Hiến Lê. Hà Nội: NXB. Văn học.

Nguyễn Huệ Chi chủ biên (1994), Thi Hào Nguyễn Khuyến đời và thơ. Hà Nội: NXB. Văn học.

Nguyễn Huy Minh (2013), Tìm lại con đường tơ lụa trên biển Đông. Hà Nội: NXB. Hội Nhà văn.

Nguyễn Q. Thắng (1998), Khoa cử và giáo dục Việt Nam. Hà Nội: NXB. Văn hóa.

Nguyễn Thị Song An (1991), Kinh tế nông sản nhiệt đới. Trường ĐH Kinh tế TP. HCM.

Nguyễn Tiến Cường (1998), Sự phát triển giáo dục và chế độ thi cử ở Việt Nam. Hà Nội: NXB. Giáo dục.

Nguyễn Trãi (1956), Trần Văn Giáp, Phan Trọng Điềm phiên âm & chú giải. Quốc Âm Thi Tập. Hà Nội: NXB. Văn Sử Địa.

Nguyễn Văn Huyên (1996), Góp phần nghiên cứu văn hóa Việt Nam tập II. Hà Nội: NXB. Khoa học Xã hội.

Nguyễn Xuân Kính, Phan Đăng Nhật chủ biên (2002), Tổng tập VHDG người Việt (tập 16 quyển hạ). Hà Nội: NXB. Văn hóa thông tin.

Nhất Thanh (1992), Đất lề quê thói. TP. HCM: NXB. TP. HCM.

Nhiều tác giả (1980), Lịch sử Văn học Việt Nam, Tập I. Hà Nội: NXB. Khoa học Xã hội.

Nhiều tác giả (1990), 45 năm kinh tế Việt Nam(1945-1990). Hà Nội: NXB. Khoa học Xã hội.

Nhiều tác giả (1992), Phê bình bình luận văn học. Khánh Hòa: NXB. Khánh Hòa.

Nhiều tác giả (1995), Truyện ngắn hay 1994. Hà Nội: NXB. Văn học.

Nhiều tác giả (1996), Truyện ngắn dự thi 1996 chọn lọc. Hà Nội: NXB. Văn học.

Nhiều tác giả (1996), Tuyển tập truyện ngắn 1965-1975 tập I. Hà Nội: NXB. Hội Nhà Văn.

Nhiều tác giả (1997), Việt Nam nửa thế kỷ văn học(1945-1995). Hà Nội: NXB. Hội Nhà văn.

Nhiều tác giả (1998), 300 câu hỏi Sài Gòn – TP. Hồ Chí Minh. TP. HCM: NXB. TP. HCM.

Nhiều tác giả (1998), Ảnh hưởng của sân khấu Pháp với sân khấu Việt Nam. Hà Nội: Viện Sân khấu.

Nhiều tác giả (1998), Hỏi và đáp về Văn hóa Việt Nam. Hà Nội: NXB. Văn hóa Dân tộc.

Nhiều tác giả (1998), Truyện ngắn hay 1997. Hà Nội: NXB. Hội Nhà văn.

Nhiều tác giả (1998), Về tin ngưỡng tôn giáo Việt Nam hiện nay. Hà Nội: NXB. Khoa học Xã hội.

Nhiều tác giả (1999), Từ điển Luật học. Hà Nội: NXB. Từ điển Bách khoa.

Nhiều tác giả (2000), Hỏi và đáp về văn hóa Việt Nam. Hà Nội: NXB. Văn hóa Dân tộc.

Nhiều tác giả (2000), Truyện ngắn hay 2000. Hà Nội: NXB. Hội Nhà văn.

Nhiều tác giả (2001), Đi tìm Nguyễn Huy Thiệp. Hà Nội: NXB. Văn hóa thông tin.

Nhiều tác giả (2006), Trò chuyện với 100 nhà văn Việt Nam. NXB. Văn hóa Sài Gòn.

Nhiều tác giả (2011), Bí mật Việt Nam qua hồ sơ Wikileaks. Người Việt. California.

Nhiều tác giả (2011), Lê Đức Thọ (hồi ký). Hà Nội: NXB. Chính trị Quốc gia.

Nhiều tác giả (2012), Câu chuyện ẩm thực dưới góc nhìn lịch sử. Hà Nội: NXB. Phụ nữ.

Nhiều tác giả (2013), Chuyện nghề, chuyện nghiệp ngoại giao. Hà Nội: NXB. hội Nhà văn.

Phạm Côn Sơn (1999), Gia lễ xưa và nay. TP. HCM: NXB. Thanh niên.

Phạm Minh Hạc (1999), Giáo dục Việt Nam trước ngưỡng cửa thế kỉ XXI. Hà Nội: NXB. Chính trị quốc gia.

Phạm Minh Thảo (2000), Lệ tục vòng đời. Hà Nội: NXB. Văn hóa Thông tin.

Phạm Vũ Dũng (1999). Điện ảnh Việt Nam ấn tượng và suy ngẫm. Hà Nội: NXB. Văn hóa dân tộc.

Phan Cự Đệ (2001), Tiểu thuyết hiện đại Việt Nam. NXB. Giáo dục. Hà Nội.

Phan Huy Chú, Long Điền dịch và chú giải (1969), Lược khảo khoa cử Việt Nam. Sài Gòn: NXB. Ban Thanh Tân.

Phụng Nghi (1993), 100 năm phát triển của tiếng Việt. TP. HCM: NXB. TP. HCM.

Pierre Huard, Maurice Durand (1993), Đỗ Trọng Quang dịch. Hiểu biết về Việt Nam, Hà Nội: NXB. Khoa học Xã hội.

Thạch Phượng, Hồ Lê, Huỳnh Lứa, Nguyễn Quang Vinh (1992), Văn hóa Dân gian người Việt ở Nam Bộ. Hà Nội: NXB. Khoa học Xã Hội.

Tô Hoài (2006), Ba người khác. Đà Nẵng: NXB. Đà Nẵng.

Toan Ánh (1992), Nếp cũ con người Việt Nam. TP. HCM: NXB. TP. HCM.

Toan Ánh, Cửu Long Giang (2003), Người Việt Đất Việt. Hà Nội: NXB. Văn học.

Tổng cục thống kê (2013), Một số mặt hàng xuất khẩu phân theo nước và vùng lãnh thổ chủ yếu sơ bộ năm 2012.

Tổng cục Thống kê (2013), Niên giám Thống kê 2012. Hà Nội: NXB. Thống kê.

Tổng cục Thống kê (2013), Niên giám Thống kê tóm tắt 2012. NXB. Thống kê.

Trần Bạch Đằng (2006), Trần Bạch Đằng cuộc đời và ký ức. NXB. Trẻ.

Trần Lê Văn (2000), Tứ Xương, khi cười, khi khóc, khi than thở. Hà Nội: NXB. Lao Động.

Trần Quang Đức (2013), Ngàn năm áo mũ. Hà Nội: NXB. Thế giới.

Trần Văn Giáp (1970), Tìm hiểu kho sách Hán Nôm Tập I. NXB. Khoa học Xã hội. Hà Nội.

Trần Văn Giáp (1990), Tìm hiểu kho sách Hán Nôm Tập II. Hà Nội: NXB. Khoa học Xã hội.

Trần Văn Giàu, Trần Bạch Đằng chủ biên (1998), Địa chí Văn hóa TP. HCM tập I-Lịch sử. NXB. TP. HCM.

Ủy ban Khoa học Xã hội Việt Nam (1976), Nguyễn Trái toàn tập. Hà Nội: NXB. Khoa học Xã Hội.

Văn Thái (1993), Địa lí kinh tế Việt Nam, Trường Đại học Kinh tế TP. Hồ Chí Minh.

Viện ngôn ngữ học (1995), Từ điển tiếng Việt. Đà Nẵng: NXB. Đà Nẵng-Trung tâm Từ điển học.

Viện Văn học (1999), Tuyển tập Văn học dân gian Việt Nam, tập IV quyển 1. Hà Nội: NXB. Giáo dục.

Viện Văn học (1999), Tuyển tập Văn học Dân gian Việt Nam. tập I. Hà Nội: NXB. Giáo dục.

Việt Chương (1995), Từ điển thành ngữ - tục ngữ - ca dao Việt Nam (quyển thượng). NXB. Đồng Nai.

Việt Chương (1995), Từ điển thành ngữ - tục ngữ - ca dao Việt Nam (quyển hạ). NXB. Đồng Nai.

Vũ Thế Bình (2012), Nón nước Việt Nam. Hà Nội: Trung tâm Thông tin du lịch.

Vũ Thư Hiên (1997), Đêm giữa ban ngày. pdf판.

Xuân Huy sưu tầm & giới thiệu (2000), Văn hóa ẩm thực và món ăn Việt Nam. TP. HCM: NXB. Trẻ.

베트남어 연구 논문 및 기타

Hà Quảng (1999), Thời cơ Chúa và sự khốn quẩn của người, Tạp chí Văn học Hồng lĩnh, số 40.

Hoàng Hưng (1990), "Lan trì kiến văn lục của Vũ Trinh", Tạp chí Hán Nôm. số 1.

Nguyễn Khải (1984), "Văn xuôi trước yêu cầu của cuộc sống", Tạp chí Văn Nghệ Quân Đội số 1.

Nguyễn Văn Hạnh (1987), "Đổi mới tư duy, khẳng định sự thật trong văn học nghệ thuật". Tạp chí Văn học. số 2.

Nguyễn Văn Hoàn (1974), "Thể thơ lục bát từ ca dao đến Truyện Kiều". Tạp chí Văn học. số 1.

Nguyễn Văn Long (1985), "Văn xuôi sau 1975 viết về cuộc kháng chiến chống Mỹ". Hà Nội: Tạp chí Văn Nghệ Quân Đội. số 4.

Sở Cuồng (1942), Cháu 22 đời vua Lý Anh – Tôn(1138-1175) hiện ở Cao-ly. Tri Tân tạp chí. số 32.

Trần Nghĩa (1988), "Bước đầu tìm hiểu kho sách Hán Nôm và lịch sử thư mục học Hán Nôm. Tạp chí Hán Nôm. số 2.

Trần Nghĩa (1997), "Tiểu thuyết chữ Hán Việt Nam danh mục và phân loại". Tạp chí Hán Nôm. số 3.

베트남어 신문기사

Bích Châu (2004.10.10.), Đi tìm định nghĩa cho phim thị trường và phim nghệ thuật. Báo Sài
    Gòn Giải Phóng.

Cầm Văn Kình (2013.5.20.), Dân số Việt Nam trên 88,5 triệu người, đang già hóa nhanh.
    Báo Tuổi trẻ.

Đào Nguyên (2005), Chúng ta tự phá bỏ công thức. Tạp chí Điện ảnh ngày nay. số 123.

Hoàng Hưng, Lê Hoàng (1999.7.9.), Về cuốn tiểu thuyết "Cơ hội của Chúa", Thể thao & Văn hoá.

Lão Lai (1996.8.11), "Nổi loạn, một quái thai cần được mổ xẻ", Báo Công An TP. HCM. p. 5.

N.B. (1994.6.23.), Cụ cũng mê", Báo Hà Nội Mới.

Người lao động (2013.6.4.), "Không cần thiết đổi tên nước". Báo Người lao động.

Nguyễn Ngọc Phan (1994.6.22.) "Đội Hàn Quốc cũng lỳ lắm", Báo Hà Nội Mới.

Phan Tường (1994.6.21.) "Phạm nhân đón World Cup", Báo Hà Nội Mới.

Thái Hồng (1996.8.3), "Đứa con dặt dẹo của Phạm Thị Hoài". Báo Công An TP. HCM.

Trần Đức (1994.6.23.), "Tiếp tục vô địch xã", Báo Hà Nội Mới.

Trần Mạnh Hảo (1999.8.7.), "Cơ hội của Chúa" – Đâu phải là cơ hội của văn chương? Báo
    Nhân dân.

Vũ Đàm (1996.7.), "Tình trạng khẩn cấp – tảo hôn" Báo Công an Nhân dân.

색인

배양수 baeys@bufs.ac.kr

한국외국어대학교 베트남어과 졸업
베트남하노이사범대학교 베트남 어문학 석사
베트남하노이시범대학교 베트난 어문학 박사
(현) 부산외국어대학교 베트남어과 교수

역서로『시인, 강을 건너다』(2015),『하얀 아오자이』(2006),『정부음곡』(2003),『베트남 베트남 사람들』(2002),『베트남 법규모음』(1991) 등이 있고, 베트남어로『미스 사이공』(2009),『춘향전』(1994)를 번역 출판하였다.

베트남 문화의 즐거움

ⓒ 2018 배양수

2018년 3월 5일 초판 1쇄 발행
2020년 2월 20일 초판 2쇄 발행

지은이 | 배양수
펴낸이 | 안우리
펴낸곳 | 스토리하우스

등 록 | 제324-2011-00035호
주 소 | 서울시 영등포구 영등포동 8가 56-2
전 화 | 02-2636-6272
이메일 | chinanstory@naver.com
ISBN | 979-11-85006-20-8 03910

값: 18,800원

이 도서는 서일대학 2016 지역사회 연계 창의 디자인 개발사업으로 학생들의 참여를 통해 출간되었음을 밝힙니다.